KB049433

피셔의 비판적 사고(제2판)

Critical Thinking: An Introduction(Second Edition)

by

Alec Fisher

Copyright © Cambridge University Press 2011

Korean Language Translation Copyright © 2018 by Seokwangsa Publishing Company

This Korean Language Edition is published by arrangement

with Cambridge University Press, U. K.

피셔의 비판적 사고

Critical Thinking: An Introduction
Second Edition

알렉 피셔 지음 ▌ 최원배 옮김

이 책은 Alec Fisher의 *Critical Thinking: An Introduction* (Cambridge University Press, 2011, Second Edition)을 옮긴 것이다.

피셔의 비판적 사고(제2판)

알렉 피셔 지음
최원배 옮김

펴낸이 — 이숙
펴낸곳 — 도서출판 서광사
출판등록일 — 1977. 6. 30.
출판등록번호 — 제 406-2006-000010호

(10881) 경기도 파주시 회동길 77-12 (문발동)
Tel · (031)955-4331 │ Fax · (031)955-4336
E-mail · phil6161@chol.com
http://www.seokwangsa.co.kr │ http://www.seokwangsa.kr

ⓒ 도서출판 서광사, 2018

이 책의 한국어판 저작권은 영국 Cambridge University Press와의
독점저작권 계약에 의해 도서출판 서광사에 있습니다.
한국 내에서 보호를 받는 저작물이므로 무단 전재 또는 무단 복제를 금합니다.

제1판 제1쇄 펴낸날 · 2010년 12월 10일
제1판 제6쇄 펴낸날 · 2018년 3월 10일
제2판 제1쇄 펴낸날 · 2018년 5월 30일
제2판 제6쇄 펴낸날 · 2024년 3월 20일

ISBN 978-89-306-2421-3 93170

옮긴이의 말

이 책은 2011년에 나온 개정판을 번역한 것이다. 개정판을 내면서 피져는 예문을 3분의 2 이상 새로 바꾸었고, 인터넷 정보의 이용과 관련된 장(12장)을 하나 새로 추가하였다. 예문이 대폭 바뀜에 따라 그와 관련된 본문의 설명이나 정답 해설도 달라졌다. 이 때문에 개정판 번역임에도 손볼 것이 많았다. 이번 기회에 책 전체의 번역도 다시 검토해 여러 군데를 고쳤다. 하지만 여전히 오류가 남아 있을 것이다. 잘못된 부분을 지적해 준다면 기꺼이 고칠 작정이다.

그동안 독자들이 보내 준 성원에 깊이 감사드린다. 아울러 최종 원고를 검토해 주신 홍지호 선생님께도 감사의 말씀을 전한다.

2018년 3월

*   *   *

읽기나 쓰기 능력처럼 비판적 사고 능력도 우리가 갖추어야 할 기본기라는 인식이 이제는 우리나라에도 널리 퍼져 있다. 그런데 정확하게 읽을 줄 알고 좋은 글을 쓸 수 있는 능력은 하루아침에 길러지는 것이 아니다. 그런 능력을 갖추려면 수많은 연습과 부단한 노력이 필요하다. 이런 사정은 비판적 사고 능력의 경우에도 마찬가지이다. 비판적으로 사고하는 사람이 되려면, 많은 훈련과 연습이 필요하다. 이 책의 목적은 바로 그런 연습을 하게 하여 비판적 사고 능력을 키우도록 하는 데 있다.

피셔는 비판적 사고 분야의 대표적 이론가일 뿐만 아니라 영국에서 시행되는 사고력 시험을 직접 설계한 실무가이기도 하다. 피셔가 내놓은 이 책은 비판적 사고 수업의 표준적 교재로 여겨져 이미 여러 나라 말로 번역되었다. 그가 앞서 내놓았던 『실제 논증의 논리』(*The Logic of Real Arguments*)라는 책 또한 고급 단계의 비판적 사고 교재로 정평이 나 있다.

이 책은 비판적 사고 수업에서 다루어야 할 핵심 주제들을 잘 골라 명쾌하게 소개하고 있다는 장점 외에 또 한 가지 장점을 지니고 있다. 그것은 바로 이 책 1장에 비판적 사고의 정의와 비판적 사고 교육의 방법론에 관한 논의가 들어 있다는 점이다. 이런 논의는 보통의 비판적 사고 교재에서는 찾아볼 수 없는 것으로, 이 책만이 지닌 장점이며 피셔와 같은 이 분야의 대가만이 할 수 있는 작업이기도 하다. 이런 특징은 이 책이 비판적 사고의 기법만을 가르치는 단순한 지침서가 아니라, 확고한 이론적 토대 위에서 비판적 사고 교육을 접근하고 있는 책이라는 점을 잘 보여 준다.

번역서를 처음 내놓는 것이 아니지만 여전히 번역은 어렵다는 점을 실감했다. 오역을 지적해 준다면 기꺼이 고칠 것이다. 아울러 톰슨 책을 번역해 낼 때 다음번에는 우리말로 된 비판적 사고 책을 내겠다고 했는데, 또 다시 번역서를 내놓아 미안하다는 말씀을 드린다.

2010년 10월
최원배

 차례

내 손주들,
레오노라, 메이, 엘리자, 바너비에게

머리말

이 책은 생각이나 논증을 이해하고 분석하고 평가하는 능력인 비판적 사고의 기술을 가르치기 위한 것이다. 여기서는 비판적 사고에서 많이 쓰는 접근 방법을 채택해, 비판적 사고에 필요한 여러 가지 기본 기술을 다룰 것이다. 이 책에서는 가령 역사학이나 물리학 등에서처럼 그 학문을 가르치는 과정에서 비판적 사고 능력을 연마하도록 하는 우회적 방법이 아니라, 직접적이고 명시적인 방법으로 비판적 사고의 기본 기술을 가르치고자 한다. 또한 이 책에서 배운 기술을 다른 분야나 일상생활에도 적용할 수 있도록 하고자 한다. 지금은 비판적 사고도 읽기와 쓰기처럼 누구나 배워야 할 기본기라는 인식이 널리 퍼져 있다. 바로 그런 기본기를 가르치는 것이 이 책의 목적이다.

1장에서 비판적 사고란 무엇이고 이를 어떻게 가르쳐야 하는지를 설명한다. 그런 다음 앞부분의 장에서는 논증을 분석하는 방법을 주로 다룬다. 하지만 학생들은 대개 논증을 평가하거나 자기 자신의 논증을 제시하는 단계로 바로 넘어가기를 원한다! 학생들은 대개 논쟁하기를 좋아하기 때문에, 나는 처음부터 학생들이 그렇게 해 보도록 용기를 북돋아 주고, 그들이 어떻게 대응했는지를 주목해 두라고 한다. 이후 장에 가서 논증을 평가하고 제시하는 방법을 좀 더 배우고 나면, 학생들은 자신들이 앞에서 했던 것을 되돌아보고 어떻게 하면 더 잘할 수 있는지를 알게 된다. 이를 위해 나는 종종 학생들에게 '비판적 사고 공책'을 따로 준비해 자신의 답을 적어 놓게 하고 나중에 얼마나 나아졌는지를 평가해 보라고 한다. 이런 자기 평가를 위해서는, 학생들 자신이 자신의 답과 책 뒤에 나오는 해답을 비교해 채점을 해 보고 스스로가 어느 정도 수준인지를 알 필요가 있다. 그래야 학생들이 배운 것을 스스로 내면화할 수 있다.

비판적 사고를 배우려면 우리의 사고방식을 바꾸려는 노력이 필요하다. 이를 위해서는 많은 훈련과 연습이 필요하다. 이런 이유에서 이 책에는 재미있는 주제를 다루는 수많은 읽을거리와 220개가 넘는 연습 문제가 실려 있다. 연습 문제 가운데 3/4 정도에는 해답을 실어 여러분 스스로 얼마나 나아졌는지를 점검해 볼 수 있도록 하였다. '사고 지도'(thinking map)는 사고를 제대로 하고자 할 때, 여러분 스스로 자문해 보아야 할 물음들을 모아 놓은 것이다. 물론 비판적 사고를 제대로 하려면 우리가 말한 기술뿐만 아니라 합리적인 가치관도 갖추어야 한다. 이 책에 실린 자료들을 한번 다루어 봄으로써 소크라테스가 말하는 '캐묻는 삶'(examined life: 『소크라테스의 변론』 38a에 나오는 유명한 구절이다. "캐묻지 않는 삶은 사람에게는 살 가치가 없는 것이다", 옮긴이 주)을 사는 데도 도움이 되기를 바란다.

이 책은 아주 다양한 범위의 학생들이 쓸 수 있다. 이 책은 북미의 고등학교나 대학에서 많이 쓰이고 있으며, 영국이나 다른 여러 나라에서는 비판적 사고 시험이나 국제학력평가 시험을 위해서 쓰이거나 또 다른 맥락에서 많이 쓰이고 있다. 여기 나오는 생각과 예문은 학생이나 성인을 대상으로 내가 북미, 남미, 유럽, 아프리카, 극동아시아 등의 나라에서 비판적 사고 수업을 할 때 썼던 것들이다. 혼자서도 이 책을 공부해 나갈 수 있도록 자료를 배열하기는 했지만, 그런 경우라면 자신의 생각과 논증을 다른 사람과 논의해 보는 것이 좋을 것이다. 그렇게 하면 모두에게 도움이 되고 재미도 있을 것이다.

이 책을 수업 교재로 쓰는 선생님들은 다음과 같이 하는 것이 좋을 것 같다. 선생님이 어느 정도는 설명을 해 주어야 하겠지만, 내 경험으로는 (네 명 정도의) 모둠별 토론이 가장 좋았던 것 같다. 학생들은 서로 논쟁하기를 좋아하며, 예만 적절하다면 이렇게 하는 것이 재미도 있고 얻는 것도 많다. '사고 지도'를 자신의 생각에 적용해 보는 것이 처음에는 쉽지 않을 수 있다. 그러므로 두 사람이 짝을 지어 한 사람이 연습하는 동안 다른 사람은 사고 지도에 나온 물음에 답할 수 있도록 도와주는 것도 좋은 방안이다. 학생들에게 읽을거리가 더 필요하다면, 그런 것은 쉽게 찾을 수 있다. 일간 신문의 독자투고란이나 사설 및 '분석' 기사들이 그런 것이다. 학생들이 다른 수업에서 접하는 자료를 다루는 것도 좋은 방안이다.

이 개정판은 크게 두 가지 점에서 초판과 다르다. 책 전체에 걸쳐 사소한 것들을 여러 군데 고치기는 했지만, 큰 변화는 다음 두 가지이다. (i) 인터넷에서 신뢰할 만한 정보를 찾는 방법을 다루는, 인터넷에 관한 장(12장)을 새로 추가했으며 (ii) 읽을거리의 지문 가운데 2/3 이상을 완전히 새 것으로 바꾸었고, 이에 따라 그와 관련된 본문이나 해답도 새로 바꾸었다.

요즘 사람들은 정보를 찾기 위해 인터넷을 아주 많이 이용한다. 그런데 거기에 나오는 정보들 가운데는 신뢰할 만하지 않은 것도 많으므로 비판적 사고를 잘하려면 인터넷을 효과적으로 이용하는 방법을 알아야 한다. 나는 12장에서 바로 그런 것들을 설명하였다. 책 앞부분에도 인터넷에서 무언가를 검색해 보라고 요구하는 경우가 종종 있는데, 인터넷을 다루는 장에 나오는 연습 문제들은 대개 앞부분에서 다룬 주제들이다. 원한다면 앞에 나오는 연습 문제를 풀 때 도움을 얻기 위해 12장을 먼저 읽어도 되고, 그냥 순서대로 읽어 나가도 된다.

부록의 읽을거리에 나오는 제시문은 이 책에서 특정한 연습을 할 때 쓰기 위한 것이기는 하지만 일단 거기에 나오는 기법을 익히게 되면, 그 글을 다른 목적에도 쓸 수 있으므로 처음 생각했던 것보다 더 여러 차례 연습을 해 볼 수 있다. 그리고 연습을 자주하면 완벽하게 될 수 있다. 그러므로 이 책을 사용하는 선생님들, 특히 초판도 가지고 있는 선생님들이라면 아주 많은 양의 연습 문제(이들 대부분은 모범 답안이 있다)를 가지고 있는 셈이 된다.

이 책을 쓰는 일은 아주 즐거웠다. 많은 사람들이 도움을 주었고 용기를 주었으므로, 그분들께 감사를 표해야겠다. 이스트앵글리아대학의 학생들은 적극적으로 좋은 비판을 해 주었으며, 초기 단계에서 내 생각을 형성하는 데 많은 도움을 주었다. 이스트앵글리아대학 동료들도 많은 도움을 주었다. 특히 닉 에브리트와 안드레아스 도어쉘에게서 많은 것을 배웠다. 비판적 사고 분야의 다른 연구자들, 특히 로버트 에니스(가정 및 인과적 설명 관련 부분), 로버트 스와르츠(사고 지도 및 의사 결정 관련 부분), 마이클 스크라이븐(논증을 명료하게 하기 및 논증 평가 작업 관련 부분)에게서도 많은 것을 배웠다. 이들에 대해서는 책에서 그때마다 적절히 감사를 표했지만, 나는 그들에게 많은 도움을 받았으므로 여기서도 고맙다는 말을 하고자 한다.

　초판 전체를 읽고 여러 예를 제시해 주거나 값진 조언을 해 준 디나 톰슨과 새로 덧붙인 12장과 관련해 아주 소중한 충고를 해 준 스티브 스칼렛 교수에게 감사를 드린다. 친절하게도, 비판적 사고 시험 위원회에서는 비판적 사고 시험 문제로 내가 만든 많은 자료들을 이용할 수 있도록 해 주었다. 케임브리지대학 출판부도 많은 도움을 주었으며, 특히 키스 로즈와 노엘 카바나, 앤 릭스, 레이첼 우드와 루시 포딩턴에게 감사를 드린다. 끝으로 아내 사라와 우리 애들, 단, 맥스, 그리고 때로 내 생각을 시험해 보기도 한 수잔나에게 진심으로 고맙다는 말을 하고 싶다.

비판적 사고: 그것은 무엇이고
어떻게 하면 잘할 수 있을까

최근 들어 '비판적 사고'는 교육계에서 유행어가 되었다. 이런저런 이유로 교육 전문가들은 정보나 내용을 가르치는 것과 대비되는 '사고 방법'을 가르치는 일에 큰 관심을 갖게 되었다. 물론 이 둘을 한꺼번에 가르칠 수도 있다. 하지만 과거의 경우 대부분의 수업의 초점은 역사나 물리학, 지리학 등과 같은 내용을 가르치는 데 있었다. 사고하는 방법을 가르친다고 하는 경우라 하더라도, 대부분은 특정 과목의 내용을 가르치는 과정에서 간접적으로 혹은 암묵적으로 그것을 가르쳤을 뿐이다. 점차 교육 전문가들은 이런 식으로 사고 방법을 가르치는 것이 효과적인지 회의하기 시작했다. 그렇게 해서는 사고 방법을 전혀 터득하지 못하는 학생도 아주 많았기 때문이다. 이에 따라 사고 방법을 **직접적으로** 가르치는 일에 많은 관심을 갖게 되었다. 이 책에서 하고자 하는 것도 바로 이런 것이다. 이 책에서는 다른 데에도 적용할 수 있는 사고 방법을 명시적이고 **직접적으로** 가르치고자 한다. 여기서 가르치고자 하는 그 방법이란 바로 비판적 사고의 방법이다(이를 '비판적-창의적' 사고 방법이라고 부르기도 한다. 그 이유에 대해서는 뒤에서 설명하기로 하겠다). 이 책에서 우리는 그 방법을 다른 주제나 맥락에도 적용할 수 있도록 가르칠 것이다. 우리가 설명하는 방식에 따라 논증을 구성하는 방법, 자료의 출처가 신뢰할 만한지를 판단하는 방법, 의사 결정을 하는 방법 등을 배우게 되면, 그것들을 다른 데에도 쉽게 적용할 수 있을 것이다. 이 책에서 가르치는 기술을 다른 데에도 '적용할 수 있다' 는 말은 바로 이런 뜻이다.

　　교육에서 유행을 좇으면 위험할 수도 있다. 그렇게 하면 중구난방이 될 수도 있고 초점을 잃어버릴 수도 있기 때문이다. 그래서 우리는 과거 100년 동안 '비판적 사고' 가 어떤 식으로 발전해 왔는지를 설명하는 일에서 논의를 시작하기로 하겠다.

문 제 1 . 1

여러분이 생각하기에 '비판적 사고' 란 말이 무슨 뜻인지 한번 적어 보라. 아마 여러분은 이 말을 여러 차례 들어 보았을 것이다. 따라서 그것들을 참조해 이 말이 무슨 뜻인지 한번 말해 보라. 지금 단계에서는 정답이나 오답이 따로 있는 것이 아니다. 여러분이 제시한 답은 여러분 자신의 답이며, 잠시 후에 제시될 답과 여러분의 답을 한번 비교해 보아라.

1.1 비판적 사고 전통에서 본 몇 가지 고전적 정의

1.1.1 존 듀이와 '반성적 사고'

사람들은 약 100년 전부터 비판적 사고에 관해 생각해 왔으며, 그것을 어떻게 가르칠지 연구해 왔다. 어떤 면에서 본다면 2000년 전에 이미 소크라테스가 이 작업을 시작했다고 할 수도 있다. 하지만 비판적 사고 전통의 '아버지' 로 간주되는 사람은 미국의 철학자이자 심리학자이며 교육 전문가이기도 했던 듀이이다. 듀이는 비판적 사고를 '반성적 사고' (reflective thinking)라 부르고, 다음과 같이 정의했다.

> 근거나 파급 효과에 비추어 믿음이나 지식을 능동적이고 끈질기며 꼼꼼하게 따져 보는 것. (Dewey, 1909, 9쪽)

이 정의를 잠깐 생각해 보기로 하자. 비판적 사고가 '능동적' 과정이라고 말할 때, 듀이는 그것을 다른 사람에게 들은 생각이나 정보를 그냥 받아들이는 '수동적' 과정과 대비하고 있다. 듀이나 이런 전통에서 작업을 해 온 사람들에게, 비판적 사고란 본질적으로 '능동적' 과정이다. 그것은 여러분 스스로 생각해 보고 스스로 질문을 던져 보고 스스로 관련 정보를 찾아보는 것이지, 다른 사람으로부터 그냥 수동적으로 배우는 것이 아니다.

비판적 사고를 '끈질기며 꼼꼼하게 따져 보는' 사고라고 정의할 때, 듀이는 비판적 사고를 무반성적 사고와 대비하고 있는 것이다. 가령 결론으로 바로 '건너뛰거나' 별로 생각해 보지도 않고 '순식간'에 결정을 내리는 것은 무반성적 사고의 예이다. 물론 그렇게 해야 할 때도 있다. 빨리 결정을 해야 한다거나 꼼꼼하게 따져 보아야 할 만큼 중요하지 않은 문제도 있을 수 있다. 하지만 우리가 멈추어서 생각을 해 보아야 할 상황, 즉 우리가 '끈질기게' 생각을 해 보아야 할 상황도 분명히 있다.

하지만 듀이의 정의에서 가장 중요한 것은 믿음의 '근거나 파급 효과'를 언급하는 부분이다. 이를 좀 더 익숙한 표현으로 나타낸다면, 듀이는 믿음의 이유와 믿음의 함축이 중요하다고 말하는 셈이다. 비판적 사고는 논증을 하고, 이유를 제시하고, 논증을 평가하는 작업에 가장 큰 비중을 둔다. 이것들 외에도 더 있기는 하지만, 논증을 잘하는 것이 가장 중요하다.

문제 1.2

부록에 나와 있는 읽을거리 57번을 읽은 다음, 듀이의 정의를 참조해 거기에 비판적 사고가 들어 있는지 말해 보라. 그리고 여러분이 제시한 답의 근거가 무엇인지 말해 보라.

1.1.2 듀이의 개념을 발전시킨 에드워드 글레이저

우리는 잠시 후에 이유와 논증의 역할을 살펴볼 것이다. 우선 비판적 사고에 대한 또 하나의 정의를 잠깐 보기로 하자. 이 정의는 에드워드 글레이저의 정의인데, 그 사람은 세계에서 가장 널리 사용되는 비판적 사고 시험인 '왓슨-글레이저 비판적 사고 평가'의 공저자 가운데 한 명이다. 글레이저는 비판적 사고를 다음과 같이 정의한다.

> (1) 사람들이 경험하는 문제나 주제를 면밀하게 따져 보려는 성향, (2) 논리적 탐구와 추론의 방법에 관한 지식, 그리고 (3) 이런 방법을 적용할 수 있는 몇 가지 기술. 비판적 사고를 위해서는 증거나 파급 효과에 비추어 믿음이나 지식을 검토하는 끈질긴 노력이 필요하다. (Glaser, 1941, 5쪽)

이 정의가 듀이의 정의에 상당 부분 의존하고 있다는 점은 아주 명백하다. '근거' 대신 '증거'라는 말을 글레이저가 쓰고 있기는 하지만 마지막 문장은 아주 똑같다. 앞부분에서는 문제를 면밀하게 따져 보는 '성향'을 거론하고 있으며, '논리적 탐구와 추론의 방법'이라고 부른 것을 기술로 적용할 수 있다는 점을 인식하고 있다. 비판적 사고 전통에서는 이 두 요소를 받아들여, 비판적 사고란 일정한 기술(어떤 사고 기술인지에 대해서는 잠시 후에 설명할 것이다)을 갖게 되는 것이라고 본다. 하지만 비판적 사고란 단순히 그런 기술을 지니는 것에 그쳐서는 안 되고, 그 기술을 실제로 사용하는 성향까지 가져야 한다고 본다(가령 어떤 사람은 공중제비를 넘을 수 있는 훌륭한 기술을 가지고 있지만, 공중제비를 전혀 넘지 않을 수도 있다). 우리는 이 문제를 다시 다룰 것이다. 이제 비판적 사고에 대한 세 번째 정의를 보기로 하자.

1.1.3 로버트 에니스: 널리 사용되는 정의

비판적 사고의 발전 과정에서 큰 공헌을 한 사람 가운데 하나는 로버트 에니스이다. 이 분야에서 널리 받아들여지는 에니스의 정의는 다음과 같다.

> 믿음이나 행위를 결정하기 위해 하는 합리적이고 반성적인 사고가 곧 비판적 사고이다. (Norris and Ennis, 1989 참조)

여기서도 앞에서 나왔던 '합리적'이고 '반성적'인 점을 강조한다는 사실을 알 수 있다. 그러나 명시적으로 언급된 적이 없는 '행위'를 에니스가 거론하고 있다는 점은 주목할 만하다. 에니스의 견해에 따르면 의사 결정도 비판적 사고의 일부이다. 듀이의 정의와 달리, 이 정의를 더 설명할 필요는 없을 것 같다. 왜 냐하면 우리가 모두 잘 아는 표현들로 이루어져 있기 때문이다. 나중에 우리는 이 정의가 얼마나 좋은 정의인지를 살펴볼 것이다. 적어도 여기서 에니스가 무 엇을 의미하는지는 아주 분명해 보인다.

<hr>

문제 1.3

비판적 사고에 대한 **여러분**의 정의에 위에서 말한 요소가 다 포함되어 있는가? 그랬다면 대단하다. 그렇지 않았다면 지금까지 설명한 비판적 사고의 정의를 참조하여 여러분이 내 린 정의를 수정해 보라. 가능하면 여러분 자신의 표현을 사용하여 정의해 보라.

<hr>

1.1.4 리차드 폴과 '사고에 관해서 사고하기'

이 절과 아래 1.4절에서 비판적 사고에 대한 두 가지 정의를 더 살펴볼 것이다. 이 두 정의는 비판적 사고 전공 학자들이 발전시킨 것으로, 여러 이유에서 중요 한 정의이다. 우선 첫째는 리차드 폴의 정의로, 그 사람은 앞에서 본 정의들과는 사뭇 달라 보이는 정의를 제시했다.

> 비판적 사고란 주제나 내용 혹은 문제와 상관없이, 사고에 내재해 있는 구조 를 파악하고 그 구조에 지적 기준을 부과함으로써 자신의 사고 수준을 향상 시키는 사고를 하는 사고방식이다. (Paul, Fisher and Nosich, 1993, 4쪽)

이 정의는 흥미롭다. 이 정의는 비판적 사고의 전문가들이 대개 동의하는 비 판적 사고의 어떤 특징에 주목하고 있기 때문이다. 그 특징이란 비판적 사고 능 력을 향상시킬 수 있는 유일한 현실적 방안은 '자신의 사고에 관해 사고' (때로 '메타 사고' 라고 부르기도 한다)를 하는 것이고, 훌륭한 사고 모형을 참조해 자 신의 사고방식을 의식적으로 고쳐 나가는 것이라는 점이다. 이 생각을 비유를 들어 설명해 보기로 하자.

농구와의 유비

몇 해 전에 나는 가족과 함께 캘리포니아에서 1년 동안 살았다. 그때 11살인 우리 딸이 농구를 배우고 싶어 했다. 마침 그 동네 학교 농구 코치가 11살짜리 여학생들로 농구부를 막 만들려던 참이었고, 우리 딸도 그 농구부에 들어갔다. 첫 훈련에서 코치는 여학생들을 두 팀으로 나누었다. 그는 농구 게임이라는 것이 누군가 슛을 할 수 있는 위치에 가게 될 때까지 자기편에게 공을 패스하는 것이고 골을 더 많이 넣는 팀이 이긴다는 것을 설명한 다음, 두 팀이 바로 게임을 하도록 했다. 물론 그 밖에도 여러 규칙이 있다. 하지만 코치는 학생들에게 당장은 그것들을 설명하지 않았다. 그것들은 나중에 들어오게 된다. 당연히 첫 게임은 아주 난장판이었다. 모든 학생들이 공을 따라 우르르 몰려다녔고 몇 골 넣지도 못했다. 하지만 아주 재미있었다.

얼마 후 코치는 게임을 중단시키고, 다음과 같이 말했다. "잘했어! 하지만 진짜 훌륭한 농구 선수가 되려면, 슛을 잘해야 돼. 그러니 이제 슛을 연습해 보기로 하자." 코치는 먼저 학생들이 슛을 할 때 했던 우스꽝스런 (그리고 잘못된) 동작을 몇 가지 보여 준 다음, 슛을 제대로 하려면 어떻게 해야 하는지를 보여 주었다. 코치는 자신이 공을 어떻게 잡고 있는지, 시선은 어디에 두고 있는지, 어떤 자세를 취하는지 등을 학생들이 주의 깊게 보도록 했다. 간단히 말해 코치는 학생들에게 슛의 모형, 본보기를 보여 주었다. 훌륭한 본보기를 보여 준 다음 코치는 학생들도 똑같이 따라해 보도록 훈련을 시켰다. 학생들이 공을 어떻게 잡는지, 시선은 어디에 두는지, 어떤 자세를 취하는지 등을 스스로 의식하게 하고, 가급적 코치가 했던 대로 똑같이 하도록 훈련을 시켰다. 슛을 연습하게 한 다음, 코치는 다음과 같이 말했다. "잘했어. 이제 다시 게임을 해 보자. 이제 슛할 기회가 생기면, 방금 배운 대로 하려고 해야 한다." 다시 여학생들은 농구 게임을 했다. 이번에는 슛을 좀 더 잘하려고 애를 썼다. 슛을 실제로 잘하는 학생도 일부 있었고, 어려워하는 학생도 있었다. 하지만 이제 시작이다.

잠시 후 코치는 게임을 중단시키고 다시 말했다. "잘했어. 슛은 다음에 좀 더 연습하기로 하고, 슛 말고도 배워야 할 게 더 있다. 좋은 농구 선수가 되려면, 패스를 잘해야 돼. 따라서 이제 그것을 연습해 보자." 그는 학생들에게 이상하게 패스를 하는 우스꽝스런 동작을 몇 가지 보여 준 다음, 재빠르게 패스하는 방법을 보여 주었다. 이번에도 좋은 본보기를 보여 준 다음, 그는 두 사람씩 짝을 지어 패스를 연습하도록 했다. 그런 다음 연습을 중단시키고 다음과 같이 말했다. "잘했어. 이제 다시 농구 게임을 하기로 하겠다. 이제 패스를 하게 되면, 방금 연습한 대로 하려고 해야 한다. 그리고 슛을 할 기회가 있으면, 그것도 방금 연습한 대로 해야 한다는 사실을 잊지 말도록!" 여학생들은 다시 게임을 했다. 이번에는 패스를 제대로 한 경우도 있었고(물론 이제 막 시작했으니까 다 그랬던 것은 아니다), 처음보다 슛도 더 잘했다.

얼마 지나지 않아 코치는 게임을 중단시키고 다음과 같이 말했다. "잘했어. 좋은 선수가 되려면 배워야 할 게 또 있다. 농구 코트를 모두가 한꺼번에 뛰어다니지 말고, 상대방을 잘 막을 수 있어야 한다. 따라서 그것을 연습해 보기로 하자." 다시 코치는 상대방의 선수를 막는 사람이 아무도 없을 때 어떤 일이 벌어졌는지를 보여 준 다음, 학생들에게 패스를 못하게 막는 방법을 보여 주었다. 그런 다음 학생들을 셋씩 모아 이것을 연습하게 했다.

문제 1.4

여러분 생각에 이것을 연습하고 나서는 코치가 무엇이라고 말했을 것 같은가?

이 유비가 무엇을 뜻하는지 지금쯤이면 분명해졌을 것이다. 사고력을 향상시키는 방법을 배우는 것도 이와 같다. 농구 게임을 하면서 온 농구장을 뛰어다니게 되듯이, 우리는 온갖 주제들을 생각해 보게 될 것이다. 여러 주제를 생각해 본다는 일은 온갖 기술을 포함하게 마련이다. 우리는 대부분 이런 기술을 향상시킬 수 있다. 농구 코치가 농구를 하려면 몇 가지 기본기를 갖추어야 한다고 생각하듯이, 비판적 사고 전문가들도 좋은 사고를 하려면 몇 가지 기본기를 갖추어야 한다고 생각한다. 농구 코치가 잘못된 슛 동작을 보여 준 다음 좋은 본보기를 제시하고 학생들이 실제 상황에서 그 기술을 사용할 수 있도록 훈련을 시키

듯이, 비판적 사고를 가르치는 사람들도 가령 의사 결정을 하는 잘못된 방법을 보여 준 다음, 좋은 방법을 제시하고 이를 훈련시켜 적절한 상황에서 필요한 때 그것을 제대로 사용할 수 있도록 하고자 한다. 바로 이것이 우리가 이 책에서 따르고자 하는 방식이다. 농구 코치처럼 우리도 비판적 사고를 잘하려면 꼭 갖추어야 할 기본기를 찾아낸 다음, 비판적 사고를 할 때 자주 범하는 잘못된 방식들을 몇 가지 보여 주고, 그런 다음 (가령 의사 결정에서의) 올바른 비판적 사고의 본보기를 보여 줄 것이다. 여러분은 이런 사고방식을 훈련하기만 하면 된다. 끝으로 여러분은 적절한 상황에서 관련 기술들을 모두 동원해 전체 작업(즉 농구 게임 자체에 해당하는 것)을 하게 될 것이다. 그렇게 하면 그런 훈련을 받지 않고 하는 것보다 훨씬 더 합리적이고 치밀한 믿음을 갖게 되고 훨씬 더 합리적인 행위를 하게 될 것이다.

문제 1.5

이 유비를 급우(혼자 이 책을 읽고 있다면 친구나 가족)와 함께 논의해 보고, 다음 질문에 답하라.

1.5.1 여기 나온 학습의 세 단계가 무엇인지 여러분 자신의 말로 설명해 보라.

1.5.2 여러분은 이 유비가 새로운 기술을 가르치는 데 좋은 모형이 된다고 생각하는가?

1.2 비판적 사고의 기본기: 몇 가지 기본 능력

아마 여러분은 "비판적 사고에서 농구의 기본기에 해당하는 '사고 기술'이란 어떤 것일까?"라는 질문을 할 것이다. 비판적 사고 전문가들은 비판적 사고의 기본이 되는 사고 기술의 목록을 나름대로 제시해 왔다. 한 예로 에드워드 글레이저는 다음과 같은 능력을 들고 있다.

(a) 문제를 인식하고 (b) 문제를 해결할 수 있는 적절한 수단을 찾고 (c)

관련 정보를 찾아 분류하고 (d) 숨은 가정과 가치관을 파악하고 (e) 언어
를 정확하고 분명하게 이해하고 사용하며 (f) 자료를 해석하고 (g) 증거를
판단하고 주장을 평가하고 (h) 명제들 사이에 논리적 관계가 있다는 점을
인식하고 (i) 정당한 결론을 이끌어 내고 일반화를 하며 (j) 얻은 결론과 일
반화를 시험에 부치고 (k) 더 많은 경험에 근거해 믿음을 재구성하며 (l)
일상생활에서 특정 문제에 대해 정확한 판단을 내리는 능력. (Glaser,
1941, 6쪽)

글레이저는 듀이의 영향을 많이 받았는데, 듀이는 과학적 사고를 '반성적 사
고'의 모형이라고 보았던 사람이다. 우리는 이 목록을 특히 과학적 사고에 관한
것이라고 볼 수도 있을 것이다. 하지만 여기에는 요즘 목록에서도 찾아볼 수 있
는 항목이 여러 개 들어 있다. 요즘 논의로는 Fisher and Scriven (1997) 3장이
나 Facione (2010)을 참조하라.

우리는 이 책에서 비판적 사고의 기본기 가운데 일부를 다룰 텐데, 특히 다음
과 같은 기술을 다룰 것이다.

논증에서 이유와 결론을 찾아내는 기술
가정을 찾아내고 평가하는 기술
표현이나 생각을 분명하게 하고 해석하는 기술
주장이 받아들일 만한지, 특히 신뢰할 만한지를 판단하는 기술
여러 유형의 논증을 평가하는 기술
설명을 제시하고, 분석하고, 평가하는 기술
의사 결정을 내리고, 분석하고, 평가하는 기술
추론을 하는 기술
논증을 제시하는 기술

이 외에도 여러분이 익히고자 하는 기술이 더 있을 수 있다. 하지만 일단 이것
으로 시작하는 것이 좋을 것 같다.

1.3 몇 가지 좋은 예

지금까지 이야기한 것을 여러분이 제대로 파악했는지를 보기 위해 몇 가지 질문을 해 보기로 하자.

문제 1.6

다음과 같은 활동에 비판적 사고가 포함되어 있다고 할 수 있는가?

1.6.1   여러분이 소설을 재미 삼아 읽고 있다.

1.6.2   여러분이 수학 문제를 기계적으로 풀고 있다.

1.6.3   프로 농구 선수가 중요한 게임에 출전해 게임을 하고 있다.

1.6.4   여러분이 수능을 막 마쳤고, 대학에서 무엇을 전공할지 정하고자 한다.

1.6.5   여러분이 새로운 컴퓨터 프로그램을 깔려고 하는데 제대로 되지 않아 '문제 해결하기'에 나온 대로 따라 하고자 한다.

문제 1.7

어떤 사람(그 사람을 앤디라고 하자)이 중고차 옆에 서 있는데, 그 사람이 그 차를 살지 말지 정하려고 한다고 해 보자. 앤디는 돈이 별로 많지 않으며 차에 대해서도 잘 모른다. 그는 막 대학을 졸업하고 취직을 했는데, 차가 있어야 되는 직장을 다닌다. 중고차 매매인이 앤디에게 그 차의 온갖 장점에 대해 이야기를 했고, '할인된' 가격을 제시했다.

> (경우 1) 그 차에 관해 이야기를 나누는 과정에서 앤디는 중고차 매매인을 좋아하게 되었고, 믿게 되었으며(물론 이들은 이전에 만난 적이 없으며, 앤디는 그 매매인에 대해 전혀 아는 바가 없다), 그 차의 '외관'이 마음에 들어 앤디가 그 차를 사기로 결정했다고 해 보자.
>
> (경우 2) 이번에는 앤디가 그 매매인을 좋아하게 되기는 했지만 그 사람이 말한 것을 조심스레 받아들였고, 자동차 정비사를 불러 그 차를 점검하게 했으며, 중고차 안내 책자에서 중고차 가격을 비교해 보았으며, 믿을 만한 친구한테 이 가격이 적

당한지를 물어보았다고 하자.

이제 물음은 다음 세 가지이다.

1.7.1　앞에 나온 듀이의 정의에 비추어 볼 때, 앤디는 위의 두 경우 '반성적 사고'를 하고 있다고 말할 수 있는가? 앤디가 '능동적'이고 '끈질기며' '면밀한' 사고를 하고 있다고 말할 수 있는가?

1.7.2　글레이저가 나열한 목록을 참조하여, 앤디가 다음과 같은 작업을 하고 있는지 말하라.

　　　－문제가 무엇인지를 파악하고

　　　－문제를 해결할 적절한 수단을 찾고

　　　－관련 정보를 모으고 분류하며

　　　－숨은 가정과 숨은 가치관을 찾아내는 일.

1.7.3　여러분은 위의 두 경우 앤디가 합리적으로 행동했다고 생각하는가?

문제 1.8

이번에는 두 친구, 버타와 채릴이 1991년 걸프전 관련 미국 TV 뉴스를 보고 있다고 하자. 미국인 기자는 현대 미국 무기의 놀라운 정확성을 거론하며, 열추적 미사일이 건물 옥상에 명중해서 폭발하는 장면이라고 말하며 화면을 보여 주고, 미국의 지대공 미사일인 패트리엇이 이라크의 스커드 미사일을 요격해 폭파시키는 장면이라고 말하며 화면을 보여 준다. 버타와 채릴은 (걸프전 당시 우리가 대개 그랬듯이) 뉴스를 열심히 보고 있다. 버타는 무기가 그렇게 정확하다는 데 놀라움을 표시하고, 미국이 그런 무기를 가지고 있어서 다행이라고 말한다. 신문방송학과에 다니는 채릴은 별로 그렇게 생각하지 않는다. 그 사람은 열추적 미사일이 건물 옥상에 명중하는 것을 보여 주는 화면이 미 공군에서 제공한 것임을 지적한다. 왜냐하면 그것은 그 미사일을 발사한 전투기에서 찍은 것이며, 목표물을 벗어난 미사일이 얼마나 되는지도 전혀 모르기 때문이다. 채릴은 또한 패트리엇 미사일이 공중에서 스커드 미사일을 요격한 것이라는 화면도 군사 전문가나 알 수 있는 것이지 일반인은 알 수 없다고 말한다. "그 섬광이 패트리엇이 실제로 스커드를 명중시켜서 생긴 것인지 아니면 패트리엇이 너무 빨리 폭발해서 생긴 것인지 알 수 없으며, 요격에 실패한 패트리엇 미사일이 얼마나 되는지도 알 수 없다. 군사 전문가만이 그런 것을 알 테고, 아마 당시에는 그들도 모르고 있었을 수도 있다. 어쨌건 기자는 섬광에 대한 군사 전문가의 해석에 분명히 의존하고 있으며, 그들이 선전을 하고 있을 수도 있다." 전산학과에 다니는 버타는 보통 자신이 '정치에는 진짜 관심이 없다'고 말하곤 하는데, 이런 채릴의 주장에 화가 나서 더 이상 그런 이야기는 듣고 싶어 하지 않았다. 하지만 채릴은 자신이 다른 전쟁의 경우에도 비슷한 '뉴스' 보도가 있었다는 것을 배웠으며, 이 때문에 자신이 그런 회의적 시각을 지니게 되었다고 말한다. 버타는 채릴의 선생님들은 모두 자유주의자나 공산주의자들일 것이라고 말한다. 채릴은 그것은 말도 안 된다고 말하며, 자신의 선생님들 가운데는 정부의 보좌관으로 일하는 아주 '권위 있는' 분들도 있으며, 자신이 다니는 과는 미국에서 가장 명성 있는 과 가운데 하나라고 말한다.

이번에도 물음은 세 가지이다.

1.8.1 듀이의 정의를 참조하여, 버타와 채릴이 어느 정도 '반성적 사고'를 하고 있다고 할 수 있는지를 말하라. 이들이 '능동적'이고 '끈질긴' 사고를 하고 있다고 말할 수 있는가?

1.8.2 기본기의 목록을 참조하여 버타와 채릴이 다음과 같은 사고를 하고 있는지 말하라.

- 가정을 찾아내고 평가하기
- 주장이 받아들일 만한지, 특히 신뢰할 만한지를 판단하기
- 설명을 분석하고 평가하고 제시하기
- 추론을 하기
- 논증을 제시하기

1.8.3 버타와 채릴이 비판적 사고 기술을 적용하고 있다고 할 수 있는가? 그렇다고 생각한다면 그 이유를 말하라.

1.4 비판적 사고에 대한 마지막 정의

이제 마지막 정의를 살펴보기로 하자. 최근 마이클 스크라이븐은 비판적 사고란 '읽기나 쓰기와 같은 학습 능력'이며, 이것들만큼 중요하다고 주장하였다. 그는 비판적 사고를 다음과 같이 정의한다.

> 비판적 사고는 관찰과 의사소통, 정보 그리고 논증에 대한 숙련되고 능동적인 해석이자 평가이다. (Fisher and Scriven, 1997, 21쪽)

스크라이븐의 정의를 좀 분석해 보자. 그는 비판적 사고를 앞에서 이야기한 것과 같은 이유에서 '숙련된' 활동이라고 정의한다. 그는 단순히 과학적이고자 한다고 해서 과학적 사고가 되는 것은 아니듯이, 단순히 비판적이고자 한다고 해서 비판적 사고가 되는 것은 아니라는 점을 지적하고 있다. 비판적 사고가 되려면, 그것은 일정한 기준, 가령 명료하고 연관성이 있으며 합리적이어야 한다는 기준을 만족시켜야 한다. 그러므로 이런 일에 더 숙련된 사람이 있을 수 있고 덜 숙련된 사람이 있을 수 있다. 스크라이븐은 비판적 사고를 '능동적' 과정으로 정의한다. 그 이유는 비판적 사고에는 질문을 던지는 것이 포함되기 때문이며, 또한 메타 사고, 즉 사고에 관한 사고가 담당하는 역할이 있기 때문이다. 그는 비판적 사고에 (글이나 연설, 영화, 그림, 행동, 심지어 바디 랭귀지에 대한) '해석'도 포함시키고 있다. 그 이유는 '설명처럼 해석에도 여러 대안 중 최선의 방안을 강구하는 일이 포함되며 그것은 복잡한 주장에 관한 결론을 이끌어 내는 데 있어 중요한 예비 단계가 되기' 때문이다. 그는 '평가'도 포함시키고 있는데, 그 이유는 '이것은 어떤 것의 장점, 특징, 가치, 진가를 결정하는 과정이기' 때문이며, 비판적 사고의 많은 것들은 주장의 참이나 확률 혹은 신뢰성을 평가하는 일과 관련되어 있기 때문이다.

비판적 사고의 정의에 '관찰'을 명시적으로 포함시키고 있다는 점은 좀 특이하다. 하지만 걸프전 예에서 보았듯이, 우리가 보거나 듣는 것에 대해서도 때로 해석과 평가가 필요하며, 여기에도 비판적 사고 기술이 사용될 수 있다. 스크라이븐은 '정보'라는 말을 '사실적 주장'이라는 의미로 쓰고 있으며, '의사소통'이란 말을 정보를 넘어서 질문이나 명령 또는 다른 언어적 발화, 신호 등도 포함하는 것으로 이해한다. 끝으로 '논증'이란 결론을 위해 이유를 대는 것을 말한다. 아마 이 정의의 특징은 '관찰'이 비판적 사고에서 중요하다는 점을 인정한 것이라 할 수 있다.

스크라이븐의 정의가 우리가 살펴볼 마지막 정의이다. 이런 정의들을 살펴본 이유는 비판적 사고가 어떻게 발전되어 왔는지를 알게 하고, 비판적 사고가 여전히 변하고 있지만 그럼에도 일정한 핵심 부분을 지니고 있음을 알게 하며, 비판적 사고의 중요 생각이 무엇인지를 알게 하기 위해서였다. 앞에서 살펴본 것과 여러분이 처음에 스스로 제시했던 정의를 비교해 보면 도움이 될 것이다. 앞으로 우리는 비판적 사고의 핵심이라 할 수 있는 몇 가지 기본기를 익히는 훈련을 할 것이며, 이 작업을 방금 기술한 좀 더 넓은 맥락에서 이해하기를 바란다.

1.5. 비판적으로 사고하는 사람의 성향과 가치

어떤 사람이 일정한 기술을 가지고 있지만 그 기술을 전혀 사용하지 않는 경우도 있다. 앞에 나온 예는 공중제비를 돌 수 있지만 돌지 않는 경우였다. 비판적 사고의 경우에도 관련 기술을 지니고 있지만 적절한 상황에서 그것을 사용하지 않는 사람도 분명히 있을 수 있다. 가령 시험에서는 주장이 신뢰할 만한지를 판단할 때 우리가 고려해야 할 질문을 올바르게 제기하는 것으로 보아 비판적 사고의 기술을 갖추고 있다고 할 수 있지만, 이 기술을 다른 일이나 일상 상황에서는 전혀 사용하지 않는 사람도 있을 수 있다. 사실 비판적 사고 전문가들은 그런 사람의 태도에는 내적으로 무언가 잘못이 있다고 생각한다. 우리가 글레이저의 정의를 다시 살펴본다면, 비판적 사고의 정의 안에 이미 문제들을 면밀하게 따져 보는 '성향'이 포함되어 있음을 알 수 있다.

글레이저와 다른 사람들은 이런 기술을 가지고 있으면서 적절한 상황에서 그에 맞게 행동하지 않는다는 것은 말이 안 된다고 주장한다. 그들은 가령 여러분이 증거의 신뢰성을 잘 판단할 수 있다고 할 경우, 잘 속는 경우보다 더 합리적인 믿음을 갖게 되고, 이것이 더 낫다는 것을 모를 리 없으며, 실패하는 경우가 더 적을 것이고, 그것이 여러분에게 이득이 된다는 것도 저절로 알게 된다고 주장한다. 그러므로 신뢰성의 물음이 중요하게 제기될 때라면 언제나 이런 기술을 사용할 필요가 있다는 점을 모를 리 없다고 주장한다. 그 기술은 아주 값진 것이고 그것을 사용하는 습관을 들이는 것, 즉 그것을 사용하는 성향을 지니는 것이 이득이 된다는 것이다. 이런 사고 기술을 잘 발전시킨 사람이 그것을 사용하지 않으려 한다면 그것은 이해하기 어렵다는 것이다. 그것은 분명히 값진 기술이며, 그런 기술을 사용하는 습관을 들이면 여러 상황에서 당신의 이해력도 훨씬 나아질 것이다. 그러므로 비판적 사고의 기술을 단순히 비판적 사고 수업에서만 사용하려 들지 말고 다른 연구나 일상생활에도 적용하라는 것이다. 여러분은 이런 기술이 얼마나 유용한지를 알고 놀랄 것이다. 개인적인 이야기를 하면서 이 논의를 마쳐야 하겠다. 나는 대학에서 수년 동안 비판적 사고를 가르쳐 왔다. 학기가 끝날 때면 많은 학생들이 내게 찾아와 이런 기술이 전공 공부를 하는 데도 큰 도움이 되었다고 말하며, 대개 한결같이 다음과 같은 이야기를 덧붙인다. "이렇게 유용한 기술을 왜 고등학교에서는 가르치지 않는지 모르겠어요!"

이런 기술이 값진 기술이고, 적절한 상황에서 언제나 이런 기술을 사용하는 습관을 들이면 큰 도움이 된다는 데는 의문의 여지가 없다. 그러므로 여기 나온 기술을 그냥 배워 두는 데 그칠 것이 아니라 그것의 중요성을 인식하고 그것을 사용하도록 해야 한다. 간단히 말해 여러분 자신이 바로 비판적 사고를 하는 사람이 되어야 한다.

문제 1.9

다음 상황에는 어떤 사고 기술이 적용된 것인가?

1.9.1　인터넷에서 정보를 얻는 것

1.9.2　전화번호부에서 전화번호를 찾는 것

1.9.3　새로 들어온 일자리를 받아들일지 말지를 결정하는 것

1.9.4　조리법에 따라 빵을 만드는 것

1.6 '비판적-창의적 사고'

앞에서 말했듯이, 비판적 사고를 때로는 '비판적-창의적' 사고라고 부르기도 한다. 그렇게 하는 데는 두 가지 서로 연관된 이유가 있다. 첫째는 '비판적 사고'란 말이 때로 마치 다른 사람의 논증이나 생각을 적대적으로 비판하는 데에만 관심이 있다는 듯이 '부정적'으로 들린다는 점이다. 이는 분명히 커다란 오해이다. 왜냐하면 (그리고 이 점이 바로 둘째 이유이다) 논증이나 생각을 제대로 평가하려면, 우리는 때로 다른 가능성이나 다른 방안을 생각해 낼 수 있을 정도로 상상력이 풍부하고 창의적이어야 하기 때문이다. 어떤 문제에 대해 좋은 판단을 내리려면 다른 사람의 말에 어떤 난점이 있는지를 아는 것으로는 충분하지 않다. 여러분은 가능한 최선의 논증을 두고 판단을 해야 하며, 이를 위해서는 때로 제시된 것을 넘어서서 관련 사항들을 생각해 보아야 하며, 다른 관점에서 문제를 볼 수 있어야 하고, 다른 대안들을 생각해 보아야 하며, 다른 관련 정보를 찾아보아야 한다. 간단히 말해 여러분은 아주 창의적이어야 한다.

이 두 이유에서 비판적 사고가 지닌 긍정적이고 창의적인 측면을 강조하기 위해 '비판적-창의적' 사고라는 말을 쓴다. 하지만 이 말이 그다지 멋진 표현은 아니어서, 여기서는 널리 사용되는 '비판적 사고'란 말을 그대로 쓰기로 한다. 하지만 그 말을 우리는 긍정적이고 창의적인 의미로 이해할 것이다. 우리는 그 말을 마치 연극 '비평'이란 말과 똑같은 의미로 쓰기로 하겠다. 연극 비평에서도 긍정적인 것과 부정적인 것을 모두 평가하고 판단한다. 간단히 말해, 비판적 사고란 일종의 평가적 사고이며, 이에는 비판과 창의적 사고가 모두 포함되며, 비판적 사고에서는 믿음이나 행동을 뒷받침하기 위해 제시되는 추론이나 논증의 특성에 주로 관심을 둔다.

1.7 요약

비판적 사고 전통은 아주 오래된 것으로 지금도 여전히 발전해 가고 있다. 하지만 우리가 방금 설명했던 전통에 포함되어 있는 생각들을 대략 요약해 보면 다음과 같다.

비판적 사고는 무반성적 사고와 대비된다. **무반성적 사고**란 결론으로 바로 건너뛰거나 제대로 생각해 보지도 않고 어떤 증거나 주장, 결정을 곧이곧대로 받아들이는 것이다. 비판적 사고란 정도의 차이가 있을 수 있는 **숙련된** 활동이며, 좋은 비판적 사고가 되려면 여러 가지 지적 기준, 가령 명료성이나 연관성, 적절성, 일관성 등의 기준을 만족시켜야 한다. 비판적 사고를 위해서는 관찰이나 의사소통 그리고 다른 정보의 원천에 대한 해석과 평가가 필요하다. 또한 가정에 관해 생각해 본다거나 적절한 질문을 제기한다거나 함축을 이끌어 내는 기술, 간단히 말해 추론을 하고 논증을 하는 기술도 필요하다. 더구나 비판적 사고를 하는 사람은 그렇게 하는 것이 믿음과 행위를 정하는 최선의 방안이라고 보며, 그래서 적절할 경우에는 언제나 이런 방법을 사용하려는 성향을 지녀야 한다고 본다.

그러면 이런 태도는 임의의 주어진 문제에 대해 올바른 생각을 하는 데에는 오직 한 가지 방법만 있다는 것을 함축하는가? 그렇지 않다. 하지만 그것은 올바른 질문을 한다고 할 경우 우리가 대부분 지금보다 더 잘할 수 있다(즉 더 숙련되고 합리적이며 합당하게 할 수 있다)는 것을 함축한다.

이 전통에서는 여러 맥락에서 현재 우리가 어떻게 생각하는지를 파악해 우리의 사고를 개선하려고 한다. 이를 위해 더 나은 모형을 보여 주고, 그 모형대로 하도록 연습을 시키고자 한다. 이렇게 한다고 해서 우리가 모방해야 할 올바른 사고방식이 오직 하나 있다는 것을 함축하는 것은 아니다. 도리어 여기서는 우리가 실제로 하는 것보다 더 좋은 방식이 있으며, 적절한 훈련을 통해 잘못된 사고방식을 어느 정도 고쳐 나갈 수 있다고 주장한다. 앞으로 이 책에 나오는 것들은 바로 이렇게 되도록 하기 위한 설명과 연습 문제들이다.

더 읽어 볼 것

Ennis (1996, 1장 그리고 14장 군데군데).

Passmore (2009).

Facione (2010).

이유와 결론을 찾아내기:
논증의 언어

어떤 주장을 받아들이는 이유를 제시해, 그 주장을 우리도 받아들이도록 하고자 하는 경우가 있다. 이런 상황을 일컬어 보통 '논증을 편다'거나 '논증을 제시한다'고 말한다. 제시된 논증이 어떤 것인지를 쉽게 파악할 수 있는 경우도 있고, 그렇지 않은 경우도 있다. 우리 자신이 논증을 제시할 때에도, 다른 사람이 우리가 무슨 말을 하는지 쉽게 파악할 수 있는 경우가 있고 그렇지 않은 경우가 있다. 이 장에서 우리가 설명하고자 하는 것은 다음과 같은 것이다.

(i) 논증이 주어졌을 때 그것이 어떤 논증인지를 파악하는 방법.
(ii) 우리 스스로 논증을 분명하게 제시하는 방법.

이것들은 비판적 사고의 기본기이다. 실제 상황에서 비판적 사고를 잘하려면 이런 기술을 익혀야 한다. 어떤 믿음이나 결정을 뒷받침하기 위해 제시된 논증이 어떤 것인지를 잘 모른다면, 분명히 그 논증을 제대로 평가할 수 없을 것이다. 따라서 이 장에서 다루는 문제들의 범위가 제한되어 있기는 하지만, 그 문제들을 농구에서 슛을 연습하는 것에 견주어 생각해 보라. 일단 비판적 사고 기술을 배우고 나면 추론이나 논증, 토론과 같은 실제 상황에 그것을 적용할 수 있을 것이다.

2.1 논증이 제시되고 있는지를 확인하기

우선 언어에는 남을 설득하기 위한 용도 이외에도 여러 가지 용도가 있다는 점을 주목해 두자. 가령 사건을 보고하거나, 사물을 묘사하거나, 이야기를 하거나, 농담을 하거나, 약속을 하는 데도 언어가 사용된다. 논증이 제시되고 있는지를 가려내는 것이 언제나 쉬운 일은 아니다. 하지만 이런 맥락에서 사용되는 언어를 우리가 잘 알고 있기 때문에, 우리는 대개 무엇이 진행되고 있는지를 알 수 있다. 따라서 우리 직관을 근거로, 논증을 포함하고 있는 글과 그렇지 않은 글을 어떻게 구분할 수 있는지를 알아보기 위해 몇 가지 예를 보기로 하자.

문제 2.1

다음 글 가운데 결론이 있는 논증을 포함하고 있는 것은?

2.1.1 제임스는 세관을 뛰쳐나와 다이아몬드와 비싼 시계를 가방에서 줄줄 흘리면서 달려갔다. 그가 택시 정류장에 도착했을 때 기다리던 택시에는 모두 사람들이 타고 있었다. 제임스는 가장 가까운 택시로 달려가 막 떠나려던 택시 안으로 뛰어들었다. 제임스는 운전사에게 총을 겨누고 '시내로!'라고 외쳤다. 택시가 고속도로로 방향을 틀었다. (Morton, 1988)

2.1.2 읽을거리 18번 글.

2.1.3 19세기 영국 신학자이자 생물학자였던 고스(1810-88)는 한 가지 문제를 안고 있었다. 그는 독실한 기독교 신자로 성경의 「창세기」에 나오는 창조설을 그대로 받아들이는 사람이었다. 하지만 그는 또한 과학자이기도 했으므로 라이엘이나 다른 사람들의 지질학 및 화석 연구에 따를 때, 지구는 수억만 년 전부터 존재했다고 보아야 한다는 사실도 잘 알고 있었다. 그는 어떻게 이런 갈등을 해결할 수 있었을까? 다음과 같은 간단한 가설을 통해 이를 해결했다. 지구는 BC 4004년에 신에 의해 창조되었다. 하지만 지구는 실제보다 훨씬 더 오래되어 **보이게 하는** 화석 기록을 갖도록 창조되었다. 물론 어떤 증거도 그의 주장을 입증하거나 반박할 수 없다.

2.1.4 중요한 환경 문제는 대부분 개인이나 지역 단위의 노력으로는 해결할 수 없다. 가령 자동차 배기가스가 야기하는 공해는 세계적인 문제이며, 따라서 그런 문제는 국

제적인 노력을 통해서만 해결할 수 있다.

2.1.5 골상학은 오스트리아 해부학자 프란시스 조셉 갈에 의해 1800년 무렵에 창시되었다. 갈과 그의 동료들은, 뇌에는 성격상의 특징을 나타내는 자리가 각각 정해져 있어서 특정 부위가 클수록 그런 성격이 더 강하게 나타나기 때문에, 머리의 모양을 보고 사람의 성격을 알 수 있다고 주장했다.

2.1.6 "선생님들은 시험에 나오는 것만 가르친다." 오래된 이 슬로건은 잘 맞는다. 그러므로 시험이 사실적인 지식만을 요구한다면, 그것을 가르치면 될 테고 달달 외우기만 하면 될 것이다. 하지만 사고 과정이나 사고의 질도 평가를 한다면, 이것도 가르치게 될 것이다. '사고하는 학교'를 만드는 유일한 방안은 사고 기술과 사고 성향을 직접적으로 평가하도록 하는 것이다.

2.1.7 몬티 파이톤의 '논증 클리닉' 단막극에는 어떤 남자가 사무실로 들어가 안내원에게 다음과 같이 말하는 장면이 나온다. "안녕하세요. 저는 논증을 좀 배우고 싶어서 왔습니다." 그러자 안내원은 12번 방의 버나드 씨에게 가 보라고 안내한다. 그 남자가 12번 방의 문을 열자 다음과 같은 대화가 벌어진다.

버나드(화를 내며): 왜 왔어?

남자: 어, ….를 해 준다고 해서요.

버나드(고함을 치며): 나한테 그러지 마, 이런 멍청하게 생긴 놈!

남자: 뭐라고요?

버나드: 입 닥쳐, 임마. 나는 이런 놈 진짜 싫어! 이런 멍청한 놈!!!

남자: 뭐라고요? 나는 논증을 좀 배우고 싶어서 여기 온 건데요!

(유명한 이 단막극을 보려면 구글에서 'Monty Python argument clinic video'를 친 다음 유튜브에 올라와 있는 6분짜리 영상을 고르면 된다.)

어떤 상황을 기술하고 있다는 것을 언어가 명확히 해 주는 경우도 있고, 결론으로 나아가는 논증을 하고 있다는 것을 명확히 보여 주는 경우도 있으며, 조롱을 하거나 모욕을 주거나 비난을 하고자 하는 것임을 명확히 보여 주는 경우도

있다. 우리가 신문을 볼 때, 대부분은 사건을 보고하는 것일 테지만, 사설이나 독자 투고처럼 때로 결론을 뒷받침하는 논증을 담고 있는 것도 있다. 소설에는 논증이 별로 들어 있지 않다. 교과서는 정보를 알려 주기도 하지만 교과서에 나온 것을 받아들이도록 하기 위한 이유를 제시하기도 한다. 의회의 토론은 논증을 포함하기도 하지만 때로 비난을 목적으로 하기도 한다!

2.2 논증의 간단한 예 몇 가지

아주 간단한 예부터 보기로 하자. 비판적 사고 수업을 한 학기 동안 들었지만 기말시험을 통과하지 못한 한스라는 학생이 있다고 해 보자. 그가 선생님에게 다음과 같은 편지를 보냈다고 하자.

예 1

이 시험은 불공정했다. 나는 며칠을 공부했다. 자료를 네 번이나 읽었고, 중요한 부분에 밑줄을 쳐 가며 열심히 공부했다. 이렇게 했으면 좋은 성적을 받아야만 한다. 이 시험은 불공정했다.

문제 2.2

이 문제는 네 부분으로 이루어져 있다.

2.2.1 한스 논증의 '결론'은 무엇인가? 그가 선생님에게 말하고자 하는 요지는 무엇인가?

2.2.2 결론을 뒷받침하기 위해 한스가 제시한 이유에는 어떤 것들이 있는가?

2.2.3 한스는 어떤 암묵적 가정을 하고 있는가? 즉 그가 말은 하고 있지 않지만 가정하고 있는 것으로는 어떤 것들이 있는가?

2.2.4 끝으로, 여러분 생각에 이것은 좋은 논증인가 나쁜 논증인가? 물론 이 물음은 이 논증이 무엇인지를 파악하는 것보다 훨씬 더 나아간 것이다.

계속 읽기 전에 여러분이 생각하는 답을 먼저 적어 보는 것이 중요하다.

한스는 '이 시험은 불공정했다' 는 것을 논증하고 있다. 이것이 그의 '결론' 이다. 이것이 바로 그가 선생님에게 말하고자 하는 요지이다. 논증의 '결론' 이 꼭 맨 뒤에 나와야 하는 것은 아니며, 맨 앞에 올 수도 있다는 사실을 주목하라. 지금 이 경우는 양쪽에 다 나와 있다. 아마도 자신의 이의 제기를 강조하기 위한 수사적인 이유에서 그렇게 했을 것이다. 한스의 '결론' 은 시험을 다시 치러야 한다거나 채점한 답안지를 다시 확인해야 한다거나 또는 다른 사람이 다시 채점을 하도록 해야 한다는 것이라고 볼 수도 있다. 한스의 말은 잘못을 바로잡기 위해 무언가를 해야 한다는 것을 함축하며 — 이것은 실제로 그가 말하고 있는 것을 넘어서 있다 — 따라서 그런 것이 바로 한스의 결론이라고 말할 수도 있다. 사람들이 결론을 표현하지 않거나 혹은 완전하게 다 표현하지 않는 경우도 많이 있다.

이제 결론을 뒷받침하는 한스의 이유로 넘어가 보자. 한스는 "나는 며칠을 공부했다. 자료를 네 번이나 읽었고, 중요한 부분에 밑줄을 쳐 가며 열심히 공부했다. 이렇게 했으면 좋은 성적을 받아야만 한다"라고 말한다. 이것이 바로 그가 시험이 불공정했다고 생각하는 이유이다. 원한다면 여러분은 이 이유를 여러분 자신의 말로 다시 표현할 수도 있을 것이다. 하지만 이것은 아주 간단한 예이어서 해석의 문제가 생기지는 않으며, 따라서 한스의 표현을 그대로 쓰더라도 별 문제는 없다(선생님들은 종종 학생들에게 '여러분의 말' 로 표현해 보라고 하는데, 그렇게 한 것이 원래와 아주 다른 주장이 되어 버리는 경우도 흔히 있다!).

한스는 (실제로 말은 하고 있지 않지만) 말할 필요가 있는 무언가를 가정하고 있는가? 이는 답하기 어려운 문제이다. 한스가 한 공부 정도이면 좋은 성적을 받기에 충분하다는 것을 그가 가정하고 있다고 말할 수도 있다. 하지만 한스가 "이렇게 했으면 좋은 성적을 받아야만 한다"고 실제로 명시적으로 말하고 있으므로, 이를 암묵적 가정으로 여기기는 어렵다(우리는 나중에 가정에 관해 논의할 것이다. 가정이란 말이 납득하기 어렵다면, 용어 해설과 4.1절을 참조하라).

논증에서 진짜 중요한 물음은 "그 논증이 얼마나 좋은 논증이냐" 하는 것이다. 이 논증은 결론을 정당화하는가 또는 (맥락을 고려해 보았을 때) 결론을 제대로 뒷받침하고 있는가? 앞에서 한 이야기를 다시 한다고 할 때, 여기 나온 논증이 정확히 어떤 것인지를 잘 모른다면 이 물음에 제대로 답할 수 없을 것이다. 여러분은 맥락도 고려해야 한다. 가령 한스의 공부 방식이 비판적 사고 시험에서 좋은 성적을 받을 수 있는 방식이라고 해 보자. 이런 맥락일 경우, 비판적 사고를 제대로 하려면 비판적 사고 기술을 익히는 훈련을 해야 하며 스스로 사고를 해 보아야 한다고 선생님이 분명히 말해 두었을 때에 비해, 한스의 이의 제기는 훨씬 더 설득력이 있을 것이다. 비판적 사고 수업에서 학생들이 (관련 기술을 연습하지도 않고) 한스가 한 식으로 공부하기만 하면 된다고 생각했다고 보기는 어렵다. 따라서 (그가 비판적 사고 기술을 사용했어야 한다고 가정해 볼 때) 한스의 논증은 내가 보기에 좋은 논증이 아니다. 사실 그는 F를 받을 만했다!

간단한 이 예가 주는 교훈은 무엇인가?

(a) 간단한 논증이라면 결론의 이유가 무엇인지를 파악하기는 쉽다. 우리 말의 통상적 용법을 제대로 알기만 하면 된다.

(b) 이처럼 간단한 맥락에서는 '결론'과 '이유'가 무슨 뜻인지 안다. 우리는 이들 표현을 통상적인 의미로 쓴다. 아마 '가정'과 관련해서는 의문이 제기될 수도 있을 것이다. 이에 대해서는 나중에 논의하기로 하겠다.

(c) 결론이 꼭 논증 끝에 나와야 하는 것은 아니다. 맨 앞에 올 수도 있고, 어디에든 올 수 있다. 결론이 생략될 수도 있으며, 결론이 말한 것들을 통해 '함축'될 수도 있다.

(d) 어떤 논증이 좋은 논증인지를 파악하는 일은 복잡하다. 이를 판단하기 위해서는 우리가 살펴본 것과 같은 간단한 논증의 경우에도 나와 있는 것이 무엇이고, 가정된 것이 무엇이며, 어떤 맥락인지를 고려해 보아야 한다.

예를 하나 더 보자. 이 예는 이혼이 아주 일상화된 시대라는 맥락에서 나온 것이다.

예 2

결혼을 하고자 하는 쌍은 이혼을 할 경우 재산을 어떻게 나눌지를 미리 정해 놓는 혼전 계약서를 작성하는 것이 좋다. 그들이 이 문제에 대해 합의를 보지 못한다면, 우선 그 결혼은 하지 않는 것이 좋다. 합의를 할 경우라면, 혼전 계약서 덕에 이혼 법정에서 재산 분할을 두고 법적인 분쟁을 벌이면서 치르게 될 장기간의 심적 고통과 경제적 손실은 적어도 줄일 수 있을 것이다.

문제 2.3

이번에도 생각해 볼 문제는 네 가지이다.

2.3.1　이 논증의 결론은 무엇인가? 글쓴이의 요지는 무엇인가?

2.3.2　결론을 뒷받침하기 위해 제시된 이유는 무엇인가?

2.3.3　숨은 가정(즉 명시적으로 언급되어 있지는 않지만 암묵적으로 들어 있는 것)이 있는가?

2.3.4　이 논증이 좋은 논증인지 간단히 평가해 보라.

여기서도 계속 나아가기 전에 먼저 여러분 자신의 답을 적어 보는 것이 중요하다.

이 글의 결론은 "결혼을 하고자 하는 쌍은 이혼을 할 경우 재산을 어떻게 나눌지를 미리 정해 놓는 혼전 계약서를 작성하는 것이 좋다"는 것이다. 나머지 두 문장은 글쓴이가 제시한 이유이다. 숨은 가정이 있는지를 말하기란 쉽지 않다. 사실 숨은 가정이 있는지를 확실하게 하기란 쉽지 않다는 사실이 드러날 것이다. 이 경우 혼전 계약서는 이후의 이혼 과정에서도 효력이 그대로 인정될 것이라는 점을 글쓴이가 가정하고 있다고 말할 수 있다. 아마 다른 것도 가정하고 있을 수 있다. 이에 대해서는 (4.1절에서) 다시 다룰 것이다.

이 논증이 좋은 논증인지 여부는 이유나 가정이 참인지 뿐만 아니라 이유나 가정이 결론을 제대로 뒷받침하는지, 그리고 독자의 관점이 무엇인지 등에도 의존한다. 가령 천주교 신자라면, 혼전 계약서를 작성한다는 것은 이혼을 할 수도 있다는 것을 의미하는 셈인데, 이는 혼인 서약을 하는 것과 양립할 수 없다는 이유에서 결론을 문제 삼을 수 있다. 또 어떤 사람은 혼전 계약서 덕에 이혼 법정에서 재산 분할을 두고 법적인 분쟁을 벌이면서 치르게 될 장기간의 심적 고통과 경제적 손실은 적어도 줄일 수 있다고 하는 두 번째 이유를 문제 삼을 수도 있다. 그 근거로, 그런 혼전 계약서가 이혼 과정에서 효력을 인정받지 못하는 경우도 있다(따라서 앞에서 우리가 언급한 숨은 가정은 잘못된 것이다)는 점을 들수도 있을 것이다. 이런 주장이 맞는지를 판단하려면 자세한 법률 지식은 물론, 이런 사례의 경우 그것이 어떻게 적용되는지도 알아야 할 것이다.

이런 논증을 평가하기란 쉽지 않다. 하지만 (가정이 무엇인지는 불확실하지만) 이 논증이 어떤 논증인지는 비교적 분명히 알 수 있으며, 지금으로서는 이것으로 충분하다.

이 예에서 우리가 배운 교훈은 무엇인가?

    (a) 여기서도 우리말을 이해하기만 하면 별 어려움 없이 이유와 결론을 찾아낼 수 있다.

    (b) 가정을 정확히 하기란 여전히 어려운 문제였다.

    (c) 논증을 평가하는 데는 상당한 전문 지식과 때로 상상력이 필요해 보인다.

이번에는 좀 더 어려운 예를 하나 보기로 하자.

예 3

우리는 기차 여행이 여행자들에게 더 매력을 느끼도록 할 필요가 있다. 차가 도로에 너무 많아 환경이나 인간의 안전이 위협받고 있다. 좀 더 저렴한 비용으로 기차 여행을 할 수 있도록 해야 한다. 도로가 덜 붐비기를 누구나 원하지만, 여전히 편리한 도로 여행을 원한다. 새로운 유인책이 없는 한, 차 대신 기차를 선호하게 되지는 않을 것 같다.

2. 이유와 결론을 찾아내기: 논증의 언어   **39**

문제 2.4

이번 경우 논증이 제기하는 첫 번째 세 가지 물음에 집중하기로 하겠다.

2.4.1   이 논증의 결론은 무엇인가? 글쓴이가 말하는 요지는?

2.4.2   결론을 뒷받침하기 위해 제시된 이유는 무엇인가?

2.4.3   숨은 가정(즉 실제로 언급되어 있지는 않지만 암묵적으로 가정된 것)이 들어 있
        는가?

　여기서도 계속 나아가기 전에 여러분 자신의 답을 적어 보는 것이 중요하다.

　이 논증은 〈인디펜던트〉 신문에 실렸던 것을 그대로 따온 것이다. 이것을 따
온 이유는 이 글이 일반인들이 글을 어떻게 쓰는지를 잘 보여 주기 때문이다. 하
지만 이 논증이 정확히 무엇인지를 말하기란 쉽지 않다. 내 경험에 따르면, 사람
들은 대체로 이 연습 문제를 어려워하며 때로 당황해 하기도 한다. 우리는 '따라
서' 검사(the 'therefore' test)라고 부르는 것을 소개할 때 이 예를 사용하기로
하겠다. 이 검사의 기본 착상은 간단하지만 아주 효과가 있다. 이를 설명하기 전
에, '논증의 언어'에 관해 잠깐 설명을 하기로 하겠다.

2.3 '논증의 언어' 1

누군가 다음과 같이 말한다고 해 보자. "(가령, 잉글랜드 사람, 아일랜드 사람,
스코틀랜드 사람)에 관한 이 얘기 들어 봤어?" 그 사람은 무슨 말을 하려는 참인
가? 이것은 영국 사람들이 농담을 시작할 때 전형적으로 쓰는 말투이다. 마찬가
지로 사람들이 논증을 할 때, 즉 결론을 뒷받침하는 이유를 제시할 때 전형적으
로 사용하는 표현들이 있다. 이 맥락에서 사람들이 잘 쓰는 표현은 '따라서'이
다. 가령 한스는 앞의 이야기를 다음과 같이 나타낼 수도 있었을 것이다.

　　나는 며칠을 공부했다. 자료를 네 번이나 읽었고, 중요한 부분에 밑줄을 쳐
　　가며 열심히 공부했다. 이렇게 했으면 좋은 성적을 받아야만 한다. **따라서**

이 시험은 불공정했다.

물론 '따라서'와 같은 식으로 쓰이는 다른 표현들도 많이 있다. 그것들을 들면 다음과 같다.

그래서 …, 그러므로 …, 그러니까 …, 결과적으로 …, 이는 …를 입증/확립해 준다, 이는 …과 같은 믿음/견해를 정당화해 준다, 나는 …라고 결론 내린다, 이로부터 우리는 …를 추론할 수 있다, 이로부터 …이 따라 나온다, 이는 …를 증명해 준다, …임이 분명하다.

이 밖에도 더 많이 있다. 이것들은 모두 … 자리에 나오는 주장이 결론이며, 그 결론을 위해 이유가 제시되고 있다는 것을 보여 주기 위해 사용된다. 이렇게 말한다고 해서 그런 표현이 사용되면 언제나 논증의 결론이 나온다고 주장하는 것은 아니다. 우리가 말하는 것은 다만 그런 경우가 자주 있다는 것이며, 맥락을 적절히 고려했을 때 그런 표현이 논증의 구조를 파악하는 데 중요한 단서가 되기도 한다는 것뿐이다. 이 때문에 이런 표현을 보통 '결론 시사 표현'(conclusion indicator)이라 부른다. 이런 표현은 결론이 나온다는 점을 시사해 주며, 그 결론을 위해 이유가 제시된다.

우리말에는 결론이 나온다는 점을 시사해 주는 표현뿐만 아니라 이유가 나온다는 것을 보이기 위해 사용되는 표현도 있다. 당연하겠지만, 이런 표현은 대개 '이유 시사 표현'(reason indicator)이라 부른다. 여기에는 다음과 같은 것이 있다.

왜냐하면 …, … 때문에, … 이므로, …라는 사실로부터 따라 나온다. 이유는 …, 첫째 …, 둘째 …

이밖에도 많이 있다(여기서 …으로 표시된 곳이 바로 이유가 나오는 자리이다). '결론 시사 표현'과 '이유 시사 표현'을 한꺼번에 가리키고자 할 때, 보통

'논증 시사 표현'(argument indicator)이란 말을 쓴다. 이것들은 글에 논증이 포함되어 있는지 그리고 글쓴이가 어떤 논증을 의도하고 있는지를 파악하는 데 도움을 주는 언어적인 단서이다. 논증 시사 표현이 명확하게 들어 있는 논증의 예로 다음 글을 보자.

> 유전자 변형 농작물을 재배하게 되면 농부들은 더욱 강력한 제초제(이는 이전에 사용되었다면 곡식까지 죽였을 것이다)를 쓸 수 있게 된다. 따라서 들에 풀씨들은 크게 줄어들게 될 것이다. 그러므로 겨울 동안 이런 풀씨를 먹고 사는 새도 계속 줄어들게 될 것이다.

문제 2.5

다음 글에서 어떤 표현이 '논증 시사 표현'인지를 찾아내 보라. 그리고 그 표현이 시사하는 이유가 무엇이고, 결론이 무엇인지 말해 보라.

2.5.1 축구 경기에서 그는 중대한 반칙을 했다. 따라서 그는 퇴장당할 만했다.

2.5.2 여자의 뇌는 평균적으로 남자의 뇌보다 작다. 그러므로 여자는 남자보다 지혜롭지 못하다.

2.5.3 집사는 당시 주방에 있었다. 그 경우 그는 서재에 있던 주인을 쏘아 죽일 수 없다. 그러므로 집사가 그랬을 리가 없다.

2.5.4 영국에서는 권력이 너무 중앙집권화되어 있어서 의회의 권능이 정부에 의해 무시당하기 일쑤다.

2.5.5 종이나 유리와 같은 제품도 재활용해야 한다고 주장한다는 점에서 녹색 운동은 잘못되었다. 왜냐하면 종이는 쉽게 키울 수 있는 나무에서 나오고, 유리는 지천으로 널려 있는 모래에서 나오기 때문이다. 게다가 몇몇 미국 도시에서는 재활용하는 데 드는 비용이 너무 많다는 이유로 재활용 정책을 포기하기도 했다.

2.5.6 읽을거리 2번 글.

2.5.7 읽을거리 17번 글.

2.5.8 읽을거리 27번 글.

논증 시사 표현이 명확히 나오면서 좀 더 복잡한 논증의 예로 다음 글을 살펴 보자.

> 대부분의 부모는 자식이 좋은 직업을 갖기를 바란다. 좋은 직업을 갖는 데 필요한 핵심 요소는 바로 교육이므로 자식이 최선의 교육을 받도록 하는 것이 부모의 의무이다. 국민이 잘 교육받는 것이 나라의 경제에도 이득이 되기 때문에, 정부는 자식을 교육시키는 부모를 도와주어야 한다. 따라서 부모는 모두 자식의 교육비와 관련해 재정적 도움을 받아야 한다. 그러므로 수입이 적은 사람이라면 교육비 지원을 받아야 하고, 수입이 많은 사람이라면 세금 공제를 받아야 한다.

논증 시사 표현이 나오는 경우 논증의 구조와 글쓴이의 요지를 파악하기란 비교적 쉽다. 하지만 방금 본 예의 경우 그렇게 쉽지는 않다.

문제 2.6

위의 글에서 굵은 글씨로 표시된 것 가운데 이유 시사 표현은 어떤 것이고 결론 시사 표현은 어떤 것인지 말하라. 그런 다음 어느 문장이 이유이고 어느 문장이 결론인지 말하라. 끝으로 거기 나온 결론을 뒷받침하기 위해 글쓴이가 제시하고 있는 이유는 무엇인지를 말하라.

여기서도 계속하기 전에 문제 2.6에 대해 여러분 스스로 답을 해 보는 것이 중요하다.

'이므로'와 '때문에'가 이유 시사 표현이고, '따라서'와 '그러므로'가 결론 시사 표현이라는 점은 분명하다. '이므로'가 시사해 주는 이유는 '좋은 직업을 갖는 데 필요한 핵심 요소는 바로 교육이다'라는 것이다. 마찬가지로 '때문에'가 시사해 주는 이유는 '국민이 잘 교육받는 것이 나라의 경제에도 이득이 된다'는 것이다. '따라서'는 결론이 '부모는 모두 자식의 교육비와 관련해 재정적 도움을 받아야 한다'는 것임을 시사해 준다. 그리고 이것이 '그러므로' '수입이 적은 사람이라면 교육비 지원을 받아야 하고, 수입이 많은 사람이라면 세금 공제를 받아야 한다'는 최종 결론을 낳는다. 어떤 이유가 어떤 결론을 뒷받침하기 위해 제시되고 있는지에 대한 좀 더 자세한 설명을 보려면 뒤에 나오는 연습 문제 해답을 참조하라.

우리는 이 예를 나중에 다시 볼 것이다. 그러기 전에 앞의 예 3을 다시 살펴보고 이것을 이해하는 데 '논증의 언어'가 얼마나 도움이 되는지를 생각해 보자.

2.4 '따라서' 검사

농담을 시작하는 일반적인 방식("이 얘기 들어 봤어?")을 사용하지 않고 농담을 하는 경우가 있듯이, 논증이나 설득을 위한 글을 쓰거나 그런 말을 하면서 논증 시사 표현을 쓰지 않는 경우도 있다. 무엇을 논증하고 있는지, 무엇을 설득하고자 하는지 분명한 경우도 있지만, 논증이 무엇인지가 분명하지 않은 경우도 있다. 앞서 2.2절에 나온 예 3은 분명하지 않은 경우였다. 물론 말을 한 사람에게 그의 의도가 무엇인지를 물어볼 수도 있을 것이다. 하지만 그럴 수 없다면 어떻게 해야 할까? 이때 우리가 쓸 수 있는 좋은 방법 가운데 하나는 어떤 주장이 이유이고 어떤 주장이 결론인지를 알아보기 위해 문장의 순서를 바꾸어 가면서 '따라서', '그래서', '그러니까' 등을 넣어 읽어 보는 것이다.

예 3의 경우 이렇게 한다면 다음과 같이 될 것이다. 두 문장 사이에 '따라서'를 넣고 그 결과 '말이 되는지' 생각해 보라. 가령 글쓴이가 "우리는 기차 여행이 여행자들에게 더 매력을 느끼도록 할 필요가 있다. **따라서** 차가 도로에 너무 많아 환경이나 인간의 안전이 위협받고 있다"를 의도했다고 읽어도 말이 되는가? 분명히 그렇지 않다. 다른 방안을 시도해 보자. "새로운 유인책이 없는 한, 차 대신 기차를 선호하게 되지는 않을 것 같다. **따라서** 우리는 기차 여행이 여행자들에게 더 매력을 느끼도록 할 필요가 있다"는 말이 되는가? 이 경우 대답은 분명히 '그렇다'는 것이다. 우리가 여러 방식으로 문장들을 조합해 이런 과정을 반복하게 되면, 어떤 식의 배열은 말이 안 되지만 어떤 식의 배열은 말이 된다는

것을 알게 될 것이다. 우리 예의 경우, 대부분의 사람들이 보기에 말이 되는 식
으로 고쳐 적게 되면 다음과 같이 될 것이다.

> 차가 도로에 너무 많아 환경이나 인간의 안전이 위협받고 있다. [그리고]
> 도로가 덜 붐비기를 누구나 원하지만, 여전히 편리한 도로 여행을 원한다.
> [그리고] 새로운 유인책이 없는 한, 차 대신 기차를 선호하게 되지는 않을
> 것 같다. [따라서] 우리는 기차 여행이 여행자들에게 더 매력을 느끼도록
> 할 필요가 있다. [따라서] 좀 더 저렴한 비용으로 기차 여행을 할 수 있도록
> 해야 한다.

　원래 글을 이렇게 해석하는 것이 가장 자연스럽다고 해서 글쓴이가 정확히 이
를 의도했다는 보장은 없다. 우리가 말하는 것은 이런 해석이 우리가 보기에 말
이 되며, 이에 근거해 이 논증을 평가해 볼 수 있다는 것뿐이다. 대개 비판적 사
고 전문가들은 다른 사람의 논증을 평가할 때 자비의 원칙(the principle of
charity)을 지켜야 한다고들 말하는데(우리의 목적은 진리를 발견하고 현명한
판단을 내리는 데 있는 것이지 다른 사람을 비난하는 데 있는 것이 아니다), 우
리도 여기서 그렇게 할 것이다. 글쓴이 자신이 혼동을 했거나 자신이 무슨 말을
하고자 한 것인지 분명하지 않은 경우도 있을 수 있다. 하지만 글을 해석할 때,
우리는 그가 한 말의 문제점을 들추어내기보다 방금 설명한 식으로 그가 말한
것이 말이 되도록 만들고자 애써야 한다.
　글쓴이가 '무슨 말을 하고자 한 것인지' 분명하지 않은 경우도 있다는 말이
이상하다고 생각하는 사람도 있을 것이다. 하지만 그런 일은 드물지 않게 일어
난다. 나는 수업 시간에 학생들에게 예 3과 같은 짧은 글을 주고 그 글의 논증
구조가 드러나도록 다시 써 보라고 말한다. 특히 시간이 날 경우 나는 학생들에
게 다른 수업에서 냈던 자신들의 최근 과제물을 '따라서'나 '그래서' '그러니
까'와 같은 적절한 논증 시사 표현을 넣어 논증의 구조가 잘 드러나도록 다시 써
보라고 얘기한다. 이런 연습 문제에 대해 대부분의 학생들은 한결같이 다음처럼
말하곤 한다. "그것은 진짜 어려운 숙제였습니다. 왜냐하면 내가 그 글에서 애초

에 무슨 주장을 하고자 했는지를 파악하기가 아주 어려웠기 때문입니다."

요약해 말하면, '따라서' 검사는 두 문장 사이에 '따라서'를 넣어서 말이 되는지를 살펴보는 것으로, 과연 논증이 담겨 있는지 그리고 어떤 논증이 담겨 있는지를 파악하는 데 아주 유용한 방법이다.

문제 2.7

비교적 간단하면서도 좋은 예에 방금 다룬 검사 방법을 적용해 보기로 하자. 다음 글에 대해 논증 시사 표현을 집어넣어, 그 결과 말이 되는 논증이 되도록 재구성해 보아라(문장을 새롭게 배열해야 할 수도 있다).

2.7.1 식품의 안전 문제를 다루는 전통적인 영국의 접근법은 지역 단위의 보건 공무원들이 음식점의 위생 상태를 점검하는 식의 식품 소매 수준에만 개입하는 것이었다. 하지만 이보다 훨씬 더 포괄적인 접근법이 필요하다. 우리가 먹는 식품 때문에 생기는 건강상의 위협은 대부분 식품의 생산방식, 즉 소규모의 유기농 방식이 아닌 현대의 대규모 공장식 농업인 데서 연유한다. 따라서 식품의 생산방식 문제에는 전혀 관심이 없는 식품 안전청이 식품 때문에 생기는 우리의 건강 문제를 제대로 해결할 수 있을 것 같지는 않다.

2.7.2 읽을거리 5번 글.

2.7.3 읽을거리 14번 글.

2.7.4 읽을거리 15번 글.

2.7.5 읽을거리 21번 글.

2.5 '논증의 언어' 2

논증을 제시할 때 '따라서', '그래서', '그러니까'와 같은 표현이 우리의 의도를 드러내는 데 특수한 역할을 한다는 점을 생각해 볼 때, 논증에서 중요한 역할을 하는 표현이 이 외에도 아주 많다는 사실은 분명하다. 이런 것 가운데 몇 가지를 보도록 하자.

1. 주장을 나타낼 때 때로 다음과 같은 표현을 사용한다. '내 직관/생각/견해/주장은 …이다', '나는 …라고 확신한다', '증명할 수는 없지만 나는 …이라고 믿는다', '사실은 …이다/인 것 같다', '나는 …라는 것을 안다/보았다'. 이런 표현을 사용해 우리가 어느 정도로 강하게 견해(또는 견해의 근거)를 받아들이는지를 나타낸다.

2. 때로 가정을 하고 있다는 사실을 인식하고, 다음과 같은 말로 그 사실을 드러내기도 한다. '나는 …라는 가정을 하고 있다', '이것은 …를 전제한다'.

3. 결론의 이유를 제시한다는 사실을 드러내기 위해 '왜냐하면 …', '이유는 …', '…라면 …' (3.6절 참조)과 같은 일반적 표현을 사용하기도 하지만, 때로 이유의 성격이나 이유가 결론을 어떻게 뒷받침하는지를 드러내기 위해 다음과 같은 표현을 쓰기도 한다. '증거는 …이다/…를 함축한다', '유사한 추론에 의해 (또는 같은 이치로) …', '예를 들어 …', '내 경험에 따르면 …', '이 방면의 전문가들은 …라고 말한다', '전문가들은 …라고 믿는다'.

4. 인과적 설명에 관한 추론을 할 경우, 때로 이를 나타내기 위해 다음과 같은 표현을 사용한다. '…는 왜 …인지를 설명해 준다', '이것이 바로 …인 이유이다', '원인은 …이다'.

5. 어떤 것을 권고하거나 어떤 것을 하기로 결정할 경우, 이를 드러내기 위해 다음과 같은 표현을 쓴다. '나는 …하기를 권합니다', '우리는 …를 해야 한다', '위험 부담이 있기는 하지만 최선의 방안은 …이다'.

6. 무언가를 분명히 하거나 해석할 경우, 다음과 같은 표현을 쓰기도 한다. '명확하게 한다면 …', '내 말은 …', '가령 …', '이와는 대조적으로 …', '…라고 정의해 보자'.

7. 무언가를 추론할 경우, 다음과 같은 표현을 사용해 그 사실을 드러내기도 한다. '나는 …라고 추론한다/를 이끌어 낸다/라고 결론짓는다', '…는 …를 함축한다/시사해 준다/라고 생각하게 해 준다'.

8. 주장을 평가하는 데는 여러 가지 방식이 있으며, 이 경우 다음과 같은 표현

을 쓰기도 한다. '…는 참이다/그럴듯하다/거짓이다', '…는 공정하다/편향
되어 있다', '…는 간단하다/지나치게 단순화되어 있다', '…는 믿을 만하
다/믿기 어렵다', '…는 …라는 입장을 잘못 나타내고 있다/제대로 나타내고
있다', '…는 주관적/객관적이다', '…는 모호하다/부정확하다/애매하다',
'…는 받아들일 만하다/받아들일 만하지 않다'.

9. 어떤 견해를 제대로 뒷받침하고 있는지 평가할 때 대개 다음과 같은 표현을
    사용한다. '…는 …를 입증해 준다/정당화해 준다/뒷받침해 준다/…는 …와
    일관적이다/…는 …와 상충한다/…는 …와 모순된다/…는 …를 논박해 준
    다', '…는 오류이다/잘못이다', '…는 …와 관련이 있다/별 관련이 없다/무
    관하다', '…는 강하게/약하게/효과적으로 …를 뒷받침해 준다/반박해 준다'.
    (논증에 쓰이는 '핵심' 표현들의 목록으로는 Fisher and Scriven, 1997, 104쪽
    이하 참조)

이보다 더 전문적인 표현도 논증에 쓰인다는 점을 주목해 둘 필요가 있다(가
령 '역', '반례', '타당성', '함축/함의', '조건문', '필요조건', '충분조건' 등이
그런 표현이다). 우리는 나중에 그때그때 그런 표현을 다룰 것이다.

문제 2.8

아래 글에는 우리가 앞에서 나열했거나 아니면 그런 기능을 하는 논증의 언어가 포함되어
있다. 그런 표현이 어떤 것이고, 그것이 무엇을 나타내 주는지 말해 보라.

2.8.1   읽을거리 11번 글.

2.8.2   읽을거리 18번 글.

2.8.3   다윈주의자인 나로서는 종교를 보면 특이한 생각이 든다. 종교는 내 생각에 유전자
        의 유전과 비슷한 유전 형태를 보인다. … 세상의 어느 종파를 보든 우리는 아주
        특이한 일치점을 발견할 수 있다. 거의 대부분의 사람들은 부모가 믿는 종교를 그
        냥 따른다는 점이 바로 그것이다. …. 여러 종교 가운데 하나를 고를 때 개별 종교
        가 지닌 장점은 유전적 요인과 견주어 보면 아무런 중요성도 갖지 못하는 것 같다.
        이 점은 명백한 사실이다. 어느 누구도 이 점을 부인할 수 없을 것이다. (읽을거리

57번 글에서)

2.8.4 다음과 같은 이야기를 종종 듣는다. 신이 존재한다는 적극적인 증거는 없지만 신이
존재하지 않는다는 증거도 없다. 따라서 신의 존재 문제에 대해 마음을 열어 놓고
불가지론자가 되는 것이 최선의 방안이다.

언뜻 들어 보면, 이는 절대 틀릴 수 없는 입장 같다. … 하지만 좀 더 생각해 보
면, 이는 그냥 책임 회피일 뿐임을 알 수 있다. 왜냐하면 같은 이야기를 산타클로
스나 이의 요정(tooth fairies)을 두고서도 할 수 있기 때문이다. 마당 아래 이의 요
정이 있을 수도 있다. 이의 요정이 있다는 증거는 없다. 하지만 이의 요정이 없다
는 것도 **증명**할 수 없다. 그렇다면 우리는 이의 요정에 대해서도 불가지론자가 되
어야 하는 것이 아닌가?

이런 불가지론 논증의 문제점은 그것이 아무 데나 다 적용될 수 있다는 데 있다.
확실하게 반증할 수 없는 가설적인 믿음도 무수히 많다. 사람들은 이의 요정이나 유
니콘이나 용, 산타클로스와 같은 것을 대부분 믿지 않는다. 그렇지만 사람들은 대
개 부모가 믿는 종교적 신념에 따라 창조주 신은 믿는다. (읽을거리 57번 글에서)

설득을 하기 위한 글임이 분명한데도 불구하고, 우리가 논의한 논증 시사 표
현을 하나도 사용하지 않는 글도 있다. 그런 표현이 나오지 않는다는 사실은 그
런 표현이 나오는 때만큼이나 무엇인가를 시사해 주는 것일 수도 있다. 때로 수
사적인 이유에서 그런 표현이 생략되기도 하고, 글쓴이가 정확히 무엇을 의도하
는지가 분명하지 않아서(앞서 보았듯이, 논증 시사 표현을 사용해 과제물을 다
시 써 보라고 했을 때 애초에 무슨 주장을 하고자 했는지를 파악하기가 아주 어
려워서 학생들이 얼마나 힘들어 했는지를 생각해 보라) 그런 표현이 생략되기도
한다. 더 저렴한 기차 여행에 관한 예 3에서 한 것처럼 논증 시사 표현을 집어넣
어 문장을 재배열해 보는 것이 도움이 되듯이, 우리가 방금 논의한 목록에 나오
는 표현을 '집어넣어' 글을 '말이 되게' 해 보는 것도 큰 도움이 된다.

2.6 스스로의 논증을 명확하게 표현하는 법

이 장을 시작할 때 우리의 목적 가운데 하나는 스스로의 논증을 명확하게 하려면 어떻게 해야 하는지를 아는 것이었다. 이런 기술의 핵심은 논증의 언어를 적절히 사용하는 데 있다. 우리가 제시한 설명이나 여러분이 풀어 보았던 연습 문제를 통해 여러분은 논증의 언어가 어떤 것이며 어떻게 사용되는지를 이미 상당 부분 파악했을 것이다. 하지만 연습을 위해 연습 문제를 약간 더 다루어 보기로 하겠다. 여러분 자신의 답을 잘 생각해서 적어라. 이 가운데 일부는 나중에(4장 끝에서) 다시 다루게 된다.

문제 2.9

생각해 볼 문제는 다음 네 가지이다.

2.9.1 여러분이 논증하고자 하는 주장, 즉 결론을 하나 고르고(어떤 주제든 상관없다), 그런 다음 설득력 있는 논증을 제시해 보라. **여러분의 논증이 정확히 어떤 것인지를 분명히 해라.**

2.9.2 오늘 일간 신문에 나온 사설을 살펴보고, 논증을 펴고 있는 것은 어떤 것이고 그렇지 않은 것은 어떤 것인지를 파악해 보라.

2.9.3 앞의 문제에서 논증을 펴고 있는 사설을 찾았다면, 논증이 정확히 드러나도록 그것을 간단하게 다시 써 보라.

2.9.4 앞의 2.9.1과 관련해, 여러분이 제시한 논증에 반대하는 최선의 논증을 한번 구성해 보라. 여기서도 우리가 앞에서 논의한 논증의 언어를 사용해 여러분의 논증이 정확히 무엇인지를 분명히 하는 것이 가장 중요하다.

2.7 글쓴이의 의도를 확인하기: 논증의 '구조'

우리가 본 것처럼, 비교적 간단한 논증이라 하더라도 글쓴이가 정확히 무엇을 의도했는지를 파악하기가 쉽지 않은 경우도 있다. 복잡한 논증이라면 당연히 더 그럴 것이다. 하지만 '논증 시사 표현'이나 우리가 논의한 다른 표현을 집어넣어 보면 크게 도움이 된다. 그러나 이것으로 다 되는 것은 아니다. 왜냐하면 우리가 여태껏 다루지 않은 논증의 또 다른 측면이 있기 때문이다. 그것은 바로 논증의 '구조'이다. 먼저 두 가지 예를 들어 기본 생각을 설명하기로 하자.

> (i) 화석 연료의 대량 사용이 바로 지구 온난화의 원인이다. 그러므로 유해한 가스 배출을 줄이도록 협상을 하는 것이 중요하다. 그래서 각국이 문제를 야기하는 정도에 비례해 가스 배출을 줄이도록 하는 국제적 합의가 필요하다. 따라서 미국이 다른 나라로부터 가스 배출 권리를 '살' 수 있도록 허용해서는 안 된다.

> (ii) 생물 시간에 동물 해부를 하게 되면 학생들은 동물을 하찮은 소모품으로 여기게 된다. 또한 최근 연구에 따르면 이런 동물을 공급하는 업체들은 동물의 고통에 별로 신경을 쓰지 않는다. 게다가 해부를 통해 배울 수 있는 것을 지금은 컴퓨터 시뮬레이션을 통해서도 충분히 배울 수 있다. 따라서 이런 모든 이유에 비추어 볼 때, 이제 더 이상 생물 시간에 동물 해부를 해서는 안 된다.

논증 (i)은 대략 다음과 같이 진행된다.

(A) 그러므로 (B) 그래서 (C) 따라서 (D).

첫 번째 주장 (A)는 두 번째 주장 (B)를 받아들여야 할 이유로 제시되고 있고, 결론 (B)는 다시 (C)를 받아들여야 할 이유로 제시되고 있고, 이는 또 다시 (D)를 받아들여야 하는 이유로 제시되고 있다. 여기서 우리는 결론이 또 다른 다음 결론의 이유가 되는, 이른바 논증의 '연쇄'를 보게 된다.

반면 예 (ii)에서는 (독자들이 잘 알 수 있도록 또한과 게다가를 굵은 글씨로 적어 놓았다) 논증의 구조가 다음과 같이 되어 있다.

　　(A)이고 또한 (B)이며 게다가 (C)이다. 따라서 이런 모든 이유에 비추어 볼 때 (D)이다.

이 경우에는 (D)를 받아들여야 하는 세 개의 개별적 이유가 제시되고 있다. (A)가 (B)의 이유는 아니며, (B)가 (C)의 이유도 아니다. 이 세 가지 이유가 결론 (D)를 뒷받침하기 위해 이른바 '나란히' 제시되고 있다. 사실 이 이유 각각이 결론을 약간씩 뒷받침하기는 하지만, 이들이 서로 합쳐지면 더욱 강력한 이유가 된다(물론 결론 (D)에 반하는 다른 이유가 있을 수도 있다). 여기서는 이 두 논증이 강한지 약한지를 다루지는 않을 것이다. 우리는 논증이 아주 다른 '구조'를 지니기도 한다는 점을 주목해 두기만 하면 된다. 즉 결론을 위한 이유들의 '연쇄'를 제시하는 논증도 있고, 결론을 뒷받침하기 위해 여러 이유들을 '나란히' 제시하는 논증도 있다는 것이다. 이 점은 아주 중요한 차이이므로, 우리는 앞으로 한 장을 할애해서 논증이 지니는 서로 다른 구조나 '형태'에 대해 설명할 것이다.

2.8 요약

이 장에서 우리는 논증과 말다툼, 논란, 설명, 보고, 이야기하기 사이에 어떤 차이가 있는지를 파악하는 훈련을 했다. 그런 다음 논증을 접하게 되어 그것을 이해하고자 할 때 어떤 물음을 물어야 하는지를 살펴보았다. 이런 물음에 답하기 위해 논증의 언어, 즉 논증을 할 때 보통 사용하는 표현들에 관해 논의했고, ('따라서', '왜냐하면', '그러므로', '…라면', '…임이 분명하다' 등과 같은) 논증 시사 표현이 하는 특수한 역할에 대해 설명했다. 우리는 '따라서' 검사를 설명했고, 그것을 사용해 글쓴이의 의도를 파악하는 방법을 설명했다. 우리는 결론이 꼭 논증 끝에 나와야 하는 것은 아니라는 점도 지적했다. 결론은 처음에 올 수도 있으며, 사실 어디에든 올 수 있다. 심지어 결론이 명시적으로 언급되지 않을 수도 있다. 결론이 그냥 앞의 말을 통해 '함축'될 수도 있다.

이런 점을 논의한 후, 우리는 논증의 언어를 더 확대했고('증거', '의견', '추론', '뒷받침', '증명', '반박', '오류' 등을 포함시켰다), 여러분 스스로가 논증을 제시할 때를 포함해, 이런 표현을 사용하는 방법을 몇 가지 연습해 보았다.

글쓴이의 의도를 이해하기 위해서는 결론을 뒷받침하기 위해 어떤 이유가 어떻게 제시되고 있는지를 파악해야 하므로, 우리는 논증의 '구조'에 관한 이야기도 간단히 소개해 다음 장에서 이를 자세히 다룰 수 있도록 미리 준비를 해두었다.

우리는 어떤 개념을 설명할 때마다 그것을 적용해 보는 연습을 할 수 있도록 했다. 대개의 경우 그런 문제를 푸는 데는 '결론'이나 '이유'와 같은 우리말 표현의 통상적 용법을 제대로 이해하기만 하면 된다. '가정'과 같은 표현처럼, 불가피하게 문제가 되는 표현도 있는데, 이에 대해서는 나중에 적절할 때 다시 다룰 것이다.

이 장의 앞부분에서 말했듯이, 논증이 좋은지 여부, 즉 논증이 설득력이 있는지 여부를 파악하는 일은 아주 복잡하다. 이를 위해서는 무슨 말인지를 알아야 할 뿐만 아니라 무엇이 가정되고 있는지 그리고 맥락이 어떤 것인지 등도 알아야 한다. 전문 지식이 필요한 경우도 있고 상상력이나 면밀한 연구가 필요한 경우도 있다. 하지만 무엇이 필요하든, 논증이 무엇인지를 정확히 모른다면 그 논증을 평가할 수 없다는 점은 명백하다. 우리가 이 장에서 주로 다룬 것이 바로 논증이 정확히 어떤 것인지 하는 것이었고, 우리는 이 문제를 앞으로 세 개의 장에 걸쳐 더 다룰 것이다.

더 읽어 볼 것

Ennis (1996, 2장).

Fisher (2004, 2장).

논증을 이해하기: 논증의 여러 형태

3.1 가장 간단한 경우

다음은 아주 간단한 구조를 지닌 논증의 예이다.

　　오존층 파괴는 국제적인 문제이다. 따라서 그 문제는 국제적인 합의를 통해서만 해결될 수 있다.

여기에는 하나의 결론을 뒷받침하기 위해 하나의 이유가 제시되고 있다. 따라서 우리는 이 논증의 구조를 다음과 같이 적어 볼 수 있다.

　　〈이유〉 따라서 [결론]

여기서 〈이유〉는 "오존층 파괴는 국제적인 문제이다"이고 [결론]은 "그 문제는 국제적인 합의를 통해서만 해결될 수 있다"이다.

3.2 이유를 '나란히' 제시하기

이번에는 좀 더 복잡한 논증의 예를 보기로 하자.

종교인들이 여러 세계관을 합리적으로 비교하여 자신들의 신앙을 정하는 경우는 아주 드물다는 점은 명백하다. 거의 대부분의 종교인들은 기독교도든 힌두교도든 회교도든 상관없이 자신이 살고 있는 그 지역 사람들의 종교를 그냥 채택한다. 더구나 초자연적인 것에 관한 믿음을 지지해 주는 증거도 거의 없다.

이 경우 글쓴이의 결론을 뒷받침하기 위해 두 가지 이유가 제시되고 있다. 두 번째 문장과 세 번째 문장이 각각 결론을 위한 이유이며, 글쓴이는 결론을 뒷받침하기 위해 두 가지 이유를 '나란히' 제시하고 있다(한 이유가 다른 이유를 뒷받침하기 위해 제시된 것이 아니다). 따라서 우리는 이 논증의 구조를 다음과 같이 나타낼 수 있다.

〈이유1〉과 〈이유2〉 따라서 [결론]

앞 장 끝에서 우리는 결론 "이제 더 이상 생물 시간에 동물 해부를 해서는 안 된다"를 뒷받침하기 위해 세 가지 이유가 '나란히' 나오는 예를 살펴보았다. 이제 이런 종류의 예 가운데 마지막으로, 결론을 뒷받침하기 위해 네 가지 이유가 나오는 사례를 보기로 하자.

트루먼 독트린은 적어도 네 가지 이유에서 미국 역사의 전환점이었다. 첫째, 트루먼은 공산주의에 대한 미국인들의 두려움을 이용해 냉전에 바탕을 둔 외교 정책을 펴야 한다고 주장한 첫 번째 사례였다. 둘째, … 의회는 대통령에게 냉전을 유지해 나갈 수 있도록 거대한 힘을 부여했다. 셋째, 세계 대전 후 처음으로 미국인들이 다른 나라의 내전에 대규모로 개입했다. 끝

으로, 그리고 아마 이것이 가장 중요한데, 트루먼은 독트린을 사용해 유럽
과 미국 경제의 붕괴를 막기 위한 엄청난 규모의 원조 정책을 정당화했다.
(월터 라피버, 『미국, 러시아 그리고 냉전 1945-1996』, 8판, 1996, 뉴욕:
멕그루힐, 56-7쪽)

이 논증의 구조는 결론을 뒷받침하기 위해 네 가지 이유를 '나란히' 제시하고
있는 것이라고 볼 수 있으며, 이를 다음과 같이 나타낼 수 있다.

〈이유1〉과 〈이유2〉와 〈이유3〉과 〈이유4〉 따라서 [결론]

여기서 각각의 〈이유〉는 글쓴이가 제시하고 있는 것들이며, [결론]은 "트루먼 독
트린은 미국 역사의 전환점이었다"이다. 물론 글쓴이는 '적어도 네 가지 이유에
서'라고 말하고 있다. 글쓴이가 이 점을 분명히 해 주고 있는 것이다. 하지만 이
런 말이 없었다 하더라도 위의 논증은 위와 같은 구조를 갖는다고 보는 것이 자
연스럽다.
　이처럼 어떤 결론을 뒷받침하기 위해 여러 이유를 '나란히' 제시하는 논증 형
태는 아주 흔하다. 그런 논증이 좋은 논증인지, 그 논증이 결론을 제대로 뒷받침
한다고 볼 수 있는지를 판단하려면, 이유들이 올바른지, 참인지, 받아들일 만한
지(이유가 가치 판단이거나 정의인 경우도 있다)와 이유가 실제로 결론을 정당
화하는지를 살펴보아야 한다. 이런 작업에 대해서는 나중에(특히 6~9장에서)
설명할 것이므로, 여기서는 우선 다른 논증 형태부터 설명하기로 하자.

3.3 논증의 '연쇄'

다음 예를 살펴보자.

유전자 변형 농작물을 재배하게 되면 농부들은 더욱 강력한 제초제(이는

이전에 사용되었다면 곡식까지 죽였을 것이다)를 쓸 수 있게 된다. 따라서 들에 풀씨들은 크게 줄어들게 될 것이다. 그러므로 겨울 동안 이런 풀씨를 먹고 사는 새도 계속 줄어들게 될 것이다.

이 글의 논증 구조는 분명히 다음과 같다.

〈이유1〉 따라서 [결론1] 그러므로 [결론2]

여기서 [결론1]은 〈이유1〉의 결론이기도 하지만 [결론2]의 이유이기도 하다. 이런 '연쇄' 구조는 우리가 지금까지 살펴본, 이유를 '나란히' 제시하는 구조와는 다르다. 이런 연쇄 논증의 경우 평가하는 방법도 당연히 달라야 하며, 따라서 논증의 구조를 정확히 파악하는 것이 중요하다. 우리는 앞 장 끝에서 네 단계의 연쇄 논증으로 이루어진 예를 하나 보았다.

화석 연료의 대량 사용이 바로 지구 온난화의 원인이다. 그러므로 유해한 가스 배출을 줄이도록 협상을 하는 것이 중요하다. 그래서 각국이 문제를 야기하는 정도에 비례해 가스 배출을 줄이도록 하는 국제적 합의가 필요하다. 따라서 미국이 다른 나라로부터 가스 배출 권리를 '살' 수 있도록 허용해서는 안 된다.

물론 이보다 더 긴 연쇄 논증도 있을 수 있다. 이런 형태의 논증은 수학이나 과학에서 흔히 볼 수 있으며, 아주 긴 연쇄 논증도 있다.

문제 3.1

아래에서 이유가 '나란히' 제시되어 있는 구조를 지닌 논증은 어떤 것이고, '연쇄' 구조를 지닌 논증은 어떤 것인지를 말하라.

3.1.1   읽을거리 3번 글.

3.1.2   읽을거리 11번 글.

3.1.3 읽을거리 17번 글.

3.1.4 읽을거리 29번 글.

3.1.5 우리가 먹는 식품 때문에 생기는 건강상의 위협은 대부분 식품의 생산방식, 즉 현대의 대규모 공장식 농업인 데서 연유한다. 따라서 식품의 생산방식 문제에는 전혀 관심이 없는 식품 안전청이 식품 때문에 생기는 우리의 건강 문제를 제대로 해결할 수 있을 것 같지는 않다. 그러므로 이 문제를 해결하려면, 지역 단위의 보건 공무원들이 음식점의 위생 상태를 점검하는 식의 식품 소매 수준에만 개입하는 전통적인 영국의 접근법보다 훨씬 더 포괄적인 접근법이 필요하다.

문제 3.2

앞서 우리가 본 것은 대부분 논증 시사 표현이 명시적으로 들어 있어서 논증의 구조가 아주 분명하게 드러나는 것들이었다. 하지만 그렇게 분명하게 쓰지 않는 사람들도 많이 있다. '따라서' 검사를 이용해, 아래 논증 가운데 어떤 것이 '연쇄' 논증이고 어떤 것이 결론을 뒷받침하기 위해 이유를 '나란히' 제시하고 있는 것인지 말하라.

3.2.1 읽을거리 21번 글.

3.2.2 읽을거리 28번 글.

3.2.3 읽을거리 36번 글.

3.2.4 읽을거리 38번 글.

3.4 합쳐져야 하는 이유

결론을 뒷받침하기 위해 여러 이유를 '나란히' 제시하는 경우, 각각의 이유는 결론을 독자적으로 어느 정도 뒷받침해 준다. 즉 다른 이유가 없더라도 결론을 어느 정도 뒷받침한다. 우리가 앞서 본 예를 다시 보자.

생물 시간에 동물 해부를 하게 되면 학생들은 동물을 하찮은 소모품으로 여기게 된다. 또한 최근 연구에 따르면 이런 동물을 공급하는 업체들은 동물의 고통에 별로 신경을 쓰지 않는다. 게다가 해부를 통해 배울 수 있는 것을 지금은 컴퓨터 시뮬레이션을 통해서도 충분히 배울 수 있다. 따라서 이런 모든 이유에 비추어 볼 때, 이제 더 이상 생물 시간에 동물 해부를 해서는 안 된다.

동물을 공급하는 업체들을 엄격하게 관리해 '동물의 고통에 별로 신경을 쓰지 않는' 업체들이 없도록 하거나 동물의 고통에 신경을 쓰도록 할 수 있다고 하더라도, 글쓴이는 나머지 두 이유가 여전히 결론을 뒷받침한다고 생각할 것이다. 분명히 글쓴이 자신은 세 가지가 합쳐져(그것들이 참이라면) 아주 강한 논증이 된다고 생각하고 있다. 하지만 한 이유가 틀렸다거나 거짓임이 드러난다 할지라도, 나머지 이유들이 여전히 결론을 뒷받침해 준다.

이유가 '나란히' 나오는 논증 가운데는 이렇지 않은 경우도 있다. 다음 예를 보자.

여러분이 이 책에 나오는 모든 연습 문제를 꼼꼼히 풀어 본다면, 이 수업에서 좋은 성적을 받을 것이다. 여러분은 모든 연습 문제를 꼼꼼히 풀어 보고 있다. 따라서 여러분은 이 수업에서 좋은 성적을 받을 것이다.

이 경우 첫 번째 문장과 두 번째 문장은 "여러분은 이 수업에서 좋은 성적을 받을 것이다"라는 결론을 뒷받침하기 위해 '나란히' 제시된 이유이다. 하지만 첫 번째 이유가 독자적으로 결론을 뒷받침하는 것은 아니라는 점을 주목하라. 다음 논증을 생각해 보자.

여러분이 이 책에 나오는 모든 연습 문제를 꼼꼼히 풀어 본다면, 이 수업에서 좋은 성적을 받을 것이다. 따라서 여러분은 이 수업에서 좋은 성적을 받을 것이다.

"여러분이 모든 연습 문제를 꼼꼼히 풀어 보고 있다"는 것이 추가로 주어지지 않는 이상, 여기 나온 이유가 결론을 뒷받침하지 못한다는 것은 분명하다.

다음 논증도 마찬가지이다.

> 여러분은 모든 연습 문제를 꼼꼼히 풀어 보고 있다. 따라서 여러분은 이 수업에서 좋은 성적을 받을 것이다.

모든 연습 문제를 꼼꼼히 풀어 보는 것이 이 수업에서 "좋은 성적을 받기에 충분하다"는 것이 추가로 주어지지 않는 이상, 여기 나온 이유도 결론을 뒷받침하지 못한다(이 수업에서 좋은 성적을 받으려면 똑똑해야 할 수도 있고, 시험 스트레스가 너무 크지 않아야 할 수도 있다).

이와 같은 이유들은, 결론을 뒷받침하기 위해 **합쳐져야** 하는 이유들로서, 이들을 보통 '합쳐져서 결론을 뒷받침하는 이유'라고 부른다. 논증에서 결론을 뒷받침하는 이유가 나란히 여러 개 나올 경우, 이유가 다른 이유와 독자적으로 어느 정도 결론을 뒷받침하는 것도 있고, 그렇지 않은 것, 즉 이유가 다른 이유와 합쳐져서 결론을 뒷받침하는 것도 있다. 어떤 이유인지가 분명한 경우도 있지만, 그것을 정하기 어려운 경우도 많이 있다. 어떤 이유인지를 정하기 어렵다면, 더 강하게 뒷받침하는 방식으로 논증을 해석하는 것이 좋다.

문제 3.3

이유가 '나란히' 나오는 아래 논증 가운데, 이유가 합쳐져서 결론을 뒷받침하는 것은?

3.3.1   읽을거리 29번 글.

3.3.2   사실 무엇을 먹는가에 따라 혈중 콜레스테롤 농도가 달라지는 것은 아니라고 볼 수 있는 좋은 이유들이 있다. 첫째, 간은 보통 소화 때에 비해 세 배에서 네 배까지 콜레스테롤을 분해할 수 있다. 둘째, 우리 몸 자체가 혈중 콜레스테롤 양을 조절한다. 비록 불행하게도 어떤 사람은 애초에 너무 높게 설정되어 있어서 젊어서 심장마비로 죽기도 하지만, 무엇을 먹든지 간에 혈중 농도는 대개 일정하게 유지된다.

3.3.3   지구 온난화가 실제로 진행되고 있다면, 북극과 남극의 빙하가 아주 빠른 속도로

녹고 있어야 할 것이다. 빙하가 녹고 있다면, 해수면이 높아지는 결과가 나타나야 한다. 지구 온난화가 실제로 진행되고 있다. 따라서 해수면이 높아지는 결과가 나타나야 한다.

3.5 좀 더 복잡한 논증 형태

논증을 제시할 때 일반적으로 사람들은 단순한 논증을 여러 개 묶어서 사용한다. 이를 보기 위해 예를 또 하나 들어 보자.

장래 부모가 될 사람들은 대부분 아들을 선호한다. 따라서 사람들이 자식의 성을 선택할 수 있게 하면 여자보다 남자 인구가 결국에는 훨씬 많아질 것이다. 이것은 심각한 사회 문제를 야기할 수 있다. 그러므로 사람들이 자식의 성을 선택할 수 있는 기술을 사용하지 못하도록 해야 한다.

이 논증의 구조는 다음과 같다는 것이 비교적 분명하다.

R1 〈장래 부모가 될 사람들은 대부분 아들을 선호한다.〉 따라서 C1 [사람들이 자식의 성을 선택할 수 있게 하면 여자보다 남자 인구가 결국에는 훨씬 많아질 것이다.] 그리고 R2 〈이것은 심각한 사회 문제를 야기할 수 있다.〉 그러므로 C2 [사람들이 자식의 성을 선택할 수 있는 기술을 사용하지 못하도록 해야 한다.]

지금 우리가 이 논증을 평가하고자 하는 것은 아니다. 우리는 단지 글쓴이가 말하고자 하는 것을 명확히 하고자 할 뿐이다(이 작업 이후에야 비로소 우리는 그것을 평가할 수 있다).

이제 좀 더 복잡한 논증을 보자.

인간의 유전적 다양성은 바이러스나 박테리아부터 회충이나 다른 기생충에 이르기까지 우리를 괴롭히는 아주 다양한 병원균에 대항해 우리를 보호하기 위해 진화해 온 결과다. 이는 우리 가운데 어떤 사람은 다른 사람보다 특정 질병에 더 취약하다는 의미다. 하지만 유전적 다양성은 이런 취약한 집단을 보호하는 역할도 한다. 특정 질병에 더 취약한 사람들이 소수라면, 그 질병에 저항력이 있는 사람들이 그들을 둘러싸고 있는 셈이다. 이렇게 되면 그 질병을 일으키는 병원균은 살기가 더 힘들게 된다. 왜냐하면 그 병에 취약한 숙주들이 저항력이 있는 사람들 사이사이에 넓게 퍼져 있는 셈이기 때문이다. 그래서 그 병에 취약한 사람들도 병에 걸리지 않을 수 있게 된다. (『뉴사이언티스트』, 1996. 3. 23., 41쪽)

여기에는 여러 논증이 들어 있다. 하지만 다음과 같이 분석할 수 있을 것 같다.

R1 〈인간의 유전적 다양성은 바이러스나 박테리아부터 회충이나 다른 기생충에 이르기까지 우리를 괴롭히는 아주 다양한 병원균에 대항해 우리를 보호하기 위해 진화해 온 결과다.〉 이는 C1 [우리 가운데 일부는 다른 사람보다 특정 질병에 더 취약하다]는 의미다. 하지만 C3 [유전적 다양성은 이런 취약한 집단을 보호하는 역할도 한다.] 왜냐하면 R2 〈특정 질병에 더 취약한 사람들이 소수라면, 그 질병에 저항력이 있는 사람들이 그들을 둘러싸고 있는 셈이기 때문이다…〉 그래서 C2 [그 병에 취약한 사람들도 병에 걸리지 않을 수 있게 된다.]

여기서 … 부분은 우리가 'R2 따라서 C2 따라서 C3'이라고 분석한 논증을 그냥 반복하고 있는 부분이다. 물론 이 논증의 구조를 이렇게만 볼 수 있는 것은 아니다. 하지만 이렇게 보는 것이 자연스러우며, 이렇게 보면 이 논증이 설득력이 있는지를 평가할 때 우리가 무엇을 해야 할지를 쉽게 알 수 있다.

다음 글의 논증 구조가 어떤 것인지를 결정하라('따라서' 검사가 도움이 될 수도 있다).

3.4.1   읽을거리 18번 글.

3.4.2   읽을거리 19번 글.

3.4.3   읽을거리 24번 글.

3.4.4   읽을거리 39번 글.

3.6 막간: 조건문과 다른 복합 문장

어떤 논증은 다른 논증보다 복잡한 구조를 지니고 있듯이, 어떤 이유나 결론은 다른 것보다 더 복잡한 구조를 지니고 있다. 간단한 예를 하나 들어 보자. 경찰이 학교 금고에서 돈이 도난당한 사건을 조사한 결과 다음과 같은 결론을 내릴 수 있는 증거를 찾았다고 해 보자.

　　　교장이 그 돈을 훔쳤거나 비서가 훔쳤다. (H이거나 S)

이처럼 'A이거나 B' 형태의 문장을 보통 '선언문'이라 부른다. 논증을 이유와 결론으로 분석할 때 선언문을 쪼개서는 안 된다는 점을 명심해야 한다. 여기서 경찰이 내린 결론은 선언문 전체다(경찰은 교장이 그 돈을 훔쳤다고 주장하는 것도 아니고, 비서가 훔쳤다고 주장하는 것도 아니다. 경찰은 두 사람 중에 하나가 훔쳤다고 말하는 것이다). 물론 비서가 훔치지 않았다는 것을 보여 주는 확실한 증거를 제시한다면, 우리는 이것과 원래의 이유인 'H이거나 S'를 합쳐 '교장이 훔쳤다'는 결론을 지닌 새로운 논증을 구성할 수는 있다(이 경우 이유 가운데 하나가 선언문이다).

또 다른 예로 다음과 같은 의학적 주장을 생각해 보자.

당신은 호흡이 거칠고 살이 빠지고 있습니다. 그러므로 당신은 갑상선에 문제가 있거나 폐암에 걸렸거나 아니면 다른 문제가 있는 것 같습니다.

이 경우 결론은 분명히 선언문이며, 추가 검사를 해서 의사가 어떤 것이 문제인지를 결정하기 전까지는 이를 쪼개서는 안 된다.

선언문을 포함하고 있는 논증 가운데 널리 알려져 있기는 하지만 꽤 어려운 예로는 읽을거리 56번[파스칼의 내기]을 참조하라. 그 논증은 'A이거나 B인데, A이면 C이고, B이면 C이므로, 따라서 어쨌건 C'라는 형태를 지니고 있다.

논증을 이유와 결론으로 분석할 때 선언문은 대개 큰 문제를 일으키지 않지만, 다른 어떤 문장은 때로 어려움을 야기한다. 우리가 이미 보았듯이, 논증에서 아주 자주 볼 수 있는 표현 가운데 하나는 '…이면 …'나 이와 비슷한 의미를 지닌 것들인데, 이것들이 종종 문제를 일으킨다. 다음 주장을 생각해 보자.

지구 온난화가 상당한 규모로 진행되고 있다면, 장기적으로는 극지방의 빙하는 꾸준히 줄어들 것이다.

이것을 보고 글쓴이가 결론의 이유를 제시하고 있다고 생각할 수도 있겠지만, 사실은 그렇지 않다. 글쓴이의 주장은 지구 온난화와 극지방의 빙하 양 사이에 어떤 연관성이 있다는 것이지, "지구 온난화가 상당한 규모로 진행되고 있다"는 말이 아니다. 글쓴이는 서로 다른 두 현상 사이의 연관성을 주장하고 있을 뿐이다.

논증을 분석할 때, 조건문을 이유와 결론을 나타내는 것으로 쪼개서는 안 된다는 점을 명심해야 한다. 전체 조건문이 이유나 결론으로 나올 수도 있다. 다음 둘 사이에는 커다란 차이가 있다.

(a) 피고인이 살인 사건이 일어난 날 밤 자신의 행적에 대해 거짓말을 하고 있다면, 그 사람은 아마도 유죄일 것이다.

(b) 피고인은 살인 사건이 일어난 날 밤 자신의 행적에 대해 거짓말을 하

고 있다. 따라서 그 사람은 아마도 유죄일 것이다.

(b)는 결론의 이유를 제시하고 있는 것인 반면, (a)는 전자이면 후자라고 말하고 있는 것일 뿐이다.

앞서 나온 예들("사람들이 자식의 성을 선택할 수 있게 하면, 여자보다 남자 인구가 결국에는 훨씬 많아질 것이다"와 "특정 질병에 더 취약한 사람들이 소수라면, 그 질병에 저항력이 있는 사람들이 그들을 둘러싸고 있는 셈이다")에서도 우리는 조건문을 쪼개지 않도록 주의해야 한다. 대개는 사람들이 잘하지만, 때로는 혼란을 겪기도 한다. 그래서 이유와 결론을 찾아낼 때 조건문을 쪼개서는 안 된다는 점을 우리가 강조하는 것이다.

문제 3.5

다음 논증의 구조는 무엇인가? (조건문을 쪼개지 않도록 주의해라.)

3.5.1 방사성 원소는 붕괴되어 결국에는 납으로 변한다. 물질이 항상 존재했다면, 남아 있는 방사성 원소는 없어야 할 것이다. 우라늄이나 다른 방사성 원소가 존재한다는 사실은 물질이 항상 존재한 것은 아니었음을 보여 주는 과학적 증거이다.

3.5.2 핵전쟁 때 민간인들이 보호될 수 없다면, 민방위 훈련은 필요 없다. 하지만 '전쟁 억지'가 좋은 전략이라면, 민방위 훈련은 필요하다. 따라서 전쟁 억지는 좋은 전략이 아니다.

3.5.3 읽을거리 7번 글.

3.5.4 동종 요법 약물이 너무 약해서 약효가 없다면, 그것은 그 약을 사용하는 많은 사람들에게 전혀 도움이 되지 않을 것이다. 그 약은 실제로는 많은 경우 잘 듣는 것으로 검사 결과가 나왔으므로, 그 약이 너무 약할 리 없다.

3.7 논증 대 설명

논증을 제시할 때 쓰는 표현과 아주 비슷한 표현을 사용하여 설명을 제시하는 경우도 가끔 있다. 여러분의 친구가 다음과 같은 말을 한다고 해 보자. "제인은 그 남자에게 화가 났다. 왜냐하면 그 남자가 제인의 차를 들이받았기 때문이다." 이것은 논증이라기보다 설명이라고 보는 것이 자연스럽다. 그 친구는 왜 제인이 화가 났는지를 설명하고 있는 것이지, 제인이 화가 났다는 것이 마치 그 친구의 결론인 양 그것을 우리에게 설득하고자 하는 것이 아니다(친구가 다음과 같이 말했다면 사정은 달라진다. "제인은 그 남자에게 화를 낼만 했다. 왜냐하면 그 남자가 그 여자의 차를 들이받았기 때문이다"). '왜냐하면' (그리고 '바로 그 때문에' 와 같은 표현)이 나올 때, 그것은 결론의 이유가 제시되고 있다는 것을 시사해 주기도 하지만, 때로는 글쓴이가 인과적 설명을 제시하고 있다는 점을 시사해 주기도 한다. 글쓴이의 의도가 무엇인지 분명한 경우도 있고 그렇지 않은 경우도 있다. 이를 보여 주는 몇 가지 예가 있다.

> (a) 우리는 '온실' 가스 배출을 제한해야 한다. 왜냐하면 온실가스는 오존층을 파괴하기 때문이다.
> (b) 비소 중독 때문에 나폴레옹이 죽었다.
> (c) 지구에 거대한 운석이 떨어졌기 때문에 공룡은 멸종했다.
> (d) 방과 후 아이들의 활동 범위가 최근 들어 크게 줄어들었다. 왜냐하면 부모들은 차나 이상한 사람으로부터 아이들을 보호하고자 하기 때문이다.
> (e) 우리 동네 가로등이 너무 어둡다. 바로 그 때문에 우리 동네에 사건이나 범죄가 많은 것이다.

예 (a)의 경우 글쓴이는 결론을 입증하고자 한다는 것이 비교적 분명하다. 그 사람은 오존층 파괴가 '온실' 가스 배출을 제한해야 할 이유라고 말하고 있다. 예 (b)의 경우 글쓴이는 분명히 인과적 설명을 제시하고 있다. 그 사람은 나폴레옹이 죽었다는 믿음의 이유를 제시하고 있는 것이 아니라, 무엇이 그의 죽음을 야기했는지를 말하고 있다. 예 (c)의 경우도 글쓴이는 공룡이 멸종했다는 것을 우리에게 설득하고자 하는 것이 아니라, 인과적 설명을 제시하고 있다는 점, 즉 왜 공룡이 멸종했는지를 설명하고 있다는 점이 명백하다. 예 (d)와 (e)의 경우는 별로 분명하지 않다. 우리는 그것이 결론의 이유를 제시한다고 볼 수도 있고 설명을 제시한다고 볼 수도 있다. 그것은 맥락에 달려 있다. 아니면 어느 것이든 상관이 없을 수도 있고, 그것도 아니면 애초에 어느 것인지 불분명했을 수도 있다.

'왜냐하면'(그리고 '바로 그 때문에')과 같은 표현은 이유가 나온다는 점을 시사해 주기도 하고 인과적 설명임을 시사해 주기도 한다면, 어느 것인지를 어떻게 정할 수 있을까? 그것을 정하는 데 도움이 되는 실제적인 검사는 다음과 같이 해 보는 것이다('A 왜냐하면 B'라는 형태의 문장에서 A를 '결과'라 부르자).

> 검사: 글쓴이가 결과가 참이라고 가정하고 있다면, 그것은 아마 인과적 설명일 것이다. 반면 글쓴이가 결과를 입증하고자 한다면, 그것은 아마 논증일 것이다. (Ennis, 1996, 31쪽 참조)

앞의 예 (a)~(e)에 이 검사를 적용해 보면, (a)는 논증이고, (b)와 (c)는 인과적 설명이라는 점이 분명해 보이며, (d)와 (e)는 여전히 불분명하다(어느 쪽인지를 정하려면 이것이 나온 맥락을 알아야 한다).

내가 말하고자 하는 요지는 사람들이 말하거나 적은 것이 논증처럼 보이지만 실제로는 설명인 경우도 있다는 것이다. 이 둘을 혼동하지 말아야 한다. 왜냐하면 이들은 서로 다른 방식으로 평가되어야 하기 때문이다. 논증의 경우라면, 글쓴이는 결론이 참이라는 점을 상대방에게 설득시키고자 한다. 반면 설명이라면, 결론처럼 보이는 문장(우리가 '결과'라고 불렀던 것)은 이미 참이라고 가정되고 있고, 글쓴이는 그것이 왜 일어났는지를 설명하고자 한다(설명을 평가하는 방법에 관해서는 10장을 참조).

물론 설명이 논증에서 이유 가운데 하나로 나올 수도 있다. 다음이 그런 예이다.

이 교차로에서 교통사고가 많이 발생해 왔다. 왜냐하면 운전자가 차들이 아주 빨리 달리는 간선 도로를 건너기 위해 차선을 바꿀 때 굽은 길에서 오는 다른 차를 보기가 아주 어렵기 때문이다. 유일한 현실적 방안은 교통 흐름을 통제할 수 있도록 신호등을 설치하는 것이다.

문제 3.6

아래에서 인용 부호로 표시해 놓은 부분이 논증인지 설명인지 말해 보라.

3.6.1　시의회 의장이 시의회에서 다음과 같이 말했다. "가로등이 너무 어둡기 때문에 많은 사건과 범죄가 일어나고 있다. 게다가 가로등이 낮게 달려 있어서 공공 기물 파괴자들에 의해 쉽게 파손된다. 이것이 바로 더 밝은 고단위 나트륨 등을 새로 설치해야 하는 이유다."

3.6.2　경찰이 산책로 옆에서 여자 사체 하나를 발견했다. 사체 부검 후 의사는 다음과 같이 말했다. "이 여자는 심장마비가 왔는데 옆에 도와줄 사람이 아무도 없었기 때문에 죽었다."

3.6.3　신문에 다음과 같은 기사가 실렸다. "태국과 인도는 태국의 자스민 쌀과 인도의 바스마티 쌀을 보호하기 위해 법적 투쟁을 벌여야만 했다. 왜냐하면 라이스 택이라고 하는 텍사스의 한 회사가 미국에서 자기들이 개발했다고 하는, 태국이나 인도 쌀과 아주 비슷한 쌀의 독점권을 갖게 되었기 때문이다."

3.6.4　정부 대변인이 다음과 같이 발표했다. "조사가 계속 되겠지만, 지난주 비교적 잔잔했던 바다에서 갑자기 트롤 어선이 침몰한 이유는 아마도 잠수함이 그물에 걸려 그 배를 잡아당겼기 때문인 것 같다."

3.6.5　경제부 기자가 다음과 같은 기사를 썼다. "중앙은행이 다음에는 거의 분명히 금리를 내릴 것 같다. 왜냐하면 경기가 급속도로 후퇴하고 있어서 많은 회사들이 큰 어려움에 빠져 있고 수요도 급격히 줄어들고 있기 때문이다."

3.6.6　지진학자가 다음과 같이 말했다. "지구 표면에는 서로 누르고 있는 거대한 '판'이

있다. 이 판들 사이에 마찰이 있기 때문에 압력이 아주 커지기 전까지는 수년 동안 움직이지 않지만 그다음에는 갑자기 움직이게 되는데, 그것이 바로 우리가 지진으로 경험하는 사건이다. 바로 이 때문에 1906년 샌프란시스코 대지진이 일어났던 것이며, 그것이 또한 조만간 그런 지진이 또 일어날 것으로 예상되는 이유이기도 하다."

3.8 여러 결론을 이끌어 내기

때로 논증에서 두 개(혹은 그 이상의)의 결론을 이끌어 낼 수 있는 경우도 있다. 다음 예를 보자.

재소자들의 마약 복용과 관련된 여러 문제를 해결하기 위해 1995년 재소자들을 상대로 무작위 마약 검사가 도입되었다. 마리화나를 피우면 한 달 후까지 몸에 성분이 남아 있을 수 있기 때문에, 재소자들은 48시간밖에 남아 있지 않는 헤로인으로 바꾸게 된다. 그 결과 마약 검사가 도입된 이래, 마리화나 사용은 1/5로 준 반면 헤로인 사용은 두 배로 늘었다. 헤로인은 마리화나보다 훨씬 큰 해악을 끼치는 마약일 뿐만 아니라 중독성도 아주 심하다. 헤로인 중독으로 말미암아, 재소자들이 마약을 사기 위해 다른 재소자들을 협박한다는 증거도 있다.

우리는 이 글로부터 여러 가지 결론을 이끌어 낼 수 있다. 가령 우리는 "무작위 마약 검사는 예상하지 못했던 결과를 가져왔다"라거나 "무작위 마약 검사는 교도소의 마약 문제를 해결하지 못했다"라고 결론 내릴 수 있다. 또한 "교도소의 마약 문제를 해결하려 한다면, 새로운 접근법이 필요하다"는 결론을 추가로 이끌어 내는 것이 자연스러울 수도 있다. 그런 결론을 묶어서 하나의 결론으로 나타낼 수도 있을 테고, 그것들을 구분해 사고를 분명히 하는 것이 도움이 될 수도 있을 것이다. 어떤 결론은 정당하지만 다른 결론은 그렇지 않다면 특히 그렇다. 가령 위의 글로부터 어떤 사람은 "무작위 마약 검사는 교도소의 마약 문제를 해결하지 못했다"는 것과 "교도관들이 재소자들과 결탁되어 있음이 분명하다"는 것을 모두 결론으로 이끌어 내려고 할지도 모른다.

문제 3.7

아래에서 어떤 다른 결론을 이끌어 낼 수 있는가?

3.7.1   읽을거리 5번 글.

3.7.2   읽을거리 35번 글.

3.9 요약

논증은 구조를 지닌다. 이유가 결론을 뒷받침하는 방식에는 여러 가지가 있다. 이 장에서 우리는 논증의 구조를 드러내는 간단한 표기 방법을 도입했고, 그런 다음 이를 사용해 이유가 나란히 제시되는 논증과 연쇄 논증의 기본적인 차이를 설명했다.

　글쓴이가 결론을 뒷받침하기 위해 여러 이유를 나란히 제시하는 경우가 있는데, 이때 다른 이유가 없더라도 이유 각각이 독자적으로 결론을 어느 정도 뒷받침하는 경우가 있다. 하지만 여러 이유가 나란히 제시될 때 그 이유들이 합쳐져서 결론을 뒷받침하는 경우도 있다. 우리는 이런 경우를 이유가 합쳐져서 결론을 뒷받침하는 논증이라고 불렀고, 이것이 이유를 나란히 제시하는 또 다른 경우와 어떻게 다른지 설명했다.

　이런 논증의 기본 구조는 여러 방식으로 조합되어 훨씬 더 복잡한 논증을 만들어 낼 수 있으며, 우리는 이런 것들 가운데 일부를 살펴보았다. 이와 관련해 우리는 또한 이유나 결론을 찾아낼 때, 조건문이나 다른 복합 문장을 쪼개서는 안 된다는 점을 언급했다.

논증과 인과적 설명을 혼동하기 쉽다. 왜냐하면 이때 사용되는 표현들이 아주 비슷해서 오해의 소지가 크기 때문이다. 하지만 우리는 이를 구분해 내는 데 도움이 될 만한 검사 방법을 제시했는데, 그것은 다음과 같은 것이었다.

> 글쓴이가 결과가 참이라고 가정하고 있다면, 그것은 아마 인과적 설명일 것이다. 반면 글쓴이가 결과를 입증하고자 한다면, 그것은 아마 논증일 것이다.

끝으로 우리는 논증에서 결론이 여러 가지일 수도 있다는 점을 보았다. 그렇기 때문에 우리는 논증의 구조를 고려할 때도 이런 가능성을 염두에 두고 결론이 논증 어디에든 나올 수 있다는 점을 명심해야 한다.

더 읽어 볼 것

Ennis (1996, 2장).
Fisher (2004, 2장).

논증을 이해하기:
숨은 가정, 맥락 그리고 사고 지도

4.1 숨은 가정

논증이나 설명 또는 이와 비슷한 종류의 추론을 제시할 때, 참(또는 받아들일 만하다)이라고 믿고 있고 연관도 있으며, 심지어 아주 중요하기까지 한 것을 굳이 말하지 않는 경우도 자주 있다. 실제 논증(어떤 관점을 다른 사람이 받아들이도록 하기 위해 사람들이 실제로 사용하거나 사용한 논증)에는 대부분 말하지 않은 것, 어떤 의미에서 가정되는 것이 있게 마련이다.

간단한 예를 하나 들어 보자. 스케이트를 신은 사람이 얼음이 언 호숫가에 앉아 있는데 그 옆을 지나가던 사람이 그 사람에게 다음과 같이 말했다고 하자. "얼음이 녹고 있어요. 오늘 아침에 어떤 사람이 얼음이 깨지는 바람에 빠졌다가 구조되었어요. 그러니 지금 스케이트를 타면 안 돼요!" 이 경우 이 말을 한 사람은 스케이트를 타려는 사람이 물에 빠지고 싶어 하지 않는다는 것을 당연한 것으로 가정하고 있다(만약 빠지고 싶어 한다면, 지금이 스케이트 타기에 딱 좋은 때다!). 우리는 이런 믿음을 보통 숨은 가정이라 부른다. 그것은 말하는 사람이나 글 쓴 사람이 당연한 것으로 여기는 것이지만 명시적으로 언급되지 않은 것을 말한다. 다른 예를 또 하나 들어 보자. 어떤 사람이 기적이 믿을 만한 것임을 논증하면서 자신이 전능한 신의 존재를 믿는다는 이야기는 하지 않았다고 해 보자. 그렇더라도 그 사람은 맥락(가령 그가 로마 가톨릭 신부라면)이나 그가 한 다른 말에 비추어 볼 때 신의 존재를 가정하고 있다는 것은 아주 분명하다.

우리는 일반적으로 '가정'이란 말을 이런 의미로 쓸 것이다. 즉 가정이란 말 하는 사람이나 글을 쓴 사람이 받아들이거나 당연한 것으로 여기는 것이지만 명시적으로 언급되지 않은 믿음이라는 의미로 쓸 것이다.

하지만 일상어에서는 말하는 사람이나 글을 쓴 사람이 명시적으로 한 주장도 때로 '가정'이라 부른다. 앞의 스케이트 예로 다시 돌아간다면, 그 사람이 다음과 같이 대꾸할 수도 있다. "당신은 얼음이 계속 녹고 있다고 가정하고 있는데, 내가 좀 전에 점검을 했고 실제로 기온도 몇 시간째 계속 내려가고 있어요." 이 경우는 지나가던 사람이 명시적으로 한 주장을 '가정'이라고 부르는 상황이다. 이처럼 명시적 주장을 가정이라고 부르기도 하는데, 그렇게 부르는 이유는 (1) 말한 사람이나 글 쓴 사람이 그 주장이 받아들일 만한 것임을 보여 주는 이유를 전혀 제시하지 않았다거나 (2) 그 주장을 문제 삼고자 하기 때문이다. 스케이트 예에서 그 사람이 그렇게 쓰는 이유는 지나가던 사람이 틀렸다고 생각하기 때문이며, 그 사람은 그렇게 생각하는 이유를 나름대로 제시하고 있는 것이다. 기적과 관련된 예로 다시 돌아가 보자. 어떤 사람이 전능한 신이 존재한다는 명시적 주장에 근거해 기적이 믿을 만하다고 주장한다면, 우리는 다음과 같이 응수할 수 있다. (i) "하지만 그것은 가정일 뿐이다. 왜 우리가 그것을 받아들여야 하지?" 또는 다음과 같이 대꾸할 수도 있을 것이다. (ii) "하지만 그것은 가정일 뿐이다. 나는 그것을 전혀 믿지 않는다." 아주 앞에 나왔던 예(2.2절, 예 (1), 34쪽)를 다시 본다면, 비판적 사고 시험이 불공정했다고 한 한스의 이의 제기에 대해 다음과 같이 대꾸하는 것이 자연스러워 보인다. "너는 네가 한 공부가 좋은 성적을 받기에 충분했다고 가정하고 있는데, 그건 잘못이다." 하지만 한스가 실제로 "이렇게 했으면 좋은 성적을 받아야만 한다"고 말하고 있으므로, 이 경우는 우리가 어떤 주장을 문제 삼고자 해서 그것을 가정이라고 부르는 경우이지, 명시적이지 않고 암묵적이어서 그것을 가정이라고 부르는 경우는 아니다.

우리는 되도록 표현들을 일상적 용법대로 쓰고자 한다(우리는 가능하다면 전문적인 의미를 피하고자 한다). 그러므로 우리는 보통 쓰이는 대로 '가정'이란 말을 쓸 것이다. 하지만 이 절에서 우리의 주된 관심거리는 대개 말하는 사람이나 글을 쓴 사람이 명시적으로 진술하지는 않았지만, 즉 **암묵적**이지만 분명히 그 사람이 받아들이고 있는 것이라는 의미에서의 가정이다.

(암묵적이라는 의미에서) 가정된 무언가가 나오는 예를 몇 가지 보기로 하자.

예 1

핵전쟁 때 민간인들은 보호될 수 없다. 따라서 민방위 훈련은 필요 없다.

이것은 (A) "핵전쟁 때 민간인들이 보호될 수 없다면, 민방위 훈련은 필요 없다"는 것을 가정하고 있다고 보는 것이 자연스럽다. 때로 이 예에 대해 다음과 같이 말하는 학생들도 있다. 이것은 좋은 논증이 아니다. 왜냐하면 민방위 훈련을 하는 다른 이유가 있을 수 있기 때문이다. 가령 민간인들에게 안전하다는 느낌을 준다는 것이 그런 것이다(비록 그런 느낌이 잘못된 것이라고 할지라도 말이다!). 원래 논증 예 (1)에 대해 이 점을 이야기하는 사람도 가끔 있다. 하지만 이 논증이 (A)를 가정하고 있다는 것을 알게 되면, 이 점을 파악하기도 더 쉬워진다.

아주 큰 가정을 하고 있는 논증의 예 가운데 하나는 다음이다.

예 2

어떤 사람은 일자리를 찾아보는 재주가 뛰어나거나 보수가 낮은 일자리라도 기꺼이 받아들임으로써 자신의 실업 문제를 해결했다. 따라서 실업자들은 다 그렇게 할 수 있다.

이 논증은 "어떤 사람이 일자리를 찾아보는 재주가 뛰어나거나 보수가 낮은 일자리라도 기꺼이 받아들임으로써 자신의 실업 문제를 해결했다면, 실업자들은 다 그렇게 할 수 있다"나 또는 "어떤 사람이 X를 했다면, 누구나 다 그렇게 할 수 있다"는 것을 가정하고 있는가? (더 일반적인) 후자의 가정은 분명히 거짓이다(어떤 사람이 2미터를 뛸 수 있다고 해서 누구나 다 그렇게 할 수 있다는 것은 따라 나오지 않는다). 하지만 전자의 가정이 참인지 여부를 알아보려면, (아마도) 노동 경제학에 대한 상당한 전문 지식이 필요할 것이다.

　다음 예를 살펴보자.

　　가로등이 너무 어둡기 때문에 많은 사건과 범죄가 일어나고 있다. 게다가 가로등이 낮게 달려 있어서 공공 기물 파괴자들에 의해 쉽게 파손된다. 이 것이 바로 더 밝은 고단위 나트륨 등을 새로 설치해야 하는 이유다.

　여기 나온 논증은 분명하다. 하지만 여기에는 무엇이 가정되고 있는가? 대부분의 실제 논증에는 "이유들이 받아들일 만하다면, 결론도 받아들일 만하다"는 것을 말하는 또 하나의 이유가 들어 있지는 않다. 그러나 이 분야의 사람들은 대개 실제 논증은 이런 것을 가정하고 있다고 주장한다. 나는 이 문제를 여기서 논의하지는 않을 것이다(하지만 9.1절 참조). 그렇지만 다른 여러 가지 것들이 가정되어 있다고 말할 수도 있을 것 같다. 가령 여기 나와 있는 설명은 올바른 것이라거나, 이 문제를 해결할 수 있는 더 좋은 방안은 없다거나, 새로운 고단위 나트륨 등의 비용이 엄청난 것은 아니라거나, 고단위 나트륨 등을 단다고 했을 때 생기는 별다른 문제점은 없다거나 하는 것 등이 가정되어 있다고 할 수 있다. 물론 글쓴이는 이런 것을 생각조차 하지 않았을 수도 있다. 하지만 원래 논증이 의미가 있으려면, 명시적으로 제시된 것 말고 이런 것들도 참이라고 가정해야 한다.

　2.2절에 나왔던(혼전 계약서에 관한) 예 2를 다시 보자.

　　결혼을 하고자 하는 쌍은 이혼을 할 경우 재산을 어떻게 나눌지를 미리 정해 놓는 혼전 계약서를 작성하는 것이 좋다. 그들이 이 문제에 대해 합의를 보지 못한다면, 우선 그 결혼은 하지 않는 것이 좋다. 합의를 할 경우라면, 혼전 계약서 덕에 이혼 법정에서 재산 분할을 두고 법적인 분쟁을 벌이면서 치르게 될 장기간의 심적 고통과 경제적 손실은 적어도 줄일 수 있을 것이다.

2.2절에서 보았듯이, 이 논증은 혼전 계약서는 이후의 이혼 과정에서도 효력
이 그대로 인정될 것이라는 점(또는 적어도 논란의 소지를 크게 줄여 준다는
점)을 가정하고 있다고 말할 수 있을 것 같다. 아마 그것은 또한 혼전 계약서는
일생 동안 혼인을 지속하겠다는 서약과 양립 불가능한 것이 아니라는 점을 가정
하고 있다고 할 수도 있다. (평생을 함께할 것이기 때문에) 자신들은 혼인 계약
서를 작성하지 않겠다고 말하면서 결혼을 하는 사람도 충분히 있을 수 있는데,
글쓴이는 아마도 그렇게 하는 것은 비합리적이라고 가정하는 것 같다. 글쓴이는
또한 두 사람이 이혼을 결정할 때 그들은 심적 고통이 따르는 법정 소송을 바라
지 않는다고 가정하고 있는데, 이것도 때로 사실이 아닌 경우가 있다. 때로는 양
측이 시시비비를 가리기 위해 싸움을 불사할 수도 있다. 이런 논증이 제시되는
사회적 맥락은 분명히 아주 복잡하며 수많은 가정을 동반하기도 하는데, 그런
가정의 사실 여부가 그 논증의 설득력에 커다란 영향을 주기도 한다. 이 문제에
관해서는 잠시 후에 좀 더 논의를 할 것이다.

논증을 할 때 암묵적 가정을 하고는 그에 관해 아무런 이야기도 하지 않는 경
우도 있지만, 또한 2.5절에서 우리가 보았듯이, "나는 …라고 가정한다"는 말을
써서 가정을 하고 있다는 점을 분명히 하는 경우도 있다. 그런 표현이 암묵적
가정을 가리키는 경우도 있고, 명시적 가정(즉 아무런 이유도 제시되지 않았거
나 논란의 소지가 있다는 의미의 가정)을 가리키는 경우도 있다. 그 경우 맥락
을 통해 어느 것인지를 정할 수 있다. 지금 여기서 우리의 관심거리는 암묵적 가
정이다.

문제 4.1

다음 글에 들어 있는 **암묵적** 가정을 적어도 하나씩 찾아내라.

4.1.1   읽을거리 3번 글.

4.1.2   읽을거리 4번 글.

4.1.3   읽을거리 30번 글.

4.1.4   읽을거리 32번 글.

4.1.5   읽을거리 33번 글.

4.2 맥락

논증이나 설명은 언제나 특정 맥락 안에서 제시된다. 맥락에는 가정, 추정, 배경 지식, 무엇을 의미하는지를 해석하는 데 도움을 줄 사실들, 행위 규범 등이 모두 포함된다. 앞서 나왔던 스케이트 예를 다시 보면, 그것은 다음과 같은 맥락에서 제시된 것이라고 생각해 볼 수 있다. (i) 경고를 하는 사람은 스케이트를 타려는 사람이 그날 아침에 있었던 사고를 모르고 있고, 지금도 위험하다는 것을 모르고 있지만 그 점을 알려 준다면 알고 싶어 할 것이라고 가정하고 있다. 아니면 (ii) 스케이트를 타려는 사람은 사실 기상 전문가로 지역 대학에서 얼음 상태를 확인하기 위해서 나온 사람이며, 자신의 장비가 제대로 작동한다고 가정하고, 자신이 장비를 제대로 다룰 수 있다고 가정하고 있다. 일반적으로 말해 맥락에는 관련된 사람과 그들의 목적, 믿음, 감정, 흥미 등이 포함되며 또한 물리적, 사회적, 역사적 맥락도 여기에 포함된다.

　논증의 맥락이 왜 중요한지 그리고 맥락에서 우리가 무엇을 알아낼 수 있는지를 보기 위해 몇 가지 예를 살펴보기로 하자. 2.2절의 예 1을 먼저 보기로 하자. 그것은 학기 말에 치러진 비판적 사고 시험을 통과하지 못한 한스 학생에 관한 것이었다.

> 이 시험은 불공정했다. 나는 며칠을 공부했다. 자료를 네 번이나 읽었고, 중요한 부분에 밑줄을 쳐 가며 열심히 공부했다. 이렇게 했으면 좋은 성적을 받아야만 한다. 이 시험은 불공정했다.

　한스의 논증이 무엇인지를 파악하기는 쉽다. 흥미로운 질문은 다음이다. "이 논증은 합당한가(이 논증에 대해 어떻게 생각해야 하는가)?" 이 질문에 대한 대답을 듣고 나는 깜짝 놀라곤 했다. 왜냐하면 내가 예상한 답은 제대로 된 비판적 사고 시험이라면 당연히 한스가 말한 것 이상을 요구할 것이며, 한스의 논증이 터무니없다는 것이었기 때문이다. 하지만 내가 이 예를 논의했던 몇몇 곳에서는 다음과 같이 말하는 선생님들도 있었다. "한스가 한 식으로 공부하면 충분하다거나 아니면 그 대학에서는 그렇게 공부하면 된다는 것이 보통 사람들의 생각이라는 말을 한스가 들었다면, 한스의 논증도 아주 합당하다고 해야 한다." '비판적 사고' 수업을 듣고 나서도 그런 생각을 옹호하려는 사람이 있을 것 같지는 않다. 하지만 한스가 그런 맥락에서 공부를 한 것이라면, 사실 그의 논증은 내가 말한 것보다는 더 좋다고 할 수 있고, 그 경우 한스의 선생님이나 대학 당국은 그의 이의 제기를 좀 더 심각하게 고려해야 할 것이다.

또 다른 예로, 두 가지 서로 다른 맥락에서 이해될 수 있는 다음 논증을 생각해 보자.

> 과거 천연두로 죽은 사람이 엄청나게 많았음에도 불구하고 일부 부모들은 아이들에게 예방접종을 시키지 않는다. 왜냐하면 그들은 아이들이 천연두에 걸릴 위험이 요즘은 꽤 낮다고 생각하기 때문이다. 더구나 어떤 부모들은 백신이 부작용을 일으킬 확률도 무시하지 못할 정도라고 생각한다. 그런 사람들이 보기에는 예방접종을 하지 않는 것도 아주 합리적인 것으로 비친다. 하지만 상당수의 사람들이 천연두 예방접종을 하지 않는다면, 면역력이 없는 사람들이 많아짐에 따라 천연두가 몇 년마다 창궐하게 되리라는 사실을 그들은 깨닫지 못하고 있다. (읽을거리 35번 글)

이 논증은 영국 맥락에서 나온 것이다. 영국에서는 과거 천연두가 심각한 병이었지만 지금은 그렇지 않다. 영국의 경우 지금은 위험을 잘 알고 있기 때문에 많은 사람들이 아이들에게 예방접종을 시키고 있으며, 개인의 건강이나 공중의 건강에 대한 영국인의 일반적인 태도나 개인의 자유 등이 여기서 (가정, 관심, 관점 등의) 맥락을 형성하고 있는데, 이것들은 이 논증을 이해하고 평가하는 데 영향을 준다. 이 논증이 다른 나라의 맥락에서 제시된 것이라면 사정은 사뭇 달라진다. 가령 천연두에 걸릴 위험이 상당히 높고, 예방접종이 건강에 큰 도움이 된다고 보며, 이런 문제에 대한 개인의 자유는 그다지 중요하지 않은 것으로 여기는 나라를 생각해 보라.

때로 주장이나 논증의 맥락이 신뢰성이나 중요성에 큰 영향을 주기도 한다.

(신뢰성에 대해서는 6장과 7장을 참조) 가령 재판정에서 "존스는 X에 관해 거짓말을 하고 있다"고 말한 경우와 친구와 커피를 마시면서 그 말을 비공식적으로 한 경우를 비교해 보라. 전자가 후자보다 훨씬 더 무게를 지닌다. 또 하나의 예로, 이라크가 '대량 살상 무기'를 보유했다는 식의 주장을 생각해 보자. 여러분들은 이 주장이 2003년 3월 이라크 전쟁과 사담 후세인의 축출을 정당화하는 데 사용되었다는 것을 잘 기억하고 있을 것이다. 전쟁 전에 유엔 조사관들은 그런 무기를 보유하고 있다는 증거를 찾지 못했으며 그것을 찾으려면 좀 더 시간이 필요하다고 말했다. 하지만 영국 수상 토니 블레어는 '정보' 보고에 의할 때 사담 후세인이 그런 무기를 보유하고 있을 뿐만 아니라 조만간에 그런 무기를 사용할 수도 있다는 데 의문의 여지가 없다고 주장했다. 수상이라는 사람이 의회에서 공식적인 발언으로 이런 주장을 했다고 할 때, 이 맥락은 그의 발언을 심각하게 받아들여야 한다는 것을 의미한다. 사실 많은 사람들이 그렇게 받아들였다. 그런 사람들 중에는 이라크 전쟁에 찬성투표를 했던 정치인뿐만 아니라 반대투표를 했던 정치인도 포함된다. 이후에, 심지어 외국군이 이라크를 점령한 이후에 조차 그런 무기가 있다는 증거는 전혀 없다는 사실이 드러남에 따라 수상의 발언(그리고 정보 보고의 신빙성)의 신뢰성은 크게 의문시되었다. 하지만 영국 수상이 의회에서 한 그런 종류의 주장은 당시로서는 상당히 신뢰할 수밖에 없는 것이었다.

주장이 제시된 맥락은 그 주장의 의미를 해석하는 데도 도움이 된다. 가령 어떤 사람이 정치 관련 논의에서 '좌파'라는 말을 했다고 하자. 이는 아주 모호한 표현일 수 있다. 하지만 가령 프랑스 정당에 관해 논의를 하고 있는 맥락에서 그런 말을 했다면 그것은 아주 특정한 의미(주로 사회당이나 공산당이라는 의미)를 지닐 수 있다. 또한 가령 영국 노동당에 관해 논의를 하고 있는 맥락에서 그런 말을 한 것이라면, 그것은 토니 벤과 같은 특정 인물이나 아니면 트리뷴과 같은 특정 집단이나 조직을 의미할 것이다. 그러므로 용어가 모호하다 할지라도, 특정 맥락 안에서라면 그것은 훨씬 더 구체적인 의미를 지닐 수도 있다(5장 88쪽 참조).

논증을 해석하고 평가하는 데 있어 역사적 맥락도 중요한 역할을 한다. 가령

1798년 토마스 맬서스는 다음과 같은 유명한 논증을 폈다. 인구 증가는 불가피하게, '모든 구성원들이 편안하고 행복하게 여가를 즐기며, 자신이나 가족의 식량 걱정을 하지 않고 살아가는' 사회란 존재할 수 없다는 것을 의미한다. 유명한 이 논증을 이해하고 평가하기 위해서는, 이 논증의 역사적 맥락을 고려해야 한다. 프랑스 혁명 이후 사람들은 사회적·경제적 평등에 기반을 둔 사회를 건설하는 것이 가능한지에 관해 많은 토론을 벌였다. 맬서스는 그것이 가능하지 않다고 주장하였다. 그는 아주 불평등한 사회의 맥락에서 이를 논증했다. 그 사회에서 프랑스 혁명은 많은 사람들로 하여금 불평등한 사회에서 혁명적인 변화의 가능성을 생각하게 만들어 주었다(이 논증에 대한 본격적인 논의를 보려면 Fisher, 2004, 3장을 참조).

요약하면, 논증의 맥락이 논증을 해석하고 평가하는 데에도 영향을 미친다. 왜냐하면 대개 가정이나 추정, 배경지식을 제공해 주는 것이 바로 맥락이기 때문이다. 특정 화자는 특정 관점을 지닐 수도 있다. 가령 로마 가톨릭 신부가 그런 예이다. 나라의 맥락이 달라지면, 논증도 서로 다른 의미를 지닐 수 있다. 나라에 따라 배후의 가정이나 경험, 가치가 다를 수 있기 때문이다. 역사적 맥락이 달라지게 됨에 따라 논증을 다르게 해석하거나 다르게 평가할 수도 있다.

문제 4.2

다음 글을 읽고 여러분이 생각하는 추가 정보에 근거해 이 맥락에는 어떤 가정이 숨어 있는지를 말해 보라.

4.2.1 감기나 독감 약과 처방전 없이도 살 수 있는 식욕억제제에는 페닐프로파놀라민(PPA) 성분이 들어 있는데, 이 약의 사용이 허가된 지는 한 세대가 넘었다. 이 약의 안전성을 둘러싸고 수년 동안 법적·과학적 논란이 있었다. 2000년 11월 미국 FDA 보좌관들은 예일대학 과학자들의 연구 이후 이 약은 이제 안전하지 않다고 보아야 한다는 데 의견 일치를 보았다. 미국에서 50세 이하의 사람들 가운데 일 년에 200명에서 500명 정도가 뇌출혈로 사망하는데, 그 원인이 바로 PPA라고 이야기되어 왔다. 첫 번째 경고는 1980년대에 나왔다. 당시 의학 저널들은 식욕억제제를 복용하고 며칠 지나지 않아 갑자기 뇌출혈을 일으킨 젊은 여성의 사례를 수십

건 보도했다. 하지만 그것이 PPA 때문인지를 밝히려면 연구가 더 필요하다는 제약 업계의 주장이 받아들여져, 의약품 소비자 협회는 예일대학에 5년 동안의 연구를 맡겼다. 연구 결과 젊은 여성들은 PPA를 함유한 식욕억제제를 복용하면 3일 안에 혹은 PPA를 처음 복용하면 3일 안에 뇌출혈을 일으킬 위험이 증가한다는 사실이 밝혀졌다. 제약업계를 대표하는 과학자들은 예일대학 연구에 문제가 있다고 말했 다. (《더 타임스》에 나온 보도를 일부 수정, 2000. 11. 7.)

4.2.2 미국의 연구 결과 결혼을 하면 살이 찐다는 점이 밝혀졌다. 그 연구에 따르면 12년 차 미국 부부의 경우 몸무게가 평균적으로 여자는 9.5kg이 늘었고 남자는 7.7kg이 늘었다.

4.2.3 아래의 유명한 논증은 1798년 맬서스의 『인구론』에 처음 나온 것이다(이에 대한 자세한 논의는 Fisher, 2004, 3장을 참조):

인구는 제한하지 않을 경우 기하급수적으로 증가한다. 식량은 다만 산술급수적으로 증가한다. 수를 조금이라도 아는 사람이라면 후자에 비해 전자가 훨씬 빠르게 증가한다는 점을 알 것이다. 사람이 살아가는 데는 식량이 필수적이라는 것이 자연법칙이므로, 이런 서로 다른 두 힘의 결과는 같게 유지되어야 한다. 이는 식량의 어려움 때문에 인구를 계속 강력히 제한해야 한다는 것을 함축한다. 이런 식량의 어려움이 어디에선가 나타날 수밖에 없으며, 많은 사람들이 이를 심각하게 느낄 수밖에 없게 된다. …

따라서 이는 다음과 같은 사회, 즉 모든 구성원들이 편안하고 행복하게 여가를 즐기며, 자신이나 가족의 식량 걱정을 하지 않고 살아가는 사회란 존재할 수 없다는 점을 결정적으로 보여 주는 것 같다.

문제 4.3

다음 논증은 몇 년 전 영국 신문에 실린 것이다. 이에 대해 영국 독자와 미국 중서부에 사는 독자(물론 같은 기사가 거기 신문에도 실렸다고 가정한다)가 얼마나 다르게 반응할지 생각해 보라.

우리는 기차 여행이 여행자들에게 좀 더 매력을 느끼도록 할 필요가 있다. 차가 도로에 너무 많아 환경이나 인간의 안전이 위협받고 있다. 좀 더 저렴한 비용으로 기차 여행을 할 수 있도록 해야 한다. 도로가 덜 붐비기를 누구나 원하지만, 여전히 편리한 도로 여행을 원한다. 새로운 유인책이 없는 한, 차 대신 기차를 선호하게 되지는 않을 것 같다.

4.3 논증을 이해하고 평가하기 위한 사고 지도

우리는 지금까지 많은 논증을 보았고, 논증을 어떻게 이해하고 평가해야 하는지를 설명했다. 1장에서 설명했듯이, 우리의 계획은 농구 코치가 하는 대로 하는 것이다.(1.1.4절 참조) 물론 차이는 우리의 경우 비판적 사고의 맥락에서 그렇게 한다는 것뿐이다. 그래서 우리는 논증의 몇 가지 예를 보고 그것을 어떻게 다루어야 할지를 생각해 보았다. 우리가 다른 사람의 논증을 다루거나 우리 자신의 논증을 제시할 때 흔히 범하는 잘못을 살펴본 다음, 이런 일을 할 수 있는 좀 더 나은 방법을 알려 주고 이런 방법을 실제로 적용해 보는 연습을 해 왔다. 그런 안내가 없다면 대부분의 사람들은 대개 논증에 대해 아주 피상적인 반응만을 보인다. 자신이 동의하지 않는 주장을 곧 바로 문제 삼는다거나 제시된 논증을 별로 생각해 보지도 않고 자신의 관점에서 단순히 반응하기도 한다. 앞에서 이야기했듯이, 비판적 사고를 하는 데 가장 중요한 요소는 올바른 물음을 묻는 것이다. 따라서 그런 것을 안내해 줌으로써 논증을 잘 다루게 해 줄 기본 모형, '사고 지도'를 도입하기로 하겠다. '사고 지도'란 논증 — 그것이 다른 사람의 논증이든 아니면 여러분 자신의 논증이든 막론하고 — 을 다룰 때 여러분이 물어야 할 핵심 물음의 목록이다.

 이 사고 지도에 나오는 물음은 두 부류로 나누어져 있다. 하나는 분석이고 다른 하나는 평가이다. 논증을 이해하지 못한다면 논증에 제대로 대처할 수 없다. 분석과 관련된 물음은 무엇이 나와 있고 무엇이 논증되고 있는지를 이해하는 데 안내자 역할을 할 것이다. 그런 다음 평가와 관련된 물음은 논증이 설득력이 있는지 여부를 정하는 데 안내자 역할을 할 것이다.

하지만 논증을 평가하는 과정에서 가정을 찾아낼 수도 있고, 처음 분석 단계에서는 깨닫지 못했지만 명료화가 필요하다는 것을 알게 될 수도 있다. 이 때문에 사고 지도에 나와 있는 작업을 명확하게 분리해서 생각하는 것이 도움이 되기는 하겠지만, 그 과정에서 이러저리 왔다 갔다 하는 것도 필요하다.

지금까지 우리는 사고 지도에 나와 있는 물음 가운데 처음 세 가지만을 자세하게 다루어 왔다. 하지만 아래 사고 지도에는 우리가 하는 작업의 맥락을 알도록 하기 위해 전체가 다 나와 있다. 이를 통해 지금까지 한 것이 일반적인 접근 방법과 어떻게 어울리며 앞으로 어떤 것이 논의될지를 알 수 있을 것이다.

'사고 지도' 논증을 제대로 분석하고 평가하기 위한 사고 지도

분석

1. **결론**이 무엇인가?(결론이 명시적으로 나와 있는 것도 있고 그렇지 않은 것도 있으며, 결론이 권고나 설명인 것도 있다. 결론 시사 표현과 '따라서' 검사가 도움이 된다.)

2. **이유**(자료, 증거)가 무엇이며 구조는 어떻게 되어 있는가?

3. **숨은 가정**(맥락에서 암묵적으로 당연한 것으로 간주되고 있는 것)은?

4. **의미**(옹어나 주장 또는 논증)를 분명히 하라.

평가

5. 이유는 **받아들일 만한가**?(명시적으로 나와 있는 이유뿐만 아니라 숨은 가정도 이유에 포함된다. 사실적인 주장을 평가해야 할 수도 있고, 정의나 가치 판단의 적절성을 평가해야 할 수도 있고, 자료의 **신뢰성**을 판단해야 할 수도 있다.)

6. (a) 이유가 결론을 **뒷받침**하는가?(이유가 강하게/약하게 뒷받침하는가, '합리적 의심의 여지없이' 뒷받침하는가?)

(b) 논증을 강화하거나 약화해 줄 **다른 관련 고려 사항**은 없는가?(그런 것이 있다는 것을 미리 알 수도 있고, 그런 것을 새로 생각해 내야 할 수도 있다.)
7. (1에서 6에 비추어 볼 때) 논증에 대한 **전반적인 평가**는 어떠한가?

지금까지의 논의에 비추어 볼 때, 이런 물음 배후에는 분명히 많은 것이 들어 있다. "이유가 무엇이며 구조는 어떻게 되어 있는가?"라는 물음을 묻기는 쉽다. 하지만 이유를 어떻게 찾아내고 논증의 구조를 어떻게 파악해 내는지를 자세히 설명하는 데 두 개의 장이 필요했다. 따라서 생각을 어떻게 분명하게 하고 논증을 어떻게 평가하는지를 자세히 설명하는 데도 여러 장이 필요할 것은 당연하며, 우리는 다음 몇 개의 장에서 이런 것을 설명할 것이다.

우선 이 사고 지도와 관련해 주목할 것이 몇 가지 있다. 첫째, 가장 중요한 물음은 "최종 결론이 무엇인가?" 하는 것이다. 사고 지도에 나오는 순서대로 물음을 물을 필요는 없다. 하지만 대개 이 물음을 처음 묻는 것이 제일 좋다는 점은 이야기해 둘 필요가 있다. 논증에 대해 논의를 할 때 글쓴이의 요지가 무엇인지를 아는 것이 중요하다. 내 수업을 들은 학생들은 글의 요지를 먼저 분명히 하고자 하는 것이 자신들의 사고방식을 크게 바꾸어 놓았으며 문제의 핵심에 다가갈 수 있는 능력을 키워 주었다고 말했다. 결론을 파악하기가 쉬운 경우도 있지만 어려운 경우도 있으며, 어느 경우든 요지를 먼저 파악하고자 하는 것이 좋다. 그런 다음 이유와 가정을 찾아내는 것이 그렇게 하지 않고 그것들을 찾아내는 것보다 더 쉽다. 물론 가정이나 이유가 먼저 눈에 띄면 그것부터 찾거나 그것들을 적어 놓으면 된다. 하지만 그런 경우라도 결론을 찾아내는 일이 중요하다는 사실을 망각해서는 안 된다.

두 번째로 주목할 것은 "논증을 강화하거나 약화할 다른 관련 고려 사항은 없는가?"라는 물음이다. 다른 데서 말했듯이, 비판적 사고에는 '창의적' 측면이 있다. 이 점을 강조하기 위해 어떤 사람들은 비판적 사고를 비판적·창의적 사고라 부르기도 한다. 비판적 사고를 하려면 문제의 사안에 대해 좋은 판단을 내리는 데 도움이 되는 다른 관련 고려 사항을 생각해 낼 수 있어야 한다. 합당한 믿음에 도달하려는 맥락이라면 이 문제의 중요성은 아무리 강조해도 지나치지 않는다. 우리가 갖는 믿음이 정당화되려면, 그것은 가급적 다른 믿음과도 잘 맞아야 한다. 그러므로 우리의 판단이 중요할 경우, 우리는 가능한 모든 관련 고려 사항을 떠올려 볼 수 있어야 한다. 이는 관련 문제에 대해 많이 알고 여러 가능성을 생각해 볼 수 있는 창의력이 있는 사람이 그렇지 않은 사람보다 건전하고 정당한 판단을 내릴 가능성이 더 높다는 의미다(물론 모르는 주제에 대해서도 여기서 가르치는 기술을 연습할 수 있다. 다만 그런 사람은 관련 지식 가운데 일부를 생각해 내지 못할 수도 있다는 것뿐이다).

마지막으로 주목할 것은 이 사고 지도를 나중에 우리가 다른 사고 지도로 보강할 것이라는 점이다. 가령 우리는 어떻게 하면 생각을 분명하게 할 수 있는지, 주장이 받아들일 만한지를 어떻게 판단할 수 있는지, 자료 출처의 신뢰성을 어떻게 판단할 수 있는지 등의 문제를 다루는 사고 지도를 제시할 것이다. 이것이 너무 복잡하다고 생각할지 모르겠다. 하지만 이것들을 한꺼번에 모두 꼭 사용해야 하는 것은 아니다. 지금 제시한 사고 지도는 일종의 기본 틀일 뿐이며, 필요하다면 다른 것들을 그 안에 끼워 넣을 수도 있다. 명확히 해야 할 것이 전혀 없을 수도 있고, 신뢰성의 문제가 전혀 제기되지 않는 경우도 있을 수 있다. 그렇더라도 애초의 기본 틀은 여러분의 생각을 조리 있게 만드는 데 유용한 역할을 할 것이다.

지금쯤이면 아마 다시 반복할 필요가 없기는 하겠지만, 끝으로 한 가지만 더 이야기하기로 하자. 여러분은 이 사고 지도를 다른 사람의 논증을 따져 볼 때뿐만 아니라 여러분 자신의 논증을 구성할 때도 사용해야 한다. 그렇게 하면 놀라울 정도로 얻을 게 많다는 점을 알 수 있을 것이다. 여러분이 좋은 논증을 제시하고자 한다면, 그것을 잘 정돈해서 여러분이 무엇을 주장하고자 하며, 그것을 어떻게 하고자 하는지를 상대방이 명확하게 이해할 수 있도록 해 주어야 한다. 여러분의 의도를 분명히 하고 결론과 논증을 명확히 하려면 논증의 언어를 사용하는 것이 대개 도움이 될 것이다. 물론 여러분이 나쁜 논증을 제시하고자 한다면, 그냥 뒤죽박죽 제시하는 편이 그 목적에 가장 잘 어울릴 것이다!

문제 4.4

아래 각 글에 대해, 사고 지도를 사용해 논증(중요한 가정도 찾아내고)을 분석한 다음 간단히 평가해 보라:

4.4.1　읽을거리 33번 글.

4.4.2　읽을거리 34번 글.

4.4.3　읽을거리 39번 글.

4.4.4　세계 도처에서 그림을 모아 여는 대규모 전시회는 그림에 좋지 않다. 그림을 어떻게 운반하든, 사고의 위험이 있으며 그에 따라 손상되거나 파손될 수 있다. 그리고 아무리 세심하게 준비해서 옮긴다 하더라도, 기압이나 습도의 변화는 있을 수밖에 없고 그것은 그림에 좋을 리가 없다.

문제 4.5

문제 2.9.1이나 문제 2.9.4에 대한 여러분의 답을 다시 살펴보고, 사고 지도를 사용해 그 답의 장점과 단점을 찾아낸 다음, 문제점을 보완해 새로 답을 써 보라.

4.4 요약

대부분의 실제 논증에는 명시적으로 표현되지 않은 주장, 즉 숨어 있거나 '암묵적으로 가정된 것'이 들어 있다. 우리는 '가정'이란 표현을 여러 의미로 사용하고 있는데, 여기서 주로 관심이 있는 용법은 명시적으로 언급되지 않은 암묵적 주장이라는 의미이다.

　논증의 맥락이 상당한 배경지식을 제공해 주기도 한다. 그것은 논증을 이해하고 논증(혹은 글쓴이)의 숨은 가정이 무엇인지를 파악하는 데 도움이 된다.

　우리가 지금까지 다룬 것은 우리가 통상적으로 하는 것보다 더 효과적인 사고 방법이 있다는 것을 함축한다. 농구 코치와의 유비를 염두에 두고, 우리는 사고 지도의 형태로 '논증을 제대로 분석하고 평가하는' 모형을 제시했다. 사고 지도는 논증을 다룰 때 우리가 물어야 할 핵심 물음을 모아 놓은 것이다.

사고 지도에 나온 모형을 따라 한다면, 논증을 훨씬 더 잘 다룰 수 있을 것이다. 다른 사람이 제시한 논증을 다룰 경우, 우리는 그냥 반대되는 몇 가지 이야기로 바로 나아가서는 안 된다. 먼저 상대방의 논증이 무엇이고(결론이 무엇이고) 논증 과정이 무엇이며 그들의 가정이 무엇인지를 분명히 해야 하며, 그런 다음 상대방의 논증을 차근차근 평가해야 한다. 다른 사람의 논증을 살펴보는 것이 아니라, 우리 스스로가 좋은 논증을 제시하고자 하는 경우에도 똑같은 물음을 물어야 한다.

이 장에서 설명했듯이, 이런 것을 다 하려면 명시적으로 나와 있는 논증뿐만 아니라 암묵적 가정과 맥락도 자세히 살펴보아야 한다. 그리고 생각을 분명하게 하는 것도 또한 필요하다. 따라서 우리는 이 작업을 어떻게 하는지를 다음 장에서 설명하기로 하겠다.

더 읽어 볼 것

Ennis (1996, 7장).

표현과 생각을 이해하고 분명하게 하기

여러분이 신문 기사를 읽고 있는데, 거기에 영양학자가 '유기농 식품'을 먹는 것이 좋다고 말하는 내용이 나온다고 하자. 여러분은 이것이 무슨 뜻인지 아는가, 모른다면 여러분은 이를 어떻게 해결할 것인가? 어떤 사람이 '바로크 건축'의 장점에 대해 이야기를 하고 있다고 하자. 여러분은 바로크 건축물이 어떤 것인지 설명할 수 있는가? 이 말이 무슨 뜻인지를 이해하려면 어떻게 해야 할까? 여러분이 재판정의 배심원이라고 가정하고 지금 사안이 '합리적 의심의 여지없이 입증된' 것인지를 정해야 한다고 해 보자. 이 말이 무슨 뜻인지 분명한가, 분명하지 않다면 그것이 어떻게 결정되는지를 알기 위해서는 무엇을 해야 할까? 수학 숙제를 하던 아이가 여러분에게 '다각형'이 무엇인지를 물어본다고 하자. 여러분은 이를 어떻게 설명할 것인가? 세계 여러 지역에서 물 공급을 두고 갈등이 커지고 있다는 기사를 읽고 있는데, 거기서 물을 '석유나 석탄과 같은 천연자원'이라고 말한다고 해 보자. 이 주장이 무슨 뜻인지 그리고 이것이 무엇을 함축하는지 분명한가?

논증 과정에서 때로 명료화가 필요한 경우도 있다. 의미가 불분명하거나 모호하거나 부정확하거나 애매한 표현이 나오기도 한다. 이미 말했듯이, 논증을 제대로 평가하려면 먼저 논증을 이해해야 한다. 이는 어떤 이유나 결론 또는 가정이 나와 있는지가 분명해야 할 뿐만 아니라 그것들이 무슨 뜻인지도 분명해야 한다는 의미이다. 우리가 앞에서 본 것과 같은 간단한 경우라면 이런 문제가 제기되지 않을 수도 있다. 하지만 좀 더 복잡해지면 의미나 해석에 관한 문제가 자주 제기된다. 여러분이 무슨 말인지가 금방 이해되지 않는다고 느낀다면, 대략 의미나 해석의 문제가 제기된 것이라고 할 수 있다.

물론 불분명하다는 것이 언제나 나쁜 것은 아니다. 어떤 사람이 "존스는 키가 크다"는 주장을 한다고 해 보자. 키가 크다는 것은 사실 꽤 모호한 개념이다. 하지만 이 주장을 맥락 속에서 고려해 그 표현이 농구 선수를 가리키는지 아니면 여섯 살짜리 애를 가리키는지 아니면 경주용 말을 가리키는지를 안다면, 그때에는 그 표현도 아주 정확하다고 할 수 있다. 스크라이븐은 다음과 같이 말했다.

> 모호한 용어는 (1) 어떤 의미를 갖는다. (2) 맥락이 주어져 이로부터 우리가 추리를 해낼 수 있을 경우에는 훨씬 더 풍부한 의미를 갖기도 한다. (3) 다른 추상적 용어('평균 키')를 사용해 추상적 정의를 내릴 수도 있다. (4) 특정 맥락에서 그 표현을 사용하도록 의미를 제한하게 되면, 더 정확한 의미를 가질 수도 있다. (Scriven, 1976, 108쪽)

이 예를 염두에 두면, 많은 상황에서 표현을 명확히 해야 한다고 요구하는 것은 부적절하거나 지나치다는 점을 쉽게 알 수 있다. 왜냐하면 맥락이 의사소통을 하기에 충분할 만큼 의미를 분명히 해 줄 수 있기 때문이다. 어느 정도가 충분한지를 판단하는 일이 바로 명료화 기술의 핵심 부분이다. 하지만 명료화가 필요한 맥락도 분명히 있다. 그런 상황에 어떻게 대처해야 하는지, 즉 분명해 보이지 않는 표현이나 주장이 있을 경우 그것을 어떻게 명확하게 할 수 있는지를 여기서 설명하기로 하겠다. 우리는 글쓴이가 무엇을 의미하는지를 분명하게 하는 데 도움이 될 몇 가지 절차를 설명할 것이다. 무엇을 해야 하는지는 명료화의 목적이 무엇이고 누구를 위해 명료화를 하는지에 달려 있다. 게다가 의미를 분명하게 하는 데는 여러 가지 방법이 있다. 우리는 이런 방법을 설명하는 데 이 장의 상당 부분을 할애할 것이다.

문제 5.1

이 문제는 세 부분으로 이루어져 있다.

5.1.1   여러분이 신문 기사를 읽고 있는데, 거기에 영양학자가 '유기농 식품'을 먹는 것이
        좋다고 말하는 내용이 나온다고 하자. 이 말이 무슨 뜻인지를 급우가 이해할 수 있
        을 정도로 자세히 설명해 보라. 아니면 여러분이 이를 어떻게 해결해야 할지를 설
        명해 보라.

5.1.2   여러분이 '바로크 건축'이 무엇인지 모른다면, 이를 이해하기 위해서는 어떻게 해
        야 할까?

5.1.3   X가 Y를 살해했음을 '합리적 의심의 여지없이 입증'해 줄 증거가 어떤 것일지 한
        번 서술해 보라.

5.1 무엇이 문제인가?(모호한가, 애매한가, 예가 필요한가, 아니면 그 밖의 무엇이 필요한가?)

다른 사람이 하는 말이 무슨 의미인지가 명확하지 않은 상황에 직면했을 때, 우리가 우선 할 수 있는 일은 문제의 성격이 무엇이며, 분명하게 하는 목적이 무엇인지를 되도록 명확히 하는 것이다. 이 장을 시작하면서 들었던 예를 다시 보면, 이것들이 야기하는 문제가 서로 다르다는 점을 알 수 있다.

   여러분이 '유기농 식품'이란 표현이 무슨 뜻인지를 모른다면, 이를 어떻게 해결할 수 있을까? 아마 맥락이 도움이 될 것이다. 맥락에서 '유기농 식품'이란 농약이나 화학 비료를 쓰지 않고 생산된 식품을 말한다는 것을 알 수 있는 경우도 있고, 목적에 따라서는 이것으로 충분할 수도 있다. 맥락이 도움이 되지 않거나 더 자세하게 알고 싶다면, 어떻게 해야 할까? 사전이 도움이 될 수도 있겠지만, 큰 도움이 되지는 않을 것이다. 이에 관해 전문 지식을 가지고 있다고 생각되는 사람, 가령 생물 선생님이나 식품 과학자에게 물어보는 방안도 있을 수 있다. 그런데 이 용어는 비교적 최근에 도입된 것으로, 사람에 따라 의미가 다를 수 있고

이 말의 용법도 계속 바뀌고 있는 중이다. 새로운 문제가 생기면, 이 말의 의미도 바뀐다. 가령 방금 이야기한 의미로는 유전자 변형 농작물을 농약이나 화학 비료를 쓰지 않고 재배할 경우 그것을 '유기농'이라고 할 수 있을지 정하기 어렵다. 이 예는 용어가 어떤 의미를 지니고 있기는 하지만 그것이 **모호하다고** 할 수 있는 사례이기도 하다. 이 점이 문제가 되지 않을 수도 있다. 하지만 여러분이 좀 더 자세하게 해야 하는 상황이라면, 이를 해결할 수 있는 유일한 방안은 글쓴이에게 무슨 뜻인지를 직접 물어보는 것이라고 할 수도 있다.

여러분이 '바로크 건축'이 무엇인지 안다면, 그것을 친구에게 어떻게 설명할 수 있을까? 여러분이 모른다면, 이 경우에도 맥락을 통해 알거나 아니면 사전을 찾아보거나 아니면 알 만한 사람에게 물어볼 수 있을 것이다. 사전을 보면 '17세기와 18세기 초에 유행했던, 역동적이고 화려한 장식을 한 건축 양식'이라고 나온다. 이 설명에 따르면 장식이 없고 네모난 형태를 띤 현대의 많은 건축물들은 바로크 건축물이 아닐 것이다. 하지만 여러분은 여전히 바로크 건축물을 어떻게 식별해 내야 할지 모르겠다고 느낄 수도 있다. 이 표현의 의미를 이해하는 최선의 방안은 아마 바로크 건축의 특징에 대한 서술과 함께 바로크 건축의 표본이랄 수 있는 사례의 사진을 보는 것이라고 할 수 있다. 이렇게 하더라도 여전히 어떤 측면에서는 불분명한 점이 남을 수도 있겠지만, 목적에 충분한, 명확한 예를 파악할 수는 있을 것이다.

'합리적 의심의 여지없이 입증된'이란 표현에 잘 모르는 단어는 나오지 않는다. 하지만 여러분이 재판정의 배심원이라면 그것이 무슨 뜻인지를 알고 싶어 할 것이다. 이 경우 여러분의 문제는 '**합리적 의심**'인지 여부를 정하는 **기준**이나 **표준**이 과연 무엇인가 하는 것이다. 이 표현은 법조계에서 용례가 잘 확립되어 있으므로, 법학 책에 잘 나와 있고 판사가 잘 설명해 줄 것이라고 예상할 수 있다. (이 경우 전문가인) 그 사람에게 그 표현을 어떻게 해석해야 할지를 물어보는 것도 자연스런 방안일 것이며, 여러분의 목적에는 그것으로 충분할 수도 있다.

문제 5 . 2

이 장 첫 문단에 나온 다음을 설명한다고 할 때 문제가 무엇인지를 말하라.

5.2.1   아이에게 다각형이 무엇인지를 설명하는 것.

5.2.2   물을 '석유나 석탄과 같은 천연자원' 이라고 부르는 것이 무슨 뜻인지를 파악하는 것.

5.2 상대방이 누구인가?(그 사람이 어떤 배경지식과 믿음을 가지고 있는가?)

우리가 논의하던 예들을 돌이켜 볼 때, 어떻게 명확히 해야 하는지는 듣는 사람이 누군지에 달려 있다는 점은 분명하다. 가령 '유기농 식품' 이 무엇인지를 묻는 사람이 이 표현이 무슨 뜻인지를 모르는 것이라면, 이 맥락에서는 '농약이나 화학 비료를 쓰지 않고 생산된 것' 이라는 설명으로도 충분할 것이다. 하지만 상대방이 슈퍼마켓에서 팔 농산물을 농민과 계약하려는 사람이고 그 농산물을 '유기농' 제품이라고 표시해도 되는지를 정하고자 하는 상황이라면, 이보다 훨씬 더 자세한 사항을 필요로 할 것이다. 아니면 '유기농 식품' 이 식료품 생산 전문가를 대상으로 한 대학 세미나의 주제일 수도 있으며, 이 경우 그런 사람들을 위해서라면 훨씬 더 자세한 내용이 필요할 것이다. 그래서 가령 유기농 제품에 대한 수요의 이면에 있는 생각이 무엇인지를 알아야, 농약이나 화학 비료를 쓰지 않고 재배한 유전자 변형 농작물을 유기농으로 여길 수 있을지를 정할 수 있을 것이다.

어떤 사람이 '바로크 건축' 이 무엇인지 전혀 몰라서 묻는 경우라면, '17세기와 18세기 초기에 유행했던, 역동적이고 화려한 장식을 한 건축 양식' 이라는 설명으로도 충분할 수 있다. 하지만 그 정도는 이미 알고 있고 그런 건축물의 전형적 예가 어떤 것인지를 알고자 하는 사람이라면, 좋은 본보기나 그런 그림을 보여 주면 될 것이다. 또한 대학 전문가를 대상으로 바로크 건축에 관한 책을 쓰는 상황이라면, 훨씬 더 자세하게 들어가서 가령 '고전주의 건축' 이나 '로코코 건축' 과의 차이를 설명해 주어야 할 것이다.

문제 5.3

이 문제는 두 부분으로 이루어져 있다.

5.3.1 '합리적 의심의 여지없이 입증된' 이란 표현을 세 부류의 사람들에게 설명한다고
할 때 그 사람들이 어떤 사람들인지를 서술한 다음, 이들 각각에 대해 얼마나 자세
한 설명이 필요한지를 이야기해 보라.

5.3.2 '비판적 사고' 에 대해서도 똑같은 작업을 해 보라.

5.3 상대방을 감안할 때, 어떻게 하면 분명하게 할 수 있는가?

필요한 것이 무엇인지에 따라 생각을 명확히 해 주는 방법에도 여러 가지가 있
을 수 있다. 따라서 적절한 예를 들어 이런 방법 가운데 몇 가지를 설명하기로
하겠다. 우리는 때로 다른 사람이 무슨 말을 하는지를 명확히 하고자 하는 경우
가 있다. 이 경우 그런 방법이 도움이 될 것이다. 하지만 때로는 우리가 무슨 말
을 하는지를 다른 사람이 명확히 하고자 하는 경우도 있을 것이다. 따라서 여기
나오는 방법을 여러분 자신이 글을 쓰거나 말할 때도 명심해서 여러분의 생각이
다른 사람에게 명확하게 전달되도록 해야 한다. 우리는 두 절로 나누어 이를 설
명하기로 하겠다. 하나는 표현을 분명하게 할 수 있는 자료의 측면이고 다른 하
나는 방법의 측면이다.

5.3.1 표현을 분명하게 하는 데 쓸 수 있는 자료들
(a) 사전에 나오는 정의(통상적 용법을 알려 주기)

여러분이 무언가를 읽고 있는데 의미를 모르는 단어가 나왔다고 해 보자. 맥락
을 보고 추측을 할 수도 있을 것이다. 하지만 확인을 하고 싶다면, 할 수 있는 대
표적인 일은 사전을 찾아보는 것이다. 사전은 바로 그런 때를 위해 있는 것이다.

사전은 단어가 보통 어떻게 쓰이는지 그리고 특수한 용법으로는 어떤 것이 있는 지를 말해 준다. 가령 여러분이 샬럿 브론테 글을 읽고 있는데, 다음과 같은 문장을 접했다고 하자. "의연금을 거두어야 하는 구제책으로는 결코 노동자 계급을 설득할 수 없다." 아마 '의연금을 거두어야 하는 구제책'이 무슨 뜻인지 여러분은 모를 것이다. 맥락에서 단서를 찾을 수 있고, 그것으로 충분할 수도 있다. 하지만 그렇지 않다면 할 수 있는 일은 사전을 찾아보는 것이다. 사전에는 '의연금으로, 자선에 의해'라고 나온다. 이 맥락에서는 이것으로 충분할 수도 있다. 물론 그래도 어느 정도의 모호성은 그대로 남지만(가령 옥스팜과 같은 자선 단체는 의연금을 거두는 단체인가?), 그것은 문제가 되지 않을 수도 있다.

용어를 분명히 하고자 할 때 사전이 도움이 될 수 있지만, 표현을 분명히 하는 과정에서 사전이 하는 역할은 아주 특수한 것이다. 간단히 말해 사전은 모국어 사용자들이 단어를 통상적으로, 일반적으로, 표준적으로 어떻게 쓰는지를 말해 준다. 사전은 일반 독자를 위해 통상적 용법을 서술해 준다. 즉 단어의 의미를 모르는 사람에게 친숙한 단어를 사용해 그것을 간단하게 설명해 준다(Ennis, 1996, 321쪽 이하 '정의의 서술'을 참조).

문제 5.4

사전이나 인터넷을 이용해 다음 물음에 답하라. 유력 일간지에 나온 법정 관련 기사를 읽고 있는데, '정황 증거'는 존스가 값비싼 그 그림을 훔쳤다는 것을 강력히 시사해 준다는 말이 나온다고 해 보자. '정황 증거'가 무엇인지 설명하고, 존스가 그랬다는 것을 보여 주는 '정황 증거'가 어떤 것일지를 말해 보라.

(b) 전문가의 정의나 설명(특수한 용법을 알려 주기)

전문 서적을 읽고 있는데 모르는 단어가 나온다면 사전으로는 해결하기 어려울 수도 있다. 왜냐하면 우리가 알고자 하는 것은 어떤 표현이 지닌 전문적인, 특수한 용법이기 때문이다. 좋은 사전이라면 우리가 무엇을 찾아보아야 할지 알려 줄 것이다. 하지만 특수한 용법에 대한 설명을 보려면 표준적인 교재나 참고서

또는 해당 분야의 전문 서적을 찾아보아야 하는 경우도 있다. 예를 들어 여러분이 책을 읽고 있는데, 통계학에서 쓰는 '표준편차'나 '평균', '평균값' 또는 법학에 나오는 '불법 행위', '전문 증거'(hearsay evidence, 傳聞證據), '정황 증거', 아니면 경제학에 나오는 '실질 임금', '경제 성장', '주가 수익률' 또는 과학에 나오는 '힘', '분자', '바이러스' 등과 같은 표현의 전문적 의미를 파악해야 하는 경우도 있다.

이런 전문 용어의 의미를 파악하려면 해당 분야의 교재나 참고서(백과사전도 좋다)를 찾아보아야 한다. 아니면 우리 예의 경우 통계학자나 변호사, 경제학자, 과학자(아니면 이전 예에서 브론테 소설을 읽어 보라고 했던 선생님)와 같이 알 만한 사람에게 물어보는 것도 한 가지 방안이다. 여러분이 물어본 사람이 실제로 해당 분야 전문가이고 신뢰할 만하다면, 그렇게 하는 것도 좋은 방안이다. 특히 전문가에게 물어볼 경우 그 사람이 상대방에게 알맞은 설명(가령 앞서 나온 예에서 어린이에게 '다각형'의 의미를 설명할 때처럼)을 해 줄 수 있다는 장점도 있다.

문제 5.5

이 문제는 두 부분으로 이루어져 있다.

5.5.1 비판적 사고를 공부한 적이 없는 친구에게 논증의 결론이 주어진 전제들로부터 '필연적으로 따라 나온다'거나 '필연적으로 따라 나오지 않는다'는 말이 무슨 뜻인지를 설명해 보라.

5.5.2 정치학에 대해서는 아는 게 전혀 없는 급우가 여러분에게 '민주주의'를 어떻게 정의해야 하는지를 물어본다고 해 보자. 적절한 자료를 찾아 이에 대해 합당한 설명을 해 보라.

(c) 의미를 결정하고 규정하기

앞의 두 절에서 우리는 보통의 모국어 사용자나 아니면 가령 수학자나 경제학자 또는 변호사와 같은 특수한 집단이 어떤 표현을 어떻게 사용하는지를 물어보았다. 모국어 사용자들이 사용하는 일상어는 대부분 발전하고 변화해 간다. 우리가 (b)에서 논의한 특수한 용법도 마찬가지로 발전해 간다. 하지만 해당 분야에서 중요한 요소를 포착하기 위해 전문가들이 특정 표현을 일정하게 사용하기로 결정하는 경우도 흔히 있다. 우리도 때로 그런 결정을 해야 하는 상황에 직면한다. 가령 이 책 앞에서 우리는 논증이나 추리가 행해지고 있음을 암시해 주는 표현에 대해 논의하고자 했고, 그래서 '논증 시사 표현'이라는 말을 도입해 그것에 특수한 의미를 부여했다. 마찬가지로 비판적 사고에 관한 책을 쓸 때도, 나는 예전 논리학자들이 써 온 진부한 예(가령 "모든 사람은 죽는다, 소크라테스는 사람이다. 따라서 소크라테스도 죽는다"와 같은 예)를 피하고 싶었다. 그래서 '실제 논증'이란 말을 도입해 그것을 '다른 사람을 설득하기 위해 사용된 논증'이라는 의미로 쓰기로 한다고 설명하면서, 그런 실제 논증이 바로 내 책의 주제라고 이야기했다(Fisher, 1988, 15쪽 참조). 이 경우 이미 확립되어 있는 용법을 서술하는 것이 아니라, 중요하다고 생각되는 어떤 요소를 포착하기 위해 우리가 그렇게 쓰고자 한다고 선언하거나 규정하거나 결정하는 것이다.

변호사들은 서로 다른 종류의 증거를 구분할 필요가 있다. 그래서 그들은 '정황 증거'나 '전문 증거' 등과 같은 전문 용어를 도입해, 그것들에 특수한 의미를 부여했다. 경제학자들이 '명목 임금'이나 '실질 임금'에 대해 한 작업도 마찬가지이다. 변호사나 경제학자 등은 자신들이 포착하고자 하는 새로운 요소가 있고, 표현에 새로운 의미를 부여할 필요가 있다. 그래서 그들은 어떤 표현이 그 목적에 맞는 의미를 갖는다고 규정하거나 선언하거나 결정한다. 그런 결정을 정당화하려면, 그것이 원하는 목적에 맞는다는 점을 보여야 한다. 물론 그런 결정을 해도 아래 예가 보여 주듯이, 여전히 중요한 문제가 해결되지 않을 수도 있다.

영국의 인종 관련 법(1968)에서는 가령 집을 팔거나 세를 놓을 때 '피부색이나 인종, 조상, 국적에 근거한' 차별을 금지하고 있다. 가령 어떤 사람이 흑인이라거나 조상이 독일인이라는 이유로 그 사람에게 세를 놓지 않겠다고 한다면, 이는 법을 위반하는 것이다. 그러나 가령 주택공사에서 영국 시민권자이어야 지역 임대 주택에 입주할 자격이 있다고 규정한다면 어떻게 될까? 실제로 일링 지방의회에서 1970년대 초 이런 규정을 만든 적이 있다. 이 규정에 따라 (영국에서 오랫동안 살기는 했지만) 폴란드 국적을 가졌던 제스코는 입주할 수 없었다.

그는 이것이 인종 관련 법과 맞지 않는다고 보고 법원에 제소를 했다. 쟁점은 '국적에 근거한' 차별에 시민권에 근거한 차별이 포함되느냐 여부였다. 이는 정하기 쉽지 않다. 사실 어느 쪽이든 나름의 근거가 있다. 결국 양측이 각자의 주장을 내세웠고, 판사들도 법에 대한 해석이 달랐으며 서로 다른 해석의 근거를 나름대로 제시했다. 이 경우는 사전이나 법학 교재를 찾아본다고 해서 도움이 되는 것도 아니다. 이런 경우 필요한 것은 결정이다. 즉 어떤 점에서 모호한 표현에 의미를 부여할 결정이 필요한 것이다(MacCormick, 1978, 66쪽 이하 및 78쪽 이하 참조).

　지금까지 한 이야기들이 의미하는 바는 여러분이 (학교나 대학 보고서와 같은) 학문적 맥락에서 글을 쓸 때 사람들이 새로운 문제에 부딪혀 새로운 의미를 부여함에 따라 표현의 용법이 어떻게 발전되어 왔는지를 살펴볼 필요가 있다는 것이다.

문제 5.6

5.6.1　가령 70년 전에 통과된 지방 조례는 공원에 '차량'이 진입하는 것을 금하고 있다고 해 보자. 이 규정은 분명히 승용차나 화물차 등이 못 들어가게 하기 위한 것이다. 하지만 이 규정에 따를 때 요즘 장애인이나 노인들이 사용하는 전동 휠체어도 못 들어간다는 뜻인지를 어떻게 결정할지 생각해 보라(물론 아직 이 점이 결정되지 않았다고 가정한다).

5.6.2　여러분이 영국 인구 가운데 어느 정도의 비율이 빈곤 속에 살고 있는지를 조사해 본다고 하자. 여러분 같으면 여기서 빈곤을 어떻게 정의하겠는가?

5.6.3　아래 문제를 어떻게 해결할 수 있을까?

진화론에 따르면, '성공적'인 개체라면 다음 세대에 자신과 닮은 개체가 그렇지 않은 개체보다 더 많이 태어나도록 해야 한다. 일개미의 각 세대에는 다른 구성원을 먹이기 위해 존재하는 일개미가 상당 비중으로 존재한다는 점에서 일개미는 '성공적'이다. 그러므로 일개미는 진화론자에게 특수한 문제를 야기한다. 왜냐하면 일개미는 개미집단에서 유일하게 알을 낳지 못하는 개미이기 때문이다. (LSAT, 1985. 6., B3 참조)

5.3.2 표현을 분명하게 하는 몇 가지 방법

여기서 우리는 표현을 분명하게 할 수 있는 다섯 가지 방법을 설명하고자 한다. (a) 같은 의미를 갖는 다른 표현을 제시하는 방법, (b) 전문 용어를 사용해 정확히 같은 의미를 갖는 다른 표현을 제시하는 방법, (c) 예(또는 예가 아닌 것)를 제시하는 방법 (d) 대조를 하는 방법, (e) 표현의 변천사를 기술하는 방법.

(a) '동의어'를 제시하거나 풀어써 주는 방법

'동의어'(synonymous, 어원은 그리스어다)는 '같은 의미를 갖는 표현'이라는 뜻이다. 그러므로 어떤 표현의 의미를 설명하는 한 가지 방식은 '같은 의미를 갖지만' 상대방이 이해할 만한 다른 표현 — 대개는 설명에 쓰이는 다른 표현에는 익숙하기 때문이다 — 을 제시하는 것이다. 이를 때로 '풀어써 주기'(paraphrasing)라고 부르기도 한다. 사실 '동의어'라는 단어에 대해 내가 한 설명이 바로 대부분의 사람들이 쉽게 이해하는 그와 동의어인 표현을 제시해 그 단어를 분명하게 한 것이다. 사전에는 보통 동의어 표현을 제시하거나 풀어서 주어 의미를 설명하며, 전문 용어도 보통 그런 식으로 정의된다. 우리는 '정황 증거'나 '민주주의'의 예에서 이런 것을 보았다.

(b) 필요충분조건을 제시하는 방법(또는 정의를 제시하는 방법)

때로 우리는 꼭 같지는 않지만 대략 같은 의미를 갖는 다른 표현을 제시해 단어의 의미를 설명하기도 한다. 하지만 때로 정확히 같은 의미를 갖는 표현을 사용해 단어의 의미를 설명하고자 하는 경우도 있다. 다음이 그런 예이다. 여기서 고딕체로 표시된 단어의 의미는 바로 그다음에 나오는 표현들에 의해 정확하게 설명되고 있다.

삼각형은 세 변을 지닌 기하학적 도형이다.
운동량은 질량 곱하기 속도이다.

철학이나 다른 분야에는 이런 식의 정의가 일상어에서도 본받아야 할 이상이라는 전통이 아직 남아 있다. 가령 철학자들은 '안다'는 것을 다음과 같이 아주 엄밀하게 정의하고자 했다.

> A가 P를 안다고 하기 위한 필요충분조건은 다음과 같다.
> (i) P는 참이고
> (ii) A가 P를 믿으며
> (iii) A가 P를 믿을 만한 이유를 가지고 있다.

여기서 A는 사람이고, P는 참이거나 거짓이 될 수 있는 주장이다.

표현의 의미를 아주 정확하게 설명하려고 노력하는 것이 올바른 때도 있다. 수학이나 과학에서처럼 실제로 그 표현이 아주 정확하게 사용되는 경우도 많기 때문이다. 하지만 일상어는 이보다 느슨한 의미로 사용되는 것이 일반적이며, 그렇기 때문에 그런 표현의 의미를 너무 정확하게 설명하고자 한다면 그것은 잘못이다. 물론 이런 판단은 여러분의 목적이 무엇인가에 달려 있다. 그냥 일상적 용법을 설명하고자 하는 것이라면, 느슨하게 해도 된다. 하지만 특정 목적을 위해 표현을 분명히 하고자 하는 것이라면, 정확하게 하는 것도 옳다. 가령 '논증'이란 단어는 보통 느슨하게 사용된다. 하지만 우리는 여기서 우리가 관심이 있는 그런 종류의 '논증'에만 초점을 맞출 수 있도록 그 단어의 의미를 정확히 규정했다.

지식에 대한 철학자들의 정의는 문제가 있다는 사실이 드러났다. '지식'의 의미에 대한 이런 설명은 지식이란 단어의 통상적 용법을 포착하기 위한 것이었지만 예외가 있다는 사실이 밝혀졌기 때문이다. 위의 세 조건은 만족되지 않지만 'A는 P를 안다'고 말할 수 있는 경우가 있고, 반대로 위의 세 조건이 만족되지만 'A는 P를 안다'고 말하기 어려운 경우도 있다는 것이다.

대개 여러분은 수학이나 과학에서가 아니라면(혹은 여러분이 의도적으로 새로운 표현을 그렇게 정의하지 않는 이상) '필요충분조건'에 의해 의미를 설명하는 경우는 거의 없다는 점을 알 것이다. 일상어는 대부분 적용 범위가 '모호해서' '필요충분조건' 식의 정의나 정확한 정의를 내리기가 어렵다. 철학자 루드

비히 비트겐슈타인은 (가령 『철학적 탐구』에서) 이 점이 우리 언어 사용의 중요한 특징이므로, 통상적 용법을 파악하고자 한다면 우리가 실제로 할 수 있는 것 이상으로 정확하게 하고자 해서는 안 된다고 주장하였다. 대략 같은 의미를 갖는 일반적 표현을 제시해도 되며, 좋은 예나 예가 아닌 것을 제시해도 되며, 대조를 해 주어도 된다. 하지만 거기에는 한계가 있다. 모국어 사용자가 어떤 것이 진짜 X인지를 정하기 위해 수많은 특징을 거론하거나 언급하는 경우도 흔히 있다. 그리고 그것이 바로 실제 언어가 사용되는 방식일지도 모른다(Scriven, 1976, 133쪽 참조).

문제 5.7

이 문제는 두 부분으로 이루어져 있다.

5.7.1 어떤 사람이 '좋은 선생님'이란 '학생들의 강의 평가에서 평균 이상의 점수를 얻는 사람'이라는 의미라고 설명한다고 해 보자. 여러분은 이 정의/설명을 어떻게 평가하겠는가?

5.7.2 '게임'(축구나 크리켓과 같은 것이 게임이다)이라고 할 수 있는 것들의 '필요충분 조건'이 무엇일지 한번 생각해 보라. 일정한 답을 생각했을 때마다 예외가 없는지를 생각해 보라. 즉 여러분이 내린 **정의에 따르면 게임이 아니지만 실제로는 게임인 것**은 없는지 혹은 여러분이 내린 **정의에 따르면 게임이지만 실제로는 게임이 아닌 것**은 없는지를 생각해 보라.

(c) 명확한 예(또는 예가 아닌 것)를 제시하는 방법

어떤 표현을 분명히 하고자 한다면 때로 좋은 예(또는 분명히 그 표현이 적용되지 않는 예)를 드는 것이 아주 효과적인 방안이다. 우리가 앞서 말했듯이, 바로크 건축이 무엇인지를 설명하는 최선의 방안은 아마 좋은 예를 드는 것이 될 것이다. 그런 다음 그런 양식과 대조되는 예를 보여 주면 그 표현의 적용 범위를 아는 데도 도움이 될 것이다. 그 밖의 경우에도 이런 방법은 여전히 통한다. 가령 배심원에게 '합리적 의심의 여지없이 입증된'이란 말이 무슨 뜻인지를 이해하도록 하고자 한다면 실제로 합리적 의심의 여지없이 입증된 사례와 그렇지 않은 사례를 제시하는 것이 도움이 될 것이다. 가령 문제는 'X가 Y를 살해했는지' 여부라고 해 보자. X의 지문이 Y를 죽게 한 총에서 나왔고, 살해 직후 X의 옷에서 Y의 혈흔이 발견되었으며, 신뢰할 만한 목격자들이 X가 Y를 쏘는 것을 보았다고 진술했고, X는 자신의 부인과 Y의 관계에 매우 분노해 있었고, X는 폭력 전과가 있었으며, 살인이 발생한 시각 X의 알리바이가 성립되지 않았으며, 경찰이 증거물을 제시하자 그가 범행을 자백했다면, 분명히 X가 Y를 살해했다는 것은 합리적 의심의 여지없이 입증된 것이다. 여러분은 합리적 의심의 여지없이 입증되었다고 말할 수 없는, 이보다 약한 증거만 있는 경우도 쉽게 생각해 볼 수 있을 것이다. 표현을 분명하게 하는 데 도움이 되는 진짜 좋은 예를 일컬어 '모범 사례'라 부른다.

(d) 대조를 하는 방법(종과 차를 이용해 설명하는 방법)

어떤 주장이나 용어의 의미를 따져 볼 때 유용한 방법 가운데 하나는 어떤 대조가 이루어지고 있는지, 무엇이 배제되는지를 생각해 보는 것이다. 예를 들어, 존스가 키가 크다고 말할 때, 우리는 어떤 집단에서 존스와 키가 작은 사람이나 평균인 사람을 대비하고 있는 것이다. 1장에서 '비판적 사고'가 무엇인지를 논의할 때, 우리는 비판적 사고를 결론으로 바로 건너뛰는 사고나 충동적으로 결정하는 사고와 대조했다. '비판적 사고'를 배우기 전에는 여러분도 아마 이 표현의 의미를 정확히 알지 못했을 것이다. 더 분명하게 알고자 했다면, (연습 문제 1.1에서 하라고 했듯이) 다른 사람들이 이 용어를 어떻게 사용하는지를 살펴보거나 아니면 사전이나 다른 적절한 참고문헌(가령 백과사전이나 비판적 사고 전통의 고전적 저작)을 찾아볼 수도 있었을 것이다. 다른 사람들이 이 용어를 어떻게 사용하고 있는지를 살펴보고자 했다면, 비판적 사고의 사례가 어떤 것인지를 알아보는 것보다 비판적 사고가 아닌 것의 사례가 어떤 것인지를 찾아보는 것이 더 쉬웠을 것이다. 사람들은 대부분 가령, 신문에 나오는 것은 무조건 믿는 사람이나 이유를 제대로 따져 보지 않고 '충동적으로' 의사 결정을 하는 사람, 생산 라인에서 기계적으로 일을 하는 사람, 다시 말해 생각할 필요도 없는 반복적 작업을 하는 사람 등은 모두 비판적으로 사고하는 사람이 아니라는 데 동의할 것이다. 이와 대조적으로, 비판적으로 사고하는 사람이라면 자료 출처의 신뢰성과 관련된 고려 사항을 따져 보아 신문 기사 내용을 믿을지 결정할 것이며(가령 타이타닉 호가 최근 바다 위로 다시 떠올랐다고 하는 〈네셔널인콰이어리〉 기사에 대해서는 회의적인 태도를 보일 것이다), 중요한 문제를 결정하기에 앞서 가능한 방안들을 생각해 보고 장단점을 따져 볼 것이다(가령 중고차를 새로 사기 전에 전문가의 견해를 들어 보고자 할 것이다). 이 정도의 예만 보더라도 비판적 사고를 '숙고된' 활동이나 '반성적' 활동으로, 즉 무반성적이고 충동적이며 기계적인 활동과 대비되는 활동으로 특징지을 수 있을 것이다. 대조를 할 경우 때로 우리는 우리가 말하는 것이 어떤 종류의 것에 속하고 그것이 다른 종류의 것과는 어떻게 차이가 나는지를 드러낸다. 이런 식의 정의를 보통 종차(種差)에 의한 정의라고 부른다.

문제 5.8

분명하게 할 것이 있다면 그렇게 한 다음, 아래 논증을 지지하거나 비판하는 글을 간단히 써 보아라.

> 남자는 보통 타인에게 민감하지 못해 어려움을 겪는다. 사회의 성원이 모두 성숙한 사람이기를 바란다면, 민감한 사람은 그렇지 않은 사람을 돕기 위해 특별한 노력을 기울여야 한다. 일반적으로 이것은 여자는 남자가 좀 더 민감해지도록 도와야 한다는 의미이다. 이렇게 되면 여자에게 부당한 부담을 주게 된다고 느끼는 사람이 일부 있겠지만 나는 감히 이렇게 주장하고자 한다. (Ennis, 1996, 연습 문제 2.51과 2.57 참조)

(e) 표현의 변천사를 기술하는 방법

여러분은 이미 1장에서 표현의 변천사를 기술하는 방법의 사례를 보았다. 거기서 나는 '비판적 사고'라는 용어의 변천사를 설명했다. 물론 비판적 사고가 무

엇인지 전혀 모르는 상태였다면, 사전을 찾아보는 것도 도움이 될 수 있다. 이것
은 출발점으로는 좋은 방안이다. 하지만 여러분이 비판적 사고가 무엇인지를 제
대로 알고자 한다면, 사전에 나오는 것 이상의 온전한 설명이 필요할 것이다. 표
현의 변천사를 설명해 주는 것이 바로 이런 경우에 도움이 될 수 있다(그 이유는
해당 영역에서 제기된 문제들에 대응하는 과정에서 그런 변화가 생긴 것이기 때
문이다). 표현의 의미를 제대로 파악하려면 그 용어의 변천사를 살펴보는 것이
도움이 된다는 점을 보여 주는 사례는 다른 영역에서도 쉽게 찾아볼 수 있다.
'민주주의'나 '처벌', '권력', '질량' 등이 그런 것들이다. 우리는 앞에서 대학의
전문가들에게 ('유기농 식품'이나 '바로크 건축' 등과 같은) 어떤 표현을 설명
하는 경우를 살펴보았다. 분명히 그런 설명을 하려면 그 용어의 변천사를 아주
폭넓게 설명해 주어야 할 것이고, 그런 정보를 위해서는 해당 주제를 다룬 고전
적 저작을 참조해야 할 것이다. 물론 이런 경우에는 인터넷도 도움이 될 수 있
다. 하지만 이 경우 어떤 사이트가 신뢰할 만한지를 정하는 문제가 있으며, 우리
는 이 문제를 12장에서 다룰 것이다.

5.4 주어진 상황에서 상대방을 만족시키려면 얼마나 자세한 설명이 필요한가?

이것은 상대방에게 어울릴 만한 대답을 하도록 해야 한다는 것을 일깨워 주는
물음이다. 이에 대해서는 우리가 이미 말한 것 이외에, 아래 연습 문제를 제시하
는 것 말고 더 덧붙일 것은 없다.

문제 5.9

널리 사용되는 법학 교재에서 따온 아래 두 글은 두 가지를 대비하고 있다. 첫 번째 글은
'직접 증거'(direct evidence)와 '정황 증거'(circumstantial evidence)를 대비하고 있고,
두 번째 글은 '본래 증거'(original evidence)와 '전문 증거'(hearsay evidence, 傳聞證
據)를 대비하고 있다. 여러분 자신의 예를 들어 친구에게 이 차이를 풀어서 설명해 보라.

5.9.1 직접 증거는 입증될 사실을 본 목격자의 증언이나 입증될 사실을 구성할 문서나 물건을 제시하는 것이다. 정황 증거는 입증될 사실을 보지는 못했지만 그 사실의 존재 여부를 이끌어 낼 수 있는 다른 사실을 본 목격자의 증언이나, 입증될 사실을 이끌어 낼 수 있는 서류나 물건을 제시하는 것이다. 문제의 사실이 A가 일정한 칼을 사용했는지 여부라고 해 보자. A가 그 칼을 사용하는 것을 T가 보았다고 말한다면, T는 문제의 사실에 대한 직접 증거를 제시한 것이다. 한편 A가 칼을 손에 쥐고 있는 것을 T가 보았다고 말한다면, 그는 A가 칼을 쥐고 있었다는 것에 대한 직접 증거를 제시한 것이기는 하지만 A가 그 칼을 사용했다는 것에 대한 정황 증거를 제시하고 있는 것이다. T가 A의 소지품들 중에서 그 칼을 보았다고 말한다면, 그는 A가 그 칼을 가지고 있었다는 것에 대한 정황 증거를 제시한 것이며, A가 그 칼을 사용했다는 것에 대한 정황 증거를 제시한 것이다. 목격자가 본 것은 언제나 그것이 무엇이든 그것의 직접 증거이다. (Phipson and Elliott, 1980, 11쪽)

5.9.2 본래 증거는 목격자가 사실을 직접 안다고 증언하고 내놓는 증거이다. 그 사람의 정보가 다른 사람에게서 나온 것이고 그 사람 자신이 그가 증언한 사실에 대해 개인적으로 아무것도 모르고 있다면, 그 사람의 증언은 전문 증거라고 말한다. (Phipson and Elliott, 1980, 12쪽)

5.5. 논증에서 분명하게 할 필요가 있는 문제들

논증에 나오는 어떤 표현이 오해의 소지가 있는 경우도 가끔 있다. 이 경우 논증을 하는 사람은 완전히 길을 잃게 된다. 다음이 그런 유명한 예이다.

어떤 대상이 볼 수 있는 것임을 보여 줄 수 있는 유일한 증명은 사람들이 그것을 실제로 본다는 것이다. 어떤 소리가 들을 수 있는 것임을 보여 줄 수 있는 유일한 증명은 사람들이 그것을 실제로 듣는다는 것이다. 같은 방식으로, 어떤 것이 바람직한 것임을 보여 줄 수 있는 유일한 증거는 사람들이 실제로 그것을 바란다는 것이라고 나는 생각한다.

이 논증은 존 스튜어트 밀의 책 『공리주의』에서 따온 것인데, 언뜻 보면 강력해 보인다. 하지만 '볼 수 있는'(visible)과 '들을 수 있는'(audible)은 '보는 것이 가능한'(can be seen)과 '듣는 것이 가능한'(can be heard)을 의미하지만, '바람직한'(desirable)은 '바라는 것이 가능한'(can be desired)을 의미하는 것이 아니라 '좋은'(is good)이나 '바랄 만한'(ought to be desired)을 의미한다는 사실을 깨닫게 되면 그렇지 않다. 이 논증은 여러분이 이 점을 눈치채지 못할 경우에만 그럴듯해 보이는 것이다.

아래 또 다른 좀 더 쉬운 예가 있다. 테이트와 라일(Tate & Lyle) 회사는 미스터 큐브(Mr Cube)라는 캐릭터를 내세워 설탕 광고를 하면서 다음과 같이 말한다.

경기에서 이기려면 균형 잡힌 식사와 다량의 에너지가 필요합니다. 누구나 그렇게 하듯이, 매일매일 그렇게 해야 합니다. 여러분이 필요로 하는 에너지를 얻는 가장 효과적인 방법 가운데 하나는 테이트와 라일의 순정맥 설탕을 먹는 것입니다.

설탕이 과연 에너지가 충만하다는 느낌을 주는 그런 에너지를 제공한다고 할 수 있을까? 마그누스 파이크라는 사람이 아주 재치 있게 다음과 같이 응수했다.

과학적 의미의 에너지는 아주 복잡하다. 절벽 위에 있는 작은 돌맹이는 에너지로 충만해 있다. 왜냐하면 그 돌이 아래로 떨어져 누군가의 머리에 맞는다면 그 사람을 쓰러뜨릴 수도 있기 때문이다. 롤리 폴리 푸딩도 화학적인 의미에서는 에너지로 충만하다. 하지만 여러분이 그것을 먹더라도 활력을 얻지는 못한다.

이 광고에서는 적어도 서로 다른 두 가지 의미를 몰래 끌어들이고 있는데, 이 점이 표현 때문에 분명하게 드러나 있지 않은 것이다(이것을 보통 '애매어의 오류'라고 부른다).

이런 종류의 애매성 때문에 논증에서 잘못이 생길 수 있다. 이런 일이 아주 자주 있기 때문에 어떤 사람들은 여기에 (가령 '애매어의 오류'와 같은) 특수한 이름을 붙여 두기도 한다. 하지만 우리는 여기서 그런 것들을 더 다루지는 않겠다. 다만 그런 일이 실제로 벌어지므로 뭔가를 곰곰이 생각할 때 무슨 뜻인지를 되도록 분명하게 하는 것이 중요하다는 말만 덧붙여 두기로 하겠다.

문제 5.10

아래에서 메리와 피터는 실제로 서로 다른 견해를 보이고 있는 것인가?

메리: 나는 법 앞의 평등에 관해 배웠다. 그것이 우리 정치 체제에서 그렇게 중요한지 나는 도통 모르겠다.

피터: 사람들은 지능이나 힘이나 부(富) 그리고 다른 여러 자질 면에서 커다란 차이가 있다. 그러므로 이런 것들의 평등을 이야기한다는 것은 말도 안 된다.

5.6 이 장의 목적

논증에서 무슨 뜻인지가 분명하지 않은 경우도 자주 있다. 이 장에서 우리가 말하고자 한 것이 모든 생각에는 불분명한 점이 있다거나 아니면 모든 주장이나 논증에 대해서 "그게 무슨 뜻인지"를 물어보아야 한다는 것은 아니었다. 이 장에 나온 것들을 다루고 나면, 실제로 꼭 위에 나온 것처럼 하는 학생들이 가끔 있다. 의미에 관해 논란이 없는 경우도 많으며, 사람들이 아무 문제없이 서로 잘 이해하는 경우도 많이 있다. 그렇더라도 모호성이나 애매성이 중요한 요소일 수 있으므로, 문제가 될 경우 그 점을 지적할 수 있고 올바른 질문을 제기할 수 있어야 한다. 이 장에서 우리는 표현을 분명하게 하는 여러 가지 방법과 목적을 설명했다. 나는 필요한 경우 여러분이 이런 방법을 적절히 잘 사용하고, 필요하지 않다면 사용하지 않기를 바란다. 분명하게 할 필요가 있을 경우, 제시된 설명마저도 어떤 점에서는 부정확할 수 있다. 하지만 의사소통을 하는 데는 문제가 없다는 점을 명심하라. 모든 것을 다 정의하거나 설명할 수는 없다!

가령 휴대폰을 사려고 하는데, 한 회사에서 자사 제품을 사라고 하면서 다음과 같이 선전한다고 해 보자. "우리 물건이 다른 회사 것보다 25퍼센트까지 싸요." 이 말이 무슨 뜻인지, 이 선전이 무슨 뜻인지 분명한가, 그리고 여러분은 바로 그 선전을 듣고 믿어야 하는가 아니면 "잠깐, 그게 무슨 뜻이지요?"라고 물어야 하는가? 그 말이 아주 분명할 수도 있다. 다른 회사 요금과 비교해 보았을 때 보통 사용자라면 25퍼센트를 절약할 수 있다는 의미일 수 있다. 하지만 그것은 아무런 내용도 없는 주장일 수도 있다.

앞서 나온 연습 문제들은 어떤 경우가 분명히 해야 하는 경우인지를 파악하게 하고 어떤 방법을 써서 그렇게 할 수 있는지를 연습하기 위한 것이었다. 여러분은 이 장에서 어떻게 하면 의미를 분명하게 할 수 있는지를 체계적으로 생각해 본 적은 없지만 그렇더라도 그런 방법을 이미 꽤 알고 있었다는 점을 깨달았을 것이다. 어쨌거나 이런 연습을 통해 배운 것이 앞으로 여러분의 사고에도 영향을 미치게 되기를 바란다. 그래서 이러한 것들이 몸에 배어 여러분이 하고자 하는 말을 분명히 하고 상대방도 여러분의 말을 더 잘 이해할 수 있게 되기를 바란다. 간단히 말해, 상대방에게 필요한 만큼만 분명하게 하면 된다.

5.7 요약

다음 사고 지도로 이 장을 요약할 수 있을 것 같다.

'사고 지도' 생각을 분명하게 하기 위한 사고 지도

1. 무엇이 **문제**인가?(모호한가, 애매한가, 예가 필요한가 아니면 그 밖의 무엇이 필요한가?)

2. **상대방**이 누구인가?(그 사람이 어떤 배경지식과 믿음을 가지고 있는가?)

3. 상대방을 감안할 때, 어떻게 하면 분명하게 할 수 있는가?

4. 표현을 분명하게 하는 데 쓸 수 있는 **자료들**:

    (a) **사전에 나오는 정의**(통상적 용법을 알려 주기).

    (b) **전문가**의 정의나 설명(특수한 용법을 알려 주기).

    (c) 의미를 결정하고 **규정**하기.

5. 표현을 분명하게 하는 몇 가지 방법:

    (a) '**동의어**'를 제시하거나 풀어써 주는 방법.

    (b) **필요충분조건**을 제시하는 방법(또는 정의를 제시하는 방법).

    (c) **명확한 예**(또는 예가 아닌 것)를 제시하는 방법.

    (d) **대조를 하는 방법**(종과 차를 이용해 설명하는 방법).

    (e) 표현의 **변천사**를 기술하는 방법.

6. 주어진 상황에서 상대방을 만족시키려면 얼마나 자세한 설명이 필요한가?

문제 5.11

5.11.1 읽을거리 16번 글을 읽고, '독성 시험'이 이 맥락에서 무슨 뜻인지를 말해 보라.

5.11.2 유명한 하버드 생물학자 스티븐 골드는 "평균치란 아무런 의미가 없다"는 글에서 자신이 1982년 7월 복부 중피종이라는 진단을 받았다고 적고 있다. 그 병은 희귀하고 중대한 암으로, 보통 석면에 노출되어 걸리는 것으로 알려져 있다. 수술 후 그는 이 병에 관한 책들을 조사해 보기로 했고, 결과는 아주 분명했다. "중피종은 고칠 수 없는 병으로, 발견 후 평균적으로 8개월 안에 죽는다." 얼마 동안 멍하니

앉아 있다가 그는 생각을 해 보고 스스로에게 물어보았다. "평균적으로 8개월 안에 죽는다"는 말이 무슨 뜻일까? 골드는 무엇을 알고자 한 것인가?

5.11.3 다음 논증을 생각해 보자.

> 강물의 흐름을 바꾸어 다른 지역에 물을 공급하고자 할 때는 언제나 강물을 빼앗기는 지역 사람들의 반대가 뒤따르게 마련이다. 강물을 빼앗기는 사람들이 강물의 상당량이 다른 지역으로 흘러가 다른 사람들이 이득을 보는 상황을 가만히 앉아서 지켜만 보고 있지는 않을 것이다. 원유나 철광석이 천연자원이듯이 물도 똑같은 의미의 천연자원이다. 사우디아라비아가 원유를 다른 나라에 내주겠는가? 러시아가 철광석을 그냥 내주겠는가? 왜 물을 잃게 되는 사람들은 자신들의 천연자원을 달리 볼 것이라고 예상하는가? 다른 지역의 개발이 물 부족으로 제한을 받는다고 하더라도 그냥 그대로 두는 수밖에 없다. (LSAT, 1985. 12., D 18을 수정)

물이 원유나 철광석과 같은가? 여러분의 대답은 어떤 함축을 갖는가?

5.11.4 어떤 사람은 다른 누군가를 사랑한다는 말이 무슨 뜻이라고 생각하는가?

5.11.5 여러분은 종교적 신앙이란 "증거가 없음에도 불구하고 믿는 것을 의미하며, 아마 증거가 없기 때문에 믿는 것을 의미한다"라는 도킨스의 주장에 대해 어떻게 생각하는가? (읽을거리 57번 글)

5.11.6 '석유 매장량'이라고 할 때 이것이 보통 무슨 뜻인지를 인터넷에서 찾아보라. 출처가 어딘지를 밝혀라.

5.11.7 이번에는 진짜 어려운 마지막 문제이다. 읽을거리 55번 글에서 존 멕팩이 하는 주장에 대해 대답해 보라.

더 읽어 볼 것

Scriven (1976, 5장).

이유의 신뢰성을 포함해
이유가 받아들일 만한지를 평가하기

앞에서 우리는 논증에 나오는 표현의 의미를 이해하는 데 필요한 몇 가지 기술을 살펴보았다. 이런 기술은 우리 자신이 분명하게 표현하려면 어떻게 해야 하는지도 알려 주며, 이에 대해서도 우리는 적절히 관심을 기울였다. 이제 글쓴이의 논증을 평가하는 과정으로 넘어갈 때이다. 어떤 관점(결론, 설명, 권고, 해석 등등)을 받아들이도록 설득하기 위해 어떤 사람이 이유를 제시할 경우, 우리는 그 사람이 무슨 말을 하는지 알고자 할 뿐만 아니라 그것을 평가하고자 하기도 한다. 즉 그것이 좋은 논증인지, 우리가 그것을 받아들여야 할지 여부를 정하고자 한다. 이를 제대로 하려면 올바른 물음을 물을 수 있어야 한다. 이후 장에서는 주로 이런 물음이 맥락에 따라 어떤 것인지를 설명하고 그런 것을 적용해 보는 연습을 할 것이다.

6.1 받아들일 만한지의 물음과 맥락

다른 사람이 제시하는 논증을 들으면 여러분은 대개 어떻게 하는가? 이 문제를 여러분이 곰곰이 생각해 본다면(가령 앞 장에서 여러분이 논증을 처음 접했을 때 어떻게 반응했는지를 생각해 보라), 보통 다음과 같이 반응한다는 점을 알 수 있을 것이다. 여러분이 결론에 동의한다면, 자세한 것은 따져 보지도 않고 "예, 저도 그 점에 동의합니다"라고 말한다. 결론에 동의하지 않는다면, "나는 동의하지 않습니다"라고 말하고, 아마도 결론에 반대되는 뭔가를 말할 것이다. 즉 결론을 단지 부정하거나 아니면 이유로 나와 있는 주장 가운데 하나를 거부하거나 결론과 배치된다고 여겨지는 어떤 새로운 이유를 제시할 것이다. 듣는 사람이 논증을 심각하게 생각하여 그것이 좋은 논증인지를 주의 깊게 따져 보는 경우는 사실 드물다. 물론 앞서와 같은 즉각적인 반응도 어떤 맥락(가령 친구와 차를 마시면서 하는 비공식적인 대화)에서는 괜찮다. 하지만 중요한 문제와 관련된 사실을 알고 싶어하는 경우라면 훨씬 더 체계적이어야 한다. 우리가 앞으로 다루고자 하는 것이 바로 논증을 평가하는 체계적인 접근 방법이다. 그러면 어떻게 진행해야 하는가?

우리가 논증을 철저하게 평가하고자 한다면, 적어도 완전히 다른 세 가지 물음을 물어야 한다. 그것은 앞의 4.3절의 사고 지도에 나오는 5, 6a, 6b이다. 논의의 맥락을 고정시키기 위해, 앞서 우리가 보았던 예를 다시 들어 이런 물음이 어떤 것이고 그것이 어떤 역할을 하는지를 설명하기로 하자.

> 장래 부모가 될 사람들은 대부분 아들을 선호한다. 따라서 사람들이 자식의 성을 선택할 수 있게 하면 여자보다 남자 인구가 결국에는 훨씬 많아질 것이다. 이것은 심각한 사회 문제를 야기할 수 있다. 그러므로 사람들이 자식의 성을 선택할 수 있는 기술을 사용하지 못하도록 해야 한다.

문제 6.1

이 논증을 간단히 평가해 보라. 여러분이 결론에 동의하는지 여부와 왜 그렇게 보는지를 말하라.

우리는 앞에서 이미 이 논증의 구조는 다음과 같다고 말했다.

R1 〈장래 부모가 될 사람들은 대부분 아들을 선호한다.〉 따라서 C1 [사람들이 자식의 성을 선택할 수 있게 하면 여자보다 남자 인구가 결국에는 훨씬 많아질 것이다.] 그리고 R2 〈이것은 심각한 사회 문제를 야기할 수 있다.〉 그러므로 C2 [사람들이 자식의 성을 선택할 수 있는 기술을 사용하지 못하도록 해야 한다.]

이 논증을 체계적으로 평가하고자 한다면, 우리는 다음 물음을 물어야 한다.

5. 이유는 받아들일 만한가(참인가)?
6. (a) 이유가 결론을 뒷받침하는가?
　(b) 다른 관련 고려 사항/논증이 있는가?
7. 전반적인 평가는 무엇인가?

우리 예의 경우 이런 물음이 어떤 의미를 갖는지를 차례대로 보기로 하자. 먼저 우리는 "장래 부모가 될 사람들은 대부분 아들을 선호한다"가 참인지를 정해야 한다. 일반적인 지식에 근거해 볼 때 내 생각에 이 주장은 가령 중국이나 인도와 같은 나라를 염두에 둔다면 참이다. 하지만 다른 나라라면 거짓일 수 있다. 이를 알아보려면 여론 조사 결과를 찾아보거나 아니면 다른 관련 보고서들을 참조해야 할 것이다. 또한 인터넷을 찾아보는 것도 도움이 될 것이다(이를 위해서는 12장 참조).
　다음 물음은 "이 이유가 결론을 뒷받침하는가?"이다. "장래 부모가 될 사람들은 대부분 아들을 선호한다"가 참이라면, "사람들이 자식들의 성을 선택할 수 있게 하면 여자보다 남자 인구가 결국에는 훨씬 많아질 것이다"는 것이 따라 나오는가 하는 것이다. 사람들이 아들을 선호하고 아들을 가질 수 있다면, 실제로 딸보다 아들이 더 많이 태어날 것 같다. 확실히 이런 추론에 큰 문제가 있는 것 같지는 않다(8장 참조). 다음 이유는 "이것은 심각한 사회 문제를 야기할 수 있다"이고, 우리의 물음은 이 주장이 받아들일 만한 것인가 하는 것이다. 사실 이를 어떻게 판단해야 할지 말하기가 쉽지 않다. 분명히 문제는 정도가 어떠냐에 달려 있다. 남자가 여자보다 조금 많다면, 이는 문제가 안 되거나 별다른 사회 문제를 일으키지 않을 수 있다. 하지만 훨씬 많다면 이야기가 달라질 수도 있다. 또한 이런 격차가 어디서 벌어지느냐도 중요하다. 어떤 사회는 그런 불균형을 잘 해결하겠지만 그렇지 않은 사회도 있을 수 있다. 게다가 남자가 더 많아지는 현상이 오랜 시간에 걸쳐 생기는 것이라면, 어떤 사회는 이를 해결하는 방안을 마련할 수도 있을 것이다. 이 문제는 판단하기 어렵다. 하지만 그냥 보면 이것이 문제를 야기할 것이라고 말할 수도 있을 것 같다.

다음 물음은 앞의 주장이 "사람들이 자식의 성을 선택할 수 있는 기술을 사용하지 못하도록 해야 한다"라는 결론을 뒷받침하느냐 하는 것이다. 이런 기술을 사용하도록 허용하면 남자가 더 많아질 테고, 이는 심각한 사회 문제를 일으킬 것이므로 우리는 그것을 금해야 한다고 할 수 있을 것 같다. 이것은 결정적이지는 않지만 확실히 일리가 있어 보인다.

우리가 물어야 할 물음이 아직 하나 남아 있다. 다른 관련 고려 사항은 없는가? 이것이 바로 우리가 어떤 문제를 생각할 때 상상력이 풍부해야 하는, 즉 '한계 너머를 생각해야' 하는, 창의적이어야 하는 이유이다. 이 장에서는 이것이 우리의 주된 관심사가 아니므로 일단 이 물음은 그냥 남겨 두기로 하겠다(이에 대한 자세한 논의는 9장을 참조).

문제 6.2

아이들의 성을 선택할 수 있는 기술을 사용하지 못하도록 하는 문제와 관련된 다른 고려 사항을 되도록 많이 생각해 보라.

요약하면, 글쓴이가 무슨 말을 하고 있는지 그리고 이유와 결론이 무엇인지가 분명하다면, 이제 논증을 평가할 수 있다. 이를 위해서는 논증에 대한 전반적인 평가에 앞서 우리가 논의한 세 가지 물음을 물어야 한다. 이 장과 다음 장에서 우리는 첫 번째 물음에 집중할 것이다. 즉 주장(이것은 명시적 주장일 수도 있고 암묵적 주장일 수도 있다)이 받아들일 만한 것인지 아니면 그것을 받아들여야 하는지를 어떻게 판단하는지를 다룰 것이다.

6.2 주장들의 여러 종류

먼저 우리는 사람들이 논증을 할 때 아주 여러 가지 **종류**의 주장을 한다는 점을 주목해야 한다. 이 책에서 살펴본 것 가운데 중요한 것만 몇 가지 든다면, 사실이나 증거, 자료를 제시하는 주장이 있으며, 가치 판단을 표현하는 주장이 있고, 정의나 기준, 원리를 서술하는 주장도 있다. 또한 인과적 설명을 제시하는 주장도 있으며, 우리에게 어떤 행동을 할 것을 권고하는 주장도 있다. 예를 들어 "공식적인 통계에 따르면, 영국 인구의 13퍼센트는 가난하게 산다"는 사실적인 주장이며, "영국과 같이 부유한 나라에서 그렇게 많은 사람이 가난하게 산다는 것은 부끄러운 일이다"는 가치 판단이다. 다음은 유명한 정의의 사례이다. "개인이나 가정, 집단이 먹을 것이 없거나 그 사회의 최소한의 삶의 여건이나 시설도 누리지 못할 경우 그들은 가난하게 산다고 말한다"(타운젠드, 『영국의 빈곤』 1979, 31쪽). "영국에서 가난은 실업이나 저임금, 저학력, 장기간의 질병 등 여러 요인에 의해 발생한다"는 인과적 주장이며, "정부는 앞으로 20년 동안 아동 빈곤을 없애기 위해 노력해야 한다"는 권고를 하는 주장이다.

주장의 종류가 다르면, 평가하는 방식도 분명히 달라야 한다. 따라서 어떤 종류의 주장인지를 파악하는 일이 우선 중요하다.

문제 6.3

다음 논증에서 사실적인 주장이 어떤 것이고, 가치 판단이 어떤 것이며, 정의는 어떤 것인지를 찾아내 보라.

> 많은 사람들은 TV에서 폭력 장면을 보여 준다고 해도 이는 사람들의 행위에 아무런 영향도 주지 않는다고 주장한다. 나는 이것이 틀렸다고 확신한다. 왜냐하면 TV에 나오는 것이 행위에 아무런 영향도 주지 않는다면, TV 광고도 아무런 영향을 주지 않아야 할 텐데, 우리는 TV 광고가 영향을 준다고 알고 있기 때문이다. 하지만 TV의 폭력 장면이 사람들의 행위에 영향을 준다는 것이 사실일지라도, 그것이 검열을 해야 할 이유가 되는 것은 아니다. 왜냐하면 사람들은 원하는 것을 볼 자유

가 있어야 하기 때문이다. 자유란 원하는 것을 할 수 있다는 것이다.

____

이 글에서 글쓴이는 "TV의 폭력 장면이 사람들의 행위에 영향을 준다"와 "TV 광고가 영향을 준다"는 사실적 주장을 하고 있으며, "사람들은 원하는 것을 볼 자유가 있어야 한다"는 가치 판단을 하고 있고, 또한 '자유'를 '원하는 것을 할 수 있다는 것'으로 정의하고 있다.

분명히 이런 다른 종류의 주장은 다른 식으로 평가되어야 한다. TV의 폭력 장면이 사람들의 행위에 영향을 준다거나 TV 광고가 영향을 준다는 것과 같은 사실적 주장에 대해서는 증거를 요구하는 것이 합당하다.

문제 6.4

앞의 사실적 주장이 참이거나 거짓임을 보여 줄 증거란 어떤 것일까?

____

반면 "사람들은 원하는 것을 볼 자유가 있어야 한다"는 주장을 옹호하거나 반박하려면 그런 원리의 결과가 어떤 것일지(이에 대해서는 어떤 사실적 이유를 제시할 수 있을 것이다)를 생각해 보아야 하며, 경우에 따라서는 다른 도덕적, 법적, 정치적 원리들을 따져 보아야 할 수도 있다.

문제 6.5

그런 원리의 결과란 어떤 것일까?

____

끝으로 '자유'란 말의 정의는 사실적인 주장이나 가치 판단과도 다르다. 그런 정의는 그것이 실제로 통상적 용법인가 하는 정확성이나 그것이 목적에 맞는 좋은 정의인가 하는 효용성에 비추어 판단해야 한다.

간단히 말해, 사실적 주장에 대해서는 증거를 요구할 수 있다. 가치 판단은 결과나 다른 가치에 의해 판단되어야 하며, 정의는 5장에서 설명한 방식에 의해 판단되어야 한다. 물론 서로 다른 종류의 주장이 모두 아무런 문제가 없는 경우도 있을 수 있고, 그런 경우라면 더 이상의 정당화도 필요하지 않을 것이다. 하지만 정당화가 필요하다면, 지금 이야기한 그런 것이 적절하다는 것이다.

문제 6.6

읽을거리 53번 글(침술과 체외수정에 관한 글)을 읽고, 거기에 사실적 주장, 가치 판단, 인과 주장, 권고, 정의가 들어 있는지 살펴보라(이것들이 다 들어 있지는 않을 수도 있다). 그것들을 어떻게 평가할 수 있는지 간단히 말하라.

6.3 주장이 받아들일 만한 것인지 여부

주장이 받아들일 만한 것인가 하는 물음은 때로 신뢰성의 물음이기도 하다. 신뢰성의 물음에 대해서는 뒤에서 다룰 것이다. 하지만 가치 판단이나 정의는 신뢰성의 문제와 무관하게 받아들여지거나 거부될 수 있다. 게다가 사실적인 주장은 그냥 '일반적으로 받아들여지고 있기' 때문에 받아들일 만한 것일 수도 있으므로, 이것도 역시 신뢰성의 문제가 아닐 수도 있다. 그러므로 우리는 먼저 주장이 받아들일 만한지 여부와 관련된 몇 가지 일반적인 물음을 살펴보고, 그런 다음에 신뢰성에 관한 문제로 넘어가기로 하겠다(물론 어떤 주장이 받아들일 만한 것인지 여부는 우선 그 주장이 무슨 뜻인지에 달려 있다는 점을 명심하라. 하지만 이 문제는 앞에서 이미 다루었다).

6.3.1 얼마나 강하게 주장되고 있는가?

우리는 앞서(2.5절) 이미 다음과 같이 설명했다.

> 주장을 나타낼 때 우리는 때로 다음과 같은 표현을 사용한다. "내 직관/생각/견해/주장은 …", "나는 …라고 확신한다", "나는 …라는 것을 증명할 수는 없지만 …라고 믿는다", "사실은 …이다/인 것 같다", "나는 …라는 것을 똑똑히 보았다" 등.

이런 표현들은 우리 견해가 어디에서 유래("내가 그것을 똑똑히 보았다" 또는 "이것이 내 믿음이다")하며, 우리가 그것에 대해 얼마나 확신하고 있는지 또는 우리가 얼마나 강하게 주장하고 있는지("나는 …라고 확신한다", "내 느낌은 … 이다")를 나타내 준다. 누군가가 논증 과정에서 우리나라 중앙은행이 금리를 올릴 것 같다는 '느낌'이 든다고 말한다면, 이것은 어떤 맥락에서는 받아들일 만한 것일 수도 있다. 반면에 그 사람이 그럴 것이라고 확신한다고 말한다면, 이것이 받아들일 만한 것이 되기 위해서는 훨씬 많은 정당화가 필요하다. '느낌'을 말하는 데는 적극적인 방어가 필요하지 않다. '확실'하다는 주장을 하려면 (그 것이 누가 보기에도 명백한 것이 아닌 이상) 그런 것이 필요하다.

그러므로 어떤 주장이 받아들일 만한 것인지 여부는 글쓴이가 얼마나 강하게 주장하느냐에도 달려 있다. 어떤 주장이 단순한 '추측'이나 '가능성'으로서는 받아들일 만하지만, 그것이 참이거나 확실한 것으로 제시되고 있다면 그것이 받아들일 만한 것인지 여부는 훨씬 더 엄격한 기준에 의해 판단되어야 한다.

6.3.2 주장의 맥락이 주장이 받아들일 만한 것인지에 영향을 주는가?

형사가 조사 초기 단계에서 다음과 같은 주장을 하는 상황을 생각해 보자. "나는 집사가 그랬다고 생각한다." 초기 단계에서라면 비교적 작은 증거에 근거해 이런 식으로 이야기하더라도 전혀 문제가 없을 수 있다. 맥락에 비추어 볼 때 이는 입증된 사실을 말하는 것이 아니라 그냥 추측일 뿐이고, 이 단계에서는 그것이 단지 앞으로의 조사를 위한 기초로 볼 수도 있기 때문이다. 물론 그 형사가 법정에서 같은 주장을 한 것이라면, 그 주장이 받아들일 만한 것인지 여부는 그 주장의 근거가 충분한지에 달려 있을 것이다.

따라서 어떤 주장이 받아들일 만한 것인지 여부는 그 주장이 어떤 맥락에서 이루어지느냐에 따라 달라질 수 있다.

6.3.3 전문 지식이나 조사가 필요한가?

제시된 이유가 받아들일 만한 것인지를 정하려면 전문 지식이 필요한 경우도 있다. 그런데 우리가 그런 지식을 갖추고 있는 경우도 있고 그렇지 않은 경우도 있다. 가령 영국에서 흡연의 영향을 다루는 다음 논증이 그런 예이다.

> 영국에서는 매년 약 300,000명이 심장병으로 죽는 반면 약 55,000명이 폐암으로 죽는다. 흡연을 하면 심장병으로 죽을 확률이 대략 두 배 증가하는 반면 폐암으로 죽을 확률은 열 배가 증가한다. 대부분의 사람들은 흡연이 심장병보다 폐암을 일으킬 확률이 더 높다고 생각하며, 사실 영국이나 다른 나라 정부들도 대개 이런 가정에 근거해 흡연 반대 운동을 펼치고 있다. 그러나 이것은 틀렸다. 심장병의 빈도가 훨씬 높다는 점을 고려할 때, 폐암에 걸리는 흡연자가 한 명이라고 한다면 심장 질환으로 죽는 사람은 두 명이 넘는다고 해야 한다.

이 논증이 올바른지 여부는 분명히 처음의 두 문장이 참인지 여부에 달려 있다. 하지만 대부분의 사람들은 그런 전문 지식을 가지고 있지 않다. 그런 전문 지식이 필요할 경우, 논증의 설득력을 파악하기란 어렵거나 불가능하다(물론 여러분이 신뢰할 만한 자료를 찾아본다면 그것을 해결할 수도 있다).

6.3.4 잘 알려진 주장이나 믿음인가?

결론을 뒷받침하기 위해 제시된 이유가 잘 알려진 주장이나 믿음인 경우도 있다. 가령 어떤 사람이 다음과 같은 주장을 하면서 논증을 시작할 수도 있을 것이다.

> 지구는 둥글기 때문에 …

정상적인 맥락이라면, 이 주장이 받아들일 만한 것인지를 묻는 것은 지나치다. 따라서 이 논증을 평가할 경우에는 이 이유를 그냥 참이라고 받아들이면 된다. 물론 특수한 과학적 맥락이라면, 이 주장도 (가령 그것이 정확한 표현이 아니라거나 아니면 오해의 소지가 있다는 식으로) 문제 삼을 수 있다. 하지만 정상적인 맥락이라면 그것을 의심하기는 어렵다. 또 다른 예를 하나 들어, 어떤 사람이 다음과 같이 말하면서 논증을 시작한다고 해 보자.

살인을 하는 것은 도덕적으로 옳지 않으며, 따라서

대부분의 맥락이라면(물론 토론 클럽이나 철학 수업이 아니라면) 이 주장은 받아들일 만하다.

6.3.5 다른 믿음과 얼마나 잘 맞는가?

여러분이 따져 보는 이유가 여러분이 지니고 있는 다른 믿음과 '잘 맞는' 경우도 있고 그렇지 않은 경우도 있다. 가령 어떤 사람이 지구 온난화에 관한 논증을 하면서 "지난 50년 동안 해수면이 꾸준히 상승해 왔다는 분명한 증거가 있다"는 주장을 한다고 해 보자. 이 주장이 여러분이 알거나 믿고 있는 것과 잘 맞는다면, 이를 문제 삼을 이유는 전혀 없을 것이다. 하지만 어떤 사람이 다윈의 진화론에 관한 논증을 하면서, "나는 창세기에 나와 있는 대로 하느님이 칠일 만에 세상을 창조했다는 것을 받아들인다"라는 주장을 했다면, 이 경우 이 견해는 당신의 견해와는 너무 거리가 멀어서 더 이상 논의를 진행할 수 없다고 생각할 것이다. 일반적으로 말해, 새로운 믿음이 우리의 기존 믿음과 잘 맞고 그럴 듯해서 믿을 만한 경우도 있지만 잘 맞지 않아서 우리가 지닌 믿음에 비추어 볼 때 그럴 듯하지 않은 경우도 있다.

문제 6.7

다음 글에 나온 주장이 받아들일 만한 것인지를 말해 보라.

6.7.1 읽을거리 57번 글 가운데 처음 세 단락에 나오는 주장들.

6.7.2 읽을거리 40번 글.

6.7.3 '노스크 하이드로'라는 노르웨이의 대기업은 바다에 물고기 사료를 뿌려 주어 바다에서 물고기를 양식하고자 하였다. 세계에서 가장 큰 사료업체인 이 회사는 이렇게 하면 해조류가 더 잘 자라게 될 테고, 이는 다시 물고기가 더 많아지는 결과를 낳을 것이라고 믿었다. 노르웨이 연구 위원회의 의뢰를 받아 이 계획을 검토했던

스웨덴과 캐나다의 해양 과학자들은 그것이 실현 가능성이 없다고 말했다. 그들은 그것이 해양 생태학의 기본 원리를 무시하고 있으며, 회복 불능의 훼손을 야기할 수도 있다고 말했다. ("노르웨이의 물고기잡이 계획, '대재앙의 조리법'"에서 수정, 『뉴사이언티스트』, 1996. 1. 13., 4쪽)

6.3.6 신뢰할 만한 출처에서 나온 것인가?

우리가 알고 있는 출처에서 어떤 주장이 나왔기 때문에 우리가 그 주장을 받아들이거나 거부해도 된다고 생각하는 경우도 있다. 이는 아주 중요하므로, 우리는 이 장의 나머지 부분과 다음 장에서 여기에 적용되는 여러 가지 고려 사항을 논의하기로 하겠다. 여기서는 이 물음을 주장 — 특히 논증을 하는 과정에서 제시된 이유 — 이 받아들일 만한 것인지를 정할 때 우리가 물어야 하는 여러 물음 가운데 하나로 그냥 소개만 하기로 하겠다.

6.4 요약: 주장이 받아들일 만한 것인지를 판단하기 위한 사고 지도

'사고 지도'   주장이 받아들일 만한 것인지를 제대로 판단하기 위한 사고 지도

1. 주장이 얼마나 **강하게** 주장되고 있는가?
2. 주장의 **맥락**이 주장이 받아들일 만한 것인지에 영향을 주는가?
3. **전문 지식이나 조사**가 필요한가?
4. **널리 알려진** 지식이나 믿음인가?
5. 다른 믿음과 얼마나 잘 **맞는가**?
6. **신뢰할 만한 출처**에서 나온 것인가?

마지막 물음은 아주 중요하다. 왜냐하면 우리가 알고 있는 것은 대부분 다른 사람에게 배워서 알게 된 것이기 때문이다. 우리는 선생님으로부터도 배우고, 전문가, 부모님, 친구, TV, 라디오, 신문, 학술 잡지, 교과서, 인터넷 등과 같은 여러 가지 것들로부터 배운다. 중요한 물음은, 이것들 가운데 어떤 것이 믿을 만하냐는 것이다. 우리는 이제 이 물음에 어떻게 답할지를 논의하기로 하겠다.

6.5 출처의 신뢰성을 제대로 판단하기

6.5.1 우선 몇 가지 예

우리가 배운 것 가운데 많은 것은 다른 사람에게서 배운 것이므로, 비판적 사고를 향상시키기 위한 활동이라면 무엇이든 어떤 맥락에서 어떤 주제에 관해 누구를 믿어야 하는가 하는 물음을 다룰 수밖에 없다. 몇 가지 예를 들어 논의를 시작하기로 하자.

예 1

여러분이 중고차를 사려고 한다. 여러분은 차를 잘 모르기 때문에 (여러분이 모르는 사람이고 현 차주와도 모르는 사람인) 정비사를 불러 그 차를 자세히 점검하게 했다. 정비사는 차 상태가 좋으며 사도 괜찮다고 말한다. 우리는 그 정비사를 믿어야 하는가, 그리고 그렇다면 그 이유는 무엇인가?

예 2

여러분이 대중 잡지에 난 기사를 하나 읽고 있다. 그 대중 잡지는 UFO 목격담이나 '외계인' 방문, 눈물 흘리는 성모상 이야기와 같은 특이한 사건을 주로 싣는다. 거기에 실린 기사 가운데 여러분의 주목을 끈 것은 아프리카의 오지에, 마치 수백만 년 전의 공룡처럼 등에 대략 4인치 길이의 뿔이 여러 개 달린 사람들이 살고 있다는 이야기이다. 이 기사는 '그들을 외부 세계의 간섭으로부터 보호'하고자 한다는 이유로, 그들이 살고 있는 곳이 아프리카의 어디인지는 밝히고 있지 않다. 이 기사를 얼마나 신뢰해야 할까 그리고 그 이유는 무엇인가?

예 3

여러분이 운전 교습을 받고 있다. 운전 교습을 하는 강사는 여러분의 친구나 친지도 가르쳤던 사람이고, 운전 교습 강사들 가운데 실력이 좋다고 소문난 사람이다. 여러분이 그 사람에게 운전과 관련된 어떤 질문을 던지자, 그 사람이 "이런 경우에는 …를 이렇게 해야 합니다"라고 분명하게 이야기해 주었다. 이때 우리는 그 사람 말을 믿어야 하는가, 그 이유는 무엇인가?

예 4

여러분이 저녁에 TV 뉴스를 보고 있는데, 거기에 기자가 영국 정부의 새로운 이민 정책에 대해서 보도를 하고, 뒤이어 그날 오전에 정부 대변인이 기자 회견하는 장면이 나왔다. 여러분은 이 뉴스 보도를 믿어야 하는가, 그 이유는 무엇인가? 여러분이 보기에 이 보도는 어느 정도 신뢰할 만한 정보 출처인가?

이 예들의 경우 질문은 다 비슷하다. 그것은 "주어진 '정보'와 맥락에 비추어 볼 때 그 주장을 내가 어느 정도 믿어야 하는가, 즉 그것은 참일 가능성이 높은가 낮은가 아니면 그 중간 어디인가, 그리고 그렇게 생각하는 이유가 무엇인가?"하는 것이다. 이런 물음에 답하려면, "이 주제나 이 상황에 비추어 볼 때 그 정보의 출처는 얼마나 신뢰할 만한 것인가?"라는 물음을 먼저 물어야만 한다.

문제 6.8

계속 읽어 나가기 전에 앞의 예에 나온 질문에 대한 여러분 자신의 답을 적어 보아라. 특히 여러분이 그렇게 판단한 **이유**가 무엇인지를 꼭 적어라.

6.5.2 예 (1)에 대한 논의: 정비사의 이야기를 받아들여야 할까?

여기서 여러분이 진실로 알고자 하는 것은 그 중고차가 연식을 고려했을 때 실제로 좋은 상태인지 그리고 그것이 실제로 그 정도 값이 나가는지 여부이다. 하지만 우리 자신은 이런 문제를 판단할 만한 전문가가 아니기 때문에, 우리는 다른 사람에게 물어보아야 한다. 문제는 "우리가 물어본 그 정비사가 과연 얼마나 신뢰할 만한가" 하는 점이다. 영국에서는 자동차 협회와 같이 명성이 있으면서 유료로 이런 서비스를 해 주는 기구들이 있다. 우리가 차를 점검하기 위해 고용한 사람이 그런 정비사라고 해 보자. 그 경우 정상적인 상황이라면 우리는 그의 권고를 받아들여도 된다. 그 이유는 본질적으로 다음과 같다. (i) 그 사람은 해당 분야의 전문 지식을 갖추고 있다. 그는 훈련을 받은 사람이고 무엇을 살펴보아야 하는지를 아는 사람이다. (ii) 그 사람은 중고차 주인을 잘 모른다. 따라서 그 사람이 우리에게 뭔가를 숨길 이유가 전혀 없으며, 이른바 편향되어 있지 않다. (iii) 그가 속한 기구는 이런 서비스를 제공하는 데 좋은 평판을 지니고 있다.

물론 이것들이 그 사람의 말이 옳다는 것, 즉 그 사람의 말이 참이라는 것을 보장해 주지는 않는다. 하지만 앞의 이유 (i)~(iii)은 이 상황에서 그 사람의 판단을 받아들일 만한 좋은 근거가 된다. 그 문제가 우리에게 아주 중요한 것이라면, 우리는 또 다른 관련 전문가, 가령 친구나 친척(물론 이 사람들의 판단을 신뢰할 만한 이유가 있어야 한다)을 불러 그 차를 점검해 보라고 할 수도 있다. 그 사람의 판단이 자동차 협회에서 나온 정비사의 판단과 일치한다면(즉 그 사람의 판단을 확증해 준다면), 우리는 아까 그 차를 사도 된다는 점을 한층 더 확신할 수 있을 것이다(이들의 견해가 갈린다면, 우리는 누구를 믿어야 할지의 문제에 직면하게 된다).

우리가 모든 방면의 전문가일 수는 없으며, 그래서 우리는 때로 다른 사람의 말에 의지해야 한다. 선생님이나 친척 또는 친구한테 들었기 때문에, 아니면 여러분이 TV에서 보았거나 라디오에서 들었거나 신문이나 교과서, 학술 잡지 등에서 읽었기 때문에 믿고 있는 것이 얼마나 많은지 생각해 보라. 우리가 배운 것 가운데 상당 부분은 다른 사람들한테서 배운 것이다. 바로 이 때문에 누구를 믿을지, 어떤 상황에서 믿을지를 잘 아는 것이 아주 중요하다.

6.5.3 예 (2)에 대한 논의:
그 잡지에 난 '공룡' 인간 기사를 믿어야 할까?

깊이 생각해 보지 않더라도, 이 이야기는 전혀 신뢰할 만하지 않다. 거기에는 여러 이유가 있다. (i) 등에 '뿔'이 나 있는 인간에 관한 주장은 인간에 대한 다른 모든 증거들과 배치된다. 우리는 인간의 생물학적 특징에 대해 잘 알고 있으며 개인마다의 차이에 대해서도 잘 알고 있다. 등에 뿔이 나 있는 인간에 관한 주장은 우리가 아는 모든 것과 맞지 않으며, 그러므로 설득력이 전혀 없다. 이 점은 주장의 본성과 관련된 사실이다(이에 대해서는 7.4절 참조). (ii) 이 잡지는 믿을 만한 과학 전문 잡지(사실인지 면밀하게 확인하는 잡지)가 아니라 대중 잡지(주로 특이한 것들, 우리가 보통 알고 있는 것과 상반되는 사건들을 '보도'하는 잡지)이다. 이 잡지에 관해 우리가 알고 있는 것에 비추어 볼 때, 이 잡지는 기괴한 이야기들을 검증하기보다 그냥 전하는 것으로 평판이 나 있을 것이다. 이 점은 평판의 문제이다. (iii) 이 기사는 그런 사람들이 어디에 사는지를 밝히고 있지 않아 이 이야기의 증거를 확인해 볼 수가 없고, 그래서 이를 확증할 가능성도 전혀 없다. 이런 것들은 이 이야기의 진실성을 의심해 볼 만한 충분한 이유가 된다.

문제 6.9

이 문제는 두 부분으로 이루어져 있다.

6.9.1　그 기사에 등에 뿔이 나 있는 사람들의 사진이 실려 있다고 해 보자. 이 점이 그 이야기의 신뢰성에 어떤 영향을 미치는가?

6.9.2　예 (1)과 (2)에 대한 논의에 비추어, 문제 6.8의 예 (3)과 (4)에 대해서 썼던 답을 수정하거나 보완할지 여부를 생각해 보라.

6.6 신뢰성은 참과는 다르지만 참을 판단하는 데 도움이 된다.

우리가 무엇이 참인지를 정하는 데 도움을 얻기 위해 신뢰성에 관한 판단을 한다 할지라도, 신뢰성과 참은 구분된다는 점을 명심하자. 이들의 차이를 알기 위해 다음과 같은 가정을 해 보자. 상습 절도범이고 거짓말쟁이로 알려져 있는 프레드가 도난당한 TV를 가지고 있는 것으로 밝혀졌다고 하자. 그가 TV를 훔쳤다는 것을 부인할 경우, 우리는 그 사람을 믿어야 할까, 그 사람은 믿을 만한가? 다른 것은 다 똑같다고 하고, 그의 전력에 비추어 볼 때 그 사람은 분명히 믿을 만하지 않다. 그 사람에 대한 **평판**은 그의 신뢰성이 아주 낮으며 그가 이 경우 사실을 말하고 있을 수도 있겠지만, 그를 믿을 만한 이유가 없다는 것을 말해 준다.

거꾸로, 우리가 어떤 사람을 믿을 만한 좋은 이유를 지니고 있지만 사실은 그것이 거짓인 경우도 있을 수 있다. 가령 메리는 우리에게도 잘 알려진 새 전문가인데 그 사람이 우리 앞으로 휙 날아간 새는 '특유의 날갯짓을 보건대' 딱새라고 말했다고 해 보자. 그 사람이 지닌 **전문 지식**에 비추어 볼 때, 우리는 그 사람을 믿을 만한 이유가 있다고 보아야 한다. 그 사람이 사실은 이 경우에 실수를 했을 수도 있지만, 그 사람의 신뢰성은 높다.

요지는 다음과 같다. 우리는 여러 근거에서(물론 상대방이 말한 것이 참인지 여부를 따로 모르고서) 다른 사람들의 신뢰성을 판단한다. 우리는 그 사람이 말한 것이 참인지를 정하기 위한 수단으로 이 일을 한다. 하지만 그것은 틀릴 수도 있는 수단이다.

중요한 점은 다른 사람의 말을 받아들여야 하는지(혹은 어느 정도 그 사람의 말을 믿어야 하는지)를 어떻게 정할 수 있느냐 하는 것이다. 이를 정하기란 때로 어렵지만, 우리에게 도움이 되는 몇 가지 일반적인 원리들은 있다. 물론 이것들이 올바른 판단을 내려 주게 한다는 보장은 없다. 하지만 우리는 **실제로** 다른 사람들이 말한 것을 때때로 신뢰한다. 이는 때로 아주 합리적이다(그리고 일부 철학자들이 주장하듯이, 가령 '권위에 호소하는 것'은 모두 오류라고 한다면 그것은 잘못이다). 그러나 그것이 늘 안전한 것은 아니다. 따라서 이제 출처의 신뢰성을 제대로 판단하고자 할 때 우리가 적용할 일반 원리를 생각해 보는 데로 넘어가기로 하자.

6.7 요약

2~5장에서는 논증을 이해하는 과정을 다루었다. 나머지 장에서는 논증 평가를 다룬다. 이 장에서 우리는 결론을 뒷받침하기 위해 제시된 이유가 받아들일 만한지를 결정하는 방법을 설명했다.

우리는 먼저 주장을 다섯 가지 종류 — 사실적 주장, 가치 판단, 정의, 인과적 설명, 권고 — 로 나누고, 이런 차이는 주장이 다른 방식으로 평가되어야 한다는 의미라고 지적했다. 우리는 또한 이런 차이를 파악할 수 있는 연습을 몇 가지 했다.

그런 다음 우리는 주장이 받아들일 만한지를 정하는 몇 가지 검사 절차를 설명했다. 그것들은 다음과 같다.

1. 주장이 얼마나 강하게 주장되고 있는가?
2. 주장의 맥락이 그 주장이 받아들일 만한지에 영향을 주는가?
3. 전문 지식이나 조사가 필요한가?
4. 널리 알려진 지식이나 믿음인가?
5. 다른 믿음과 얼마나 잘 맞는가?
6. 신뢰할 만한 출처에서 나온 것인가?

마지막 물음 때문에 우리는 신뢰성의 문제를 처음으로 논의하기 시작했다. 하지만 이 주제는 아주 큰 주제여서 대부분의 논의는 다음 장으로 미루어 두었다.

더 읽어 볼 것

Ennis (1996, 4장과 5장).

7

출처의 신뢰성을 판단하기

우리가 가진 많은 믿음은 다른 사람의 글이나 말에 근거하고 있다. 그러므로 비판적 사고를 하는 사람이라면 누구를 그리고 어떤 상황에서 믿어야 하는지를 정할 수 있는 방법을 알아야 한다. 오늘날 우리는 인터넷 정보에 많이 의존하므로 이 문제는 우리가 별도의 장(12장)을 할애해 다룰 내용 가운데 일부에 해당한다. 거기서 적용할 원리는 일상적 상황에서 적용할 원리와 다르지 않은데, 우리는 먼저 여기서 인터넷 이야기는 별로 하지 않고 이들 문제를 논의할 것이다. 그렇게 하는 이유는 인터넷 맥락을 떠나서 논의하는 것이 이해하기 더 쉽고 또한 인터넷의 경우에는 여기서 설명하고자 하는 기본적인 사항들을 모호하게 하는 복잡한 것들이 개입될 수 있기 때문이다. 하지만 원한다면 이 장의 기본적인 생각들을 살펴보면서 12장을 함께 살펴보아도 된다.

누구를 믿어야 할지를 정할 때 적용되는 기준은 사안마다 다를 수 있지만, 일반적인 고려 사항으로는 다음과 같은 것이 포함될 것이다.

- 근거의 신뢰성에 대한 평판(BBC와 영국의 대중지인 썬(the Sun)을 대조해 보라),
- 이해관계가 얽혀 있는 것은 아닌지 여부(인터넷에서 약을 팔려고 하는 사

람 또는 전범으로 기소된 사람이 책임을 부정하는 경우),

- 주장을 확증해 주는 다른 근거가 있는지 여부('상온 핵융합'을 했다는 주장의 경우),
- 출처가 해당 분야의 전문 지식을 갖추고 있거나 훈련을 받았는지 여부(경찰관이 법정에서 증거를 제시하는 경우나 의사가 당뇨병 진단을 내리는 경우),
- 주장 자체의 본성(가령 어떤 사람이 기적을 보았다고 하는 주장),
- 출처에 주장 자체를 신뢰할 만한 이유가 나와 있는지 여부(가령 어떤 사람이 다른 행성에서 온 '외계인'을 만났다고 하는 주장),

우리는 이와 관련된 논의를 다섯 개의 절로 나누어서 하겠다. 우리가 다룰 물음은 다음에 관한 것이다.

(i) 사람이나 출처의 신뢰성을 판단하는 방법
(ii) 주장이 행해지는 상황이나 맥락
(iii) 주장을 뒷받침하기 위해 제시되는 출처의 정당화
(iv) 주장의 본성
(v) 확증해 주는 다른 근거의 존재

가령 영국 경찰관(출처)이 법정(맥락)에서 피고인이 여자를 칼로 찌르는 것(주장의 본성)을 보았다(정당화)고 증언할 수 있고, 다른 사람들도 그것을 보았다(확증)고 증언할 수 있다. 아니면 미국의 〈네셔널인콰이어리〉 소속 신문 기자(사람)가 타이타닉 호가 다시 떠올랐다(주장의 본성)는 이야기를 들었으며(정당화), 미 해군이 이런 놀라운 사실에 대한 목격자의 보고를 가지고 있다(확증)고 그 신문에(맥락) 보도할 수도 있다(몇 년 전 실제로 이런 보도가 〈네셔널인콰이어리〉에 실렸던 적이 있다). 이런 식으로 유형을 나누는 것이 사실 어느 정도 임의적이기는 하지만(가령 이해관계 문제는 어디에 넣어야 하는가?), 물음을 정리하는 데는 도움이 된다.

7.1 신뢰성을 판단해야 하는 사람이나 출처와 관련된 물음

7.1.1 해당 분야의 전문 지식(경륜, 지식, 공식적인 자격)을 가지고 있는가?

여러분이 지질학자와 산을 오르고 있는데, 이상한 바위를 보자 그 사람이 "이 산에서 이런 화산 활동 흔적은 쉽게 찾아볼 수 있습니다. 수백만 년 전에 바로 이 산이 그렇게 형성되었거든요"라고 말한다고 해 보자. 여러분은 그 사람이 말한 것을 믿을 것이다. 왜냐하면 그 사람은 그 분야의 전문가이기 때문이다. 즉 그 사람은 해당 분야를 알 만한 경험과 식견을 갖추고 있기 때문이다. 이어 그 사람이 여러분에게 멀리 날아가고 있는 저 새는 아마 독수리일 것이라고 말한다면, 그 사람이 새 전문가(아니면 적어도 이 지역 새 전문가)이기도 한 게 아닌 이상 이에 대해서는 아까만큼 믿지는 않을 것이다. 일반적으로 말해, 어떤 사람이 해당 분야에 충분한 경험과 식견을 가지고 있다면, 그것은 그 사람이 말한 것을 믿을 만한 좋은 이유가 된다. 물론 그 사람이 말한 것이 맞다는 보장은 없다. 하지만 정상적인 상황이라면 그것은 그 사람을 믿을 이유가 된다.

로버트 에니스는 자신이 배심원의 일원이었을 때의 경험을 다음과 같이 서술하고 있다. 법정에서 부검을 담당했던 의사가 증거를 제시했고, 배심원들은 그 사람을 전문가로 인정했다. 왜냐하면 '그 사람은 시에서 정기적으로 검시를 담당하는 의사이고, 자신이 지금까지 200건 이상의 검시를 해 왔다고 증언했기' 때문이다.(Ennis 1996, 58쪽)

> 배경지식과 경험을 갖추고 있다고 해서 그 사람이 옳으리라는 보장은 없다. 그 점은 그 사람의 주장을 더 신뢰할 만하게 해 줄 뿐이다. 우리는 그 사람이 정확한 진술을 할 수 있는 위치에 있는지를 생각해 본다. 이 기준을 다음과 같이 서술해 볼 수 있다. 그 사람은 그 주장을 할 만한 배경지식과 경험을 갖추고 있어야 한다. (Ennis, 1996, 58-9쪽)

예에서 보았듯이, 신뢰할 만한 정보의 출처가 되기 위해 관련 경험과 전문 지식을 갖춘다는 것은 때로 공식적인 훈련을 받고 자격을 갖춘다는 것일 수도 있고 그렇지 않은 것일 수도 있다.

문제 7.1

이 물음이 6.5.1절에 나온 예 (3)과 (4)에는 어떻게 적용되는가? (전반적인 평가를 하기 전에 먼저 다른 문제를 생각해 보아야 할 것이다.)

7.1.2 정확하게 관찰할 수 있었는가(시력, 청력이 괜찮았고, 사건 현장 가까이에 있었으며, 방해가 없었는지, 그리고 적절한 도구를 갖추고 있었는지 등)?

이 원리를 살펴보기 위해 예를 또 하나 들기로 하자.

예 1

다음과 같은 경우를 생각해 보자. 양쪽에 신호등이 설치된 사거리에서 방금 빨간색 차와 흰색 차가 (그림에 나와 있는 대로) 충돌했다고 하자. 흰색 차의 운전자는 빨간색 차의 운전자가 빨간 신호등을 무시했다고 주장한다. 빨간색 차의 운전자는 이를 부인한다. 엄마와 아이가 그림에 나와 있는 대로 길을 건너려고 교차로에 기다리고 있었다. 엄마는 빨간색 차 운전자가 실제로 빨간 신호등을 무시했다고 말하고, 아이는 무시하지 않았다고 말한다. 경찰관도 사거리를 보고 있었는데, 그는 빨간색 차의 운전자가 빨간 신호등을 무시했다고 말한다. 우리의 물음은 이때 누구를 믿어야 하며 왜 그런가 하는 것이다.

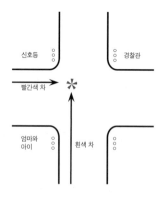

문제 7.2

목격자의 증언이 신뢰할 만한지를 정하기 위해서는 추가 정보가 있어야 한다면, 그것이 어떤 것일지 적어 보라.

이와 같은 경우 분명히 우리는 목격자의 시력은 괜찮은지, (술이나) 지각에 영향을 미치는 다른 마약을 한 상태는 아니었는지, 사거리에서 일어난 사건을 분명하게 볼 수 있었는지, 사건을 실제로 보고 있었는지 등을 명확히 하고자 할 것이다. 이런 조건이 충족되지 않았다면, 목격자가 제시하는 증거의 신뢰성은 떨어진다. 가령 아이가 보채서 엄마가 집중할 수 없는 상태였다고 한다면, 그 사람의 증언은 신뢰성이 떨어진다. 또한 운전자 중에 하나가 음주 운전을 한 상태였다면, 이것도 목격자로서의 그 사람의 신뢰성을 떨어트리게 될 것이다.

이 예에서는 증거를 제시하는 데 사용된 것이 사람의 시력이나 청력이다. 하지만 빨간색 차의 운전자가 혀 꼬부라진 소리를 하고 술 냄새도 나서 경찰관이 그 운전자의 혈중 알코올 농도가 기준치 이상이 아닌지를 의심한다고 해 보자. 이 경우 그 사람의 혈중 알코올 농도에 관한 증거를 얻으려면 적절한 도구를 사용해야 한다. 이를 위해서는 운전자에게 음주 측정기를 불게 하거나 혈액 샘플을 채취해야 할 것이며, 혈중 알코올 농도에 관한 증거는 이때 사용된 도구가 규정된 방식에 따라 올바르게 사용되었는지에 달려 있을 테고, 그것의 신뢰성은 여기에 크게 의존하게 될 것이다.

주장의 근거가 단순히 감각이 아니라 도구에 의존하는 경우도 흔히 있다. 가령 차에 기름을 넣을 때 우리는 계기판이 제대로 작동한다고 가정하며, 야채를 살 때 저울이 맞다고 가정한다. 과학에서는 측정할 때 도구를 많이 사용한다. 가령 속도나 에너지, 거리, 파장, 점도를 측정할 때 그렇게 한다. 따라서 이런 것들을 사용해서 얻은 주장이 신뢰할 수 있는 것이 되려면, 언제나 올바른 도구가 제대로 사용되어야 한다.

어떤 때는 올바른 도구를 제대로 사용했는지를 두고 논란이 벌어지기도 한다. 가령 음주 측정기는 가끔 문제가 되기도 한다. 과학에서도 한 과학자 집단에서 목격했다고 주장하는 것이 다른 과학자 집단에 의해 확증될 수 없는 경우 논란이 되기도 한다(몇 년 전 두 명의 유명한 물리학자가 '상온 핵융합'의 증거를 찾아냈다고 주장했을 때 그런 일이 벌어졌다). 이런 사례의 고전적 예로는 갈릴레오가 1610년 망원경을 통해 목성의 위성을 관찰했다고 주장했을 때 벌어진 일을 들 수 있다. 이전에는 누구도 망원경을 사용한 적이 없었으며, 많은 사람들이 갈 릴레오의 '망원경'이 실제로 무엇을 보여 주었는지에 대해 회의적이었다. 오늘 날 사람들이 UFO를 촬영했다고 주장할 때도 비슷한 논란이 벌어지곤 한다.

문제 7.3

목격자들의 시력은 모두 좋았고, 마약을 한 상태도 아니었으며, 사거리에서 일어나는 일을 정확히 볼 수 있었고, (보채고 있었던 아이 말고는) 모두 그 사건에 집중하고 있었다고 가 정할 때 앞의 증거가 어떻게 정리되는지 그리고 왜 그런지를 간단히 적어 보라.

7.1.3 평판에 비추어 보았을 때 신뢰할 만한가?

경험이나 식견과 밀접하게 관련된 것이, 사람(또는 출처)의 정직성이나 진실성 이나 정확성에 대한 평판이다. 앞서 나온 예를 다시 보자. 습관적으로 거짓말을 하고 전과 전력이 있는 사람이 도난당한 TV를 가지고 있는 것으로 밝혀지면, 그 사람이 훔쳤다는 것을 부인하더라도 그 사람의 말은 믿을 만하지 않다. 그가 부정직하다는 평판은 이와 같은 상황에서 그의 신뢰성이 아주 낮다는 것을 의미 한다.

이와 달리 BBC는 세상사에 관한 뉴스나 정보와 관련해 신뢰할 만한 출처로 여겨진다. BBC는 정확하다고 평판이 나 있다. 이런 평판은 수년 동안의 보도를 통해 확립된 것으로 BBC 뉴스를 받아들일 만한 좋은 이유가 된다. 물론 이런 평 판이 BBC가 언제나 옳다는 의미는 아니다. 하지만 이런 평판은 과거 대부분 옳 았다는 일반적인 동의에 근거해 있다.

반면에 BBC와 달리 많은 신문들은 아주 다른 평판, '진실을 무시'하거나 '부 주의'하다는 평판을 받고 있다. 이런 평판은 특정 뉴스에 대한 신뢰성을 떨어트 리는 결과를 가져온다. 가령 6.5절에 나온 예 2에서 우리가 논의한 그 잡지는 진 실을 보도한다는 평판을 지닐 확률이 아주 낮다(그 잡지는 미국의 〈네셔널인콰 이어리〉였다).

학교나 선생님들의 평판은 전문 영역에서 이들의 견해를 받아들여야 할지 여부를 정하는 데 아주 중요하다. 예를 들어 어떤 선생님은 중세사에 대한 해박한 지식으로 명성이 자자해 이 방면에 신뢰할 만한 분으로 평판이 나 있을 수 있다. 이런 평판은 그 주제에 관해 그분이 말한 것을 받아들일 좋은 이유가 된다(물론 그분은 다른 일, 가령 사람들의 자질을 판단하는 일에는 아주 서투를 수도 있다). 반면 어떤 물리학자는 스스로도 입증할 수 없는 이상한 물리 이론을 주장한 것으로 유명할 수도 있으며, 그래서 이 문제를 이야기할 경우 그 사람에 대해서는 의심을 하게 될 것이다(하지만 그 사람은 다른 일, 가령 차의 장점을 판별하는 데는 아주 뛰어날 수도 있다).

문제 7.4

신뢰할 만하다고 평판이 나 있는 사람이나 '출처'(가령 BBC)와 그렇지 않다고 평판이 나 있는 것의 예를 한두 가지 들어 보라.

7.1.4 출처가 이해관계에 걸려 있거나 편향되어 있는가?

6.5.1절의 예 1을 다시 보자. 중고차 매매인이 그 차가 싸다고 말한다고 하자. 이 사람의 주장을 어느 정도 신뢰해야 할까? 아마 별로 신뢰할 만하지 않을 것이다. 왜냐하면 그 사람은 그 차를 팔게 되면 수수료를 받게 될 것이기 때문이다. 따라서 그 사람은 아주 정확한 정보를 제공하기보다는 그 차를 팔아야 이익을 보게 되는 이해관계를 가지고 있다고 할 수 있다. 마찬가지로 친구 하나가 그 차를 사지 말라고 말하는데, 그 이유가 그런 차에 부상을 당한 적이 있어서 그런 차를 싫어하기 때문이라고 해 보자. 이는 이해관계가 있는 것은 아니지만, 정당한 이유 없이 편향성을 드러내는 것이라고 할 수 있다.

여러분이 X라는 나라에서 두 민족 사이에 격렬한 내전이 벌어지고 있다는 TV 보도를 보고 있다고 하자. 그런데 이 분쟁의 한쪽 지휘관이 국제 적십자사에 의해 전범으로 기소되었다고 해 보자. TV 보도에서 그 지휘관은 기소된 혐의를 단호하게 부정한다고 하자. 아마 사람들은 그 사람의 주장을 그다지 신뢰하지 않을 것이다. 왜냐하면 그 사람은 그 혐의가 입증되면 많은 것을 잃게 되기 때문이다.

때로는 사람이 돈을 받고 어떤 일을 하기도 한다. 가령 유명 축구 선수가 돈을 받고 시리얼 광고에 출연해 "이것을 먹으면 종일 활기가 넘칩니다"라고 말하는 것이 그런 예이다. 때로 어떤 사실을 말하면 위험에 처하게 되는 경우도 있다. 가령 마피아가 목격자에게 법정에서 그가 아는 것을 말하지 말라고 협박하는(아니면 거부할 수 없는 조건을 내세우는) 경우가 그런 예이다. 이런 경우 말한 것이 사실인지를 의심해 볼 좋은 이유가 있다. 왜냐하면 그 사람은 명확하고 가감 없는 진실보다 다른 것을 말함으로써 무엇인가를 얻거나 잃을 수 있기 때문이다.

문제 7.5

여러분이 법정에서 루퍼스의 진술을 듣고 있다. 루퍼스는 다른 차와 부딪혔는데, 제한속도의 두 배 속력으로 차를 몰았고 혈중 알코올 농도가 기준치의 세 배나 된다는 혐의로 기소되었다. 루퍼스는 이런 혐의를 부인했다. 하지만 사건 당시의 의사는 루퍼스에게서 술 냄새가 아주 심하게 났고 혈액 검사 결과 혈중 알코올 농도가 기준치의 세 배나 되는 것으로 나타났다고 법정에서 말했다. 이 경우 신뢰할 만한 사람은 누구이고 왜 그런가?

일반적으로 말해, 정보를 제공한 사람이 사실을 말하지 않을 동기가 있어 보인다고 할 경우(가령 다르게 말하면 이득을 얻는다거나 아니면 사실대로 말하면 무언가를 잃는다고 할 경우), 그 사람의 신뢰성은 떨어진다. 중고차 매매인은 수수료를 받으므로(대부분 그렇게 한다), 우리는 그 사람이 온전한 사실을 다 말하지 않을 이유가 있다고 가정한다. 다른 사례의 경우도 마찬가지이다. 중요한 점은 그 사람이 정직하지 않거나 '사실을 줄여 말하거나' '진실을 은폐할 만한' 이유가 있어 보이는지 여부이다(가령 마피아에게 실제로는 '매수된' 목격자라 하더라도, 그 사람이 협박을 받았다는 의심이 들지 않는 이상 그 사람을 믿어야 한다. 물론 다른 근거에서 그 사람의 신뢰성이 문제될 수는 있다).

문제 7.6

이해관계나 편향성이 신뢰성에 영향을 주는 예를 두 가지 들어 보라(인터넷 사이트를 생각해 보는 것이 도움이 될 수도 있다).

7.2 주장이 행해지는 **상황이나 맥락**과 관련된 물음

같은 것이라도 서로 다른 상황에서 주장될 수 있다. 가령 어떤 사람이 술집에서 친구들에게 A가 B를 찌르는 것을 보았다고 말하는 경우와 법정에서 증인 선서를 하고 그렇게 말하는 경우가 있을 수 있다. 명성이 있고 심사된 논문을 싣는 의학 학술지에 에이즈 치료법이 발견되었다는 보도가 나왔다면, 이는 같은 주장이 대중지에 실린 경우보다 더 무게가 있을 것이다. 의원이 의회에서 존스가 불법 행위를 했다고 주장한다면, 그는 '면책 특권'이 있기 때문에(즉 그는 법적 책임을 지지 않아도 되기 때문에) 그의 주장은 신뢰성이 좀 떨어질 것이다. B가 죽은 지 불과 몇 시간 뒤에 A가 B를 찌르는 것을 보았다고 주장하는 경우가 있을 수 있고, 몇 년 후에 그런 주장을 하는 경우가 있을 수 있다. 기억이란 틀릴 수도 있고 다른 여타 이유 때문에, 우리는 사건이 일어나고 많은 시간이 지난 후에 한 주장은 신뢰성이 떨어진다고 생각한다(물론 이것이 늘 그런 것은 아니다).

6.5.1절에 나온 예 4를 다시 보자.

> 여러분이 저녁에 TV 뉴스를 보고 있는데, 거기에 기자가 영국 정부의 새로운 이민 정책에 대해 보도를 하고, 뒤이어 그날 오전에 정부 대변인이 기자 회견하는 장면이 나왔다. 여러분은 이 뉴스 보도를 믿어야 하는가, 그 이유는 무엇인가? 여러분은 이 보도가 어느 정도 신뢰할 만하다고 보는가? 이 보도가 얼마나 신뢰할 만한 것인지를 정하려면 더 알아보아야 할 게 있는가? 그렇다면, 어떤 것을 더 알아보아야 하는가?

평판이 좋은 방송에 나온 뉴스 보도는 술집에서 그냥 들은 이야기보다 훨씬 더 신뢰할 만하다. 이는 법정에서 한 증언이 이웃과 농담하는 과정에서 나온 주장보다 더 신뢰할 만하다는 이치와 같다. 물론 이 경우 보도의 출처가 정부 대변인이고, 그 사람은 정부 정책이 잘 홍보되기를 바랄 것이므로 이 점이 신뢰성의 문제를 야기할 수도 있다. 하지만 그 점은 별개의 문제이다.

7.3 주장을 뒷받침하기 위해 제시되는 출처의 **정당성**과 관련된 물음

친한 친구가 여러분에게, 외계인이 우주선을 타고 지구를 방문하기 위해 여기에 내렸다는 사실을 확신한다고 말했다고 해 보자. 여러분은 그 친구에게 왜 그것을 믿느냐고 물을 것이며, 그 사람은 아무런 이유도 제시하지 못할 것이다. 그 사람은 그냥 자신은 그렇게 믿는다는 말만 되풀이할 것이다. 한편 그 사람은 자기 자신도 그것이 이상하게 들릴 것이라는 사실을 알지만 어쨌건 우주선이 착륙하는 것을 보았고 외계인이 나와서 주위를 걸어다니는 것을 보았다고 말할 수 있다. 아니면 그 사람은 자기가 그런 것을 본 적은 전혀 없지만, 그런 것을 보았다고 주장하는 유명한 과학자들의 보고 사례를 여러 차례 읽었으며 그래서 그것을 믿는다고 말할 수도 있다.

    자신의 주장에 대해 아무런 근거도 제시하지 못한다면, 우리는 그 주장을 받아들이거나 믿을 이유가 없다. 하지만 이유나 근거, 증거를 제시한다면, 그것은 그들의 말을 믿는 것이 합당한지 여부를 결정하는 데 영향을 줄 수 있다. 하지만 사람들이 제시할 수 있는 증거/이유에는 여러 가지 종류가 있으므로, 신뢰성을 정할 때 이것들을 적절히 평가할 수 있어야 한다.

7.3.1 '내가 직접 보았다'와 '다른 사람한테서 들었다'

어떤 주장(가령 외계인이 지구에 내렸다거나 등등)의 정당화가 눈으로 직접 보았다거나 다른 감각 기관을 동원해 그것을 지각한 데 연유할 수도 있다. 이 경우 그 사람은 보고된 것에 대해 개인이 '직접적인', '1차적인' 지식을 가졌다고 주장하는 것이다. 이런 사례는 다른 사람에게 들은 것을 보고하는 경우와 다르며, 신뢰성의 문제와 관련해서도 다른 물음이 제기된다.

또 한 가지 예를 든다면, 내가 CNN 뉴스에서 본 것을 근거로 뉴욕의 세계무역센터 건물에서 폭발이 있었다고 말할 수 있다. 이는 내가 직접 그것을 목격했다는 주장과는 아주 다르다. 하지만 내가 의지하고 있는 출처가 신뢰할 만하다면(사실 CNN은 그렇다), 내 주장도 그 점 때문에 신뢰할 만하다.

주장의 정당화가 다른 사람이 그렇게 말했다는 데 있다면 그것은 그 주장의 신뢰성을 떨어트릴 수도 있다. 가령 존스가 부인을 쏘아 죽였다는 혐의로 기소되었고, 스미스의 부인이 목격자라고 해 보자. 그런데 스미스의 부인이 목격자라는 근거는 오로지 스미스가 우리에게 자기 부인이 그것을 보았다고 이야기했다는 것뿐이라고 해 보자. 여기서 스미스의 증거는 법정에서 '전문' 증거라고 말하는 것이다. 이는 존스가 부인을 쏘아 죽였다는 것에 대한 직접 증거는 아니다. 물론 이 증거는 존스가 실제로 그렇게 했다는 것을 강력하게 시사해 주는 것일 수는 있지만(스미스 씨네와 존스 씨네 사이에 분쟁이 없었다고 가정한다), 법정에서는 그것을 존스가 부인을 쏘아 죽였다는 것에 대한 증거로 간주하지는 않을 것이다. 이런 예는 목적에 따라 입증의 기준이 다를 수 있다는 점을 말해 준다(8.3절 참조).

7.3.2 '1차' 출처와 '2차' 출처
우리가 앞 절에서 방금 한 구분은 역사가들이 하는 '1차' 자료와 '2차' 자료의 구분에 대응한다. 1665년 런던 전염병 때가 어떠했는지를 알고자 한다면, 우리는 대영 박물관에 가서 당시 그것을 경험하고 그것을 적어 놓은 사람들의 기록을 찾아보거나 아니면 그때를 다룬 현대 역사가들의 저술을 읽어 보면 될 것이다. 현대 역사가들은 자신들이 서술하는 그 경험을 실제로 했다고 말하지 않는다. 하지만 그들은 당시 전염병에 대한 '1차' 자료와 후대 역사가들이 쓴 기록인 다른 '2차' 자료를 분명히 참조하게 될 것이다.

7.3.3 '직접' 증거/정당화와 '정황' 증거

법정에서는 '직접' 증거와 '정황' 증거를 구분한다. 어떤 주장 X의 직접 증거는 목격자 자신이 X를 실제로 목격했다고 증언하는 경우이다. 정황 증거는 직접 증거와 대조된다. 정황 증거는 그 주장 X를 추론할 수 있게 하는 관련 사실의 증거이다. 가령 존스가 부인을 쏘아 죽였다는 혐의로 기소되었다고 하자. 목격자가 "나는 존스가 총을 쏘아 부인을 죽이는 것을 보았다"고 말한다면, 이는 직접 증거이다. 존스가 부인을 쏘아 죽이는 것을 목격한 사람은 아무도 없더라도, 가령 다음과 같은 증거는 있어서 이로부터 존스가 그랬다는 것을 추론할 수 있는 경우도 있을 수 있다. 즉 존스에게는 그럴 만한 범행 동기가 있었고(가령 존스의 부인이 바람을 피우고 있었고 그는 이를 몹시 못마땅하게 여겼다), 그럴 수 있는 기회가 있었고(가령 그들이 침실에 같이 있었고, 거기에 총을 두는 것으로 알려져 있다), 총알을 조사한 결과 존스 총에서 나온 총알에 의해 부인이 사망한 것으로 밝혀졌고, 집 정원에 숨겨져 있던 총을 찾아냈고, 그 총에서 존스의 지문이 나왔다는 사실 등이 그런 증거일 것이다. 때로 정황 증거는 다른 가능성을 제거해 어떤 것을 입증해 주는 것이라고 말하기도 한다. 그것은 밧줄과 비슷하다. 한 가닥으로는 별로 힘이 없지만, 여러 가닥이 뭉치면 아주 튼튼한 힘을 갖는다.

문제 7.7

외계인이 우주선을 타고 지구에 내렸다는 주장을 뒷받침해 줄 직접 증거와 정황 증거가 어떻게 구분될지 설명해 보라.

7.3.4 신뢰성을 따질 때 고려해야 할 사항을 직접 언급해서 주장을 정당화하기

숲속 빈터에 외계인이 착륙하는 것을 보았다고 주장하면서 이 주장을 정당화하기 위해 다음과 같이 말하는 경우를 상상해 보자. "내가 그것을 두 눈으로 똑똑히 보았다. 나는 술에 취해 있었던 것도 아니었고, 시야를 가리는 것도 없었다.

나는 시력도 좋으며, 여러분처럼 나도 과거에 다른 사람이 그런 이야기를 하면 그것을 믿지 않았다. 나는 아무것이나 쉽게 믿는 그런 종류의 사람이 아니다." 이렇게 말하면서 아마 우리가 제기할 법하고 우리가 이 장의 다른 절에서 논의했던 신뢰성에 관한 물음들도 비껴가고자 한다고 하자. 더 나아가 그 사람은 다음과 같이 말할지도 모르겠다. "게다가 내 친구도 그것을 보았다. 그리고 다음 날 풀이 다 누워 있고 땅이 움푹 파인 것을 찍으러 왔던 과학자들도 그 흔적을 다른 식으로는 설명해 낼 도리가 없었다." 이 경우 그 사람은 이 장에서 다룬, 신뢰성을 따질 때 고려해야 할 사항에 호소해 그의 주장을 정당화하고 있는 것이다.

또 다른 예로 다음과 같은 상황을 생각해 볼 수 있다. 어떤 과학자가 놀라운 현상을 보고하면서, 이 주장을 다음과 같은 말로 정당화한다. 자신은 보통 실험에서 믿을 만하다고 알려진 표준적인 장치들을 이용했으며, 관찰 상태도 좋았다. 같이 일했던 팀도 실험 증거를 잘 수집한다고 정평이 나 있으며, 자신의 결과가 이후에 다른 지역에서 비슷한 실험을 하고 있던 다른 과학자들에 의해서도 확증되었다. 간단히 말해 그 사람은 신뢰성을 따질 때 고려해야 할 사항들을 들어 자신의 주장을 정당화하고 있는 것이다.

마지막으로 예를 하나 더 든다면, 법정에서 증언을 하는 전문가는 특정 사안에 대한 자신의 주장을 정당화하기 위해, 그 주장과 직접 관련된 증거를 제시할 뿐만 아니라 자신의 과거 경력이나 자격증, 폭넓은 식견, 믿을 만하다는 평판 등을 들어 그 증거를 확증할 수도 있다. 이번에도 간단히 말해 그 사람은 우리가 여기서 논의한, 신뢰성을 따질 때 고려해야 할 사항들을 들어 정당화하고 있는 것이다.

문제 7.8

위에서 본 고려 사항들이 7.1.2절에 나온 자동차 사고의 경우에는 어떻게 적용되는지를 설명해 보라.

7.4 **주장의 본성**과 관련된 물음들

7.4.1 우리가 알고 있는 것에 비추어 볼 때 그럴 가능성이 매우 낮은가 아니면 그럴 듯하고 믿을 만한가?

어떤 친구가 나에게 방금 나도 아는 한 친구와 커피를 마시고 왔다고 말한다면 (보통 상황에서 사람들은 이런 이야기를 자주 한다), 이는 믿을 만하다. 하지만 그 친구가 자기가 방금 영국 여왕하고 커피를 마시고 왔다고 말한다면, 이는 믿을 만하지 않다. 왜냐하면 여왕하고 커피를 마실 수 있는 사람은 아주 드물기 때문이다. 물론 그것이 참일 수도 있다. 하지만 다른 증거나 이유가 없는 이상, 그것은 신뢰할 만한 주장이 못된다.

이번에는 친구가 막 기적을 보았다고 말한다고 하자. 즉 그 친구의 죽은 애인이 마치 라자로가 예수님의 기도를 통해 부활했듯이 이틀 만에 부활한 것을 보았다는 말을 한다고 해 보자. 이 주장은 어느 정도 신뢰할 만한가? 유명한 영국 철학자인 데이비드 흄(1711-76)은 이런 종류의 주장에 대해『인간의 이해력에 관한 탐구』(1748년에 처음 나왔다. 10절 참조)에서 많은 이야기를 했다. 다음이 기적에 대한 흄의 논증이다.

> 누군가가 죽은 사람이 다시 살아난 것을 보았다고 말한다면, 나는 곧 스스로 이 사람이 나를 속이거나 아니면 이 사람이 속았을 확률이 그가 말하는 그 사건이 실제로 일어났을 확률보다 더 높은지를 가늠해 본다. 나는 하나의 기적과 다른 기적을 서로 저울질해 본다. 어느 것이 더 기적적인지를 보고, 나는 결정을 내리며, 나는 항상 더 큰 기적을 버린다. 그 사람의 증언이 거짓이라는 것이 그 사람이 말하는 그 사건보다 더 기적적이라면, 그리고 그 경우여야 비로소 그 사람이 나의 믿음이나 견해를 바꿀 수 있다. (데이비드 흄,『인간의 이해력에 관한 탐구』, 10절, 1부, 91번 단락. 이 논증의 전모를 보려면 읽을거리 45번 글 참조)

간단히 말해, 우리가 아는 것에 비추어 볼 때, 어떤 주장이 참일 가능성이 낮을수록 그 주장의 신뢰성은 낮아지며, 그것을 믿게 하려면 더 많은 설득이 필요하다. 등에 '뿔'이 자라고 있는 사람의 이야기가 이런 경우였다(6.5.1절의 예 2).

7.4.2 기본적인 관찰 주장인가 아니면 추론해 낸 주장인가?

그냥 보더라도 "나는 어떤 사람이 옷걸이를 이용해 자동차 문을 연 다음 차를 운전해 가는 것을 보았다"는 말과 "나는 어떤 사람이 차를 훔쳐 가는 것을 보았다"는 말 사이에는 차이가 있다. 후자의 경우 그렇게 말하는 사람은 실제로 본 것을 넘어서서 그 사람이 한 짓이 자동차 절도라는 추론(그 사람은 그냥 자동차 열쇠를 잃어버려서 그랬을 수도 있다)을 하고 있는 것이다.

문제 7.9

방금 설명한 것처럼 다른 두 주장의 예를 여러분 스스로 들어 보라.

7.5 다른 증거를 통해 **확증**이 되는가?

자동차 사고에 관한 앞의 예 1(7.1.2절)을 보면, 서로 무관한 두 사람(엄마와 경찰관)이 같은 증언(즉 빨간색 차가 빨간 신호등을 무시했다)을 하고 있다. 엄마의 증언이 그 자체로 신뢰성이 있고 경찰관의 증언도 마찬가지라고 한다면(즉 두 사람 모두 사고를 제대로 목격할 수 있었고 이해관계에 얽혀 있지 않다면), 이 두 증거는 서로 확증되는 셈이다. 증거가 확증적이려면 서로 독자적이고 신뢰할 만해야 하며, 문제의 주장을 뒷받침하는 것이어야 한다.

문제 7.10

이 장에서 우리가 논의한 고려 사항을 이용해 예 1에서 빨간색 차가 빨간 신호등을 무시했는지 여부를 판정해 보라. 목격자를 믿어야 하는지를 정하는 데 있어 신뢰성을 고려할 때 따져 본 사항들을 들고, 가정이 있다면 그 점을 분명히 하여 여러분의 생각을 간단히 적어 보라. 물론 앞의 문제들에 대한 여러분의 대답을 참조해도 된다.

앞에서 말한 기준은 여러분 자신의 증언이나 관찰, 주장, 판단 또는 결론에도 마찬가지로 적용된다.

7.6 요약

이 장의 내용을 요약하는 가장 간단한 방법은 사고 지도를 제시하는 것이다. 출처의 신뢰성을 따져 볼 때, 우리가 물어야 하는 물음은 다음 사고 지도에 모두 나와 있다.

신뢰성을 판단하기 위한 사고 지도

1. **사람이나 출처**와 관련된 물음들:
   (a) 해당 분야의 **전문 지식**(경륜, 식견, 공식적인 자격증)을 가지고 있는가?
   (b) 정확하게 **볼 수 있었는가**?(시력, 청력, 사건에 가까이, 방해가 없고, 적절한 도구를 가지고 있었고, 도구를 사용하는 방법을 알고 있는가?)
   (c) 신뢰할 만하다는 **평판**을 얻고 있는가?
   (d) **이해관계**가 걸려 있거나 **편향**되어 있지는 않은가?
2. 주장이 행해지는 **상황이나 맥락**과 관련된 물음들.
3. 주장을 뒷받침하기 위해 제시되는 출처의 **정당성**과 관련된 물음들:
   (a) 내가 직접 본 것인가 아니면 다른 사람에게 들은 것인가?
   (b) '1차' 출처에 근거하는가 아니면 '2차' 출처에 근거하는가?
   (c) 직접 증거에 근거하는가 아니면 정황 증거에 근거하는가?
   (d) 신뢰성을 따질 때 고려해야 할 사항을 직접 거론하고 있는가?

4. **주장의 본성**과 관련된 물음들:
 (a) 우리가 알고 있는 것에 비추어 볼 때 가능성이 아주 낮은가 아니면 그럴듯
     하고 믿을 만한가?
 (b) 기본적인 관찰 주장인가 아니면 추론된 주장인가?
5. 다른 증거를 통해 **확증**이 되는가?

아래 연습 문제가 있다. 이 가운데 일부는 아주 복잡하다. 이 장을 공부한 후
이 가운데 한두 문제를 풀게 되면, 여러분이 여기서 배운 것을 익히는 데 도움이
될 것이다.

문제 7.11

7.11.1 초등학교 시절 어느 날 저녁 나는 자전거를 타고 1-2마일 거리의 교외에 있는 고모
    댁에 간 적이 있다. 이야기를 하다 보니, 폭풍우가 몰려왔다. 바람이 세차게 불었
    고 비가 퍼부었다. 좀 지나 폭풍우가 잦아들 때쯤 되자 먹구름 때문에 그날 밤은
    아주 어두웠다. 나는 비옷을 입고 자전거 불빛에 의지해 시골길을 따라 천천히 자
    전거를 타고 집으로 돌아가고 있었다. 익숙한 지점을 지나고 나자 길가에 서 있는
    커다란 참나무가 나타났다. 갑자기 귀신처럼 보이는 흰색의 어떤 형체가 그 나무
    둥치 아래에 나타나 팔을 흔들면서 나를 향해 천천히 다가왔다. 나는 깜짝 놀랐다.
    나는 그것이 올빼미는 아니라는 것을 금방 알았다. 왜냐하면 나는 흰색의 물체 그
    너머에 있는 나무껍질을 아주 분명하게 볼 수 있었기 때문이다. 나는 하도 놀라서
    머리카락이 쭈뼛 섰다. 이전에는 그런 적이 한 번도 없었다. 그 귀신 같은 물체가
    여전히 팔을 흔들며 나무둥치 아래에서 서서히 일어나 나무줄기로 사라질 때쯤 나
    는 자전거에서 넘어져 비 때문에 생긴 물웅덩이에 빠졌다. 나는 심장이 멎는 줄 알
    았다. 그것은 귀신이었을까?

7.11.2 읽을거리 11번 글을 읽고, 거기 나온 주장에 대해 여러분이 어떻게 대응할지 적
    어 보라.

7.11.3 이 장에 비추어 볼 때 읽을거리 41번 글에 대해 여러분이 어떻게 대응할지 적어 보

라(여러분은 인터넷에서 이탈리아의 라퀼라 지진 L'Aquila earthquake을 찾아보아도 된다).

7.11.4 읽을거리 42번 글에 나온 물음에 답하라.

7.11.5 읽을거리 43번 글에 대해 여러분이 어떻게 대응할지 적어 보라.

7.11.6 읽을거리 44번 글에 나온 물음에 답하라.

7.11.7 이 장에 비추어 볼 때 다음 보도에 대해 여러분이 어떻게 대응할지 적어 보라(여러분은 인터넷에서 이 주제와 관련한 것들을 찾아보아도 된다).

프랑스인 수녀 마리 시몽피에르는 마흔 살인 2001년에 파킨슨병 진단을 받았다. 증상이 점차 악화되어 운전도 할 수 없고 걷거나 심지어 글을 쓰기도 어려워졌다. 그녀는 교황 요한 2세를 TV에서 보기도 어려워졌다. 왜냐하면 교황도 파킨슨병을 앓고 있었고 교황은 수녀보다 훨씬 더 심했기 때문이다. 수녀의 병세는 2005년 4월 교황이 죽고 나서 더 악화되었고 이제 의무에서 면제되었다. 하지만 수녀원장은 그녀가 계속 수녀 역할을 하기를 원했고 종이에 '요한 2세'를 계속 적게 했다. 글씨가 거의 알아보기 어려운 수준이었지만 수녀는 이를 계속했다. 그날 저녁 자기의 방에서 수녀는 "마치 누군가가 내게 '펜을 들어 적어라'라고 말하는 듯해서 적지 않을 수 없었다"고 말했다. 놀랍게도 그녀가 쓴 글씨는 아주 분명했고 다음 날 아침 그녀는 "완전히 새로운 사람이 되었다는 느낌을 갖고 잠자리에서 일어났다. 그것은 뭔가 아주 강렬한 것이었고, 말로는 표현할 수 없는 내적인 느낌이었다… 나는 이제 다 나았다는 확신이 들었다"라고 말했다. 수녀는 의사를 만난 후 "의사 선생님이 증상이 싹 사라졌다고 결론 내렸고, 그도 말이 막힌다고 말했다"고 전했다. 그녀의 회복이 기적이라고 믿는가라는 질문을 받고 수녀는 다음과 같이 대답했다. "나는 과거 아팠는데 지금은 완치되었다. 나머지는 가톨릭교회가 정할 일이다".

가톨릭교회는 수녀의 체험이 기적인지 여부를 결정하기 위해 1년 동안 조사를 했다. 가톨릭교회에서 그 일을 기적으로 인정하려면 마리 수녀의 회복은 의사가 보기에 갑작스럽게 이루어졌으며, 완전히 회복되었고, 영원하며, 의사가 설명할 수 없는 것이라고 판단되어야 한다. (2007. 3. 31., 〈데일리텔레그래프〉에 나온 이야기를 요약)

"… 마흔 아홉 살 수녀의 사례를 검토한 의사는 그녀가 파킨슨병이 아니라 일시적인 회복이 의학적으로 가능한 어떤 신경 질환을 앓았을 가능성이 있다고 결론지었다고 한 폴란드 신문이 보도했다. 그 신문은 또한 마리 수녀가 지금은 다시 아프다고 보도했다."(〈데일리텔레그래프〉, 2010. 3. 6.)

더 읽어 볼 것

Swartz, Costa et al. (2010).
Schick and Vaughn (2010, 군데군데).

추론을 평가하기:
연역적 타당성 및 다른 근거들

우리는 보통 알고 있는 것으로부터 온갖 것을 추론해 낸다. 예를 들어 메리가 신생아라는 것을 안다면, 우리는 그 애가 아직 혼자서는 밥을 먹지 못하며 걷지도 말하지도 못한다고 추론한다. 우리는 그런 추론에 대해 확신을 가질 수 있다. 이렇게 확신할 수 없는 추론도 많이 있다. 가령 존이 18살 먹은 고등학생이라는 것을 안다면, 우리는 그가 아마 휴대폰을 가지고 있을 것이라고(왜냐하면 실제로 아주 많은 학생들이 그러니까) 추론할 수 있다. 물론 우리는 이 경우 그렇게 확신할 수는 없다. 과학자들은 보통 관찰과 실험으로부터 믿음을 추론해 내는데, 아주 확신을 갖고 그렇게 하는 경우도 있고 그렇지 않은 경우도 있다. 예를 들어, 많은 전문가들은 새가 공룡으로부터 진화해 나왔다는 것을 추론(이것은 추론일 수밖에 없다. 왜냐하면 그런 진화가 일어나는 것을 본 사람은 없기 때문이다!)해 낼 수 있는 증거가 있다고 확신한다. 하지만 그런 전문가들도 처음 등장한 새가 가령 나무와 같은 높은 곳에서 뛰어내려 날기 시작했는지 아니면 포식자로부터 도망가기 위해 원시적인 형태의 '날개'를 휘저어 빨리 달려서 날기 시작했는지를 추론해 낼 증거가 있는지를 두고서는 그다지 확신하지 못하고 있다. 어떤 전문가들은 증거로부터 이런 결론을 이끌어 내고, 다른 전문가들은 저런 결론을 이끌어 내며, 어느 쪽도 자신의 견해를 확신하지 못한다. 마지막으로 유명한 한 예를 들어 보자. 셜록 홈즈는 추론(그는 이를 '연역'이라 불렀다)에 능한 사람이었다. 그는 우리가 눈치도 채지 못한 사실로부터 놀라운 통찰을 이끌어 내곤 했다. 『연역의 과학』에서 홈즈는 값비싼 시계 뚜껑 안에 전당포 주인이 표시해 놓은 숫자를 보고 시계 주인이 가난하게 산 때도 있었고 부유하게 산 때도 있었다는 사실을 추론해 낸다. 가난 때문에 시계 주인은 전당포에 시계를 맡겨야 했으며, 부자가 되어 나중에 그것을 되찾기도 했다는 것이다. 이런 추론에 대해 홈즈는 "여기에 무슨 미스터리가 있느냐?"라고 말한다. 이 추론의 '미스터리'를 이제 우리가 한번 파헤쳐 보자.

8.1 추론이란 무엇인가

우리가 방금 본 예에서 사람들은 한두 가지 믿음에서 출발해, 이 믿음으로부터 정당화된다고 생각하는 또 다른 믿음으로 '나아간다'. 사실 사람들은 이 책에서 우리가 논의하는 그런 종류의 논증을 사용한다. 어떤 것을 논증할 때, 우리는 참이거나 받아들일 만하다고 생각되는 이유를 제시하고, 이런 이유가 결론이나 해석, 결정을 뒷받침한다고 말한다. 바꾸어 말해, 우리는 이유로부터 결론을 추론한다. 논증은 언제나 이유와 추론으로 이루어지며, '추론'은 이유로부터 결론으로 나아가는 것을 말한다. 가령 다음이 그렇게 나아가는 것이다. "R1 따라서 결론"이나 "이런 이유 때문에 나는 … 이라고 결론 내린다." 그러므로 다음 논증에서

> 어떤 사람은 일자리를 찾아보는 재주가 뛰어나거나 보수가 낮은 일자리라도 기꺼이 받아들임으로써 자신의 실업 문제를 해결했다. 따라서 실업자들은 다 그렇게 할 수 있다.

추론은 "어떤 사람은 일자리를 찾아보는 재주가 뛰어나거나 보수가 낮은 일자리라도 기꺼이 받아들임으로써 자신의 실업 문제를 해결했다"로부터 "실업자들은

다 그렇게 할 수 있다"로 나아가는 것을 말한다. 이 논증을 제시한 사람 ― 마거 릿 대처 정부 시절 어떤 장관이 제시했다 ― 은 첫 번째 주장이 두 번째 주장을 정당화해 준다(그러므로 그것으로부터 추론될 수 있다)고 믿는다. 그것이 실제 로 그런가는 별개의 문제이고, 흥미로운 문제이기도 하다.

문제 8.1

다음 글에 나오는 **추론**을 찾아내 보라.

8.1.1   읽을거리 1번 글.

8.1.2   읽을거리 3번 글.

8.1.3   읽을거리 11번 글.

8.1.4   읽을거리 29번 글.

8.1.5   읽을거리 36번 글.

8.1.6   읽을거리 39번 글.

8.2 좋은 추론인지 대략 검사하기

추론이 무엇인지 분명하다면, 이제 좋은 추론과 나쁜 추론을 구분할 수 있어야 한다. 앞의 두 장에서 우리는 이유가 받아들일 만한지를 어떻게 판단하는지를 살펴보았다. 하지만 이유와 추론은 **전혀** 다르게 평가되어야 한다. 논증에 제시 된 이유가 참인지 또는 받아들일 만한지를 판단하는 일과 이런 이유에 바탕을 둔 추론이 정당한지를 판단하는 일은 아주 다르다. 이 둘의 차이를 예를 들어 살 펴보자.

예 1

여자의 두뇌는 평균적으로 남자보다 작다. **따라서** 여자는 남자보다 머리가 나쁘다.

문제 8.2

더 읽기 전에, 이것이 좋은 추론인지 여부를 말하고, **왜** 그렇게 생각하는지 말하라.

이 예를 학생들에게 제시하면, 대부분의 학생들은 이것이 나쁜 추론이라고 말한다. 하지만 왜 나쁜 추론인지 그 이유를 말하기란 그다지 쉽지 않다. 사람들은 보통 이유가 참인지는 잘 모르겠지만 결론은 거짓임이 분명하다고 말한다. 더 물어본다면, 대개 다음과 같이 말한다. "이유가 참이라 하더라도 뇌의 크기와 머리가 나쁘다는 것 사이에는 그런 연관성이 없다. 따라서 이유는 결론을 뒷받침하지 못한다." 또는 다음과 같이 말한다. "이유가 참이라 하더라도 결론은 분명히 거짓이다. 따라서 이것은 좋은 추론일 수 없다."(문제 8.2에 대한 여러분의 대답도 이와 비슷한가?) 이 두 대답은 다 옳다. 첫 번째 대답은 이유가 결론을 정당화하려면 이 둘 사이에 강한 연관성, 즉 우리가 믿고 있는 모든 것에 비추어 보았을 때 이해할 수 있고 받아들일 수 있는 연관성이 있어야 한다는 사실을 지적해 준다. 두 번째 대답은 이유가 참이지만 결론이 거짓이라고 생각할 만한 이유(다른 관련 고려 사항)가 있다면, 그것은 좋은 추론일 수 없다는 것을 말해 준다.

이 두 생각이 좋은 추론인지 여부를 결정하는 검사 기준이 된다. 두 번째가 논리학에서 가장 영향력이 있는 것이므로, 우리도 이것을 채택하기로 하겠다. 그것은 추론이 받아들일 만한지를 정하는 꽤 엄격한 검사 기준인데, 일단 시작은 그것으로 하는 것이 좋을 것 같다. 기본적인 생각은 다음과 같은 것이다. 이유(들)를 받아들이면 결론도 받아들일 수밖에 없는 것이 아니라면, 그 추론은 잘못된 것이다. 다시 말해 이유는 참이지만 결론은 거짓이 되는 상황을 생각해 낼 수 있다면, 그 추론은 잘못된 것이다. 논증을 논의하면서 사용해 온 좀 더 포괄적인 용어를 사용해 이를 표현한다면, 추론을 판단할 때 쓰는 검사 기준은 다음과 같다고 할 수 있다.

이유(들)가 참인데(받아들일 만한데) 결론은 거짓일(받아들일 만하지 않을) 수 있는가?

이에 대한 대답이 '그럴 수 없다'이면 이 추론 — 이유에서 결론으로 나아가는 것 — 은 좋은 것이고, 이유가 참일 경우 우리는 결론을 받아들여야만 한다. 하지만 이에 대한 대답이 '그럴 수 있다'이면 이 추론은 잘못된 것이다(또는 정당하지 않은 것이다).

우리 예로 다시 돌아가면, 그 이유는 실제로 참이다(여러분이 이를 어떤 집단, 가령 영국에서 확인해 본다면, 여자의 두뇌가 평균적으로 더 작다는 것을 알 수 있을 것이다). 하지만 여자는 남자보다 머리가 나쁘다는 결론이 모호하다는 것을 인정한다 하더라도, 그 결론은 분명히 거짓이다(이는 남자와 여자가 능력을 발전시킬 수 있는 동등한 기회를 갖는 사회라면 분명히 그렇다).

그러므로 이것은 이유는 참이지만 이유에서 결론으로 나아가는 추론이 잘못된 논증의 예라고 할 수 있다. 이 추론이 정당하지 못한 까닭은 이유는 참이지만 결론은 거짓일 수 있기 때문이다. 이것이 추론이 정당한지를 결정할 때 적용하는 최초의 검사 기준이라고 할 때, 이 기준은 이유가 받아들일 만한지를 결정할 때 적용하는 검사 기준과는 분명히 아주 다르다.

문제 8.3

우리가 방금 설명한 검사 기준을 적용해 8.1에 나오는 글에서 찾은 추론이 정당한지 여부를 정하라.

8.3.1　읽을거리 1번 글.

8.3.2　읽을거리 3번 글.

8.3.3　읽을거리 11번 글.

8.3.4　읽을거리 29번 글.

8.3.5　읽을거리 36번 글.

8.3.6　읽을거리 39번 글.

우리가 방금 보았듯이, 이유가 받아들일 만하더라도 추론이 잘못이기 때문에 좋지 않은 논증도 있다. 이와 대조적으로, 추론은 문제가 없지만 이유가 받아들일 만하지 않아서 좋지 않은 논증도 있다. 다음이 그런 예이다.

여러분이 이 책의 요지를 다 암기한다면, 비판적 사고 시험을 잘 볼 수 있을 것이다. 여러분은 요지를 다 암기했다. 따라서 여러분은 비판적 사고 시험을 잘 볼 수 있을 것이다.

여기 나온 이유가 참이라면 결론도 참이어야 한다는 것이 분명하므로, 이 추론은 우리 검사 기준에 비추어 볼 때 좋은 추론이다. 하지만 이 책의 요지를 다 암기하면 비판적 사고 시험을 잘 볼 수 있다고 하는 이유는 분명히 거짓이다. 따라서 이 논증은 잘못된 추론을 해서가 아니라 이유 가운데 적어도 하나가 거짓이어서 나쁜 논증이 된 예이다.

물론 이유도 거짓이고 추론도 정당하지 않기 때문에 잘못된 논증도 있다. 우리가 여기서 하고자 하는 핵심 주장은 이유가 받아들일 만한지를 결정하는 절차와 추론이 올바른지를 결정하는 절차는 전혀 다르며, 여기에는 아주 다른 검사 기준이 사용된다는 점이다. 이런 검사 기준 가운데 하나라도 통과하지 못하거나 아니면 둘 다 통과하지 못한다면, 그런 논증은 결론을 정당화해 주지 못한다. 반면 둘 다 통과한다면, 그런 논증은 결론을 정당화해 준다. 이 점은 아주 중요해서, 앞으로 참조하기 위해 다음과 같이 정식화하기로 하자.

논증이 결론을 정당화하려면, 다음 두 가지 요건을 모두 만족시켜야 한다.
(i) 이유는 참이어야(받아들일 만해야) 한다.
(ii) 이유에서 결론으로 나아가는 추론이 올바른 것이어야 한다.

8.3 추론과 논증을 평가하는 몇 가지 다른 기준

우리는 앞 장에서 이유에는 서로 다른 종류가 있으며 그것들은 서로 다르게 평가되어야 한다는 것을 보았다. 마찬가지로 서로 다른 종류의 추론도 서로 다른 기준에 의해 평가되어야 한다. 우리가 방금 도입한 기준이 그런 기준 가운데 하나이다. 하지만 곧 설명하듯이 그것이 유일한 기준은 아니다.

논증은 모두 결론을 뒷받침하는 데 목적이 있다. 하지만 논증 가운데는 다른 것보다 훨씬 더 '결정적'인 논증도 있다. 그런 논증은 반박의 여지가 훨씬 적다. 어떤 추론은 '연역적으로 타당한' 추론이다. 이것이 추론을 판가름하는 가장 엄격한 기준이다.

우리가 앞의 검사에서 사용한 표현을 쓴다면, 어떤 추론이 연역적으로 타당한지 여부를 정하는 검사 기준은 다음과 같다.

이유(들)는 참인데 결론은 거짓인 상황을 하나라도 생각해 낼 수 있는가?

이 물음에 대한 답이 '아니오'라면, 그 추론은 연역적으로 타당하다. 그 대답이 '예'라면, 그 추론은 연역적으로 타당하지 않다.

그러므로 어떤 논증이 연역적으로 타당할 경우, 이유의 참은 결론의 참을 완벽하게 보장해 준다. 이유가 참이라면 결론도 참일 수밖에 없으며, 다른 가능성은 없다. 예를 들어 "고래는 모두 포유동물이다"가 참이고 "포유동물은 모두 새끼를 낳는다"도 참이라면, "고래는 모두 새끼를 낳는다"도 참일 수밖에 없다. 이유가 모두 참인데 결론이 거짓이 될 가능성은 전혀 없다. 따라서 이것은 연역적으로 타당한 논증이다.

다른 논증은 이와는 아주 다른 기준에 의해 판정되어야 한다. 가령 법정에서는 피고인의 혐의가 '합리적 의심의 여지없이 입증'되었느냐 여부가 관건이다. 이것도 꽤 엄격한 기준이다. 이 경우 이유와 결론이 모두 '합리적 의심의 여지없이 입증'되어야만 한다. 그러므로 이 경우 그 추론에 적용되는 검사 기준은 다음과 같다고 할 수 있다.

이유가 참(혹은 받아들일 만하다)이라면, 결론이 참(혹은 받아들일 만하다)이라는 데 합리적 의심의 여지가 없는가?

이 기준은 분명히 연역적 타당성의 기준만큼 엄격한 것은 아니다. 다음 사례를 생각해 보자.

아베가 버트를 살해했다고 고백했다. 살인 도구는 아베의 권총이었고, 거기서 아베의 지문이 나왔다. 아베가 버트를 증오했다는 것은 잘 알려져 있었다. 경찰이 철저하게 수사를 해 보았지만, 다른 누군가가 관련되었다는 증거는 전혀 없었다. 따라서 아베가 범인임이 틀림없다.

분명히 이 논증은 연역적으로 타당하지 않다. 이유는 참이지만 결론은 거짓인 상황을 우리는 충분히 생각할 수 있다(아베는 어떤 이유에서 그의 형 카인을 위해 죄를 뒤집어쓰고 있는 것일 수도 있다). 하지만 법정에서는 여기 나온 정도의 증거라면 아베의 혐의가 '합리적 의심의 여지없이 입증' 되었다고 볼 수도 있다.

민사 사건에 적용되는 기준은 이보다 덜 엄격하다. 여기서는 사안이 '증거에 비추어 볼 때 그렇지 않을 확률보다 그럴 확률이 더 크다' 는 점을 보이면 된다. 이 경우 배심원이나 판사는 결론에 도달할 때 이런 약한 기준을 적용해야 한다.

더구나 일상 상황에서 제시되는 많은 논증은 위의 경우보다 덜 엄격한 기준에 따라 판단되어야 한다. 가령 그런 것들은 결정적인 논증이라기보다 '합당한' 논증을 목표로 한다. 왜냐하면 사안이 그다지 중요하지 않거나 논란의 여지가 많지 않기 때문이다. 그리고 구체적으로 언급되지 않거나 숨은 내용도 아주 많은 게 일반적이다. 사실 실제 논증에는 대부분 명시적으로 언급되지 않은 것이 많으며, 따라서 논증이 얼마나 설득력이 있는지를 판단할 때는 어떤 가정이 들어 있는지를 주의 깊게 생각해 보아야 한다. 우리는 이런 점을 나중에 자세히 설명하기로 하겠다.

8.4 연역적 타당성

우리는 먼저 '연역적 타당성' 의 기준을 다루기로 하겠다. 그렇게 하는 이유는 이것이 우리 맥락에서 가장 중요하기 때문이 아니라, 이것이 가장 이해하기 쉽기 때문이다. 이것이 무엇인지 분명하다면 다른 기준을 파악하기는 비교적 쉽다.

연역적으로 타당한 논증의 예를 하나 더 들어 보자.

예 2

앤디는 베시보다 키가 크며 베시는 찰리보다 키가 크다. **따라서** 앤디는 찰리보다 키가 크다.

이 세 사람을 생각해 보면, 앤디가 베시보다 키가 크고 베시가 찰리보다 클 경우, 앤디는 찰리보다 클 수밖에 없다는 것을 알 수 있다. 이유가 참이라면 결론도 참일 수밖에 없다. 이유가 참인데 결론이 거짓일 수는 없다. 이것이 바로 '연역적으로 타당한 논증'의 의미이다.

아래 또 다른 예가 나온다.

예 3

우리는 여기서 왼쪽으로 가거나 오른쪽으로 가야 한다. 왼쪽으로 가면 도로 보수 공사 때문에 차가 막힐 테고, 오른쪽으로 가면 자동차 사고 때문에 차가 막힐 것이다. 따라서 어느 쪽으로 가든 차가 막힐 것이다.

이 예에서 우리가 왼쪽으로 가거나 오른쪽으로 가야 한다(즉 다른 방도는 없다)는 것이 참이고 다른 주장들도 참이라면, 차가 막힐 수밖에 없을 것이다. 이유가 다 참이라면, 이런 결론을 피할 도리가 없다. 이유가 다 참인데 결론이 거짓일 수는 없기 때문이다.

앞 절에서 우리는 연역적으로 타당하지 않은 논증의 예(아베가 범인이라고 하는 예)를 보았다. 또 다른 예를 보자.

예 4

파리 루브르 박물관에 소장되어 있는 '모나리자' 그림은 세계에서 가장 유명한 그림 가운데 하나이다. 화가가 피부색을 그린 방식이 하도 독특해서, 출처를 모르더라도 그것만 보고도 그 그림을 찾아낼 수 있다. 그 그림을 레오나르도 다빈치가 그렸다는 데 대해 여태껏 아무런 의문도 없었다. **따라서** 그것은 레오나르도 다빈치가 그렸음이 분명하다.

이 논증은 연역적으로 타당하지 않다. '여태껏 아무런 의문도 없었다'고 하더라도 우리는 아주 엄청난 사기가 저질러졌다고 상상해 볼 수 있으며, 따라서 이 논증은 연역적으로 타당하지 않다(가능성이 아주 낮기는 하지만, 전제가 모두 참인데도 결론은 거짓일 수 있다).

문제 8.4

아래 나오는 논증이 연역적으로 타당한지 여부를 판별하라. 그리고 그렇게 결정한 이유를 설명하라.

8.4.1 톰은 메리가 좋아하는 사람은 다 싫어하는데, 메리는 톰을 좋아한다. 따라서 톰은 자기 자신을 분명히 싫어한다.

8.4.2 집사는 당시 주방에 있었다. 그 경우 그는 서재에 있던 주인을 쏘아 죽일 수 없다. 그러므로 집사가 그랬을 리가 없다.

8.4.3 읽을거리 3번 글.

8.4.4 읽을거리 29번 글.

우리가 설명했듯이, 논증이 연역적으로 타당한지를 결정하려면 이유가 다 참인데도 결론이 거짓일 수 있는지(이것이 아무리 가능성이 낮더라도)를 생각해 보아야 한다. 이런 판단을 내리기가 쉬운 경우(바로 앞에 나온 예들의 경우 대부분 그렇다)도 있지만, 그렇지 않은 경우도 있다는 점을 주목해야 한다. 그런 어려운 예로는 읽을거리 51번 글에 나오는 갈릴레오의 논증을 보라. 그것은 Fisher (2004, 6장)에서 자세히 다루고 있다.

8.5 연역적 타당성과 논증 형식

우리는 앞에서 논증에는 서로 다른 형식이 있다고 말했다. 논증은 서로 다른 구조를 지닌다(3장). 흥미롭게도, 어떤 내용을 다루든 같은 구조를 지니기만 하면 연역적으로 타당한 논증 형식도 있다. 다음이 그런 형식/구조의 예이다.

자동차가 소비하는 연료를 크게 줄이지 않는다면, 배기가스가 오존층을 계속 파괴할 것이다. 그렇게 된다면, 피부암 발생이 크게 늘어날 것이다. 그렇게 된다면, 피부암으로 죽는 사람이 늘어날 것이다. 따라서 자동차가 소비하는 연료를 크게 줄이지 않는다면, 피부암으로 죽는 사람이 늘어날 것이다.

(이 주제에 관해 좀 더 알고 싶다면, 인터넷에서 '오존층과 피부암'을 찾아보면 된다.) 이 논증은 다음과 같은 형식을 지니고 있다.

A이면, B. B이면 C. C이면 D. 따라서 A이면 D.

원래 논증은 꽤 길지만, 일단 문자 A~D를 사용해 이 논증의 구조를 드러내면, 이유가 참일 경우 결론도 참일 수밖에 없다는 점을 쉽게 알 수 있다. 그리고 이런 형태를 갖는 논증은 모두 그렇다는 점도 쉽게 알 수 있다.

연역적으로 타당하지만 위의 것과는 다른 형식을 띤 논증의 예를 두 개 더 들기로 하자.

자동차가 소비하는 연료를 크게 줄이지 않는다면, 배기가스가 오존층을 계속 파괴할 것이다. 자동차가 소비하는 연료를 크게 줄이지 않을 것이다. 따라서 배기가스가 오존층을 계속 파괴할 것이다.

이 논증의 형식은 다음과 같다.

A이면, B. A 따라서 B.

이 형식도 분명히 연역적으로 타당하다. 이유가 참이라면, 결론도 참일 수밖에 없다. 이것은 아주 자주 쓰는 논증 형식이어서, '전건 긍정식'이라는 특수한 이름이 붙어 있다.

피셔의 비판적 사고

다음은 이와는 다른 구조를 지닌, 또 하나의 타당한 논증이다.

> (어떤 언어 이론에서 주장하듯이) 의성어가 실제로 자연의 소리를 모방한
> 것이라면, 의성어는 어느 언어에서나 똑같거나 적어도 비슷해야 할 것이
> 다. 그런데 아주 흥미롭게도 자세히 살펴보면 그렇지 않다는 게 드러난다.
> 따라서 그런 이론은 틀렸음이 분명하다. (읽을거리 31번 글 참조)

이 논증의 구조는 다음과 같다.

> A이면, B. B가 아니다. 따라서 A가 아니다.

이 형식도 분명히 연역적으로 타당하다. 이것도 아주 자주 쓰는 형식이어서 '후
건 부정식'이라는 특수한 이름이 붙어 있다.

사실 이들 논증 형식은 자주 쓰이고 아주 간단하다. 아주 간단해서 논증을 할
때 전제 가운데 하나를 당연한 것으로 간주해 이야기하지 않는 경우도 흔히 있
다. 여러분이 숨은 가정을 찾아내는 작업을 할 때 이를 기억하면 도움이 될 것
이다.

문제 8.5

다음 예를 보고, 연역적으로 타당한 형식의 사례와 그렇지 않은 사례를 구분해 보라.

8.5.1 지구 온난화가 실제로 진행되고 있다면, 북극과 남극의 빙하가 아주 빠른 속도로
녹고 있어야 할 것이다. 빙하가 녹고 있다면, 해수면이 높아지는 결과가 나타나야
한다. 지구 온난화가 실제로 진행되고 있다. 따라서 해수면이 높아지는 결과가 나
타나야 한다. (읽을거리 3번 글과 혼동하지 마라)

8.5.2 외계인에 의해 납치된 적이 있다고 주장하는 사람들이 실제로 납치된 것이라고 한
다면, 우리는 UFO 목격담을 아주 심각하게 받아들여야 할 것이다. 하지만 그런
주장은 참일 것 같지 않다. 따라서 우리는 UFO 목격담을 심각하게 받아들일 필요
가 없다. (읽을거리 7번 글 참조)

8.5.3 유럽의 유명한 과학자 집단은 그들의 연구도 간접흡연을 하면 폐암에 걸릴 위험이 상당히 높아진다는 점을 입증하지 못했다고 밝혔다. 하지만 이런 분석은 담배 회사의 후원을 받아 이루어진 것이다. 따라서 이런 분석 결과는 옳지 않을 가능성이 아주 높다. (읽을거리 11번 글 참조)

8.5.4 독성 실험을 통해서 얻게 되는 동물의 이익이 실험 대상이 되는 동물이 받는 고통보다 크다는 것이 사실이라면, 동물을 대상으로 한 독성 실험은 정당화될 수 있을 것이다. 불행하게도 독성 실험을 하는 사람들은 동물이 얻는 이익이 무엇인지 제대로 보여 주지 못했다. 따라서 동물을 대상으로 한 독성 실험은 정당화될 수 없다. (읽을거리 16번 글 참조)

연역적 타당성의 기준과 관련해서는 많은 논의가 있다(이에 관심이 있는 사람은 Fisher (2004)의 부록이나 Everitt and Fisher (1995)의 부록을 참조하라). 하지만 일상적인 논증의 맥락에서는 그것이 그렇게 중요한 것은 아니다. 따라서 우리는 여러분의 직관을 믿고 이 정도로 하고, 이보다 덜 엄격한 기준으로 넘어가기로 하겠다. 논증이 연역적 타당성의 기준을 만족시키지 못하더라도, 의도한 목적에 비추어 보면 좋은 논증일 수 있다. 따라서 우선 합리적 의심의 여지없이 결론을 입증해 주는 논증부터 살펴보기로 하자.

8.6 합리적 의심의 여지없이 결론이 입증된 논증

앞서 보았듯이, 법정에서 적용되는 입증 기준은 '합리적 의심의 여지없이 입증되었느냐' 하는 것이다. 배심원들이 결정해야 하는 것이 바로 이것이다. 증거가 혐의를 입증하는지 여부를 정할 때 연역적 타당성이 요구되는 것은 아니다. 보통 증거는 참이지만 결론은 거짓인 상황을 생각할 수 있으며, 그러므로 그것은 연역적으로 타당하지는 않다. 하지만 그것이 배심원들이 적용해야 하는 기준은 아니다. 배심원들은 이유가 참인데 결론이 거짓일 '가능성'이 있는지가 아니라, 이유는 참인데 결론은 거짓이라고 보는 '의심이 합리적인지' 여부를 생각해 보아야 한다. 8.3절에서 논의한 아베와 버트의 예에서 그 논증은 연역적으로 타당하지 않지만 '합리적 의심의 여지없이 입증된' 것임을 쉽게 알 수 있다. 또 다른 예는 다음이다.

> 1996년 어느 화창한 날 오후 린 러셀과 두 딸, 메간과 조시(9살)가 학교를 마치고 영국 캔터베리 근처의 한적한 시골길을 걸어 집에 가고 있는 도중에 한 낯선 남자를 만났다. 그 남자는 그들을 묶고 머리를 망치로 때려 죽도록 버려두었다(조시는 살아남았다). 장기간의 경찰 수사 끝에, 마이클 스톤이라는 사람이 살인 혐의로 기소되었다. 그 사람이 범인이라는 법의학적인 증거(혈흔이나 머리카락, 지문 등과 같은 증거)는 없었다. 그 사람이 기소된 이유 가운데 하나는 사건 당시 그의 알리바이가 성립하지 않는다는 것이었지만, 주된 이유는 그가 피의자로 구치소에 있을 때 그와 대화를 나눈 두 사람의 증언 때문이었다. 둘 가운데 하나인 다미엔 데일리는 강도와 절도 및 폭행 혐의로 기소된 사람이었고, 다른 한 사람은 청소부인 베리 톰슨이었다. 스톤의 법정에서 두 사람 모두 스톤이 구치소에서 그들에게 자신이 범인임을 고백했다고 증언했다. 그 사람들은 자세한 내용을 제시해 배심원들에게 확신을 심어 주었다.

여러분이 이 예를 생각해 본다면, 여러분도 데일리와 톰슨이 사실을 말하고 있다는 점을 배심원들에게 '합리적 의심의 여지없이' 확신시켜 줄 만한 그런 증거들을 생각해 낼 수 있을 것이다.

문제 8.6

급우와 함께(혼자 이 책을 보고 있다면, 친구와 함께) 그들이 제시했을 증거가 무엇일지 논의해 보고, 여러분의 생각을 적어 보라.

2001년 초 톰슨이 신문에 자신의 증언은 모두 거짓이라는 사실을 고백한 후, 스톤의 유죄 판결은 파기되었다! 하지만 재심 후에 스톤은 다시 기소되었다. 여

러분은 톰슨의 증거가 없는 경우 '합리적 의심의 여지없이' 스톤의 유죄를 입증해 줄 법한 증거가 어떤 것일지 다시 생각해 볼 수 있을 것이다.

문제 8.7

다음 예에서 제시된 이유가 참이거나 받아들일 만하다고 가정한 다음, 여러분 생각에 결론이 '합리적 의심의 여지없이' 입증되었는지를 말하고, 왜 그런지를 설명하라.

8.7.1　비록 우리가 지구 표면에 있을 때 지구는 '평평해' 보이고 아주 최근까지도 사람들은 지구가 평평하다고 믿었지만, 지난 몇 백 년 동안 우리는 지구가 둥글다는 수많은 증거를 모았다. 우리는 배가 수평선 너머에서 사라져 가는 것을 볼 수 있으며, 배나 비행기가 지구가 둥글다는 가정 아래 성공적으로 항해를 한다는 사실도 안다. 아주 최근에는 지구가 둥글다는 것을 보여 주는 사진도 우주선에서 찍어 왔다. 따라서 지구는 틀림없이 둥글다.

8.7.2　존은 사다리에서 미끄러져 약 8미터 아래 콘크리트 인도에 떨어졌다. 그가 땅에 강하게 부딪힌 것 같기는 하지만, 그는 여전히 의식이 있다. 그는 꼼짝 못한 채 신음 소리를 크게 내고 있고 입에서 피가 흐르고 있다. 그는 크게 다쳤음에 틀림없다.

8.7 증거에 비추어 볼 때 그렇지 않을 가능성보다 그럴 가능성이 더 높다는 것을 보이기

민사 재판의 경우에는 형사 재판에서 쓰는 입증 기준을 적용하지 않고 그보다 약한 기준, 즉 증거나 확률에 비추어 사례가 입증되어야 한다는 기준을 적용한다. 그러므로 형사 사건이었더라면 유죄 판결이 나지 않았을 사안이지만 민사 재판에서는 피고인에게 불리한 판결이 날 수도 있다.

비슷한 추론이 여러 가지 다른 맥락에서 나오기도 한다. 가령 『연역의 과학』에서 셜록 홈즈는 왓슨의 시험을 받는다. 왓슨은 훈련받은 사람이 볼 때 사람들은 일상적으로 사용하는 물건에 자신들의 성격이나 습관에 관한 증거를 남기게 마련이라는 홈즈의 주장을 듣고, '최근에 내 소유가 된' 오래된 시계를 홈즈에게 건네면서, 이전 소유자가 누구인지를 말해 보라고 한다. 홈즈는 그 시계를 주의 깊게 살펴본 다음, 뚜껑을 열고 확대경을 이용해 그 안을 조사해 본다. 최근에 시계를 수리한 탓에 남아 있는 증거가 많지 않다고 말한 다음, 그는 다음과 같이 말한다.

> "틀린 게 있다면 당신이 고쳐 준다고 하고, 나는 그 시계는 당신 형 것이며, 형은 아버지에게서 그것을 물려받았다고 판단합니다."
> "그건 시계 뒤에 있는 HW를 보고 안 것이지요." 왓슨은 말했다.
> "그렇습니다." 홈즈는 대답했다. "W는 당신 이름이고요. 시계는 거의 50년 전 제품이고, 이니셜도 시계만큼 오래되었습니다. 따라서 그것은 아버지가 산 것이지요. 귀금속은 보통 장남에게 상속되고, 장남은 아버지와 같은 이름을 가질 가능성이 아주 큽니다. 당신의 아버지는, 내 기억이 옳다면, 오래전에 돌아가셨습니다. 따라서 이 시계는 최근까지 장남의 소유였지요."
> "지금까지는 다 맞습니다." 왓슨은 말했다. "또 있습니까?"
> 홈즈는 이어 말했다.
> "당신의 형은 깔끔한 사람이 아니었지요. 정돈을 잘 안 하는 편이었고 세심한 편이 못되었습니다. 많은 재산을 물려받았지만 다 날리고 가난하게 살았으며, 가끔 잠깐씩 돈이 풍족했던 적도 있었습니다. 술에 빠져 살다가 결국 죽었습니다. 이 정도가 내가 알 수 있는 겁니다."

왓슨은 깜짝 놀랐고 홈즈의 정확한 기술에 모욕감을 느꼈다. 왜냐하면 그는 홈즈가 이것들을 다른 경로로 알아냈을 것이라고 생각했기 때문이다. 하지만 홈즈는 시계를 보기 전까지는 왓슨에게 형이 있다는 사실마저도 몰랐다고 말했다. "그렇다면 이런 모든 사실을 도대체 어떻게 알아낸 겁니까?" 왓슨이 물었다. "그것들은 다 맞습니다." 홈즈는 자신이 운이 좋았으며, '확률에 근거해 말을 할 수 있었을 뿐'이라고 대답한다. 그런 다음 그는 자신의 추리를 다음과 같이 설명한다.

"나는 먼저 당신의 형이 세심한 사람이 아니라고 말했지요. 시계의 아래쪽을 보면 두 군데 움푹 들어간 곳이 있습니다. 뿐만 아니라 동전이나 열쇠 같은 단단한 물건을 같은 주머니에 넣는 버릇 때문에 온통 긁혀 있다는 걸 알 수 있지요. 50기니나 하는 시계를 별로 대수롭지 않게 여기는 사람을 보고 세심하지 못한 사람이라고 말하는 것은 당연한 겁니다. 더구나 그렇게 비싼 물건을 물려받은 사람이라면 다른 면에서 꽤 부유했으리라고 보는 것도 어려운 추론이 아니지요."

왓슨이 고개를 끄덕이자 홈즈가 계속했다.

"전통적으로 영국의 전당포업자들은 시계를 받으면 시계 뒤 뚜껑 안쪽에 작은 핀으로 물품 번호를 적어 놓지요. 그게 꼬리표를 붙이는 것보다 더 편리합니다. 꼬리표처럼 없어지거나 바뀔 염려가 없으니까요. 그런데 이 시계 뚜껑 안쪽을 확대경으로 살펴보면 그런 번호가 네 개나 됩니다. 당신의 형이 때로 곤궁했다는 것이 추론되지요. 그리고 때로 그 사람은 갑자기 돈을 많이 갖게 되기도 했다는 것이 두 번째 추론이지요. 그렇지 않았다면 전당포에 맡겼던 물건을 찾아갈 수 없었을 테니까요. 끝으로 나는 당신이 태엽 감는 구멍이 있는 안쪽을 살펴보았으면 합니다. 구멍 주위에는 긁힌 자국이 많이 있습니다. 그건 키를 제대로 꽂아 넣지 못해서 생긴 자국입니다. 멀쩡한 사람이 키를 집어넣는데 그런 자국이 생겨났을까요? 그건 술꾼들에게서나 볼 수 있는 일입니다. 그 사람은 밤에 태엽을 감았고 떨리던 손의 흔적을 거기에 남겨 놓은 것이지요. 지금까지 얘기한 것에 도대체 무슨 미스테리가 있습니까?"

홈즈의 추리가 아주 인상적이기는 하지만, 거기에 결정적인 것은 전혀 없다는 점을 주목하라. 그의 추리는 분명히 연역적으로 타당하지 않다. 홈즈와 왓슨이 연역이라 부른 것은 사실 우리가 연역적으로 타당한 추론이라 부른 것이 아니며, 그것은 대개 사람들이 '귀납'이라 부르는 것이다. 홈즈는 과거 경험에 근거해 현재의 판단을 내리고 있다. 달리 말해 그가 말하듯이 '확률에 근거해' 주장을 하고 있다. 이런 유형의 추론은 연역적으로 타당하지 않으며, 결론을 '합리적 의심의 여지없이' 입증해 주는 것도 아니다. 하지만 그것은 많은 상황에서 아주 많은 것을 알려 줄 수 있다.

다른 여러 일상의 맥락에서도 우리는 그와 같은 형태의 추론을 자주 볼 수 있다. 그런 추론은 과학에서도 흔하다. 과학자들이 무언가를 이해하려고 할 때 그런 추론을 하곤 한다. 그런 사례는『뉴사이언티스트』,『사이언티픽 아메리카』,『네이처』등에서 찾을 수 있다. 좀 덜 과학적인 사례로는 (원래『뉴사이언티스트』에 실렸던) 읽을거리 54번 글을 참조하라.

우리는 홈즈의 추론과 같은 추론을 어떻게 판단해야 할까? 사실 이를 일반화해서 말하기란 어렵다. 그건 대개 맥락에 달려 있다. 민사 재판에서는 '증거에 비추어 볼 때 그렇지 않을 확률보다 그럴 확률이 더 큰' 경우임을 입증하는 논증이 아주 흔하다. 그것이 바로 법정에서 논란의 여지없이 대개 적용되는 기준이다. 물론 판결에 대해 논란이 이는 민사 사건도 있지만 논란의 여지없이 판결이 내려지는 경우도 많다. 우리가 5장에서 생각을 분명하게 하는 것과 연관해 말했듯이, 이 점은 "증거에 비추어 볼 때 그렇지 않을 확률보다 그럴 확률이 더 크다는 것을 입증한다"는 말이 모호하다 하더라도 어떤 맥락에서는 그것이 꽤 분명한 의미를 지닌다는 점을 시사해 준다.

특정 사안에서 추론이 받아들일 만한가를 정하는 데 적용하는 기준이 맥락에 따라 다를 수도 있지만 그것은 또한 배경지식이나 특정 주제에 따라서도 다를 수 있다. 예를 들어, 추론의 목적이 어떤 것의 원인을 설명하는 것이라면, 이것은 특수한 기준에 따라 (그리고 어떤 특징적인 물음을 물어) 판단되어야 한다. 마찬가지로 추론의 목적이 어떤 행동을 하라고 권고하는 데 있다면, 그것도 또한 특수한 기준에 따라 (그리고 어떤 특징적인 물음을 물어) 판단되어야 한다. 그러므로 "증거에 비추어 볼 때 그렇지 않을 확률보다 그럴 확률이 높다"는 점을 보였다고 할 수 있는 일반적 기준을 설명하기란 쉽지 않다. 하지만 우리는 인과적 설명이나 권고와 관련된 추론을 10장과 11장에서 각각 논의할 것이다. 그런 설명이나 권고는 아주 흔하고 중요한 것이기 때문이다. 그런 논의를 하게 되면 그런 추론에서 과연 결론이 '증거에 비추어 볼 때 그럴 확률이 그렇지 않을 확률보다 더 높다는 것'을 보인 것인지를 판단하는 데 도움이 될 것이다. 간단히 말해, 이런 형태의 추론이 설득력이 있는지를 정하고자 한다면, 다른 합당한 대안들은 다 배제되었는지 그리고 우리가 내리고자 하는 결론이 해당 분야에서 우리가 알고 있는 것과 잘 맞는지 등을 살펴보아야 한다. 우리는 이에 대해 나중에 자세히 다룰 것이다. 하지만 그러기 전에 추론이 제시되는 가정과 맥락의 중요성에 관해 좀 더 이야기할 필요가 있으므로, 다음 장에서 이를 논의하기로 하겠다.

문제 8.8

아래 두 논증은 모두 약하다. 각각의 경우에 대해 그 이유가 추론이 정당하지 못하기 때문인지, 아니면 이유가 받아들일 만하지 않기 때문인지, 아니면 둘 다 때문인지를 말하라.

8.8.1 부모 가운데 한 사람만 있는 한 부모 가정이라고 해서 그것이 모두 이혼의 결과는 아니겠지만, 딸린 자식이 있는 영국 가족의 약 1/4은 한 부모 가정이다. 이런 사정은 나머지 유럽 연합 국가의 경우 이 수치가 평균 14퍼센트라는 점과 크게 대조된다. 이런 수치는 영국에서는 이혼을 하기가 너무 쉽다는 점을 말해 준다.

8.8.2 두 사람이 결혼 생활을 열심히 한다면, 그들이 이혼 법정에서 마주할 가능성은 아주 낮다. 그러므로 어떤 나라에서 이혼율이 낮다는 것은 그 사람들이 자신이나 자식을 위해 결혼을 심각하게 여긴다는 의미이다. 이혼을 쉽게 할 수 없도록 한다면, 이혼율을 낮출 수 있을 것이다. 따라서 정부는 이에 맞도록 법을 바꾸어야 한다.

8.8 요약

우리는 알고 있는 것으로부터 온갖 것을 추론해 낸다. 추론은 이유로부터 결론으로 나아가는 움직임으로(여기서 우리는 이유가 결론을 뒷받침한다고 본다), 그렇게 나아갈 때 확실성의 정도는 서로 다를 수 있다.

논증이 결론을 정당화하려면, 이유가 참이거나 받아들일 만해야 하고 나아가 이유에서 이끌어지는 추론도 올바른 것이어야 한다.

좋은 추론이 되려면, 이유와 결론 사이에 강한 연관성이 있다는 것을 보여 줄 수 있어야 한다. 우리가 믿고 있는 것에 비추어 볼 때 우리가 이해할 수 있고 받아들일 수 있다고 하는 연관성이 확보되어야 한다. 이때 우리가 쓰는 검사 기준은 다음을 적절히 바꾼 것이다.

> 이유가 참(또는 받아들일 만하다)인데 결론은 거짓(또는 받아들일 만하지
> 않다)일 수 있는가?

여기서 필요한 변화는 이 검사가 적용되는 기준에 달려 있다.

추론이나 논증을 평가하는 서로 다른 기준이 있다. '연역적으로 타당한', '합리적 의심의 여지없이 입증된', '확률에 비추어 볼 때 그럴 가능성이 그렇지 않을 가능성보다 큰', '합당한' 등이 그런 것들이다.

추론이 연역적으로 타당한지를 판단하는 기준은 다음이다.

> 이유는 참인데 결론이 거짓인 경우를 생각해 낼 수 있는가?

하지만 추론이 '합리적 의심의 여지없이 입증된' 것인지를 정하는 기준은 다음이다.

> 이유가 참(아니면 받아들일 만하다)일 경우 결론이 참인지를 의심하는 것
> 이 합리적인가? 합리적으로 의심할 수 있는가?

어떤 추론이 '확률에 비추어 볼 때 그럴 가능성이 그렇지 않을 가능성보다 더 큰지'를 판단하는 기준도 이와 비슷한 식으로 정식화할 수 있다.

'연역적 타당성'은 파악하기 쉽다(일상 논증에서는 이런 기준을 실제로 만족하거나 아니면 만족하고자 하는 추론은 그리 흔하지 않다). 그래서 우리는 이것

에서 시작했다. 그렇게 하면 추론을 판단하는 다른 기준을 이해하기가 더 쉬워지기 때문이다.

논증 형태 때문에 '연역적으로 타당한' 논증도 있다. 우리는 그런 예를 몇 개 설명했다.

우리는 '합당성' 기준에 대해서는 별로 논의하지 않았다. 그것은 아주 일반적인 것이어서 구체적인 사안이나 맥락을 떠나서는 별로 할 이야기가 없다.

문제 8.9

마지막으로 여러분이 좀 어려운 문제를 원한다면, 아래 글 가운데 하나를 골라 거기에 어떤 추론이 나오는지를 찾아내고, 그것이 강력한 추론인지를 평가해 보라.

8.9.1 신이 존재한다는 적극적인 증거는 없지만 신이 존재하지 않는다는 증거도 없다고 말한다. 따라서 신의 존재 문제에 대해 마음을 열어 놓고 불가지론자가 되는 것이 최선의 방안이라는 것이다. … 언뜻 들어 보면, 이는 절대 틀릴 수 없는 입장 같다. … 하지만 좀 더 생각해 보면, 이는 그냥 책임 회피일 뿐임을 알 수 있다. 왜냐하면 같은 이야기를 산타클로스나 이의 요정(tooth fairies)을 두고서도 할 수 있기 때문이다. 마당 아래 이의 요정이 있을 수도 있다. 이의 요정이 있다는 증거는 없지만, 그렇다고 이의 요정이 없다는 것도 **증명**할 수 없다. 그렇다면 우리는 이의 요정에 대해서도 불가지론자가 되어야 하는 것이 아닌가?

이런 불가지론 논증의 문제점은 그것이 아무 데나 다 적용될 수 있다는 데 있다. 확실하게 반증할 수 없는 가설적인 믿음도 무수히 많다. 사람들은 이의 요정이나 유니콘이나 용, 산타클로스와 같은 것을 대부분 믿지 않는다. 그렇지만 사람들은 대개 부모가 믿는 종교적 신념에 따라 창조주 신은 믿는다(읽을거리 57번 글 [도킨스] 참조).

8.9.2 종교적 주장은 **무의미하다**는 내 견해를 무신론자나 불가지론자의 주장과 혼동하지 않는 것이 중요하다. 무신론자는 신이 존재한다는 것을 부정하며, 불가지론자는 신이 존재하는지 여부를 **알 수** 없다고 말한다. 그러므로 신의 본성에 관한 모든 주장은 무의미하다는 내 견해는 사실 널리 알려진 이런 입장과는 양립할 수 없다. 왜냐하면 '신은 존재한다'는 문장이 무의미하다면, '신은 존재하지 않는다'는 무신론

자의 주장도 마찬가지로 무의미하기 때문이다. 그 이유는 의미가 있는 주장이어야만 의미 있게 부정될 수 있기 때문이다. 불가지론자로서는 '신이 존재한다' 나 '신은 존재하지 않는다' 는 것이 참인지 여부를 모른다고 말하겠지만 그렇다 하더라도, 그 사람은 그 두 주장이 의미가 있다는 점은 인정해야 한다. 왜냐하면 그 사람은 '신이 존재하는가?' 라는 물음이 의미가 있는 진정한 물음이라고 생각하기 때문이다. 나는 그런 주장(그리고 그런 물음)은 무의미하다고 하는 것이므로, 내 견해는 불가지론자의 주장과도 양립할 수 없다. (에이어의 글에서 발췌, *The Existence of God*, ed. J. Hick에 수록)

더 읽어 볼 것

Fisher (2004, 군데군데, 하지만 특히 2장과 부록).
Ennis (1996, 5-7장).

논증을 평가하기:
숨은 가정과 다른 관련 논증

이미 보았듯이, 논증이나 설명을 평가하려면 이유가 받아들일 만한지 그리고 추론이 정당한지를 결정해야 한다. 앞에서 본 여러 논증처럼 간단한 경우에는, 이유가 어느 정도 결론을 뒷받침하는지, 즉 추론이 어느 정도 정당한지를 판단하기가 비교적 쉽다. 하지만 대부분의 실제 논증에서는 우리가 앞으로 다룰 두 가지 이유 때문에 이 일이 단순하지 않다. 한 요소는 배후에 숨은 가정이 있다는 사실이다. 숨은 가정은 논증과 직접 관련되어 있고 논증을 온전하게 이해하려면 명확히 해야 하는 것이다. 다른 한 요소는 서로 다른, 때로 상충하기도 하는 고려 사항이 있다는 사실이다. 그것은 글쓴이가 제시했거나 논증을 제대로 평가하려면 따져 보아야 할 고려 사항들이다. 논증에서 이 두 요소가 서로 연관되어 있는 경우도 있다. 왜냐하면 글쓴이는 관련 고려 사항을 가정하고 있거나 아니면 다른 관련 고려 사항과 상충되는 것을 가정하고 있을 수도 있기 때문이다.

9.1 암묵적 가정

더 읽기 전에 먼저 4.1절과 4.2절을 다시 살펴보는 것이 도움이 될 것 같다.

다른 사람이 무슨 가정을 하고 있는지를 쉽게 파악할 수 있는 경우도 있다. 가령 환경 보호론자가 과학적으로 아주 중요한 지역을 지나게 될 고속도로 건설을 반대한다고 해 보자. 그 사람은 자동차 배기가스와 관련한 여러 가지 통상적 견해를 받아들이며 또한 이 문제와 연관이 있는 특수한 생물종이나 서식지의 중요성에 관한 좀 더 전문적인 믿음도 받아들인다고 가정할 수 있다.

글에서도 가정을 지목해 내기는 쉽다. 가령 다음을 생각해 보자.

> 창업자가 되는 일은 도전적이면서도 돈도 아주 많이 벌 수 있는 직업이다. 자신을 위해 하는 것이므로 자유롭게 일을 할 수 있고, 대학 교육이 꼭 필요하지도 않다. 따라서 대학에 가지 않을 사람에게 알맞은 일은 창업자가 되는 것이다. (읽을거리 1번 글)

이 글은 '도전적이면서도 돈도 아주 많이 벌 수 있고 자신을 위해 일하는 것'을 좋아하는 사람이라면 '대학 교육을 받을 필요 없이' 창업자가 되면 된다는 것을 가정하고 있다. 그러므로 여기서 암묵적 가정은 아주 분명하다. 게다가 창업자가 되려면 일에 대한 강력한 의지나 추진력, 모험심뿐만 아니라 조직력이나 관리 능력과 같은 여러 가지 특수한 자질도 갖추어야 하므로, 이 논증은 좋은 논증이 아니라는 사실도 금방 알 수 있을 것이다. 왜냐하면 어떠한 합리적 기준에 비추어 보더라도 이유는 참이지만 결론은 거짓일 수 있기 때문이다(사실 이 점이 바로 앞의 첫 단락 마지막 문장에서 말한 그런 사례이다. 왜냐하면 이 논증은 다른 관련 고려 사항과 상충할 뿐만 아니라 거짓인 것을 가정하고 있기 때문이다).

물론 어떤 가정이 들어 있는지를 파악하기가 쉽지 않은 경우도 있다. 그런 경우라면, 특히 우리가 논증의 질을 평가해야 할 처지라면, 숨은 가정을 찾아내기 위해서는 어떻게 해야 할까?

간단히 말해, 우리가 논증이나 설명에 부가시켜야 할 가정에는 다음과 같은 것들이 있다.

(a) 맥락(가령 환경 보호론자의 예에서처럼)에서 할 만한 가정이거나

(b) 드러나 있는 주장을 의미 있게 해 줄 가정이거나

(c) (참일 경우) 추론을 강하게 해 주는 데 꼭 필요한 가정.

이런 전략이 정당한 이유는 우리의 관심이 참을 발견하는 데 있지 다른 사람을 비난하는 데 있는 것이 아니기 때문이다. 우리는 되도록 논증을 건설적으로 이해하고자 한다. 이것이 바로 비판적 사고의 전통(의회에서 하는 토론은 이와는 대조된다)에서 보통 '자비의 원리'라고 말하는 원칙이다.

계속하기 전에 쉬운 예를 들어 이 원리가 어떻게 작동하는지를 먼저 설명하기로 하자.

문제 9.1

다음 논증을 생각해 보자.

> 지구 온난화가 실제로 진행되고 있다면, 북극과 남극의 빙하가 아주 빠른 속도로 녹고 있어야 할 것이다. 빙하가 녹고 있다면, 해수면이 높아지는 결과가 나타나야 한다. 그런데 해수면이 높아지고 있다는 증거가 있다. 따라서 지구 온난화가 실제로 진행되고 있음이 분명하다. (읽을거리 3번 글)

여러분은 이 글이 암묵적으로 가정하고 있는 것이 무엇이라고 생각하는가?(여러분은 4.1.1에서 한 대답을 여전히 고수하는가?)

이 논증이 지닌 명백한 '문제점'은 해수면의 상승을 다른 식으로도 설명할 수 있다는 데 있다. 하지만 "해수면 상승에 대한 유일하게 가능한 설명은 지구 온난화이다"와 같은 것이 여기에 가정되어 있다는 점도 분명해 보인다. 따라서 우리가 채택한 일반 원리에 따를 때, 우리는 이를 이 논증의 숨은 가정 가운데 하나로 덧붙일 수 있다. 아마 이 논증을 제시한 사람은 그것이 유일하게 가능한 설명이라고 생각할 것이며, 그 설명의 세부 내용에 대해서는 그다지 걱정하지 않아

도 될 것이다. 중요한 점은 이런 가정을 하면 이 논증이 더 강해지며, 이 맥락에서 그렇게 하는 것이 의미가 있고, 그러므로 이런 가정이 들어 있다고 볼 수 있다는 점이다.

이제 좀 다른 것으로 윌리엄 루프스 왕에 관한 예(이는 영국사 교재에서 따온 것을 일부 수정한 것이다)를 보기로 하자.

> 윌리엄 루프스 왕이 왜 모든 계급의 사람들에게 미움을 받았는지를 말해 줄 수 있는 재위 기간 중의 1차 증거는 거의 없다. 하지만 루프스를 이어 왕위에 오른 헨리 1세의 대관식 헌장에 들어 있는 개선 방안들을 루프스 이전의 정복자 윌리엄 때의 것이라고 알려져 있는 법이나 관습과 비교해 보면, 윌리엄 루프스의 독재 정치가 어떠했는지를 어느 정도 알 수 있다.

이 논증은 정복자 윌리엄은 '모든 계급의 사람들에게 미움을 받았' 던 것은 아니며, 루프스가 당시의 법과 제도를 바꾸었으며(그렇지 않고서야 그가 그렇게 미움을 받았을 리 없다), 헨리 1세의 대관식 헌장에는 '루프스가 미움을 받게 된 것을 고치기 위해 새롭게 시행한다' 고 할 수 있는 어떤 조치들이 포함되어 있다는 것을 가정하고 있는 것 같다. 이 글에 이런 가정이 들어 있다고 본다면, 우리는 분명히 이런 증거로부터 루프스의 독재 정치의 본질에 대해 무언가를 알아낼 수 있을 것이다. 우리가 이런 가정 가운데 일부는 거짓이라고 생각한다면, 원래 논증은 의미가 없고, 잠정적이기는 하겠지만 결론이 정당화되지도 않을 것이다.

문제 9.2

다음 예의 암묵적 가정을 찾아내고, 그런 가정을 할 경우 원래 추론이 어떤 영향을 받게 되는지(그렇게 하면 그것이 더 받아들일 만하게 되는지 아니면 그것이 약한 논증임을 보여주는지)를 말해 보라.

9.2.1 읽을거리 16번 글.

9.2.2 읽을거리 15번 글.

9.2.3 건물이 불에 타 무너진다면, 잿더미만 남게 될 것이다. 잿더미만 남아 있다. 따라서 건물이 불에 타 무너졌다.

9.2.4 선생님이 동료에게 시험 직전에 어떤 학생에 관해 이야기하면서, 존스는 열심히 해서 그 시험을 통과할 것이라고 말했다.

9.2.5 감람석이라 불리는 녹색 암석이 화성에 널리 퍼져 있다는 사실은 화성에는 생명체가 살기에는 너무 건조하고 찬 상태가 오랜 동안 유지되어 왔다는 점을 시사해 준다. 철과 규산 마그네슘의 혼합물인 감람석은 지구에서는 화산 퇴적물에서 발견되는데, 그것은 일단 노출되면 오래 지속하지 못한다. 그것은 따뜻하고 습기가 있는 환경에서는 몇 달 안에 풍화되기 시작한다고 콜로라도 볼더에 있는 미국 지질연구소의 로저 클락이 말했다. 하지만 지난달 캘리포니아에서 열린 미국 천문학회 모임에서 그는 분광기를 이용한 조사 자료를 보면 감람석이 화성에, 아주 심하게 파였거나 부식이 심한 오래된 지역을 포함해 250만 제곱킬로미터가 넘는 지역을 뒤덮고 있음을 알 수 있다고 말했다.

이는 약 1억 내지 3억 년 전에 감람석이 생겨난 이래 화성은 따뜻하고 습한 적이 없었다는 의미이다. ('바싹 마른 행성', 『뉴사이언티스트』, 2000. 11. 11., 31쪽)

9.2.6 읽을거리 59번 글[누들의 연설]에서 첫 번째와 네 번째 문단에 나오는 논증.

문제 9 . 3

가이아 가설(지구는 생명을 보존하도록 되어 있는 자기 조절 능력을 지닌 생태 구라는 가설)의 주창자인 제임스 러브록은 최근 온실가스로 지구를 오염시키지 않으면서 경제를 부흥시키는 방법은 원자력 발전을 채택하는 것이라고 주장했다. 읽을거리 52번 글에 나오는 그의 논증을 살펴보고 숨은 가정이 있다면 찾아내고, 그것이 추론의 강도에 어떤 영향을 주는지를 말해 보아라.

9.2 "이유가 참이라면 결론도 참이다"를 가정하는 방안

가정이 추론에 어떤 영향을 주는지에 관한 논의를 마치기 전에, 논증에 가정이 들어 있다고 하는 전략 가운데 어떤 것은 여러분이 생각하기보다 별로 도움이 되지 않는다는 점을 분명히 해 두는 것이 좋을 것 같다. 다음 논증을 생각해 보자.

어떤 사람은 일자리를 찾아보는 재주가 뛰어나거나 보수가 낮은 일자리라도 기꺼이 받아들임으로써 자신의 실업 문제를 해결했다. 따라서 실업자들은 다 그렇게 할 수 있다.

이 논증에 "어떤 사람은 일자리를 찾아보는 재주가 뛰어나거나 보수가 낮은 일자리라도 기꺼이 받아들임으로써 자신의 실업 문제를 해결했다면, 실업자들은 다 그렇게 할 수 있다"는 가정을 덧붙일 수도 있다. 그렇게 하면 이 논증이 연역적으로 타당한 논증이 된다는 점은 분명하다. 이렇게 해서 생기는 논증은 "A 그리고 A이면 B, 따라서 B"라는 형태를 띠는데, 이는 앞(8.5절)서 보았듯이 연역적으로 타당하다.

하지만 이런 가정을 덧붙인다고 해서 의심의 여지가 있던 논증이 그렇지 않은 논증으로 바뀌는 것은 아니라는 점을 주목하라. 원래의 추론이 의심스럽다고 생각하는 사람이라면, 그런 의문은 새로이 추가된 조건부 가정에도 마찬가지로 적용된다고 볼 것이다. 의문의 핵심이 조건부 가정으로 바뀌었을 뿐 원래 추론에 대해 제기했던 의문이 그대로 남아 있는 셈이다. 따라서 그런 가정을 덧붙인다고 해서 추론을 평가하는 과정에 큰 도움이 되는 것은 결코 아니다(물론 이렇게 할 경우 추론에 무엇이 들어 있는지를 파악하기가 더 쉬울 수는 있다). 또한 그런 조건부 가정을 덧붙인다고 해서 원래 논증이 더 강해지는 것도 아니라는 점을 주목하라. 그러므로 우리가 앞서 제시한 일반적 전략 (c)에 따를 때 그렇게 할 필요도 없다. 지금까지 한 이야기의 요지를 다시 말한다면 다음과 같다. 논증이 아무리 비논리적인 것이라 하더라도, "이유가 참이라면 결론도 참이다"라는 조건부 가정을 추가할 경우 모든 논증은 연역적으로 타당한 논증으로 바뀔 수 있다. 하지만 그렇게 하더라도 그 논증이 강화되는 것은 결코 아니다.

9.3 다른 관련 고려 사항

다른 사람이 무엇을 가정하고 있는지를 찾아내는 일은 때로 아주 '창의적'인 일이다. 가정을 찾아내려면 상대방이 무엇을 가정할지를 상상해 보거나 상대방의 견해가 무엇인지를 알기 위해 조사(상대방에게 물어보거나 상대방이 쓴 글을 읽어 보거나)를 해 보아야 하기 때문이다. 하지만 논증과 관련된 '다른 관련 고려 사항'을 생각해 본다는 것은 분명히 우리가 앞(1.6절)에서 이야기했듯이, 비판적 사고가 비판적-창의적 사고가 되는 지점이기도 하다. 우리가 앞(3.5절)에서 보았던 예를 다시 보기로 하자.

> R1 〈장래 부모가 될 사람들은 대부분 아들을 선호한다.〉 따라서 C1 [사람들이 자식의 성을 선택할 수 있게 하면 여자보다 남자 인구가 결국에는 훨씬 많아질 것이다.] 그리고 R2 〈이것은 심각한 사회 문제를 야기할 수 있다.〉 그러므로 C2 [사람들이 자식의 성을 선택할 수 있는 기술을 사용하지 못하도록 해야 한다.]

문제 9.4

계속 읽기 전에 다음 물음에 답하라.

9.4.1 이 논증이 설득력이 있다고 생각하는지 그리고 그 이유가 무엇인지를 간단히 적어 보라.

9.4.2 이 문제와 관련이 있다고 생각되는 다른 논증을 아는 대로 나열해 보라(문제 6.2를 풀 때 여러분이 제시했던 목록을 확장해도 될 것이다).

대부분의 사람들은 처음에는 이 논증이 꽤 강력하다고 생각한다. 하지만 다른 관련 고려 사항을 생각해 본다면, 이른바 '창의적으로 생각해 본다'면 사정은 이내 달라진다. 아래 나오는 것은 내가 이 예를 가지고 수업을 했을 때 학생들이 생각해 낸 고려 사항 가운데 일부이다.

(i) 어떤 사회에서는 선택의 자유가 아주 중시되며, 그래서 일단 사람들에게 선택의 자유를 준 다음 그로 인해 생기는 사회 문제는 나중에 해결하려고 할 수도 있다.

(ii) 장래 부모가 될 사람들이 자식의 성을 선택할 수 있게 하면, 어떤 사회의 경우 원하는 아들이나 딸을 얻기 위해 계속 아기를 낳는 일이 줄어들 것이다. 이렇게 되면 '원하지 않는' 자식을 낳는 경우도 줄어들게 될 것이고, (가령 인도처럼?) 인구 증가율도 낮출 수 있을 것이다.

(iii) 질병 가운데는 모계 유전이나 부계 유전만 하는 것도 있다. 자식의 성을 선택할 수 있는 기법을 사용하게 하면, 그런 질병(의 위험)을 줄일 수 있을 것이다.

이것들은 모두 그런 기법의 사용을 금지해야 한다는 주장을 **반대**하는 이유이다. 그 주장을 지지해 주는 이유도 있을 수 있다. 가령 다음이 그런 것들이다.

(i) 그것이 어떤 부작용을 초래한다.

(ii) 그것이 아주 비싸다.

(iii) 그것의 사용을 반대할 만한 종교적 이유가 있다(가령 그것은 신의 의지에 인간이 개입하는 것이라고 볼 수도 있다).

이 밖에도 더 있을 수 있다(여러분은 몇 가지나 생각해 냈는가?).

이와 같은 문제는 대개 단순하지 않다. 현명한 판단을 원한다면, 상대방이 무슨 가정을 하고 있는지 그리고 다른 관련 고려 사항으로는 어떤 것이 있는지를 창의적으로 잘 생각해 본 다음, 그에 근거해서 판단을 내려야 한다.

이와 같은 논증에 대응하려면, 먼저 그 논증이 무엇을 말하고 있고 무엇을 가정하고 있는지를 명확히 해야 한다. 그다음에 거기 나온 기본적 이유에 (그것을 문제 삼거나 아니면 그것을 받아들이는) 대응을 해야 하며, 그런 이유가 결론을 얼마나 잘 뒷받침하는지를 스스로에게 물어보아야 한다. 그 과정에서 다른 관련 고려 사항을 감안하기 위해 그 문제를 포괄적으로 생각해(혹은 그 문제를 조사해) 보아야 한다.

다음에 이를 연습해 볼 수 있는 연습 문제가 하나 더 나온다(이 논증을 처음 접하는 학생들은 대개 이것이 아주 터무니없다고 생각한다. 하지만 이 논증에 구체적으로 무엇이 잘못되었는지를 말하라고 하면 아주 어려워한다. 여러분은 어떻게 생각하는지 한번 보기로 하자).

문제 9.5

아래 논증을 살펴보고 이를 평가하는 데 도움이 될 만한 '다른 관련 고려 사항'을 가급적 많이 생각해 보라.

> 영국의 젊은이들은 결혼을 하지 말아야 한다. 현재 통계를 보면 결혼한 쌍의 40퍼센트가 이혼으로 끝나며, 이혼하지 않고 같이 사는 쌍 가운데도 많은 사람들은 불행한 결혼 생활을 한다고 볼 수 있다. 따라서 결혼을 하는 젊은이들은 이혼으로 끝나거나 불행한 결혼 생활을 할 가능성이 그렇지 않을 가능성보다 더 크다. 이것은 젊은 쌍들에게 엄청난 확률이다.

'다른 관련 고려 사항'을 생각해 보라고 하면, 학생들은 대개 아주 힘들어 한다. 왜냐하면 그들은 '좋은' 혹은 '올바른' 것을 생각해 내야 한다고 느끼기 때문이다. 이를 극복하기 위해서는 그냥 가능한 대답들을 떠올려 본다고 생각하는 것이 좋다. 그냥 떠올려 본다면, 우습게 보일지라도 점점 더 '가능한' 대답에 접근해 갈 수 있다. 그런 다음 심각하게 고려해야 할 것들을 정해 생각해 보면 된다. 떠올려 볼 때 중요한 점은 '잘못된' 대답은 없다는 것이다. 그것의 목적은 그냥 짧은 시간 안에 가급적 많은 것들을 생각해 보자는 데 있으며, 그냥 생각해 보는 것이 여러분의 생각을 자유롭게 펼쳐 나가는 데도 도움이 된다. 학생들도 이렇게 하는 것이 더 쉽다는 것을 알게 된다. 그러므로 처음부터 '좋은' 제안을 생각해 내려 하기보다 그냥 생각해 낸 것들 가운데서 좋은 것을 골라내면 된다. 다음 물음에 대해서도 이런 방법을 사용해 볼 수 있을 것이다.

문제 9.6

다음 논증을 평가하는 데 도움이 될 '다른 관련 고려 사항'을 가급적 많이 생각해 내어 보라.

9.6.1　읽을거리 21번 글.

9.6.2　세계 도처에서 그림을 모아 여는 대규모 전시회는 그림에 좋지 않다. 그림을 어떻게 운반하든, 사고의 위험이 있으며 그에 따라 손상되거나 파손될 수 있다. 그리고 아무리 세심하게 준비해서 옮긴다 하더라도, 기압이나 습도의 변화는 있을 수밖에 없고 그것은 그림에 좋을 리가 없다. (문제 4.4.4 참조)

9.6.3　읽을거리 39번 글.

9.4 논증에 대한 전반적 평가와 좋은 논증 제시하기

지금까지 우리는 기본적인 사고 지도(4.3절)에 나오는 거의 모든 단계를 자세히 설명했다. 우리는 나쁜 논증의 특징을 살펴보았고, 좋은 모형을 제시했으며, 좋은 모형을 따라 하는 연습을 했다. 또한 논증을 제시하고 평가하는 과정에서 중요한 역할을 하는 표현들을 사용하는 연습을 했다. 이제 우리는 이전보다 논증을 더 잘 파악하고 더 좋은 글을 쓸 수 있게 되었다. 그 이유는 우리가 어떤 물음을 물어야 하고, 그런 물음에 어떻게 대답해야 하는지를 배웠기 때문이다. 농구 게임과의 유비를 다시 든다면, 이제는 우리가 전체 게임을 할 때다.

　몇 가지 현실적인 예에 우리가 배운 것을 모두 적용해 보기로 하자. 일단 논증의 구조를 파악하는 데 익숙하다면, 논증의 구조를 쉽고 빠르게 찾아낼 수 있을 테고, 그래서 그것을 새로 적지 않아도 된다. 아래에서 나는 첫 번째 예의 경우 논증 구조에 대해 논의를 하겠지만 다른 것들에 대해서는 그렇게 하지 않을 것이다. 하지만 내가 하는 설명을 통해 그 논증을 어떻게 이해하고 있는지가 저절로 드러날 것이다.

아래 나오는 사이먼 싱의 글은 〈데일리텔레그래프〉 2008년 4월 21일자에 실린 것이다.

예 1

올해 초 유명 학술지인 『영국 의학 저널』(*British Medical Journal*, BMJ)에 침술이 체외수정의 성공률을 65퍼센트 높일 수 있다는 글이 실렸다. 이 연구는 1,366명의 여성이 참여한 일곱 차례의 실험 결과에 대한 분석에 근거한 것이다….

중국철학에 따를 때, 침술은 혈이라고 알려진 우리 몸의 맥의 특정 부위를 자극함으로써 '기'라고 하는 활력의 흐름을 증가시켜서 효과를 보는 것이다. 기나 혈이라는 개념이 과학 용어로서는 의미가 없기는 하지만 의학 연구자들은 1970년대 이래 침술의 주장을 시험해 보고자 해 왔다.

하지만 침술이 실제로 효과가 있는지를 검사하려면 위약 효과(환자가 특정 치료가 효과가 있다고 믿을 경우 긍정적인 답변을 하게 될 가능성이 높다는 것을 의미)를 분리해 낼 수 있어야 한다. 이를 위한 최선의 방안은 두 집단의 환자를 실험하는 것이다. 한 집단은 실제 치료를 하고, 다른 집단은 실제 치료처럼 하지만 사실은 효과가 없는 치료를 하는 것이다.

그런 다음 연구자들은 새로운 처방이 위약을 처방한 집단에서보다 실제로 효과가 있는지를 보는 것이다. 하지만 침을 가짜로 놓으려면 어떻게 해야 할까? 최근 들어 연구자들은 세 가지 방안을 개발했다. 첫째는 '혈'이 아닌 다른 데에 침을 놓는 것이다. 둘째는 '혈'까지 닿지 않게 아주 얕게 침을 놓는 것이다. 셋째는 가짜 침을 사용하는 것이다. 마치 연극 무대에서 가짜 칼을 사용하듯이, 침을 놓으면 바늘이 실제로는 뒤로 들어가는 것을 사용하고 환자는 그 사실을 모르게 하는 것이다.

그러면 『영국 의학 저널』에서 분석한 실험 결과들은 얼마나 정확한 것이었을까? 문제는 일곱 차례의 실험 가운데 네 번은 '가짜' 침을 놓는 집단을 포함하지 않았고, 침을 맞은 집단과 맞지 않은 집단만을 단순히 비교했다는 점이다. 좋은 결과가 나왔다 하더라도 그것은 위약 효과 때문이라고 할 여지가 있으며, 따라서 그 실험 결과들은 무시해야 한다. 가짜 집단을 포함했던 나머지 세 차례의 실험만 보았을 때, 결과는 그다지 인상적이지 않았다. 셋 가운데 둘은 실제 침술이 가짜 처방과 견주어 보았을 때 (임신 성공률과 관련해) 어떤 유의미한 효과가 있다는 점을 보여 주지 못했다.

이런 실험 결과로부터 내릴 수 있는 합당한 결론은 침술이 체외수정의 성공률과 관련해 효과가 있다는 주장은 아직 입증된 바가 없다는 것이다. 따라서 체외수정과 관련해 침을 맞지 않는 것이 더 좋다. 왜냐하면 10퍼센트의 환자가 출혈이나 타박상과 같은 고통을 호소했고, 현기증이나 메스꺼움 등을 호소한 사람도 있었기 때문이다. 이런 부작용이 심각한 것은 아니었지만, 알려진 위험 부담이 아직 입증되지 않은 이점보다 더 컸다.

이 논증을 어떻게 보아야 할까? 이 글이 주장하고 있는 것은 분명히 "체외수정과 관련해 침을 맞지 않는 것이 더 좋다"는 것이다. 추론 과정도 분명하다. 그것은 "침술이 체외수정의 성공률과 관련해 효과가 있다는 주장은 아직 입증된 바가 없다"는 것이고 "10퍼센트의 환자가 출혈이나 타박상과 같은 고통을 호소했고, 현기증이나 메스꺼움 등을 호소한 사람도 있었다"는 것이다. 싱은 "이런 부작용이 심각한 것은 아니었지만, 알려진 위험 부담이 아직 입증되지 않은 이점보다 더 컸"으므로 "체외수정과 관련해 침을 맞지 않는 것이 더 좋다"고 결론 짓는다.

"침술이 체외수정의 성공률과 관련해 효과가 있다는 주장은 아직 입증된 바가 없다"고 생각하는 싱의 논증도 아주 분명하다. 간단히 말해 그것은 네 차례의 실험은 '가짜' 침을 맞는 통제 집단을 포함하지 않았으며, 가짜 집단을 포함했던 나머지 세 차례의 실험 가운데 두 차례의 결과도 "실제 침술이 가짜 처방과 견주어 보았을 때 (임신 성공률과 관련해) 어떤 유의미한 효과가 있다는 점을 보여 주지 못했다"는 것이다.

싱이 적절한 통제 집단이 있는 실험(이 경우 참여자는 침을 맞고 있다고 생각하지만 실제로는 '가짜' 침을 맞는다) 결과만이 침술이 체외수정의 성공률을 높일 수 있는지 여부를 말해 줄 수 있다고 가정하고 있다는 점도 분명하다.

싱은 또한 '가짜' 침술이 무엇을 의미하는지도 잘 설명하고 있으며, 따라서 전반적으로 보아 그의 논증은 아주 분명하게 제시되었다고 할 수 있다(4.3절의 사고 지도에 나오는 물음 가운데 처음 네 가지 물음 참조).

　이 논증을 평가하기 위해서는 싱이 제시한 이유가 참인지, 그 이유들이 그가 내리는 결론을 뒷받침하는지, 그리고 우리가 따져 보아야 할 다른 관련 고려 사항들은 없는지를 확인해 보아야 한다. 이를 위해 우리가 할 수 있는 한 가지 일은 인터넷에서 여러분이 자주 쓰는 검색 엔진에 '침술과 체외수정의 성공률'을 입력하여 그 주제를 한번 찾아보는 것이다. 이렇게 하면, 여러 사이트를 찾을 수 있을 것이며 그중에는 좀 더 신뢰할 만한 것도 있을 것이다. 여러분이 그런 것을 하나씩 찾아보게 되면, 여러분은 침술이 어떤 방식으로 체외수정의 성공률을 높일 수 있는지를 설명해 주는 자료나 이를 뒷받침해 주는 어떤 일화 속의 증거를 찾아볼 수도 있을 것이다.

　한 가지 주목할 점은, 싱이 말하듯이 『영국 의학 저널』은 아주 유명한 의학 저널이고, 여기에 게재되기 위해서는 '동료 평가'(12.7절 참조)를 받아야 하므로 이 논문도 다른 유능한 의학 전문가들로부터 검토를 받았다는 점이다. 그런 점에서, 싱의 판단에 따를 때 그렇게 부실한 논문이 그런 학술지에 실렸다는 점이 다소 놀랍다. 신뢰성이라는 고려 사항을 염두에 둘 때 『영국 의학 저널』이 지닌 전문성에 비추어 우리는 거기에 나온 결론을 받아들일 수 있을 것 같다. 하지만 실수도 가끔 일어난다. 심지어 아주 유명한 학술지에서도 그런 일은 가끔 벌어진다.

　어떤 사람은 다음과 같은 주장을 할지도 모르겠다. 체외수정의 성공률이 증가한 이유가 침술이든 위약 효과든 그 점은 문제가 되지 않는다. 왜냐하면 임산부는 성공률이 높아지는 데만 관심이 있지 왜 그렇게 되는지에 대해서는 관심이 없기 때문이다. 이와 비슷하게 또한, 현기증이나 싱이 말하는 다른 위험 부담도 성공률을 크게 높일 수 있다면(그것이 왜 그렇게 되든, 위약 효과이든 아니면 또 다른 이유 때문이든 상관없이) 별문제가 되지 않는다고 말하는 사람도 있을 것이다. 어떤 인터넷 사이트는 진짜 침과 '가짜' 침 모두 여성에게 똑같은 이완 효과를 주며 바로 이 점 때문에 두 경우 모두 효과가 있다고 주장하기도 한다. 물론 이런 것들이 사실이라면, 이는 원하는 결과를 가져오는 것이 침술은 아니라고 하는 싱의 주장을 뒷받침한다고 할 수 있다. 싱의 논문은 우리가 물어야 할 올바른 물음을 제기해 주며, 전반적으로 보았을 때 강력한 논증이라 생각된다.

이 논증을 평가하면서 나는 사고 지도(4.3절)에 나온 물음을 물었고, 그에 따라 그것을 면밀히 분석하고 평가했다. 면밀히 생각해 본 끝에 나는 이 논증에 나온 판단에 동의했다. 물론 다른 사람은 다른 견해를 가질 수도 있다. 하지만 그것도 이와 비슷한 방식으로 평가되어야 한다.

다른 논증을 하나 더 보기로 하자. 이것은 폭주족(차를 훔쳐 도시를 위험하게 질주하는 젊은이들)에 관한 논증이다.

예 2

경찰은 차를 훔쳐 달아나는 젊은 폭주족을 경찰관이 높은 속력으로 추격하지 못하도록 해야 한다. 그렇게 추격하다가 폭주족과 무고한 시민이 다치는 사고가 자주 발생해 왔다. 경찰에서는 시민의 안전을 위하여, 속도가 안전에 위협이 될 정도라면 추격을 그만두도록 하는 규정을 이미 채택하고 있다고 말한다. 하지만 경찰관은 추격할 때의 급박함 때문에 그런 규정을 잊고 시민의 안전을 무시하기 일쑤이다. 도난당한 차량이 사람의 목숨보다 중요한 것은 아니다. (읽을거리 36번 글)

이 논증을 평가하려면 먼저 이 논증을 이해해야 한다. 이 논증에서 주장하고자 하는 것이 무엇이고, 논증 과정이 어떠하며, 숨은 가정이 무엇인지를 파악해야 한다. 우리는 이에 관해 올바른 물음을 물을 수 있어야 한다. 앞에서 기술한 대로 이 작업을 한다면, 이 글의 논증이 무엇인지를 파악하기는 쉬울 것이며, 올바른 물음을 물을 수 있다면, 이 논증에 대해 많은 이야기를 할 수 있을 것이다. 다음이 그런 평가 가운데 하나이다.

폭주족: 경찰을 비판하지 마라.

글쓴이는 차를 훔쳐 달아나는 젊은 폭주족을 경찰관이 높은 속력으로 추격하지 못하도록 해야 한다고 주장한다. 그 사람이 이렇게 주장하는 근거는 본질적으로 그런 추격의 결과 폭주족과 무고한 시민이 많이 사망하게 된다는 것이다. 게다가 그 사람은 이런 일이 벌어지는 이유가 추격의 급박함 때문에 경찰관이 속도가 안전에 위협이 될 정도라면 추격을 포기해야 한다는 규정을 망각해 시민의 안전까지 무시하게 되기 때문이라고 주장한다.

하지만 문제는 현재의 정책이나 방안을 대신할 대안이 무엇인가 하는 점이다. 자동차가 사람의 목숨보다 중요한 것은 아니라는 데는 쉽게 동의할 수 있다. 이 점은 쟁점이 아니다. 쟁점은 폭주족을 어떻게 해야 하는가이다. 폭주족을 경찰이 추격하지 않는다면, 그들은 난폭 운전을 해서 자신이나 다른 사람에게 해를 끼칠 수 있다. 경찰이 그들을 추격한다고 해도 같은 일이 일어날 수 있다. 문제는 폭주족이 차를 훔치고 차를 망가뜨리며 **경찰이 폭주족들을 추격하든 하지 않든 상관없이**, 그들의 무모한 운전 때문에 자신이나 무고한 시민이 다치게 된다는 점이다. 따라서 어떻게 하든 심각한 위험 요소가 있다.

폭주족과 관련된 믿을 만한 좋은 자료가 있다면 도움이 될 것이다. 특히 폭주족을 **추격하지 않을** 경우 어떤 유형의 사고가 발생하며 그 수가 얼마나 되는지, 그리고 그들을 **추격할 경우** 그 수치가 어떻게 차이가 나는지를 보여 주는 자료가 있다면 도움이 될 것이다. 이런 자료가 있다면 경찰이 추격할 경우 사상자가 생기는 사고가 발생할 가능성이 **커지는지** 아니면 **작아지는지**를 판단할 수 있을 것이다. 또한 그런 자료를 통해 경찰이 폭주족을 추격함으로써 위험이 불필요하게 커진다면 얼마나 커지는지를 판단할 수 있을 것이다.

글쓴이는 "경찰관은 추격할 때의 급박함 때문에 (속도가 안전에 위협이 될 만큼 너무 높다면 경찰관이 추격을 그만두어야 한다는) 규정을 잊고 시민의 안전을 무시하기 일쑤이다"라고 주장하고 있다. 이에 대해 경찰관은 위험한 상황에서 어려운 결정을 아주 신속하게 해야 하며, 어떤 훈련을 받든지 실수란 불가피하다고 설명할 수도 있을 것이다. **삶이란 언제나 위험을 수반하게 마련이다.** 통계 자료가 있다면 현재의 정책이 사정을 악화시키는지 여부를 판단하는 데 도움이 될 것이다.

물론 통계 자료가 있더라도 우리가 무엇을 해야 할지를 정하는 데 충분하지 않을 수 있다. 폭주족이 자신들을 추격하지 않는다는 사실을 알 경우 문제는 분명히 더 악화될 것이며, 그래서 여전히 판단은 어려울 수 있기 때문이다. 가령 병이 든 사람이나 다친 사람이 의사가 돌보는 중에 죽었다고 해서 우리가 의사를 비난하지는 않는다. 진짜 문제는 "현재의 완벽하지 않은 조처 때문에 상황이 더 악화되는가" 하는 것이다.

아마 위험을 줄일 수 있는 다른 방안도 있을 것이다. 가령 아예 좀 더 튼튼한 차를 만든다거나 아니면 헬리콥터로 추격을 한다거나 아니면 도난 차량의 통로에 도주차량 차단장비(spiked mat)를 설치하는 방안도 있을 수 있다. 아마 우리는 이런 대안도 실험해 보아야 할 것이다.

나는 이 두 예를 과거에 학생들에게 연습 문제로 내준 적이 있다. 학생들은 이 책에 나온 방법을 열심히 익혔기 때문에 대부분 지금 제시한 것처럼 이 논증을 잘 평가했다. 대부분의 학생들은, 이런 기술을 배우지 않았더라면 그 일이 무척 어려웠을 것이라는 데 동의했다. 여러분이 올바른 물음을 물을 수 있다면, 논증이 합당한지를 쉽게 알 수 있을 것이며, 아주 강력하게 비쳤던 논증도 사실은 문제가 있는 경우도 있음을 알게 될 것이다. 물론 여러분 자신이 제시한 논증에도 사고 지도를 똑같이 적용해야 한다는 점을 잊어서는 안 된다.

문제 9.7

지금까지 여러분이 배웠던 모든 기법을 함께 적용해 보는 연습 문제이다. 다음 가운데 하나를 골라 답하라.

9.7.1 읽을거리에는 다음과 같은 결론을 내리는 리차드 도킨스의 글(읽을거리 57번 글)이 들어 있다. "과학은 복잡한 것(어려운 것)이 어떻게 해서 단순한 것(쉬운 것)으로부터 나왔는지를 설명해 준다. 신의 가설은 아무것도 설명해 주지 않는다. 그것은 설명하기 어려운 것을 그냥 상정할 뿐이며 그것을 상정한 채 내버려 두기 때문이다. 우리는 신이 존재하지 않는다는 것을 증명할 수는 없다. 하지만 우리는 신은 아주 그럴 법하지 않은 존재라는 결론은 안전하게 내릴 수 있다." 지금까지 배운 것을 모두 이용해, 도킨스의 논증을 1,000 단어 이내로 평가해 보라.

9.7.2 여러분이 관심 있는 주제를 자유롭게 골라 그에 대한 여러분의 견해를 뒷받침하는 글을 1,000 단어 이내로 써 보아라. 읽을거리에 나오는 글 가운데 하나를 골라 출발점으로 삼아도 되고, 여러분이 듣는 다른 수업의 과제물을 주제로 잡아도 된다. 논증에서 쓰는 표현들을 사용하고 올바른 물음을 물으면서, 좋은 논증을 제시하고자 해야 한다.

4.3절부터 사고 지도를 사용해 생각해 본 예 덕분에 이제 여러분은 꽤 많은 것을 할 수 있다. 하지만 논증 가운데는 설명을 하거나 권고를 하기 위한 것도 많이 있다. 이런 경우 여러분이 어떤 물음을 생각해 보아야 하는지를 도와줄 수 있는 사고 지도도 있다. 우리는 이런 맥락에서 특히 도움이 될 특수한 물음을 다음 두 개의 장에서 설명하는 것으로 비판적 사고 기술에 대한 소개를 계속해 나가기로 하겠다.

9.5 요약

논증을 잘 평가하려면, 추론이 훌륭한지 여부를 파악해야 하고 그러기 위해서는 적절한 기준을 사용해야 할 뿐만 아니라, 그 논증에 들어 있는 암묵적 가정도 면밀하게 살펴보아야 하며, 다른 관련 고려 사항이 있는지도 생각해 보아야 한다.

가정이라고 할 수 있으려면 그 맥락에서 할 만한 주장이고, 명시적으로 말한 것을 의미가 있게 하고, 논증을 가급적 강하게 만들 수 있는 것이어야 한다(우리의 관심은 사람을 비난하는 데 있는 것이 아니라 진리에 도달하는 데 있기 때문이다). "이유가 참이라면, 결론도 참이어야 한다"는 가정을 논증에 추가하는 것은 논증을 분석하는 데는 도움이 될지 모르지만, 논증을 강화해 주지는 못한다.

아래 나오는 '사고 지도'에 앞의 두 장에 나온 사항들을 요약해 본다면 다음과 같다. 이것은 4.3절에 나온 사고 지도에 바탕을 둔 것으로, 그것을 확장한 것이다.

논증을 제대로 판단하기 위한 사고 지도

3. 논증에는 어떤 중요한 **숨은 가정**이 들어 있는가?

6. (a) 이유가 결론을 **뒷받침**하는가?

   (b) 논증을 강화하거나 약화해 줄 **다른 관련 고려 사항**은 없는가?

7. 논증에 대한 **전반적인 평가**는 어떠한가?

   이유는 받아들일 만하고 추론은 연역적으로 타당한가?

   그 사안은 **합리적 의심의 여지없이 입증되었는가?**

   확률에 비추어 볼 때 **그럴 가능성이 그렇지 않을 가능성보다 더 큰가?**

   그 논증은 **합당한가?**

　물론 이 책 전체에서 우리가 논의한 물음과 기준은 여러분 자신의 논증에도 똑같이 적용된다는 점을 명심해야 한다. 나는 이 장 끝에서 두 가지 예를 다루었고, 거기서 논증을 평가하면서 이런 작업을 정확히 하고자 하였다. 내가 제시한 방침을 얼마나 잘 따랐는지는 여러분 스스로가 판단해야 한다.

인과적 설명에 관한 논증

우리가 하는 추론 가운데 많은 것은 사건이나 사태를 인과적으로 설명하는 것이다. 살인 사건을 조사하는 형사는 피살자의 사망 원인이 무엇인지를 알고자 한다. 정부 보좌관은 특정 시기의 물가가 크게 오른 원인이 무엇인지를 알고자 한다. 의사는 사람에게 나타나는 여러 가지 질병의 원인을 알아 환자를 치료할 수 있기를 바란다. 지진학자는 1906년 샌프란시스코 지진의 원인이 무엇인지를 알아서 미래의 지진을 예측하고 싶어 한다. 식물학자는 작물이 잘 자라거나 아니면 질병에 걸리게 되는 원인이 무엇인지를 밝혀 질병에 내성이 있는 종자를 개발하고자 한다. 역사학자는 미국 남북 전쟁의 원인을 알고 싶어 한다. 그리고 이런 식의 예를 무수히 들 수 있을 것이다.

　우리 자신이 설명을 제시하고자 하건 아니면 다른 사람이 제시한 설명을 우리가 평가하고자 하건 상관없이, 우리는 인과적 설명에 적합한 추론 유형이 어떤 것인지를 명확히 해야 한다. 이 장에서 하고자 하는 것이 바로 그런 것이다.

10.1 대부분의 인과적 설명에서 볼 수 있는 추론 형태

원인을 파악하기가 아주 쉬운 경우도 있다. 왜냐하면 우리가 무슨 일이 일어났는지를 직접 보았고 (아니면 다른 감각 기관을 통해 관찰했고) 원인이 명백한 경우도 있기 때문이다. 예를 들어 우리가 자동차로 대문을 부순 경우라면, 차가 대문에 부딪혀 대문이 넘어졌고 차가 찌그러졌다는 것을 바로 본 것이다. 이런 경우 인과적 주장을 정당화하는 데 필요한 추론 유형은 단순히 "내가 부딪히는 것을 보았고 그래서 대문이 넘어졌고 차가 찌그러졌다는 것을 안다"는 것이다.

하지만 대부분의 원인은 이것만큼 명백하지 않으며, 이 경우 인과적 주장을 정당화하려면 추론이 복잡할 수밖에 없다. 경찰이 호수 바닥에서 한 여성의 시신을 발견했다고 하자. 해 볼 만한 한 가지 의심(가설)은 그 사람이 익사했다는 것이다. 하지만 다른 가능성도 있으며, 경찰은 실제 사망 원인을 밝혀야 할 것이다. 따라서 경찰로서는 다른 가능성을 모두 배제하고 한 가지 가능성만을 뒷받침해 줄 증거가 필요하다. 이 때문에 경찰은 부검의의 보고서를 필요로 한다. 부검의는 이런 경우 어떤 증거를 찾아야 할지를 아는 이 방면의 전문가이다. 아마 그 사람은 단순히 발을 헛디뎌 호수에 빠져 익사했을 수도 있고, 심장마비를 일으켜 호수에 빠졌을 수도 있고, 살해된 다음 호수에 유기되었을 수도 있으며, 또 다른 가능성도 있을 것이다. 부검의는 사망 원인을 밝혀 줄 증거가 어떤 것일지, 즉 어떤 증거가 있으면 익사했음을 말해 주고 어떤 증거가 있으면 심장마비로 사망했음을 말해 주게 되는지를 안다. 그러므로 표준적인 방침에 따라 시신을 면밀하게 조사하고 여러 시험을 거친 다음 부검의는 경찰에 보고서를 제출할 것이다. 거기서 부검의는 어떤 증거를 찾아냈으며, 그 증거에 비추어 사망 원인이 무엇인지를 결론 내리고 그런 결론이 어느 정도 확실한지를 말해 줄 것이다.

부검의의 보고서가 아주 명확한 경우도 있을 수 있다. 가령 시신이 물속에 오래 있지 않았고 모든 증거가 분명하게 한 방향을 가리키고 있다면, 부검의는 사망 원인이 X(익사, 심장마비, 머리에 총상 등)라고 자신 있게 결론 내릴 것이다. 반면 사정이 아주 복잡할 수도 있다. 시신이 물속에 오래 있었으며, 일부 증거는 이미 사라졌고, 증거도 여러 방향을 가리키고 있는 경우가 그렇다. 그 경우 부검의는 사망 원인을 명확히 밝히지 못할 수도 있으며, 그의 보고서에는 그렇게 볼 수 있는 근거가 제시될 것이고 어느 정도 불확실한지도 설명될 것이다.

어느 경우이든 부검의는 관찰 결과와 (가설을 포함한) 이론을 모두 사용할 것이다. 처음 관찰한 것(최초 관찰 결과)에 근거해, 그는 가능한 사망 원인을 추측하고(가설을 세우고) 그런 다음 이런 가능성을 뒷받침하거나 아니면 배제하게 될 증거를 추가로 찾아 나설 것이다. 인과적 설명을 하고자 할 때 하게 되는 것이 바로 이런 형태의 추론이다. 형사의 업무와 역사적 탐구 및 과학적 탐구 사이에는 미세한 부분에서는 차이가 있을 테지만, 추론의 기본 형태는 모두 다음과 같다. 설명하고자 하는 것이 있다고 할 때, 가능한 설명은 무엇인가, 그것을 뒷받침하거나 배제할 수 있는 증거는 무엇인가, 우리가 가진 증거나 찾아낼 수 있는 증거에 비추어 볼 때 어떤 설명이 가장 그럴듯한가, 어떤 것이 우리가 알고 있는 것과 가장 잘 맞는가, 그것이 올바른 설명이라는 사실을 어느 정도 확신할 수 있는가?

문제 10.1

과학자들은 철새가 어떻게 수천 마일을 이동해 목적지를 정확하게 찾아갈 수 있는지를 잘 모른다. 한 가지 이론은 다음과 같다. 새의 뇌에 자철광이라 불리는 철을 포함하는 분자가 있어서 이것 때문에 마치 나침반의 침이 그렇듯이 새가 지구의 자기장을 탐지할 수 있다는 것이다. 여러분은 어떤 다른 **가능한** 설명을 생각해 낼 수 있는가?

10.2 인과적 설명의 예

부검의의 작업이 어떻게 진행되는지의 예에 이어, 이번에는 역사가가 다음과 같은 논증을 제시했다고 해 보자.

나폴레옹은 세인트 헬레나에 유배되어 있는 동안 비소 중독으로 죽었음이 분명하다. 눈치채지 못할 정도의 소량의 비소를 계속 먹게 되면 결국에는 사람이 죽게 된다. 비소 중독의 경우 비소 흔적이 머리카락에 남게 되는데, 믿을 만한 시험 결과 나폴레옹의 머리카락에는 비정상적으로 많은 양의 비소가 들어 있었다는 점이 최근 밝혀졌다. 과거에는 나폴레옹이 암으로 죽었다고 여겼는데, 그의 증상은 구역질, 한기, 허약, 비만 등으로 암 전문가에 따를 때 이것들은 암의 증상은 아니다. 전문가에 따르면 이것들은 비소 중독 때 나타나는 전형적 증상이다.

이것은 인과적 설명에서 볼 수 있는 전형적인 추론 형태를 띠고 있다. '…음이 분명하다'는 표현이 나온다는 점은 의도된 결론이 무엇인지를 나타내 주며, '비소 중독으로 죽었다'는 것은 분명히 인과적 주장이다. 그런 다음 이 인과적 주장을 뒷받침해 주는 증거가 제시되고 있다. 여기서는 다른 가능한 설명(즉 암이 나폴레옹의 사망 원인이다)도 고려하고 있으며, 증거가 이것과는 상충되고 다른 설명을 지지해 주고 있음을 주장한다.

앞서 우리가 도입한 표기법과 '대안 가설'을 가리키기 위해 'AH'(alternative hypothesis)라는 기호를 새로 쓰기로 한다면, 우리는 이 논증의 구조를 다음과 같이 분명하게 할 수 있다.

C[나폴레옹은 세인트 헬레나에 유배되어 있는 동안 비소 중독으로 죽었음이 분명하다.] 그 이유는 R1 〈눈치채지 못할 정도의 소량의 비소를 계속 먹게 되면 결국에는 사람이 죽게 된다.〉 그리고 R2 〈비소 중독의 경우 비소 흔적이 머리카락에 남게 되며〉, 그리고 R3 〈믿을 만한 시험 결과 나폴레옹의 머리카락에 비정상적으로 많은 양의 비소가 들어 있었다는 점이 최근 밝혀졌다.〉 AH [과거에는 나폴레옹이 암으로 죽었다고 여겼다]. 하지만 R4 〈그의 증상은 구역질, 한기, 허약, 비만 등이며〉 그리고 R5 〈암 전문가에 따를 때 이것들은 암의 증상은 아니다.〉 R6 〈전문가에 따르면 이것들은 비소 중독 때 나타나는 전형적 증상이다.〉

R4와 R5는 대안 가설과 배치되는 증거이며, R1, R2, R3, R4, R6은 C를 뒷받침하는 증거가 된다.

이 논증이 설득력이 있는지를 어떻게 판단하는지는 곧 설명할 것이다. 그러기 전에 먼저 원인을 고려할 때 빠지기 쉬운 몇 가지 전형적 잘못들을 지적하기로 하겠다.

10.3 원인을 고려할 때 빠지기 쉬운 전형적 잘못들

사건의 원인(들)이 무엇인지가 바로 분명하지 않다면, 조사를 해 보아야 한다. 가령 역사적 탐구를 하거나 과학적 실험을 하거나 또 다른 연구를 해 보아야 한다. 그런데 불행하게도 우리는 이런 일을 전혀 하지 않는 경우도 가끔 있다. 우리는 과학적으로나 역사적으로 접근하지 않는다. 우리는 체계적인 것과는 거리가 멀게 행동한다. 우리는 결론으로 바로 나아가고 머릿속에 떠오른 첫 번째 설명을 그냥 받아들인다. 심지어 다른 설명은 생각해 보지도 않는 경우도 있다. 우리는 대부분 가끔 이렇게 한다. 가령 우리는 왜 차가 시동이 안 걸리는지를 두고 가능한 여러 이유를 생각해 보지도 않고 바로 결론을 내린다. 기름이 없어서거나 전기 장치에 문제가 있어서 시동이 안 걸린 것일 수도 있다. 다른 예로, 우리는 런던 도심에서 차량 폭탄 사고가 났다는 TV 뉴스 보도를 접하고, 다른 가능성은 생각해 보지도 않은 채 누가 범인인지 바로 결론 내린다. 결론으로 바로 나아가는 것이 문제가 되는지는 물론 사안마다 다를 수 있다.

사건의 원인을 고려할 때 우리가 보이곤 하는 두 번째 잘못은 관련 증거를 모두 고려하지 않는다는 것이다. 우리는 우리가 선호하는 설명을 뒷받침해 주는 일부 증거만 받아들이고 다른 증거는 무시하거나 또는 상충하는 증거가 있는지 찾아보려고 하지 않는다. 가령 흡연자들은 흡연을 하면서도 건강하게 장수하는 (윈스턴 처칠과 같은) 사람들에게 더 큰 관심을 기울이고, 비흡연자와 비교해 건강이 좋지 못하거나 흡연 관련 질병으로 일찍 죽는 훨씬 더 많은 흡연자들에게는 그만큼 관심을 두지 않는다.

이런 전형적인 잘못들을 잘 정리해 기억하기 쉽도록 하는 게 중요하다. 왜냐하면 이런 것들은 우리가 빠지기 쉬운 전형적 잘못이고, 우리는 그런 잘못을 덜 범하기를 바라기 때문이다.

원인을 고려할 때 빠지기 쉬운 잘못들

1. 한 가지 가능성만을 생각하고 다른 가능성은 고려해 보지도 않는다.
2. 원인을 정할 때 관련 증거를 모두 고려하지 않고 일부만 고려한다.

해결책은 분명히 사건이나 현상의 원인이 될 수 있는 다른 가능성을 생각해 보고, 다른 것이 원인임을 보여 줄 증거가 어떤 것일지를 생각해 보아 그런 증거를 찾아 나서는 것이다.

1장에서 우리가 사고방식을 어떻게 바꾸어야 하는지를 설명할 때 든 농구의 예를 다시 생각해 본다면, 우리에게 필요한 것은 원인을 생각해 보는 좋은 모형임을 알 수 있다. 핵심은 올바른 물음을 묻는 것이며, 앞서 이야기한 것에 비추어 볼 때 그것이 어떤 것일지는 비교적 분명하다.

10.4 올바른 인과적 설명을 위한 기본적 물음

인과적 설명을 다룰 때 우리 스스로 물어야 할 기본적 물음은 다음과 같은 것이다.

올바른 인과적 설명을 위한
사고 지도

1. 다른 **가능한 설명**은 어떤 것인가?
2. 그런 설명을 뒷받침하거나 그런 설명을 배제해 줄 **증거가 있다면** 그것은 어떤 것인가?
3. 원인이 무엇인지를 결정해 줄 **증거** 가운데 우리가 이미 확보하고 있는 것은 어떤 것이며 어떤 것을 추가로 확보할 수 있는가?
4. 증거에 비추어 볼 때 어떤 설명이 **가장 가능성이 높은가**?(어떤 설명이 우리가 기존에 알고 있는 것과 가장 잘 맞는가?)

첫 번째 물음, "다른 가능한 설명은 어떤 것인가?"는 다른 가능성을 생각해 보는 것이니만큼 창의적이어야 한다. 얼마나 창의적인지는 사안마다 다르다. 가령 두통의 원인을 찾는 경우처럼 물음이 별로 중요하지 않은 것이라면, 몇 가지 가능성만을 생각해 보아도 된다. 하지만 물음이 가령 어떤 질병이 크게 유행하게 된 원인이 무엇인가와 같은 것이라면, 우리는 훨씬 창의적으로 다른 가능성도 생각해 보아야 한다. 좋은 비판적 사고는 '창의적' 사고이어야 한다고 할 때 그 말이 의미하는 것 가운데 하나는 바로 이런 것이었음을 명심하라.

어떤 가능성을 고려해야 하는지를 정할 때, 우리는 그 주제에 관해 알려진 것은 무엇이든 모두 고려해야 하는 경우도 있다. 가령 호수 바닥에서 발견된 여성 시신의 사망 원인을 조사하는 부검의라면 자신의 경험과 전문 지식을 총동원하여 그 여자가 가령 자살했을 가능성까지도 생각해 보아야 하는지를 정해야 한다. "다른 가능한 설명은 어떤 것인가?"라는 물음에 대한 대답은 여러 가지 다양한 숨은 가정에 의존할 수 있고, 그래서 사안의 중요성에 따라 그런 가정들도 고려해 보아야 하는 경우도 있다.

두 번째 물음, "그런 설명을 뒷받침하거나 그런 설명을 배제해 줄 증거가 있다면 그것은 어떤 것인가?"를 다룰 때에도 우리는 창의적일 필요가 있으며 또한 그 방면의 전문 지식을 필요로 할 수도 있다. 또한 여러 가지 가능성을 뒷받침하거나 배제해 줄 증거를 다룰 때 여러분이 얼마나 주의 깊게 생각해야 하는지도 그 사안이 얼마나 중요하고 심각한 것이냐에 달려 있다. 이 경우 숨은 가정에도 주의를 기울여야 한다. 간단히 말해 사안이 중요할 경우 우리는 다른 가능한 설명뿐만 아니라 또한 그런 가능한 대안을 뒷받침하거나 그것을 배제해 줄 증거도 찾아낼 수 있어야 한다. 두 번째 물음 때문에, 여러분은 생각해 보지도 않았을 정보를 찾아나서야 하는 경우도 있을 수 있으며, 그렇게 한다면 아주 적은 증거에 근거해 인과적 판단을 하게 되는 일(이것은 우리가 원인을 고려할 때 주의해야 할 전형적인 잘못 가운데 하나이다)을 피할 수 있다.

문제 10.2

문제 10.1에 나오는 '자기장 가설'을 뒷받침하거나 반박해 줄 증거란 어떤 것일까?

세 번째 물음 "원인이 무엇인지를 결정해 줄 증거 가운데 우리가 이미 확보하고 있는 것은 어떤 것이며 어떤 것을 추가로 확보할 수 있는가?"는 두 번째 물음과 아주 다르다. 두 번째 물음에 답하려면 이른바 그 논증의 밖을 살펴보아, 그 주장을 뒷받침해 줄 증거가 있다면 그것이 어떤 것일지를 찾아야 한다(Fisher 2004, 주장 가능성 물음에 관한 논의 참조). 하지만 일단 여러분이 찾고자 하는 것이 무엇인지 정해지면, 그것을 실제로 찾아야 한다. 물론 그런 증거를 찾기가 어려울 수도 있다. 형사는 존스가 스미스에게 총을 쏘았다는 것을 입증해 줄 증거가 어떤 것일지(가령 살인 무기에 나 있는 존스의 지문과 사용된 총알에 관한 범죄 감식 증거)는 알지만, 그 증거를 찾아내기는 아주 어려울 수도 있다. 마찬가지로 과학에서도 우리가 필요로 하는 증거를 찾아내기가 아주 어려운 경우가 자주 있다. 어떤 증거가 있다면 그것이 아인슈타인의 상대성 이론을 뒷받침해 줄 것이라고 말하는 것과 마이컬슨 몰리 실험이 실제로 그런 증거라고 말하는 것은 아주 다른 것이다.

네 번째 물음, "증거에 비추어 볼 때 어떤 설명이 가장 가능성이 높은가?"에 답하려면 우리가 가진 증거를 토대로 다른 가능성들을 잘 판단해야 한다. 이를 통해 때로 "이것이 가장 가능성이 높기는 하지만 그렇게 강한 증거가 있는 것은 아니다"와 같이 잠정적인 결론을 내려야 할 때도 있다. 물론 부검의가 "그 여자는 호수에 빠지기 전에 심장마비로 죽었음이 분명하다"는 식으로 확실한 결론을 내리는 경우도 있다. 부검의는 모든 관련 전문 지식을 동원할 것이다. 때로 원인이 무엇인지를 판단할 때 우리의 자신감은 그 주제에 관해 우리가 얼마나 많이 알고 있고, 확보한 증거가 우리가 알고 있는 것과 얼마나 잘 맞는가에 달려 있는 경우도 있다. 인과적 연관성에 관해 자신 있게 판단하려면 관련 사실을 많이 알아야 한다. 이 때문에 마지막에 다음과 같은 물음, 즉 "우리가 알고 있는 것에 비추어 볼 때 어떤 설명이 가장 잘 맞는가?"를 추가했던 것이며, 그런 맥락에서 증거를 생각해 보아야 한다.

지금까지의 내용을 요약해 보자. 올바른 설명 논증이 되려면 다음과 같은 요건을 갖추어야 한다.

(i) 합당한 다른 대안을 생각해 보아야 하고,
(ii) 다른 가능한 설명은 배제하면서 우리가 선호하는 설명은 뒷받침해 줄 증거를 찾아야 하며,
(iii) 우리가 알고 있는 것과 그것이 잘 맞아야 한다.

이것이 바로 인과적 설명을 정당화하는 추론을 판단할 때 우리가 적용해야 할 검사 기준이다. 이 장에서는 우리가 비교적 간단하고 쉽게 해결할 수 있는 예를 다룰 것이다. 하지만 이보다 복잡하거나 까다로운 예를 다룰 때에도 똑같은 원리가 그대로 적용된다.

문제 10.3

앞에 나온 원리에 비추어, 나폴레옹의 사망 원인(10.2절)에 관한 예를 다시 살펴보고, 그 논증이 설득력이 있는지(또는 그 논증의 장단점이 무엇인지)를 간단히 평가해 보라. 인터넷이 도움이 된다고 생각한다면 인터넷 검색을 해 보아도 된다.

우리가 방금 다룬 것을 더욱 분명히 하기 위해 예를 하나 더 보기로 하자.

공룡 전문가들은 대개 공룡이 6천5백만 년 전에 갑자기 멸종되었다고 믿어 왔다. 공룡 멸종에 대한 가장 그럴 듯한 설명은 그때쯤에 거대한 운석이 지구에 떨어졌고, 운석의 충돌에 따른 폭발로 대기 상층부에 거대한 먼지 구름이 만들어졌으며 이것이 수년 동안 지구를 뒤덮었다는 것이다. 그 결과 햇볕이 차단되고, 그래서 식물이 광합성을 못하게 되어 공룡의 먹이가 모두 사라지게 되었다는 것이다. 공룡은 변온 동물이어서 체온을 유지하려면 햇볕이 필요한데 햇볕이 차단되어 공룡이 얼어 죽거나 아니면 굶어 죽게 되었다는 것이다. 이를 뒷받침해 주는 최선의 증거는 6천5백만 년 전에 형성된 것으로 생각되는 바다의 지층에서 엄청난 양의 이리듐이 발견된다는 사실인데, 이 이리듐은 지구 표면보다는 운석에서 훨씬 고농도로 발견된다.

이 논증을 제대로 평가하려면, 먼저 공룡 멸종에 대한 다른 가능한 설명으로는 어떤 것이 있을지, 그리고 그런 설명을 뒷받침하거나 그런 설명과 배치되는 증거란 어떤 것일지를 생각해 보아야 한다. 그런 다음 그런 증거에 비추어 우리가 할 수 있는 최선의 판단을 해야 한다.

문제 10.4

10.4.1 여러분은 어떤 다른 설명을 생각해 낼 수 있는가?

10.4.2 앞의 대안적 설명을 뒷받침하거나 그것을 배제해 줄 **증거가 있다면** 그것은 어떤 것일까?

10.4.3 글의 내용이 참이라고 가정할 때, 거기 나온 증거는 그 설명을 얼마나 잘 뒷받침하는가?

10.4.4 글의 내용이 참이라고 가정하고, 여러분이 알고 있는 것을 총동원하여 공룡의 멸종을 설명해 줄 최선의 논증을 구성해 보라.

10.4.5 햇볕을 그다지 많이 필요로 하지 않는 식물 가운데 어떤 종은 공룡과 같은 시기에 멸종되지 **않았다**는 것을 보여 주는 화석이 발견되었다고 해 보자. 이는 우리에게

무엇을 말해 주는가?

10.4.6 서로 다른 공룡 종은 수천 년의 시간 간격을 두고 서로 다른 시기에 멸종되었다는 사실이 새로이 밝혀졌다고 해 보자. 이는 우리에게 무엇을 말해 주는가?

10.4.7 지구상에는 다른 시기에도 또 다른 종의 대량 멸종이 있었다는 사실이 밝혀졌다고 해 보자. 이는 무엇을 시사해 주는가?

이들 물음(10.4.1-10.4.7)은 인과적 설명을 위해 제시된 논증을 평가할 때는 창의적일 필요가 있다는 점을 잘 보여 준다. 앞서 말했듯이, 비판적 사고를 잘하려면 때로 창의력과 상상력이 필요하다. 이 예나 아래 나오는 예의 경우 인터넷을 찾아보는 것이 도움이 될 수도 있다.

문제 10.5

올바른 인과적 설명을 위한 사고 지도를 참조하여, 다음 글을 간단히 평가해 보라.

스코틀랜드의 애버딘 위쪽 북해에 있는 위치그라운드(Witch Ground, 마녀의 땅)를 조사했던 수중 탐사대는 한 척의 트롤 어선을 발견했다. 그 배는 아마도 위치 구멍이라고 알려진, 바다 바닥에 있는 구멍에서 메탄가스가 갑자기 뿜어져 나오는 바람에 침몰했을 것으로 생각된다. 엄청난 양의 메탄이나 천연가스가 바다에서 뿜어져 나올 경우 그 주변의 물의 밀도가 낮아져 배와 같은 물체마저도 가라앉을 수 있다. 위치그라운드 탐사대를 이끌었던 선더랜드대학 해양 지질학자 알란 쥬드는 "그런 지점에 배가 들어갈 경우 마치 엘리베이터가 추락하듯이 배가 갑자기 가라앉게 된다"고 말했다. 그 트롤 어선은 위치 구멍 바로 위에 선체가 바다 바닥과 수평을 이룬 채 '똑바로' 가라앉아 있었다. 이는 메탄가스가 분출되어 나올 경우 배가 가라앉는 방식과 일치한다. 배에 구멍이 나서 가라앉게 되었다면, 구멍 난 부분이 가장 아래쪽이 되도록 가라앉게 된다. 그런 지점에서는 구명복을 입고 사람이 배에서 뛰어내리더라도 마치 돌처럼 그대로 가라앉게 된다. 위치그라운드와 특히 위치 구멍은 이미 오래전부터 뱃사람들 사이에서 위험한 지역으로 알려져 왔다. 메탄가스의 갑작스런 분출 때문에 세계 도처에 있는 약 40여 개의 석유 굴착용 플랫

폼이 망가진 것으로 추측된다. 위치그라운드는 북해에 있는 포티스 유전과 불과 22마일 거리에 있다(과학 통신원 마크 핸더슨이 〈더 타임스〉, 2000년 11월 30일자에 쓴 글을 수정).

문제 10.6

올바른 인과적 설명을 위한 사고 지도를 참조하여, 다음 논증을 간단히 평가해 보라.

콜레스테롤 섭취량을 늘리면 혈중 콜레스테롤 농도가 높아지는지를 알아보기 위해 개인들을 상대로 연구를 수행했다. 가령, 자원자들에게 매일 4파인트의 우유를 일정 기간 마시게 했다. 하지만 혈중 콜레스테롤 농도의 변화는 없었다. 게다가 콜레스테롤의 섭취가 심장에 손상을 줄 수도 있다는 가설에 더욱 타격을 가한 것은 영국 의료연구 위원회의 지원을 받아 최근 독립적으로 수행한 두 개의 연구 결과였다. 한 연구에서는 우유를 전혀 마시지 않는 사람이 우유를 하루에 1파인트 이상 마시는 사람보다 심장마비 위험이 열 배나 높다는 점이 밝혀졌다. 다른 연구에서는 마가린을 먹는 사람이 버터를 먹는 사람보다 심장마비 위험이 두 배나 높다는 점이 발견되었다. 사실 무엇을 먹는가에 따라 혈중 콜레스테롤 농도가 달라지는 것은 아니라고 볼 수 있는 좋은 이유들이 있다. 첫째, 간은 보통 소화 때에 비해 세 배에서 네 배까지 콜레스테롤을 분해할 수 있다. 둘째, 우리 몸 자체가 혈중 콜레스테롤 양을 조절한다. 비록 불행하게도 어떤 사람은 애초에 너무 높게 설정되어 있어서 젊어서 심장마비로 죽기도 하지만, 무엇을 먹든지 간에 혈중 농도는 대개 일정하게 유지된다. 혈중 콜레스테롤 농도가 높아지는 진짜 이유가 무엇인지는 아직 모른다. 우리가 알고 있는 것은 다만 약을 통해 혈중 콜레스테롤 농도를 낮출 수는 있지만, 그렇게 한다고 해서 수명을 늘릴 수 있는 것은 아니라는 점이다. 그 경우 사람들은 대신 암으로 죽는다. 콜레스테롤 섭취가 혈중 콜레스테롤 농도에 영향을 준다고 볼 만한 뚜렷한 이유는 없다. 하지만 불충분한 증거에 기초해 성급하게 결론을 내림으로써 많은 공포를 불러왔다. (Sutherland, 1992, 184쪽)

이 주제에 관한 좀 더 최근의 증거로는 www.ravnskov.nu/myth3.htm을 참
조. 여기서 우프 레븐스코프 교수는 여러 '콜레스테롤 신화'를 논의하고 무엇을
먹는가와 혈중 콜레스테롤 농도는 별 관련이 없다고 주장한다.

10.5 인과적 설명의 언어

이 대목에서 3.7절에서 다룬 내용을 돌이켜 보는 것이 좋을 것 같다. 거기서 우
리는 '왜냐하면'이나 '그 이유는 바로'와 같은 표현이 여러 가지 의미로 쓰이기
때문에 논증과 인과적 설명을 혼동하기 쉽다고 말했다. 그런 표현을 써 결론을
뒷받침하는 이유가 제시되고 있음을 나타낼 때도 있고, 인과적 설명을 하고 있
다는 점을 나타낼 때도 있다. 그래서 우리는 어느 경우인지를 파악해 볼 수 있는
검사 절차를 제시했다. 연습을 하게 되면, 어느 것이 설명인지를 알 수 있을 테
고, 그에 걸맞은 올바른 물음을 물을 수 있을 것이다.

일반적으로 말해, 인과적 설명에 관한 추론을 할 때 우리가 사용하는 언어는
다른 추론을 할 때 우리가 사용하는 언어(2.3절과 2.5절 참조)와 아주 비슷하다.
우리는 주장을 확신하고 있다는 사실을 나타내거나 추론을 비판하기 위해 거기
서 말한 표현을 똑같이 사용하기도 한다. 하지만 설명을 하는 맥락이라면, '가
설', '설명', '원인', '증거'와 같은 것을 강조하게 마련이다. 그래서 우리가 사용
하는 언어에는 '그 이론에 따르면', '이런 사실/자료는 다음을 함축/시사한다',
'이는 다음과 잘 어울린다/어울리지 않는다' 등과 같은 표현이 포함되곤 한다.
'원인'과 같은 단어를 쓰지 않고 인과적 관계가 있음을 함축하기도 한다. '익사
했다'나 '비소 중독으로 죽었다', '멸종했다', '부딪혔다', '가라앉았다', '혈중
콜레스테롤 농도에 영향을 미친다' 등은 이 장에서 우리가 이미 보았던 그런 예
가운데 일부이다. 인과적 설명을 할 경우 '유비 논증'에 의해 추론을 하는 경우
도 아주 많으며, 그 분야 전문가의 견해를 들어 그렇게 하는 때도 많이 있다. 물
론 그런 표현이 나오지 않는 경우도 있다. 하지만 그런 표현이 때로 함축되어 있
기도 하며, 우리가 '따라서 검사'를 했던 것처럼 여기서도 그런 표현을 넣어 다

시 써 보는 것이 도움이 된다.

다음 글에 나오는 언어들을 주목해 보자.

> 반 고흐가 그린 풍경이나 실내 그림에서 특징적으로 볼 수 있는 황록색은
> 그가 디기탈리스라는 마약을 복용해서 생긴 부작용 때문일지 모른다. 이
> 점을 입증해 줄 의학적 기록은 전혀 없지만, 반 고흐가 살던 시기에 디기탈
> 리스를 흔히 처방했다는 사실은 널리 알려져 있다. 특히 반 고흐가 그린 초
> 상화 가운데 자신을 치료했던 의사를 그린 그림을 보면 그 의사는 폭스글
> 로버 줄기를 쥐고 있는데, 디기탈리스는 바로 이 나무에서 나오는 것이다.

이를 읽어 보면 글쓴이가 여기서 왜 반 고흐가 특정한 색을 사용했는지를 인
과적으로 설명('부작용 때문')하고자 한다는 점을 알 수 있다. 그 설명은 잠정적
인 것으로 제시되고 있다('일지 모른다'). 우리는 이 주장을 가설이나 결론이라
부를 수 있다. 어느 경우든 그것은 아주 잠정적인 것으로 제시되고 있고, 이를 뒷
받침하기 위해 제시된 이유들도 아주 약한 형태('이 점을 입증해 줄 의학적 기록
은 전혀 없지만')로 표현되고 있다. 따라서 전반적으로 볼 때 이 글에는 일정한
주장을 뒷받침하기 위해 아주 잠정적인 논증이 제시되고 있다고 할 수 있다.

하지만 이 글은 아주 흥미로운 생각을 담고 있다. 아마 화가가 그림을 그리는
방식이 그가 먹던 어떤 약의 영향일 수도 있으며, 반 고흐의 경우가 바로 이런
경우였을지 모른다. 물론 현재대로라면 이 논증은 아주 약하다. 하지만 이 가설
을 심각하게 고려해 보기로 한다면, 사고 지도에 비추어 볼 때 우리가 어떤 물음
을 물어야 하는지는 명백하다. 우리는 반 고흐가 그런 색을 사용하게 된 것을 다
른 식으로 설명할 수 있는지(그는 특이한 성분을 사용해 그런 색을 만들었다거
나 아니면 그는 색맹이었다는 것 등)를 생각해 보아야 하며, 그런 생각을 뒷받침
하거나 그런 생각과 배치되는 증거가 있는지를 생각해 보고 그런 것을 찾아보려
고 해야 할 것이다. 가령 디기탈리스를 처방하는 병을 과연 반 고흐가 앓았는지,
그가 디기탈리스를 복용했다는 다른 증거가 있는지, 디기탈리스를 복용하면 화
가가 색을 선택하는 데 그와 같은 영향을 실제로 주는지, 그렇다면 그렇게 되는

이유가 무엇인지 등을 탐구해 보아야 할 것이다.

이 글의 언어가 아주 분명한 것은 아니지만, 어떤 주장을 하고 있는지는 분명하다("반 고흐가 그린 풍경이나 실내 그림에서 특징적으로 볼 수 있는 황록색은 그가 디기탈리스라는 마약을 복용해서 생긴 부작용 때문일지 모른다"). 우리가 3.7절에서 설명한 기준에 비추어 볼 때, 이것이 설명이라는 점은 명백하다(왜냐하면 반 고흐가 그런 특징적인 색을 사용했다는 것은 이미 알려진 사실이기 때문이다. 우리 모두가 그것을 보았다. 하지만 반 고흐가 디기탈리스를 복용했는지 여부는 모른다). 게다가 약간의 상상력이 필요하기는 하지만, 여기 나온 설명이 좋은 설명인지를 알고자 한다면, 어떤 물음을 물어야 하는지도 비교적 명확하다(여기서도 이 문제에 대해 좀 더 알고 싶다면, 인터넷이 도움이 될 것이다).

문제 10.7

앞에서 한 이야기를 명심하고, 다음 글에서 설명되고 있는 것은 무엇이며 논증되고 있는 것은 무엇인지를 말해 보라. 그리고 그 논증이 설득력이 있는지를 말해 보라.

1980년 이래 쌍둥이가 태어나는 일이 늘어났다. 선진국의 경우 그때 이래 42퍼센트가 증가했다. 선진국에서는 현재 1,000명당 29명이 쌍둥이이다. 이런 수치는 앞으로도 계속 증가할 것 같다. 왜냐하면 쌍둥이가 증가하게 된 것은 대부분 배란 때 두 개 이상의 난자를 방출해서 생긴 인공수정의 결과이기 때문이다. 이것은 또한 증가한 쌍둥이 아기의 대부분이 이란성 쌍둥이인 이유이기도 하다. 같은 난자에서 생기는 일란성 쌍둥이는 현재도 1,000명당 4명으로 여전히 일정하다.

따라서 앞으로도 더 많은 여성이 인공수정 시술을 받게 되어 쌍둥이가 태어나는 수가 더 늘기는 하겠지만, 태어나는 쌍둥이 숫자가 무한정 늘어나지는 않을 것이다. 왜냐하면 첫째, 모든 사람이 이런 인공수정을 원하는 것은 아니며, 둘째, 인공수정을 하는 사람이 다 쌍둥이를 낳는 것도 아니기 때문이다.

어느 정도에서 그 수치가 안정될지는 아무도 모른다. 하지만 태어나는 대다수의 아기는 쌍둥이가 아니라는 점은 적어도 확신할 수 있다. ("Twin Sets", 『뉴사이언티스트』, 2000. 11. 18., 121쪽)

간단한 이 예는 설명을 하는 것과 결론의 이유를 제시하는 것의 차이를 잘 보여 준다. 첫 번째 단락에서는 어떤 현상을 설명하고 있으며, 둘째 단락에서는 결론의 이유를 제시하고 있다. 쌍둥이 아기의 출생이 증가하고 있다는 데서 물음이 제기되었고, 이런 흐름이 새로 태어나는 아기가 모두 쌍둥이가 될 때까지 계속될 것인지를 논의하고 있다.

10.6 서로 어울리게 하기

올바른 인과적 설명을 위한 사고 지도(10.4절)에는 "어떤 설명이 우리가 기존에 알고 있는 것과 가장 잘 맞는가?"라는 물음이 들어 있다. 일반적으로 과학자들은 세상에 일어나는 일들을 가장 잘 설명해 주고 우리의 경험을 가장 잘 해명해 주는 믿음의 '그물망'을 구성하고자 하므로 모든 것이 다른 것들과 잘 맞기를 바란다. 이에 따라 여러분이 과학을 많이 알면 알수록 주어진 설명이 그럴듯한지도 더 잘 판단할 수 있게 된다. 하지만 여러분의 지식 수준이 어떻든 상관없이 이런 기술도 연습을 통해 연마할 수 있다. 이 점을 보여 주기 위해 예를 하나 살펴보기로 하자. 이것은 1996년 3월 30일자 『뉴사이언티스트』에 실린 로우 버거론의 "북이 남으로 빨리 바뀔 때"라는 글(24-28쪽)에서 따온 것이다.

나침반이 언제나 북극을 가리키지는 않을 것이다. 대략 한 50만 년 정도마다 지구의 자기장이 뒤바뀌어 자극(磁極)의 위치가 바뀐다. 마지막으로 이런 일이 일어난 것이 78만 년 전이었으므로 또 한 번의 변화가 이미 일어났어야 했다. 사람들의 예상보다 훨씬 빨리 그런 일이 일어날 수도 있다.

지구 물리학의 과정은 대개 느리다. 최근까지 대부분의 지구 물리학자들은 자기장의 변화가 완전히 일어나는 데는 대략 5천 년 정도가 걸릴 것이라고 믿었다. 하지만 지난해 일군의 과학자들은 우리가 나침반 바늘이 움직이는 것을 볼 수 있을 정도로 변화가 아주 빨리 발생할 수도 있다는 증거를 어떤 암석의 자력에서 발견했다고 발표했다. 사실 그런 변화가 아주 빨리 발생해서 장거리 노선을 다니는 비행기들이 경로를 완전히 이탈하거나 생래적 (生來的)인 나침반을 갖추고 있는 철새가 길을 잃게 될 정도라는 것이다….

문제 10.8

계속 읽기 전에, 여기에 나온 주장(이것은 엄밀한 의미의 인과적 주장은 아니다. 하지만 이 것은 과학적 현상에 관한 좀 더 일반적인 주장이다)을 뒷받침하거나 논박해 줄 증거가 어 떤 것일지를 생각해 보라.

위의 주장을 뒷받침해 주는 가장 극적인 증거는 미국의 동부 오리건 지역의 스틴스산맥에 있는 두께가 1킬로미터에 달하는(그리고 1620만 년 전에 형성된) 용암층에서 나왔다. 버거론은 다음과 같이 설명하고 있다.

지구 표면으로 분출한 용암에는 [철] 입자가 들어 있는데, 용암이 약 $580°C$ 이하로 식을 때 이 입자들은 [지구의 자기] 장에 의해 자성을 띠게 된다. 이 에 따라 그 당시의 지자기(地磁氣)장의 방향이 암석에 새겨지게 되는데, 이 를 통해 과학자들은 암석이 식을 당시의 지자기극의 위치를 파악해 낼 수 있다. 용암이 거의 다 식는 데는 몇 주나 몇 달 정도밖에 걸리지 않는다. 이 정도의 시간은 지자기장이 완전히 뒤바뀌는 데 걸리는 시간에 비한다면 아 주 짧은 시간이다. 그래서 과학자들은 지자기장이 반대로 바뀌는 동안 형 성된 용암층에 근거하여 지자기장이 반대로 바뀌는 과정은 아주 느리게 진 행된다고 결론지었다. 하지만 스틴스산맥에는 지자기장의 위치 변화가 빠 르게 진행되었음을 드러내 주는 것으로 보이는 두 용암층이 있다……

용암이 흘러나오게 되면, 먼저 윗부분과 바닥 부분이 식고 중간 부분은 나중에 식는다. 용암이 굳는 동안 [지구의 자기] 장이 안정적이라고 한다면, 자성을 띤 입자들의 방향은 전체가 같을 것이다. 하지만 스틴스산맥에 있는 문제의 그 용암층은 아주 다른 모습을 띠고 있다. 그 용암층의 맨 윗부분과 맨 아랫부분은 그 아래 있는 용암층과 정확히 같은 방향을 가리키고 있다. 그 용암층의 가운데 부분으로 갈수록 극성이 조금씩 바뀌어 한가운데로 가게 되면 그 윗부분의 용암층과 똑같은 방향을 가리키고 있다. 이것은 바로 지자기장이 움직이는 동안 용암이 흘러나왔을 때 생길 수 있는 일이다.

아래 그림이 이를 나타내 준다. 그림의 맨 아랫부분에서 시작해서 그다음에는 맨 윗부분을 보고 그런 다음 중간의 용암층을 보면 이 점을 쉽게 알 수 있을 것이다. 그림의 맨 아랫부분은 가장 오래된 용암층이면서 식는 동안 안정적인 지자기장을 유지했음을 보여 준다. 맨 윗부분은 가장 최근의 용암층이면서 이때도 식는 동안 안정적인 지자기장을 유지했음을 보여 준다(하지만 방향은 아주 다르다). 가운데 부분의 용암층의 경우 맨 위와 맨 아래는 가장 오래된 용암층과 같은 방향을 나타내지만 중간 부분은 가장 최근의 용암층과 같은 방향을 나타낸다.

화살표는 세 개의 연속된 용암층에 나타난 자기장의 방향을 가리킨다.

가장 최근의 용암층은 일정한 한 방향을 나타내고 있다.

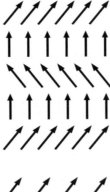

중간 단계의 용암층은 자극이 움직이고 있다는 것을 나타내고 있다.

가장 오래된 용암층은 일정한 한 방향을 나타내고 있다.

스틴스산맥의 용암층에서 나온 증거는 1995년 4월 20일 코, 프리포트, 캠프스를 저자로 하여 "자기장이 역으로 바뀔 때 아주 급격히 바뀌었음을 보여 주는 새로운 증거"라는 제목으로 『네이처』 374권에 실렸다. 위의 그림에서 중간 부분과 같은 용암층에서 그들이 발견한 것은 용암이 굳을 당시 지자기극이 하루에 적어도 6도씩 13일 이상 계속 움직였다는 사실이다.

이 수치를 토대로 추정해 보면 자기장의 북극과 남극은 두세 달만에 완전히 뒤바뀔 수도 있다. 이는 과학자들이 이전에 걸린다고 믿었던 5천 년과는 극적으로 대조된다.

버거론은 이런 결과를 내놓은 과학자들이 아주 명성이 있다는 점은 다른 지리 물리학자들도 인정하고 있다고 말하고 있다. 게다가 이 논문은 유명한 과학 저널인 『네이처』에 실린 것이다. 하지만 지리 물리학자들의 문제는 이런 증거와 이로부터 내린 결론이, 다른 것들 즉 지구의 핵과 지구가 자성을 띠게 된 원인과 관련해 과학자들이 믿어 온 것과는 잘 맞지 않는다는 점이다. 그렇지만 스틴스산맥의 증거에 대한 다른 설명, 가령 태양의 주기적인 자극 태풍이 발생한 것이라는 설명도 마찬가지로 잘 맞지 않는 것 같다. 심지어 더 신기하게도, 이와 비슷한 증거가 뉴멕시코에 있는 1200만 년 된 암석에서도 추가로 발견되었다는 점이다.

이는 흥미로운 예이다. 그 이유는 이것이 "X는 무엇을 말해 주는 것인가?"라는 물음을 묻는 것이 얼마나 유익한지를 보여 줄 뿐만 아니라, 과학자들의 후속 논의가 우리의 믿음과 '맞는' 것이 무엇인지에 관한 것이라는 점을 보여 주고 있기 때문이다.

문제 1 0 . 9

"이 책을 체계적으로 공부하면 여러분의 비판적 사고 능력이 나아질 것이다"라는 주장을 생각해 보자. 이 주장이 참이나 거짓임을 보여 줄 증거는 어떤 것들일까?

문제 1 0 . 1 0

이 장에서 배운 것을 이용해, 다음 글을 간단히 평가해 보라.

뇌의 오른쪽 중간에는 작은 부위가 있는데, 거기서 간질 병터가 발달하면 특이한 결과를 낳게 된다. 그 병터에서는 때때로 모든 신경 세포가 한꺼번에 신호를 내보낸다. 그렇게 될 경우 그것은 간질 발작의 원인이 된다. 이 부위의 특정 병터는 사람을 아주 종교적으로 만들 수도 있고, 담배나 술과 같은 데도 중독되지 않도록 할 수 있다. 특히 놀랍게도, 그 병터를 제거하면 그 사람은 이전 사람으로 되돌아가게 된다. 그래서 그 사람은 무신론자가 될 수도 있고, 담배나 술에 다시 빠질 수도 있게 된다. 기독교가 지금의 모습을 띠게 된 것은 어느 정도는 바오로가 다마스커스로 가던 길에 간질 발작을 일으킨 탓이다. (Sutherland, 1992, 10-11쪽)

10. 7 요약

우리가 하는 많은 추론은 인과적 설명에 관한 것이다. 우리가 원인이 무엇인지를 직접 보는 경우도 있지만, 대부분 우리는 원인을 따져 보아야 한다. 원인을 따질 때 우리는 다음 두 가지 잘못 가운데 하나를 범하기 쉽다. 우리는 가능한 원인을 하나만 생각하거나 아니면 관련 증거 가운데 일부에만 신경을 쓴다.

이런 문제를 없애려면, 인과적 설명에 관한 추론을 할 때 올바른 물음을 물을 수 있어야 한다. 그것들은 다음과 같다.

1. 인과적 설명을 할 때 다른 가능한 설명으로는 어떤 것이 있는가?
2. 어떤 증거가 있다면 다른 가능한 설명을 뒷받침하거나 반박할 수 있을까?
3. 원인을 판단하는 데 필요한 것 가운데, 여러분이 이미 가지고 있는 증거는 어떤 것이고, 어떤 증거를 추가로 찾을 수 있는가?
4. 증거에 비추어 볼 때 어떤 가능성이 가장 그럴듯한가?(어떤 설명이 우리가 알거나 믿고 있는 것과 가장 잘 맞는가?)

인과적 설명에 관한 추론의 예는 이런 물음을 묻는 것이 얼마나 도움이 되는지를 잘 보여 준다.

　물론 과학자나 탐정 그리고 다른 많은 사람들도 인과적 설명에 관한 자신들의 추론이 엄밀성을 지니려면 여기 나온 물음을 스스로 물어야 한다.

더 읽어 볼 것

Ennis (1996, 8장과 9장).

Swartz, Costa et al. (2010).

Gardner (2000).

Goldacre (2008).

의사 결정:
가능한 방안, 예상 결과, 효용 및 위험

여러분은 대개 스스로 내린 결정이 크게 잘못된 것으로 드러난 후, "내가 왜 그렇게 멍청했지?"라는 말을 한 경우가 있을 것이다. 아니면 다른 누군가가 그런 말을 한 경우를 보았을 것이다. 인과적 설명의 경우와 마찬가지로 무엇을 할지, 어떤 행위를 하라고 권할지, 다른 사람의 충고를 받아들일지를 정할 때 우리가 하는 사고는 특별히 주의를 기울일 필요가 있다. 왜냐하면 그런 일이 아주 잦고, 때로 중요하기도 하며, 그것은 특수한 방식으로 평가되어야 하기 때문이다. 앞에서 우리는 어떤 행위를 하라고 권하는 일과 관련된 추론의 예를 이미 보았다. 가령 장래 부모들이 아이의 성을 선택할 수 있도록 해서는 안 된다는 논증이나 젊은이들은 결혼을 해서는 안 된다는 논증이 그런 예였다.

우리는 어떻게 의사 결정을 하는지(또는 어떤 행위를 하라고 권할지)를 잘 알고 있다. 하지만 우리는 실제로 의사 결정을 잘하지 못하는 경우도 많다. 이 장의 목적은 어떻게 하면 의사 결정을 잘할 수 있는지를 설명하고 그렇게 하도록 연습을 해 보는 데 있다.

물론 별로 중요하지 않은 문제에 관해 의사 결정을 하거나 권고를 하는 경우도 있다. 가령 집에서 쉬는 날 아침에 오늘 무슨 옷을 입을까를 정한다거나 아니면 오늘 아침에 무엇을 먹을까를 정하는 것이 그런 예이다. 하지만 이 장에서 우리는 좀 더 중요한 문제에 관한 의사 결정과 권고에 주로 관심을 둘 것이다. 거기에는 어느 대학을 갈지, 무슨 과를 갈지, 취직을 할지, 채식주의자가 될지 등과 같은 개인적인 것뿐만 아니라 대마초를 합법화해야 하는지, 권투를 금지해야 하는지, 사냥개로 여우 사냥을 하는 것을 금지해야 하는지, 자식들이 범죄를 저질렀을 때 부모를 처벌해야 하는지 등과 같은 '정책적'인 것까지도 포함된다. 간단히 말해 우리는 신중한 고려가 필요하지만 때로 성급하게 결정을 하기도 하는 중요 사안의 결정에 주로 관심을 둘 것이다. 물론 의사 결정을 아주 빨리 해야 하는 경우도 있다. 가령 응급 상황에서 해야 하는 것들이 그런 것이다. 그런 상황에서는 바로 행동을 해야 한다. 하지만 생각할 시간이 있는 경우도 많다. 그럴 경우 결정이 중대한 것이라면, 핵심은 어떻게 하면 훌륭한 결정을 내리느냐 하는 것이다. 우리는 대부분 어떻게 하면 의사 결정을 잘할 수 있는지를 배운 적이 없다. 하지만 우리가 보게 되듯이, 이것도 배워서 익힐 수 있는 기술이다. 우리 자신이 의사 결정을 하고자 하든 아니면 다른 사람의 의사 결정이나 권고를 평가하고자 하든 상관없이, 그런 맥락에서 중요한 추론이 어떤 것인지를 분명히 할 필요가 있으며, 이 장에서 다루고자 하는 것이 바로 그런 것들이다.

문제 11.1

(중요한 문제에 관해) 여러분이 내렸던 잘못된 결정을 생각해 보고, 그런 잘못된 결정에 이르게 된 과정에서 여러분이 했던 것이나 여러분이 **간과했던** 것들을 적어 보라(예를 들어 그런 결정을 하면서 여러분은 그 결정이 얼마나 중요한지를 제대로 생각해 보지 않았을 수도 있다).

11.1 의사 결정을 할 때 볼 수 있는 흔한 잘못들

우리는 대부분 잘못된 결정을 한 경험이 있다. 그리고 그런 결정을 내리게 된 과정에서 무엇이 잘못이었는지를 지적해 낼 수 있다. 관련 정보를 제대로 생각해 보지 않았거나 찾아보지 않은 경우도 있으며, 이성적으로 생각하지 않고 감정적으로 결정한 적도 있을 것이다. 나는 의사 결정에 관한 수업을 하면서 이런 물음을 묻곤 했는데 학생들은 대개 다음과 같은 잘못을 들곤 했다.

> 문제를 충분히 생각하지 않았다.
> 그냥 먼저 생각나는 것을 했다.
> 다른 대안을 생각해 보지 않았다.
> 다른 방안을 채택했을 때 어떤 결과가 나올지를 생각해 보지 않았다.
> 정보가 더 필요했다.
> 나한테 중요한 것이 무엇인지를 제대로 고려하지 못했다.
> 너무 급하게 결정했다.
> 너무 감정적으로 결정했다.
> '윗사람'이 하라는 대로 했다.
> 생각해 보지도 않고 다른 사람이 하라는 대로 했다.

아마도 앞에 나온 문제 11.1에 대한 여러분의 대답도 여기에 나온 것 가운데 어느 하나일 수 있다. 아니면 또 다른 문제를 거론했을 수도 있다. 어느 쪽이든 대부분의 사람들은 의사 결정에서 무엇이 문제였는지를 파악하는 데는 큰 어려움이 없다. 중요한 것은 "그런 잘못을 범하지 않으려면 어떻게 해야 하는가?"이다. 이에 대한 대답은 놀라울 정도로 간단하다. 여러분이 의사 결정 과정에서 무엇이 문제인지를 파악하고 있다면, 여러분은 문제의 반은 해결한 것이다. 우리가 1장에서 든 농구와의 유비를 다시 한번 생각해 본다면, 여러분에게 필요한 것은 따라할 수 있는 좋은 의사 결정 모형이다. 이제 그런 모형을 제시해 보기로 하자.

11.2 좋은 의사 결정 모형

여기서 제시할 모형은 앞서 확인한 잘못들의 목록을 참조해 만든 것이다. 이 모형과 관련해 논란이 될 만한 것은 전혀 없다. 이 모형의 토대가 된 생각은 보통 '의사 결정 이론'이라고 부르는 데서 나온 것으로 적어도 50년은 된 것이다. 이것은 사람들이 의사 결정을 하고 다른 사람의 권고에 적절히 대응하는 데 큰 도움이 될 것이다.

11.2.1 왜 결정이 필요한지를 분명히 하라.

여러분이 채식주의자가 되어 볼까 생각하고 있다고 해 보자. 여러분은 아주 다른 두 가지 이유에서 이 문제를 생각해 보는 것일 수 있다. 한편으로는 이 문제가 본질적으로 도덕적인 문제라고 볼 수도 있다. 즉 동물을 특정 방식으로 다루고 육식을 하는 것이 옳은지 그른지의 문제라고 볼 수도 있다. 아니면 이 문제가 건강과 관련된 문제라고 볼 수도 있다. 즉 육식의 이점이나 육식이 가져올 건강상의 폐해와 관련된 문제라고 생각할 수도 있다. 물론 여러분은 이 두 가지가 다 중요하다고 생각할 수도 있다. 하지만 사람들은 대개 이 가운데 어느 한 이유 때문에 이런 선택을 한다. 중요한 것은 여러분이 현명한 결정을 하려면, 이 결정을 하는 동기나 그런 동기의 근저에 놓인 가정, 맥락 등을 가능한 한 분명히 해야 한다는 점이다. 좋은 의사 결정 모형 가운데는 때로 이 점을 명시적으로 거론하지 않는 것도 있지만 적어도 암묵적으로는 이미 들어 있다. 의사 결정이 필요한 이유를 분명히 하면 자신의 생각을 집중하는 데도 도움이 된다.

　의사 결정이 필요한 이유를 분명히 한다는 것은 때로 문제가 무엇인지를 명확히 한다는 의미이다. 이를 위해서는 **목적**, 즉 여러분이 달성하고자 하는 것이 무엇인지를 잘 생각해 보아야 한다. 예를 들어 여러분이 어느 대학을 갈지 정하고자 하는데 그 대학에 관해 아는 게 전혀 없다면 그것은 문제일 것이다. 아니면 다른 누군가가 A 대학을 지원하라고 권고하는데, 그 이유는 그 대학이 여러분이 관심 있어 하는 분야에서 가장 유명하다는 것일 수도 있다. 하지만 여러분은 그 대학이 자신에게 꼭 맞지는 않는다고 생각할 수도 있고, 그래서 스스로 대학 교육에서 얻고자 하는 것이 무엇이고 무엇을 추구하는지, 즉 여러분의 **목적**이 무엇인지를 잘 생각해 보아야 하는 수도 있다.

11.2.2 대안을 꼭 생각해 보라.

우리가 의사 결정을 하거나 어떤 권고를 고려할 때 빠지기 쉬운 가장 흔한 잘못 가운데 하나는 우리가 합당한 대안을 제대로 생각하지 않는다는 것이다. 사실 대부분의 사람들은 자신이 하고자 하는 것을 정한 다음 나중에 그런 선택을 합리화하는 경우가 자주 있다(여러분 자신이 내린 의사 결정을 다시 생각해 본다면, 여러분 스스로 얼마나 자주 이렇게 해 왔는지를 알고 놀랄 것이다). 해결책은 분명하다. 의사 결정을 할 때, 여러분은 잠시 멈추어 서서 대안이 무엇인지를 살펴보아야 한다. 이는 말로는 아주 쉬워 보인다. 하지만 낡은 습관을 바꾸기란 쉽지 않으며, 새로운 습관을 체득하려면 훈련이 필요하다. 우리는 먼저 결정을 한 다음 나중에 정당화하는 버릇이 있을 뿐만 아니라 대안을 생각해 내기가 아주 어려운 경우도 있다는 사실을 알고 있다. 이 점이 얼마나 중요한가 하는 것은 사안에 달려 있다.

어떤 결정이 (A와 B 가운데 어느 길을 택해야 하는지와 같은) 비교적 간단한 일이라면, 한두 가지 대안만을 생각해도 될 것이다. 하지만 사안이 복잡하고 중요할 경우, 어떤 대안이 있는지를 알려면 창조적이고 독창적이어야 한다(가령 트루먼이 히로시마와 나가사키에 핵폭탄 사용을 승인해야 할지와 같은 경우). 이 점은 우리가 앞에서 여러 차례 이야기한 것을 다시 상기시킨다. 즉 비판적 사고는 때로 창의적 사고와 독창성이 풍부한 사고를 요구하며 새로운 사고를 요한다. 때로는 합당한 대안들 몇 가지만 생각해도 되는 경우도 있다. 하지만 트루먼과 원자 폭탄의 예처럼 사안이 아주 중요하고 어려운 것이라면, 특수한 가능성까지 생각해 내는 온갖 묘안을 떠올려 보아야 한다. 어쨌건 중요한 의사 결정과 관련된 추론을 할 경우에는 언제나 다른 대안으로는 어떤 것이 있는지를 생각해 보는 것이 아주 중요하다.

이 점을 보여 주는 예로 앞에 나왔던 논증(문제 9.5)을 다시 보기로 하자.

영국의 젊은이들은 결혼을 하지 말아야 한다. 현재 통계를 보면 결혼한 쌍의 40퍼센트가 이혼으로 끝나며, 이혼하지 않고 같이 사는 쌍 가운데도 많은 사람들은 불행한 결혼 생활을 한다고 볼 수 있다. 따라서 결혼을 하는 젊은이들은 이혼으로 끝나거나 불행한 결혼 생활을 할 가능성이 그렇지 않을 가능성보다 더 크다. 이것은 젊은 쌍들에게 엄청난 확률이다.

이는 강력한 논증처럼 보인다. 적어도 (결혼 말고) 어떤 대안이 있는가라는 물음을 묻기 전까지는 그렇다. 아마도 (결혼을 하지 않고) 장기적으로 동거를 하거나 장기적인 관계를 피하고 단기적인 관계를 갖거나 아니면 아예 친밀한 관계를 갖지 않는 것 등이 있을지 모르겠다. 하지만 이런 대안들은 어떤 결과를 낳을까? 우리는 이런 형태의 관계를 갖는 사람들이 어떤 식으로 살아가는지를 보여주는 통계를 찾아볼 수도 있을 것이다. 아니면 결혼을 하지 않고 장기간 동거를 하는 사람들이 결혼을 하고 동거를 하는 사람들만큼이나 갈라서는 경우가 많은지를 알 수 있는 통계를 찾아볼 수도 있을 것이다. 단기간의 관계를 갖는 사람들은 대개 또 다른 방식으로 고통을 받고 있는지도 모른다. 그리고 친밀한 관계를 피하는 사람들은 대부분 외로움에 시달리게 될지도 모른다. 결국 이러한 대안들이 통계적으로 잘 성립하는지 알아야만 위 논증은 큰 의미를 가지게 될 것이다. 아마 삶이란 이렇게 하든 저렇게 하든 언제나 위험이 따르는 것인지도 모른다.

의사 결정을 하거나 권고를 평가할 때 우리가 얼마나 많은 대안을 생각해 보아야 하며, 어떤 대안을 생각해 보아야 하는지를 말하기란 쉽지 않다. 그것은 사안에 달려 있고, 얼마나 중요한지, 시간이 얼마나 있는지, 관련 정보가 현재 있는지(아니면 그런 정보를 쉽게 모을 수 있는지 여부), 중간에 잘못되면 마음을 바꾸어 원점으로 돌아갈 수 있는지 등에 달려 있다. 중요한 점은 의사 결정이나 권고가 정당화되려면 그 상황에 충분한 만큼의 대안들을 생각해 보아야 한다는 사실이다. 대안들이 불과 몇 가지일 수도 있고, '합당한' 대안만을 생각해 보아야 할 수도 있으며, '독창적인' 대안만 생각해 보아야 할 수도 있다. 그것은 사안마다 다르다.

문제 11.2

11.2.1 여러분이 바로 한스로부터 비판적 사고 시험이 불공정했다고 이의 제기를 받은 선생님(2.2절)이라고 가정해 보라. 무엇을 해야 할지와 관련해 결정을 해야 하는 이

유는 무엇인가? 여러분이 할 수 있는 대안에는 어떤 것들이 있는가?

11.2.2 여러분이 수상이나 대통령이라고 가정하고, 테러 위협이 있다는 보고를 받았다고 하자. 왜 의사 결정이 필요하며, 여러분이 할 수 있는 대안에는 어떤 것이 있겠는가?

11.2.3 여러분이 트루먼 대통령이라고 가정하고 원자 폭탄을 투하할지 여부를 결정해야 할 상황에 있다고 해 보자. 여러분이 알고 있는 것을 총동원해, 여러분이 보기에 고려할 만하다고 생각되는 대안들을 가급적 많이 나열해 보라.

11.2.3 다양한 대안의 결과가 무엇일지를 생각해 보라.

우리 스스로가 내린 결정에 대해 다음과 같이 말하는 경우도 흔히 있다. "나는 그렇게 될 줄은 전혀 몰랐다." 그런 실수를 범하지 않는 것이 아주 중요하며, 대안들의 결과 — 그것은 좋은 결과일 수도 있고 나쁜 결과일 수도 있다 — 를 생각해 보는 것이 중요하다. 가령 여러분이 어느 대학을 갈지 고민하고 있다고 해 보자. 여러분이 관심 있는 교과 과정을 살펴보지 않았거나 가고자 하는 학교 교정에 가 보지 않았다면, 여러분이 실제로 듣고 싶은 교과목이 개설되지 않는 대학을 가게 되거나 아니면 여러분이 마음에 들지 않는 대학을 다니게 될 수도 있다. 여러분이 이런 가능한 결과들을 미리 다 살펴본다면, 여러분은 실망이나 좌절 혹은 실패를 덜 겪게 될 것이다.

　대안들의 결과를 따져 보려면 상상력이 필요할 수도 있다. 어떤 가능한 결과는 아주 분명해서 금방 바로 마음속에 떠오르는 것도 있다. 가령 대학을 정하려면 먼저 교과 과정을 살펴보아야 한다는 점은 분명할 것이다. 하지만 다른 가능한 결과를 생각해 보는 데는 어느 정도 상상력이 필요할 수도 있다(가령 대학을 정할 때 그 학교의 체육관 시설도 고려해 보아야 하는가 아니면 그 점은 아무런 문제가 되지 않는가?).

문제11.3

11.3.1 문제 11.2.1에 대한 여러분의 대답을 다시 참조하여, 여러분이 생각하는 두 가지 대안의 가능한 결과를 적어 보라.

11.3.2 문제 11.2.2에 대한 여러분의 대답을 다시 참조하여, 여러분이 생각하는 두 가지 대안의 가능한 결과를 파악해 보라(여러분이 지닌 지식을 총동원하여 파악해 보라).

11.3.3 문제 11.2.3에 대한 여러분의 대답을 다시 참조하고, 히로시마와 나가사키의 폭격에 관해 여러분이 아는 지식을 총동원하여, 트루먼 대통령이 원자 폭탄을 투하할지 여부를 결정할 때 고려했어야 할 두 가지 방안의 '가능한 결과'가 무엇일지 생각해 보라(이는 아주 중요한 문제이므로, 여러분은 가능한 결과가 어떨지를 두고 가급적 모든 상상력을 동원해야 하며, 여러분이 이에 관해 아는 것이 별로 없다면 인터넷을 이용하거나 그와 관련된 문헌을 살펴보는 것도 좋다).

가능한 대안들의 결과를 따져 보려면 대개 탐구를 해야 한다. 이 점은 우리가 이미 논의한, 어느 대학을 갈지와 관련된 예에서도 분명하다. 그렇게 하려면 분명히 시간이 걸리고, 돈이 들 수도 있다(가령 학교를 직접 찾아가 교정을 살펴보거나 교과 과정을 알아보아야 한다). 얼마나 탐구를 해 보아야 하는지는 사안마다 다르다. 그것은 그 결정이 얼마나 중요한지, 그런 결과가 얼마나 분명해야 하는지, 여러분이 알고자 하는 것을 파악하려 할 경우 그것이 얼마나 어려운지 등에 달려 있다. 이런 탐구를 '충분히' 했다면, 그 의사 결정은 잘한 것이라고 할 수 있다. 하지만 정확히 어느 정도여야 '충분히' 했다고 할 수 있는지를 말해 줄 일반적인 규칙이란 없다.

11.2.4 결과가 나타날 **가능성이 얼마나 큰지/적은지** 그리고 그 결과가 **얼마나 좋은/나쁜 것인지**를 생각하라.

"너는 X를 해야 한다(아니면 X를 해서는 안 된다). 그렇지 않을 경우 Y가 일어날 수도 있기 때문이다"는 말을 사람들은 자주 한다. 가령 "너는 결핵 예방 주사를 맞아야 한다. 그렇지 않을 경우 너는 결핵에 걸릴 수도 있기 때문이다"라고 말한다. 여기서 사람들은 행위의 가능한 결과에 관해 말하고 있다. 하지만 그런 일이 발생할 가능성이 어느 정도인지, 그런 일이 발생할 경우 그것이 얼마나 심각한 것인지에 관해서는 아무런 이야기도 하고 있지 않은데, 이 두 문제도 아주 중요하다.

예를 들어 영국 복권을 생각해 보기로 하자. 한동안 시청자를 지목하는 그림의 광고가 나왔었다. 이 광고는 1차 대전 때의 키치너 경의 광고와 비슷하다. 그 광고의 자막에는 "조국이 당신을 부른다"라고 적혀 있었다. 영국 복권 광고에는 자막에 "이번에는 당신일 수도 있습니다"라고 적혀 있는데, 이는 당신이 바로 복권에 당첨될 수도 있다는 의미이다. 물론 당신이 복권을 산다면, 당첨될 수도 있다는 말은 사실이다. 그리고 당첨되면 수백만 파운드를 받게 될 텐데 이는 대부분의 사람이 바라는 아주 좋은 결과이다. 하지만 그럴 가능성이 얼마나 되는가? 당신이 복권에 당첨될 확률이 얼마나 되는가? 복권을 한 장 살 경우 당첨될 확률은 약 1천만 분의 1이다! 그러므로 당신이 복권에 당첨될 수도 있지만, 그럴 가능성은 아주 낮다(당신이 자동차 사고로 죽을 확률도 이보다는 높다!). 이 예는 어떤 행위의 결과가 나타날 확률이 얼마인지 하는 문제와 그 결과가 얼마나 좋은 것인지 하는 문제가 아주 다르다는 점을 잘 보여 주며, 이 둘을 구분하는 것이 중요하다는 점을 말해 준다(왜냐하면 이 둘은 서로 독립되어 있기 때문이다. 아주 좋은 것이라 하더라도 그런 결과가 나타날 가능성이 아주 높은 것도 있고 아주 낮은 것도 있다). 이것은 새로운 사실이 아니다. 1732년에 런던에서 초연된 헨리 필딩의 연극 '복권'에 나오는 다음과 같은 노래가 이 점을 잘 보여 준다.

> 복권은 세금이다.
> 어리석은 자들에게 매기는
> 하늘을 찬양하라
> 쉽게 구원을 받으리라
> 잘 속는 사람들은 늘 있다.

물론 복권처럼 구체적인 수치를 말할 수는 없고 어떤 일이 일어날 가능성이 어느 정도인지를 추정해야 하는 경우도 있다. 그런 경우 우리는 '그럴 가능성이 꽤 높다', '거의 확실하게 그렇게 될 것이다', '전혀 그렇게 될 것 같지 않다', '그렇지 않을 가능성이 높다' 나 이와 비슷한 표현들을 쓴다. 이런 표현은 모호하기는 하지만 단순히 '그럴 수도 있다' 는 표현보다는 풍부한 내용을 지니고 있다. 또한 나쁜 어떤 일이 발생할 수도 있을 경우 보통 '위험' 이라는 말을 쓴다는 점도 주목할 만하다. 가령 당신이 어떤 수술을 받을 경우, 보통 이런저런 부작용(때로 사망까지도 포함해)이 생길 위험이 있다는 말을 한다.

문제 1 1 . 4

11.4.1 여러분은 **여러분 돈으로** 복권을 사는 것에 대해 어떻게 생각하는가?(일단 여러분이 복권을 살 수 있는 나이라고 가정한다). 이와 관련해 찬성하거나 반대하는 견해를 적어 보라. 이때 다른 대안이나 가능한 결과, 그리고 그런 결과가 나타날 가능성이 얼마나 되고 그런 결과가 얼마나 좋은 것인지를 적어 보라.

11.4.2 11.3.3에 대한 여러분의 대답을 다시 참조하고, 히로시마와 나가사키에 원자 폭탄을 투하하는 것과 관련해 여러분이 알고 있는 것을 이용해, 당신이 생각하는 두세 가지 대안을 따를 때 여러 가지 가능한 결과들이 발생할 가능성은 어느 정도이고 그 결과들이 얼마나 좋은/나쁜 것인지를 추정해 보라.

11.2.5 도덕적 책임이나 윤리적 책임을 적절히 고려하라.

어떤 사람은 11.4.1에 나온 문제(복권을 사는 것과 관련된 문제)는 적절하지 않다고 생각할 것이다. 왜냐하면 여러분은 노름을 도덕적으로 반대하는 사람일 수도 있기 때문이다. 여러분은 그것을 아주 강경하게 받아들이는 사람일 수도 있고 아니면 그다지 열렬하게 믿지는 않지만 어쨌건 그렇다고 생각하는 사람일 수도 있다. 이것이 실제로 심각한 문제라고 한다면, 여러분에게 중요하게 될 '가능한 결과' 는 복권을 사는 것이 여러분의 도덕규범을 위반하는 것이 된다는 것뿐이고, 이것은 아주 바람직하지 않은 것이 될 것이므로, 이 이유만으로도 그것을 반대하게 될 것이다. 반면 노름이 도덕적이지는 않지만 그래도 크게 문제가 되지는 않는다고 보는 사람이라면, 복권을 샀을 때 생길 수 있는 결과와 아울러 부도덕한 행위를 약간 하게 된다는 점도 어느 정도는 따져 볼 것이다. 그것이 어느 정도인지는 그 사람이 복권을 사는 것이 얼마나 심각한 도덕적 문제라고 보는지에 달려 있을 것이다.

일반적으로 말해, 여러분은 의사 결정을 할 때 결과들의 목록에 도덕적/윤리적 책임을 포함시키고 그것들을 위반할 경우 얼마나 나쁜 결과가 생길지를 가늠해 보아야 한다. 가령 여러분이나 여러분의 파트너가 임신중절을 해야 하는지 여부를 정하는 나쁜 상황에 처했다고 해 보자. 이는 도덕적인 문제(태아의 '생명권'이나 산모의 '선택권')와 관련이 되어 있고, 이것들이 결과들의 목록에 포함되게 될 것이다. 그것들에 어떤 비중을 두어야 하는지는 여러분이 도덕적 책임을 얼마나 강하게 느끼느냐에 달려 있다. 마찬가지로 트루먼 대통령도 그가 원자 폭탄 투하를 승인할 경우 수천 명의 무고한 민간인이 죽게 되는 도덕적 결과를 가져오며, 승인하지 않을 경우 그보다 더 많은 미군이 죽거나 부상을 당하게 되는 도덕적 결과를 가져온다는 사실을 따져 보았을 것이다.

문제 11.5

다음을 결정할 때 생각해 보아야 할 도덕적 고려 사항은 어떤 것일지를 말해 보라.

11.5.1 친구가 나에게 비밀을 털어놓았는데, 나는 누구에게도 그 비밀을 누설하지 않겠다고 약속했다고 하자. 그런데 다른 친구들은 그 비밀을 무척 알고 싶어 한다. 이 경우 여러분은 어떻게 할 것인가?

11.5.2 11.5.1에서와 같다. 하지만 친구가 말한 내용이 다른 친구에게 중대한 영향을 주는 것이라고 해 보자. 여러분은 어떻게 하겠는가?

11.5.3 학교 친구 하나가 마약에 깊이 빠져 있다는 사실을 여러분이 알게 되었다고 하자. 여러분은 어떻게 하겠는가?

11.2.6 결과에 비추어 어떤 대안이 최선인지를 비교해 보라.

일단 여러분이 적절한 대안을 다 생각해 보았고 그런 대안들의 결과가 어떤 것일지 — 그런 결과가 나타날 가능성이 어느 정도이며 그 결과가 얼마나 좋은지/나쁜지 — 도 따져 보았다면, 이제 여러분은 합리적으로 따져 본 것 가운데 어떤 것을 해야 할지를 결정할 수 있다.

여기에 예가 하나 있다. 이 예는 이런 기법을 나 자신의 사례에 적용한 것이다. 얼마 전 내 딸이 우리 집 피아노가 낡았고 그래서 음악 시험 준비를 제대로 할 수 없다고 불평했다. 사실 문제가 있어 보였다. 그래서 어떻게 해야 했을까? 세 가지 방안에 대한 내 나름의 추론은 다음과 같았다.

방안 1: 아무것도 안 한다. 나는 내 딸이 피아노 치는 것을 살펴보았다. 그 피아노로 그냥 계속 칠 수 있을 것 같지는 않았다. 딸애가 점점 실망을 해서 점차 피아노 치는 횟수가 줄어들고 결국에는 아예 관심을 잃어버릴 가능성이 훨씬 커 보였다. 나는 그럴 위험을 감수하고 싶지 않았다. 딸애가 음악에 계속 관심을 갖도록 하는 것이 나에게는 아주 중요한 일이었다.

방안 2: 새 피아노를 산다. 나는 딸을 데리고 새 피아노를 여러 개 살펴보았다. 내 딸이 마음에 들어 하는 것도 있었다. 하지만 내가 사기에는 값이 너무 비쌌다. 나는 내 딸이 좋은 피아노를 갖고자 한다는 사실을 확신하게 되었고, 적어도 (2년 후) 대학에 갈 때까지는 계속해서 피아노를 칠 것이라는 사실을 알았으며, 그런 것이 나에게는 아주 중요한 것이었다. 하지만 내게는 딸애가 좋아하는 것을 사 줄 만한 돈이 없었다.

방안 3: 옛 피아노를 '고친다'. 세 회사에서 우리 피아노를 살펴보았고 수리비가 아주 많이 들 것이며, 성공을 보장하지 못한다고 했다. 네 번째 회사는 자신들이 성공을 보장하겠다고 말했다. 그들이 제시한 가격도 적당했고, 내가 들일 수 있는 정도였다. 게다가 그들은 수리 결과에 만족하지 못할 경우 수리비의 배를 덧붙여 그 피아노를 팔아 주겠다(왜냐하면 그 피아노는 특수한 것이었고 귀한 것이었으므로)고 말했다. 이전에 그 회사에서 수리를 받은 사람들에게 확인해 보았더니 평판도 아주 좋았다. 게다가 내 딸도 실제로 고칠 수만 있다면, 그 피아노를 계속 치고 싶어 했다. 그래서 고치기로 결정했다!

이런 결정에 도달하려면 상당한 탐구를 해야 한다는 점은 분명하다. 그렇게 하려면 시간을 들여야 하고 (전화를 하거나 가게에 가거나 견적을 받아 보는 것

등) 돈도 든다. 하지만 방안들을 생각해 보고 그렇게 했을 때 어떤 결과가 나올 지를 가늠해 봄으로써 우리는 훌륭한 결정을 할 수 있다. 내가 내린 결정은 잘 따져서 이루어졌을 뿐만 아니라 그것은 또한 잘된 결정으로 밝혀졌다. 왜냐하면 수리 결과가 아주 좋았고 내 딸도 결과적으로 피아노 실력이 많이 늘었기 때문 이다.

이 절을 마치면서 마지막으로 다음 이야기를 반복하기로 하겠다. 우리가 올바른 물음을 묻는다면, 이런 전략을 취하지 않을 때보다 올바른 결정을 할 가능성이 높다.

11.3 의사 결정/권고를 제대로 하기 위한 사고 지도

앞에 나온 여러 가지 고려 사항을 종합한다면, 우리는 이제 다음과 같은 '사고 지도'를 구성할 수 있다. 이 사고 지도는 의사 결정을 하거나 다른 사람의 권고를 평가할 때 올바른 물음을 물을 수 있도록 도와준다.

 의사 결정/권고를 제대로 하기 위한 사고 지도

1. 왜 의사 결정이 **필요한가**? [목적?]

[2. 어떤 **권고**이며 그 **근거**는 무엇인가?]

3. **가능한 방안이나 대안**은 무엇인가?(현실적인 방안인가 특이한 방안인가?)

4. 대안을 택했을 때 **가능한 결과**는 무엇인가 그리고 그런 결과가 나타날 **가능성은 어느 정도인가**?(그렇게 볼 수 있는 증거는 무엇이며, 그것은 얼마나 믿을 만한 것인가?)

5. 그런 결과는 영향을 받을 사람들에게 얼마나 **중요한** 것인가?

> 6. 결과에 비추어 대안들을 **비교**해 보았을 때 최선의 방안은 무엇인가? 그것이 과연 최선의 방안인가?
>
> [7. 내린 결정을 어떻게 실행해 나갈 수 있는가?] (비상시 대처 방안은?)

여기 나온 사고 지도가 어떻게 작동하는지 예를 들어 보기로 하자. 여러분이 교도소 소장이라고 하자. 교도소에서 마약 문제를 담당하고 있는 책임자가 다음과 같은 보고를 한다고 하자.

재소자들의 마약 복용과 관련된 여러 문제를 해결하기 위해 5년 전에 재소자들을 상대로 무작위 마약 검사가 도입되었다. 마리화나를 피우면 한 달 후까지 몸에 성분이 남아 있을 수 있기 때문에, 재소자들은 48시간밖에 남아 있지 않는 헤로인으로 바꾸게 된다. 그 결과 마약 검사가 도입된 이래, 마리화나 사용은 1/5로 준 반면 헤로인 사용은 두 배로 늘었다. 헤로인은 마리화나보다 훨씬 큰 해악을 끼치는 마약일 뿐만 아니라 중독성도 아주 심하다. 헤로인 중독으로 말미암아, 재소자들이 마약을 사기 위해 다른 재소자들을 협박한다는 증거도 있다.

문제 11.6

계속 읽어 나가기 전에 여러분이 보기에 어떻게 해야 할지를 생각해 보라.

사고 지도에 따를 때 다음과 같은 식으로 생각해 볼 수 있을 것이다.

재소자들의 마약 사용과 연관해 많은 문제가 있다. 이 문제를 해결하기 위해 우리가 도입한 정책은 바람직하지 않은 몇 가지 결과를 낳았다. 우리는 이 문제를 다시 생각해 볼 필요가 있다. 우리가 무작위 마약 검사 제도를 폐지한다면, 아마도 옛날 문제가 다시 생길 가능성이 아주 크며, 우리는 분명히 그렇게 되기를 바라지는 않는다. 우리가 현재의 정책을 계속 시행한다면, 마리화나 사용은 줄겠지만 헤로인에 중독되는 재소자가 일부 생길 것이며 협박이 증가할 위험도 커진다. 그렇다면 어떤 대안이 있는가? 아마 교도소로 마약을 밀반입하는 일을 훨씬 더 어렵게 하고 적발 시 엄하게 처벌하는 방안을 시도해 볼 수 있을 것이다. 아니면 마약 검사를 더 자주 하고 적발 시 처벌을 강화하는 방안도 있을 것이다. 아니면 교도소에서 마약 복용을 통제하겠다는 생각을 버리고 결과를 그냥 받아들이는 것도 한 방안일 것이다. 아마도 또 다른 방안도 있을 것이다. 이런 방안의 결과가 어떤 것일지를 알기 위해 여러 교도소를 상대로 실험을 해 볼 수도 있을 것이다. 하지만 마약 복용은 심각한 문제이고 우리는 그 문제를 그냥 무시할 수는 없다.

이런 생각은 충분하지는 않지만, 그래도 방향은 올바르다고 할 수 있다. 다음 단계로 결과들에 관한 증거가 필요할 것이며, 그렇게 하려면 많은 광범위한 탐구가 필요하다.

문제 1 1 . 7

문제 11.1에 대한 여러분의 대답을 참조해, 사고 지도를 이용함으로써 여러분의 의사 결정 과정이 얼마나 달라졌고 의사 결정 내용이 어떻게 달라졌는지를 말해 보라.

문제 1 1 . 8

아래 글 가운데 두 개를 골라 그 안에 포함된 논증의 경우 대안이 무엇이고, 대안의 결과는 어떨지를 간단히 (약 100단어 정도로) 서술해 보라.

11.8.1 읽을거리 8번 글.

11.8.2 아이들에게 파는 많은 식품은 건강 전문가들이 보기에 '건강에 좋지 않은' 것들이다. 그것들은 지방이 많고, 짜고, 달며, 비타민이나 미네랄 그리고 몸에 좋은 다른 요소들은 적다. 그 결과 많은 아이들이 과체중이나 심지어 비만이며, 심장병이나 당뇨나 다른 여러 질병에 걸릴 위험도 커진다. 정부는 담배나 술과 같은 다른 해로

운 것들은 아이들에게 팔지 못하게 하면서 왜 해로운 식품은 같은 식으로 처리하지 않는가? 18세 미만의 청소년에게는 건강에 좋고 영양이 풍부한 식품만을 팔게 해야 한다.

11.8.3 읽을거리 25번 글.

11.8.4 읽을거리 35번 글.

이들 예의 경우 우리가 무엇을 해야 할지를 결정할 만큼 충분히 따져 보기는 어렵다. 그렇게 하려면 대부분 좀 더 많은 정보를 필요로 하기 때문이다. 우리가 앞서 나온 피아노 예(11.2.6절)를 다시 생각해 본다면, 관련 정보를 찾는 데는 분명히 시간과 비용이 든다. 이 점은 재소자의 마약 복용 사례에도 분명히 마찬가지이다. 일반적으로 관련 정보를 찾는 데 드는 비용이나 시간도 무엇을 할지 결정할 때 감안해야 할 요소이다. 그것이 너무 막대해서 따져 볼 필요조차 없는 경우도 있을 수 있다. 여러분이 때로 그런 판단을 해야 하는 경우도 있을 것이다. 그것은 그 결정이 얼마나 중요한지, 그 결정이 '잘못되었을 경우' 그 폐해가 어느 정도인지, 추가 정보를 얻는 데 드는 비용은 어느 정도인지, 충분한 시간은 있는지 등에 의존할 것이다. 이러한 문제는 제쳐 두고, 여기서는 우선 우리가 제시한 모형과 '올바른' 의사 결정을 하는 것 사이에 어떤 연관성이 있는지를 설명하기로 하겠다.

11.4 의사 결정 절차와 '올바른' 의사 결정을 하기

우리는 앞서 (6장과 7장에서) 어떤 정보의 출처가 믿을 만한 것인지를 제대로 판단하는 일에도 정도 차이가 있을 수 있다고 말했다. 또한 우리는 이런 판단을 잘한다고 해서 참에 도달하리라는 보장은 없다(즉 그런 문제를 합리적으로 결정한다고 해서 필연적으로 참을 낳는 것은 아니다)는 점을 지적했다. 올바른 물음을 묻게 되면 흔한 잘못에 빠지지 않을 수 있게 되고 참에 도달할 가능성도 훨씬 커진다. 하지만 우리는 여전히 잘못을 할 수 있다. 앞에서 설명한 방식대로 주장의 신뢰성을 판단하는 것이 정당한 이유는 일반적으로 그런 절차를 따를 때가 그렇게 하지 않을 때보다 신뢰할 만한 믿음을 얻을 가능성이 더 크기 때문이다. 하지만 그렇게 한다고 해서 우리가 특정 경우에 절대로 잘못을 범하지 않는다는 것은 아니다.

이 점은 의사 결정의 경우에도 마찬가지이다. 대부분의 사람들은 성급하게, 부주의하게, 별생각 없이 의사 결정을 했는데, 그 결정이 운 좋게도 잘된 것으로 판명난 경험이 있을 것이다. 이와 반대되는 경험도 가지고 있을 것이다. 방금 설명한 모든 절차를 그대로 좇아 무엇을 할지를 신중하게 생각해 보았는데, 그 결정이 잘못된 것으로 판명난 경험도 있을 것이다. 예를 들어 어떤 차를 살지 많은 생각을 하고 나서 산 차인데도 그것이 늘 말썽이고 '골칫덩어리'가 된 경우도 있을 것이다. 거듭 말하지만 요지는 다음과 같다. 의사 결정 절차를 잘 따르게 되면, 흔한 잘못을 피할 수 있고 일반적으로 그렇게 하지 않을 때보다 더 나은 의사 결정을 하게 된다. 하지만 그렇게 한다고 해서 그것이 '좋은' 의사 결정이라는 것을 보장해 주지는 못한다(왜냐하면 아주 잘 세운 계획도 그대로 이루어지지 않는 수가 있기 때문이다). 이 점을 보여 주는 실생활의 극적인 예로 다음 경우를 생각해 보자.

칼망(Jeanne Calment)은 세상에서 가장 오래 살았던 사람으로 1997년 8월 4일 122세의 나이에 죽었다. 1965년 당시 90세의 미망인이었던 칼망은 자신의 아파트를 라프레이에게 유산으로 물려주는 데 합의했다. 라프레이는 칼망의 가족 변호사로, 아파트를 물려받는 대신 매달 2,500프랑의 돈을 지불하기로 했다. 2,500프랑은 대략 영국 돈으로 250파운드 정도가 된다. 라프레이는 1995년에 죽었는데 아파트 가격의 세 배가 넘는 120,000파운드를 지불했다. 1965년 당시로서는 라프레이는 아주 합리적인 거래를 했다. 왜냐하면 어느 누구도 칼망이 그렇게 오래 살리라고는 예상하지 못했기 때문이다. 하지만 결과로 본다면, 그것은 엄청나게 비싼 대가를 치른 거래였다. (〈데일리텔레그래프〉, 1997년 8월 5일자)

그렇다면 분명히 의사 결정의 질을 판단하는 데는 두 가지 방안이 있는 셈이다. 하나는 결과를 보고하는 것이다. 다른 하나는 의사 결정을 하는 과정에 사용된 절차의 질을 보고하는 것이다. 누구나 자신의 의사 결정이 좋은 결과를 낳기를 바란다. 하지만 대부분의 사람들은 또한 아주 합리적 절차를 따르더라도 일이 잘못될 수도 있다는 사실을 알고 있다. 우리가 권장한 절차를 따르는 것이 정당한 이유는 그렇게 하면 언제나 '좋은' 결과를 보장해 준다는 데 있는 것이 아니라, 그렇게 하면 실수를 줄일 수 있고, 대체로 다른 절차를 따를 때보다 더 좋은 결과를 가져온다는 의미에서, 더 좋은 의사 결정이 될 가능성이 높다는 데 있다.

문제 11.9

이 문제는 두 부분으로 이루어져 있다.

11.9.1 어떤 사람이 여러분에게 다음과 같은 내기를 건다고 해 보자. 동전을 던져 앞면이 나오면 그 사람이 여러분에게 1,000파운드를 주고, 뒷면이 나오면 여러분이 그 사람에게 100파운드를 준다(그리고 이것을 한 번만 한다). 여러분은 이 내기를 받아들이겠는가? 여기서 동전은 편향되지 않은 정상적인 동전이며, 여러분은 100파운드를 잃어도 된다고 가정한다. 그리고 여러분은 1,000파운드를 따고 싶어하며, 여러분이 원칙상 노름에 반대하는 것도 아니라고 가정한다.

11.9.2 11.9.1과 같은 상황인데, 이번에는 그 사람이 그것을 다섯 번 하겠다고 할 때 여러분 같으면 그 내기를 받아들이겠는가?

문제 11.10

의사 결정 과정에서 어떤 잘못이 있을 수 있는지를 명심하면서, 여러분이 (당시의) 킴멜 제독이라고 가정하고 아래 여러 중요 상황에서 어떤 물음을 물었어야 하는지를 말해 보라.

1941년 여름 미국 태평양 함대 사령관 킴멜 제독은 워싱턴으로부터 일본과의 전쟁 가능성을 일깨워 주는 경고 메시지를 여러 차례 받았다. 〔그의 군대는 아직 완전히 준비가 되지 않아서 그는 훈련 프로그램을 운영했다. 하지만 그는 평시에 하는 해안 휴가를 유보하지 않고 그대로 시행했다. 그 결과] 주말 동안에는 60척의 미국 전함들이 진주만에 정박해 있었고 하와이에 있는 비행장들에는 전투기들이 줄지어 세워져 있었다.

11월 24일 그는 해군 본부로부터 다음과 같은 경고 메시지를 받았다. "급습의 가능성이 있으며, 필리핀이나 괌을 포함해 어느 방향에서든 갑작스럽게 공격을 해 올 수 있다." 참모들과 회합을 가졌음에도 불구하고 그는 기존의 명령을 바꾸지 않기로 결정했다. 그의 참모 가운데 한 사람은 워싱턴에서 온 메시지에 진주만은 언급되어 있지 않았으므로 위험하지 않다고 말했다. 분명히 그 메시지가 이런 것을 함축하는 것은 아님에도 불구하고 ― 그 메시지에는 '어느 방향에서든'이라고 적혀 있다 ― 그 회합에서는 추가 조치를 취할 필요가 없다고 결론을 내렸다. … [킴멜]이 그 메시지가 불분명하다고 생각했다면, 그는 워싱턴 당국에 그 메시지 내용을 분명히 해 달라고 요청했어야 했다. 게다가 그는 대공포를 갖추고 있는 육군이 비상경계 근무를 하고 있다고 가정했는데, 이는 잘못된 가정이었다. 그가 전화를 해 자신의 가정이 맞는지를 확인해 보기만 했어도 되었을 텐데 그는 그렇게 하지 않았다. …

11월 27일과 12월 3일에 전쟁의 위험을 경고하는 메시지를 추가로 또 받았다. 12월 3일 메시지에는 일본이 세계 도처의 대사관들에 '대부분의 암호'를 파기하도록 명령을 내렸다는 메시지를 미국의 암호 해독가들이 해독해 냈다는 내용이 들어 있었다. 킴멜과 그의 참모들은 '대부분'이란 말에 주목했다. 분명히 일본이 미국과 전쟁을 하고자 한다면, 일본은 '모든' 암호를 파기하라고 대사관에 명령했을 것이라는 것이다. 12월 6일, 진주만 공습이 있기 하루 전에는 공습이 임박했음을 보여 주는 증거들이 더 있었다. 킴멜은 외곽의 태평양 군도에 있는 모든 비밀 서류를 소각하라는 명령을 받았다. 게다가 그의 정보 참모장은 수일 동안 전파 신호를 포착할 수 없어서 일본의 항공 모함의 행방을 알 수 없다는 보고를 했다. 이 정보를 통해 그는 일본의 공격이 임박했음을 확신하게 되었다. 문제는 어디냐 하는 것이었다. 그의 참모들은 일본은 아시아 지역에서의 작전 때문에 진주만을 공격할 만한 전투력을 갖지 못했다고 주장하면서 그를 안심시켰다.

일본의 공격이 있기 다섯 시간 전, 두 대의 미군 잠수함 탐지기가 진주만 바로 바깥에 있는 일본 잠수함을 하나 탐지해 냈다. 완전한 비상경계 근무 상태가 아니었기 때문에 이는 보고되지 않았다. 하지만 공격 한 시간 전 일본의 잠수함이 진주만 입구에 나타났다. 경계 근무를 하던 장병이 이를 모든 관련 해군 장병들에게 보고했고, 그 메시지가 킴멜 제독에게도 전달되었다. 곧바로 조치를 취하지 않고 킴멜은 그 잠수함이 실제로 일본 것임을 확인할 때까지 기다리라고 명령했다. 곧 이어 미군 함대의 파괴가 뒤따랐다. 킴멜 제독은 군사 재판에 회부되었고 강등되었다. (Sutherland, 1992, 131-133쪽)

11.5 요약

의사 결정이나 어떤 행위를 권고할 때 하게 되는 사고는 특별히 주의를 기울일 필요가 있다. 우리는 바로 결정을 하고 나중에 합리화를 하기 때문에, 이런 일을 제대로 하지 못하는 경우도 많다. 의사 결정을 잘하려면 이런 사고를 할 때 흔히 범하는 잘못들을 피해야 한다. 따라서 우리는 의사 결정이나 권고를 하기 전에 문제가 무엇인지를 분명히 해야 하며, 어떤 대안이 있는지, 대안이 어떤 결과를 가져올지 등을 생각해 보아야 한다.

문제가 무엇인지를 분명히 할 때, 목적을 분명히 해야 하는 경우도 있다. 가능한 결과가 무엇일지를 생각할 때 우리는 되도록 상상력을 동원할 필요가 있으며, 합리적인 의사 결정을 하기 전에 그런 결과가 나타날 가능성이 어느 정도인지 그리고 그런 결과가 얼마나 바람직한지를 면밀히 생각해 따져 보아야 한다. 이렇게 할 때 몇 가지 탐구를 해 보아야 할 수도 있으며, 도덕적인 요소를 고려해야 하는 경우도 있다. 그래야 전체 의사 결정에서 합당한 결론에 도달할 수 있다.

이것은 간단한 생각이기는 하지만, 오랫동안 진가가 입증되어 왔고 널리 사용되어 왔다. 찰스 다윈은 자신의 『자서전』에서 그가 결혼을 할지 여부를 정할 때

장단점을 하나씩 살펴보는 방법을 사용했다고 말했다. 그 방법이 그런 경우 얼마나 잘 적용되는지 나는 잘 모르겠다. 하지만 그것은 의사 결정을 하는 많은 상황에서는 분명히 아주 유용한 방법이다.

문제 11.11

이 장을 마치면서 여기서 배운 것을 사용해 아래 가운데 둘을 골라 여러분 자신의 대답을 피력해 보라.

11.11.1 읽을거리, 12번 글.

11.11.2 읽을거리, 48번 글.

11.11.3 읽을거리, 49번 글.

11.11.4 읽을거리, 52번 글.

더 읽어 볼 것

Swartz, Costa et al. (2010).

인터넷에서 신뢰할 만한 정보를 찾는 방법 (인터넷에 관한 비판적 사고)

우리는 정보를 얻기 위해 때로 인터넷을 이용한다. 예를 들어 런던의 날씨 예보를 알고 싶다면 좋아하는 검색 엔진의 창에 '런던 날씨'를 적고 '엔터' 키를 눌러 위에 있는 몇 개 사이트에서 우리가 원하는 것을 대개 찾을 수 있다. 사려고 하는 디지털 카메라의 구매 후기를 보고자 한다면 그 카메라 이름 다음에 '구매 후기'를 입력한 다음 나오는 목록들 가운데 앞에 나오는 몇 개 사이트에서 원하는 것을 찾을 수 있을 것이다. 대부분의 사람들은 이처럼 쉽고 간단하게 인터넷을 검색한다.

대부분의 검색 엔진(구글, 야후 등)은 검색 결과 가운데 앞에 나오는 몇 개 사이트가 사람들이 가장 관심을 갖는 사이트일 가능성이 높도록 구성되어 있다. 하지만 그 사이트들이 여러분이 원하는 정보를 제공하지 않는다면, 우리가 할 수 있는 것이 여러 가지가 있으며 그런 것 가운데 몇 가지를 여기서 설명하기로 하겠다.

첫 번째 단계는 여러분이 선호하는 검색 엔진이 어떻게 작동하는지를 파악한 다음 성공 기회를 높이기 위한 안내 지침을 읽는 것이다. 이렇게 하면 어느 정도는 도움이 될 테지만 여전히 문제가 있을 수 있다. 그것이 바로 이 장에서 우리의 주된 관심사이다. 누구나 아무것이든 인터넷에 올려놓을 수 있기 때문에, 좋은 정보와 나쁜 정보를 구분하기가, 즉 알짜와 쭉정이를 구분하기가 어려울 수 있으며, 믿을 만한, 신뢰할 만한, 권위 있는 정보의 출처를 비교적 빨리 찾기가 어려울 수 있다. 아래에서 우리는 인터넷 자료에 관해 비판적으로 사고하는 방법을 설명하기로 하겠다. 우리는 이를 일반 독자들도 관심이 있도록 설명할 테지만, 특히 학생들의 학교 공부나 연구에 도움이 되도록 설명하기로 하겠다.

12.1 우리가 취할 접근 방식의 개요

인터넷에서 신뢰할 만한 정보를 되도록 빨리 찾으려면 우리가 6장과 7장에서 설명한 방식대로 생각해 보아야 한다. 예를 들어 여러분이 요즘도 고래 사냥을 금지하는지를 알고 싶어서 구글에 '고래 사냥 금지'를 입력한 다음, 그 결과 나오는 목록에서 재미있어 보이는 것을 찾을 때까지 훑어보고, 여러분 생각에 권위 있는 기구나 개인의 이름을 찾아서, 그들 웹사이트나 그 주제에 관한 그들의 출판물을 찾아본다고 해 보자. 이렇게 하면, 여러분은 국제포경위원회(International Whaling Commission, IWC) 사이트를 이내 찾게 될 것이다. 거기서 여러분은 IWC가 1946년에 설립된 정부 간의 기구이며, 거기에 과학 위원회가 있다는 것을 알 수 있을 것이다. 그리고 고래 사냥은 1986년에 금지되었다고 나와 있고, 최근 모임이 언제 있었다는 것도 나와 있을 것이다. 또한 고래 사냥 금지 이후 어떤 일이 벌어졌으며 금지 조치가 (부분적으로) 해제되었는지 여부 등도 거기에 나와 있을 것이다. 게다가 IWC는 여러분의 애초 궁금증을 대답해 줄 신뢰할 만한 출처이기도 하다!

6장과 7장에서 보았듯이, 검색에서 가장 중요한 것은 알 만한 사람이나 관련 전문가가 누구인지를 찾는 것이며, 이를 빨리 확인하는 좋은 방법은 홈 페이지나 '소개' 페이지를 찾아보든가 또는 '연락처' 링크를 이용하는 것이다. 이런 것이 없는 경우도 있다. 그런 때는 그 '정보'의 출처에 관해서는 아는 게 별로 없는 셈이므로 다음으로 넘어가야 한다. 하지만 때로는 출처 자체가 많은 것을 이야기해 주며, 이를 통해 그들이 어떤 단체나 사람인지를 알 수 있다. 때로 그 단체가 특정 방식의 운동을 하는 비영리 단체임을 알 수 있는 경우도 있다. 이 경우 여러분은 그 단체가 편향되어 있다고 생각하거나 아니면 여러분이 찾고자 하는 것과 관련이 있다고 생각할 수도 있다. 또는 그것이 이해관계를 지니고 있는 상업 기관임을 알 수 있는 경우도 있다. 앞에 나온 예의 경우, IWC 사이트에는 그 단체의 역사나 목적과 관련해 많은 정보가 나와 있으므로, 여러분은 그것이 여러분의 물음에 대한 신뢰할 만한 출처인지를 쉽게 알 수 있을 것이다.

고래 사냥 금지에 관해 알아보는 또 다른 방법은 여러분이 신뢰할 만하다고 생각하는 뉴스 사이트, 가령 〈뉴욕타임스〉(또는 〈가디언〉)를 우선 선택하는 것이다. 〈뉴욕타임스〉 사이트에 들어가 검색창에 '고래 사냥 금지'를 입력한 다음 여러분이 생각하기에 신뢰할 만한 전문가나 기관 이름이 나오는 최근 보도 일부를 훑어보면 된다. 그런 뉴스 보도 가운데는 그 주제를 연구하는 학자들이나 그 주제를 잘 아는 로비 집단의 주장을 인용하는 경우가 있을 수 있다. 그러면 여러분은 그런 웹사이트에 직접 들어가서 그 주제에 관해 그들이 어떤 이야기를 하는지(그리고 그들이 신뢰할 만한지)를 확인해 볼 수 있을 것이다. 학계 전문가를 찾아들어 갔다면, 그들의 웹사이트에 최근 논문이 올라와 있을 수도 있고 거기에 도움이 되는 참고문헌 목록이 있을 수도 있다.

또 다른 방안은 위키피디아를 이용하는 것이다. 여기서 고래 사냥 금지를 찾아본다면, 여러분은 여기서도 관련 기구나 전문가들의 목록을 찾아볼 수 있을 테고 그것들을 직접 확인해 볼 수 있을 것이다. 위키피디아의 신뢰성과 관련해서는 논란이 있기도 하지만, 거기에는 찾아볼 만하고 신뢰할 만한(아래 참조) 출처들이 나와 있는 경우도 있으므로 앞서 기술한 대로 여러분이 이들 출처를 직접 검증해 보아도 된다.

간단히 말해, 먼저 적절한 '핵심' 단어를 골라 여러분 생각에 비교적 신뢰할 만한 출처에서 최초 검색을 하고, 그다음에 무엇이 나오는가를 보라. 즉 어떤 기관이나 전문가를 인용하고 있는지를 보고, 앞서 기술한 대로 그들의 웹페이지나 출판물을 찾아보면 된다. 아주 중요하다면 여러분 생각에 흥미로워 보이는 자료의 원작자에게 전자우편을 보내 볼 수도 있다.

때로 신뢰할 만한 출처를 찾고자 자료를 추적해 나가다 보면 흥미로워 보이는 주장이지만 출처가 나와 있지 않은 것을 만나기도 한다. 그 경우 이 주장을 확인해 보는 한 가지 방안은 구글과 같은 검색 엔진에 인용 부호를 넣거나 또는 넣지 않은 채(아래 247쪽 참조) 그것을 입력한 다음 이 검색 결과를 이용해 여러분이 신뢰성을 점검해 볼 수 있는 출처를 추적해 나가는 것이다. 예를 들어 고래 사냥 금지에 관해 읽다가 '고래 수의 감소'가 나와서 그 표현을 구글에 입력해 (그 주장을 입증하거나 부정하는) 신뢰할 만한 출처를 찾아볼 수도 있다.

대개 6장과 7장에서 논의한 조건을 충족한다면 그 사이트는 정보의 출처로서 신뢰할 만하다고 할 수 있다. 따라서 우리는 출처가 관련 전문성을 지니는지, 출처에 대한 평판이 어떤지, 글쓴이들이 편향되거나 이해관계를 지닌 것은 아닌지, 그 주장의 본성이 무엇인지, 그것이 얼마나 잘 정당화되었는지, 독립된 출처에 의해 확증이 되는지 등을 따져 보아야 한다.

가령 대학교수는 자신의 전공 분야에서 아주 신뢰할 만한 출처일 것이다. 그는 관련 분야에 대해 전문성을 지니며, 자신의 주장을 정당화할 수 있고, 그리고 기타 등등을 할 수 있다(학술 기관의 개인 홈페이지 사이트는 명성이 걸려 있기 때문에 신뢰할 만하다). 가령 〈뉴욕타임스〉나 BBC와 같은 뉴스 기관은 신뢰할 만한 출처로 여겨진다. 그들이 말하는 것이 참임을 우리가 보증할 수는 없지만, 그들은 자신들의 출처를 점검하고 일반적으로 말해 훌륭한 명성을 지니고 있다. 백과사전이나 사전, 다른 참고문헌 등도 신뢰할 만한 출처일 수 있으며, 위키피디아도 사용법을 잘 안다면(많은 학자들이 이전에 얘기했음에도 불구하고) 아주 훌륭한 출처일 수 있다. 영리 기관도 신뢰할 만한 정보의 출처일 수 있다. 그것은 사안에 따라 다르다. 가령 BBC는 (bbc.co.uk라는 웹사이트 주소에 드러나 있듯이) 영리 기관이다. 여러분이 석유 매장량 추정에 관해 엑손 모빌이 공표한 정책을 알고 싶어 한다면, 엑손 모빌이 좋은 출처이다. 하지만 그들의 로비 관행이 윤리적으로 온당한 것인지를 알고자 한다면 아마 여러분은 다른 곳을 찾아보아야 할 것이다.

개요는 이것으로 충분할 것이다. 이제 이런 것들을 어떻게 하는지 자세히 설명하기로 하자.

12.2 인터넷 검색에 관한 몇 가지 기초 사항

많은 사람들이 구글을 검색 엔진으로 사용하기 때문에, 우리는 구글에 관한 몇 가지 세부 사항에서 논의를 시작하기로 하겠다(다른 검색 엔진을 위해서는, 거기에 나오는 지침을 참조하라).

앞서 이야기했듯이, 무언가를 찾고자 한다면 여러분이 원하는 것을 포착하는 단어를 생각해 그것을 검색창에 입력한 다음 엔터키를 누르면 된다. 그러면 구글은 웹사이트 목록을 보여 주게 되는데, 앞에 나오는 몇 개가 가장 연관이 크거나 유용한 것이기 쉽다(하지만 아래 참조). 예를 들어 러시아의 석유 생산에 관한 것을 찾아보고 싶어서 검색창에 '러시아의 석유 생산'을 치고 엔터키를 눌렀다고 하자. 그러면 구글은 여러분이 찾는 검색 결과 항목을 배열하기 위해 약 200가지 요소들을 이용하는데, 그것이 어떤 식인지를 아는 것이 도움이 될 것이다.

12.2.1 구글은 검색 결과를 어떻게 배열하는가?

구글은 이른바 '연관성'과 '중요도'에 의해 페이지를 배열한다. 연관성을 정하기 위해 구글은 핵심 단어가 페이지에 어떻게 나오는지를 점검한다. 구글은 가령 웹페이지의 제목에 '석유', '생산', '러시아'라는 단어가 모두 들어 있는 것을, 제목은 '미국의 석유 생산'이고 그 페이지의 다른 어딘가에 러시아가 나오는 것보다 더 연관이 있다고 평가한다. 또한 구글은 핵심 단어가 바로 붙어 나오는 페이지가, 석유 생산에 관한 글이기는 하지만 러시아를 우연히 언급하고 있을 뿐인 페이지보다 더 연관이 있다고 간주한다. 핵심 단어가 웹페이지에 여러 차례 나온다면, 구글은 그 페이지가 핵심 단어가 단 한 번 나오는 페이지보다 더 연관이 있다고 본다. 이런 식으로 구글은 어떤 페이지가 우리가 찾는 것과 연관이 있는지를 결정한다. 그런 다음 구글은 페이지랭크 알고리즘을 사용해 중요도에 따라 배열을 한다. 이 과정은 얼마나 많은 다른 웹사이트들이 주어진 페이지에 링크되어 있는지(링크의 '양') 그리고 그들의 '질'이 무엇인지를 확인하는 것이다. BBC나 〈뉴욕타임스〉처럼 고품질의 웹사이트와 링크된 것이, 덜 유명하거나 덜 알려진 사이트(물론 덜 '유명하다'는 것이 무엇인지는 분명하지 않다)

와 링크된 것보다 더 높은 점수를 받는다. 이것이 함축하는 바는 다른 '질' 좋은 웹사이트들이 그 사이트를 좋은 것으로 여긴다면 그 사이트는 실제로 좋은 사이트일 가능성이 높다는 의미이다.

이것들은 구글이 검색 결과를 배열할 때 고려하는 요인들 가운데 일부에 지나지 않지만, 이것으로도 구글의 작동 방식이 무엇인지는 대략 알 수 있으므로 우리 목적에는 충분하다. 하지만 중요한 한 가지가 있다. 대부분의 이용자들은 구글이 검색 결과를 배열할 때 가장 연관이 있고 유용한 것들을 맨 앞쪽에 오도록 할 것이라고 생각한다. 하지만 이것이 꼭 참은 아니다. 구글은 때로 '후원을 받은 링크들', 즉 비용을 지불한 사이트들을 목록의 앞에 오도록 배치하기도 하기 때문이다. 후원을 받은 링크 가운데 일부는 페이지의 한쪽에 있을 것이다. 하지만 일부는 마치 다른 정상적인 항목들처럼 목록의 앞에 가 있을 수도 있다는 점을 명심해야 한다. 우리의 관심은 신뢰할 만한 정보에 있으므로, 이런 식으로 앞에 나오는 항목들은 — 이것들은 배경색을 넣어 두드러지게 표시해 놓거나 2010년의 경우 모퉁이에 '광고'라는 단어가 적혀 있다 — 신뢰성을 깎아 먹는, 이해관계를 갖는 것일 수도 있다. 하지만 늘 그런 것은 아니다. 따라서 여러분은 주의 깊게 살펴보아야 한다(예를 들어 '지구 온난화'를 찾아보면, 왕립 학회의 후원을 받은 링크가 맨 앞에 나오는데 이는 과학적 정보로서 아주 명성이 높은 출처라고 할 수 있다).

12.2.2 검색 결과를 읽는 방법

여러분이 검색창에 '런던 날씨 예보'를 입력했다고 하자. 그러면 목록의 맨 앞에 나오는 사이트 가운데 하나는 다음과 같은 형태일 것이다.

BBC 날씨 | 런던

날씨 예보. 영국 〉 그레이트 런던 〉 런던.

위치 도움 ⋯ 수요일 날씨. 흰 구름과 18:00시 가벼운 비 예보: 날씨: 런던 예보 일요일 날씨 정보 – 토요일 날씨 정보

news.bbc.co.uk/weather/forecast/8 – Cached – Similar

첫 번째 줄, BBC 날씨 | 런던은 이 웹페이지의 제목으로, 이것은 그 페이지를 만든 사람이 그 페이지에 대한 가장 좋은 짧은 서술이라고 붙인 것이다. 그 아래 네 줄, "날씨 예보. 영국 〉 그레이트 런던 〉 런던. …"은 스니피트(snippet)라고 불린다. 이것은 그 웹페이지에 대한 간결한 서술이나 그 웹페이지를 간추린 것이다. 이것은 그 페이지를 만든 사람이 쓴 것이 아니라, '찾고자 하는 것과 가장 연관이 높은 페이지의 해당 부분을 추출하기 위한 알고리즘적인 시도'라고 구글이 말하는 것이다. '알고리즘적'이란 말은 여기서 사람이 아니라 구글의 소프트웨어에 의해 이루어진다는 의미이며, 이는 때로 이상한 결과를 낳기도 한다. 다음 줄에 나오는 것은 유알엘(URL, uniform resource locater)이다. 이는 WWW의 웹페이지 주소이다. 이 경우 그것은 영국에 있는 BBC이다. '캐시드'(cached)란 말을 누르면 이 페이지의 초기 버전으로 링크(나중에 설명하겠지만 이것은 때로 아주 유용하다)가 되고, '유사'(Similar)란 단어를 누르면 비슷한 내용을 지닌 다른 사이트로 연결되게 되어 있다.

(여러분이 이 예를 시도해 본다면, 좀 달리 보일 수도 있다는 점을 명심하라. 왜냐하면 웹 내용은 아주 빨리 바뀌기 때문이다. 하지만 이런 설명을 통해 여러분이 보게 될 것을 이해할 수 있고, 어떤 사이트가 유용한지를 판단할 수 있을 것이다. 이 점은 아래 나오는 예의 경우에도 마찬가지이다.)

위에 나온 모든 사항들은 어떤 페이지가 여러분이 원하는 것을 담고 있을지를 정하는 데 도움이 되는 것들이다. 여러분이 신뢰할 만한 런던 날씨 예보를 원한다면, 이 페이지가 괜찮아 보인다. 제목이나 스니피트가 여러분이 원하는 것에 아주 가깝고, BBC는 일반적으로 신뢰할 만한 출처로 여겨지므로 이것이 아주 유용할 것으로 보인다.

런던 날씨 예를 계속 살펴본다고 할 때, 목록의 앞에 나오는 사이트 가운데 또 다른 하나는 다음과 같은 형태일 것이다.

런던과 잉글랜드 남동부 날씨 예보 – 기상청
기상청 5일 날씨 예보 런던과 잉글랜드 남동부
15일 30일 영국 예보

턴브리지 웰스 날씨 예보 – 기온 – 크로이돈: 예보

www.metoffice.gov.uk/weather/uk/···/se_forecast_weather.html-Cached –

Similar

이번 경우 제목은 적절해 보인다. 그것은 기상청(영국의 공식적인 날씨 예보 기관이다)에서 나온 런던 날씨 예보임을 말해 준다. 스니피트도 좋아 보인다. 그리고 주소도 맞는 것 같다.

12.2.3 URL에서 얻을 수 있는 단서

우리는 인터넷 주소, URL에서 웹사이트의 유용성에 관한 단서를 찾을 수 있다. 앞에 나온 예를 그대로 써서 URL을 읽는 방법을 설명하면 다음과 같다.

www.metoffice.gov.uk/weather/uk/···/se_forecast_weather.html

맨 앞의 'www'는 'World Wide Web'을 나타낸다. 'metoffice'는 이 페이지들이 호스트되어 있는 컴퓨터(때로 '서버'라고 부른다)를 말해 준다('metoffice'를 구글에서 찾아 실제로 그 주소가 맞는지를 점검해 보아도 된다). 'gov'라는 표현은 '기관 코드'라고 불리는 것으로, 그것은 이 사이트가 어떤 종류의 기관에서 만든 것인지를 말해 준다. 가장 흔한 기관 코드는 다음과 같다.

.co 또는 .com	회사나 상업 기관
.org	비영리 기관
.gov	정부 기관
.ac 또는 .edu	학교/교육 기관

군대 사이트를 뜻하는 .mil이나 네트워크(인터넷 서비스 제공자)를 나타내는 .net, 개인 블로그를 나타내는 .me와 같은 것도 있다. 하지만 위에 나온 여섯 가지가 우리 목적에서 비추어 볼 때 가장 중요한 것들이다. 사이트의 기관 코드는

분명히 우리가 찾는 것이 거기 들어 있을지를 정하고 그것의 내용을 평가하는 데 아주 유용하다.

'uk'라는 표현은 '나라 코드'라고 불리는데, 이는 서버가 영국에 있다는 것을 말해 준다. 다른 나라 코드로는 .fr(프랑스), .de(독일), .eu(유럽 연합), .sg(싱가포르) 등등이 있다. URL에 항상 나라 코드가 나오는 것은 아님을 주목하라. 가령 미국에 근거한 많은 사이트들은 URL에 나라 코드(.us)가 없다(하지만 혼란을 피하기 위해 넣기도 한다. 가령 .ca는 캐나다를 나타내지만 .ca.us는 캘리포니아를 나타낸다).

문제 1 2 . 1

아래 나오는 검색 결과가 웹사이트의 내용과 관련해 무엇을 말해 주는지, 즉 누가 만들었고, 언제 어디서 만든 것인지 등을 설명해 보라.

12.1.1 비만 – 원인

2010년 2월 25일 … NHS에서 나온 비만 정보, 원인, 증상, 진단, 위험, 치료 및 다른 유용한 사이트 링크. www.nhs.uk/Conditions/Obesty/Pages/Causes.aspx – Cached

12.1.2 비만 – 위키피디아, 무료 백과사전

비만은 세계적으로 사망 원인 1위로 성인과 아동의 비만이 증가 추세에 있고, 당국은 이를 가장 … 것 가운데 하나로 간주한다… en.wikipedia.org/wiki/Obesity – Cached – Similar

12.1.3 오존층 유사 이래 가장 취약 | 환경 | 가디언

2005년 4월 27일 … 유엔 환경 프로그램은 오존층이 1퍼센트씩 얇아질 때마다 피부암이 2-3퍼센트씩 증가할 것으로 예측했다. … www.guardian.co.uk/science/2005/apr/…/environment.research – Cached – Similar

---

12.2.4 검색을 수정하기: 핵심 단어와 그것의 작동 원리

지금까지 논의해 온 기본 검색을 해서 원하는 정보를 바로 찾는 경우도 있겠지만, 찾지 못했다면 우선 해야 할 일은 검색어를 어떻게 적었는지를 다시 생각해 보는 것이다.

대부분의 사람들은 구글이 '핵심' 단어만을 고려하며, 검색을 할 때 검색어의 순서를 중요한 단서로 삼는다는 점을 알고 있다. 또한 검색어에 나오는 핵심 단어를 함께(마치 검색어들 사이에 '그리고'(and)가 있는 것처럼) 고려한다는 점도 알고 있다. 그러므로 검색창에 '러시아 석유 생산'(oil production Russia)이라고 입력하면, 구글은 러시아에서의 석유 생산에 관한 페이지들의 목록을 보여 주지, 피마자 오일(oil)이나 소고기 생산(production)이나 러시아(Russia)의 예술에 관한 페이지들의 목록은 보여 주지 않는다. 또한 구글은 and, the, a, how, is, for, of (그리고 다른 많은 것)와 같은 단어는 무시한다. 또한 문헌, 웹사이트, 회사, 정보 등등의 단어도 대개 불필요한 단어로 보고 무시한다(왜냐하면 여러분의 관심이 바로 문헌 등의 특정 내용일 것이기 때문이다). 따라서 검색의 성공 확률을 높이기 위한 첫 단계는 검색과 연관된 핵심 단어, 즉 검색과 연관된 웹페이지를 만들 때 사람들이 **사용했을 법한** 단어를 찾아내는 것이다. 검색 엔진은 사람이 아니라는 점을 명심하라. 그것은 여러분이 제시하는 단어와 웹에 있는 페이지가 서로 맞는지를 비교해 볼 뿐이므로, 여러분은 검색을 할 때 그런 페이지에 나올 법한 단어 — 그것들이 핵심 단어이다(그리고 물론 다른 몇 가지 대안도 염두에 두는 것이 좋다) — 를 사용하도록 해야 한다.

여러분이 고른 단어가 올바른 핵심 단어인지를 쉽게 확인해 보는 방법은 URL 다음에 나오는 '캐시드'(Cached)를 클릭해 보는 것이다. 이렇게 하면 여러분이 고른 단어가 웹페이지 목록에서 굵은 글씨체로 강조되어 나타나므로, 이들 단어가 나오는 페이지가 실제로 여러분이 알고 싶은 것을 논의하는 곳인지를 재빨리 알아챌 수 있다.

여러분이 원하는 것을 찾기 위해 올바른 핵심 단어를 고르는 일이 간단치 않을 수도 있다. 가령 여러분이 부러진 뼈에 관한 의학적 정보에 관심이 있다고 할 경우 여러분은 '부러진'이 아닌 '골절'이란 표현을 사용해야 한다. 왜냐하면 그것이 의사들이 쓰는 용어이기 때문이다. 또 다른 예로, 장래 부모가 될 사람들은 자식의 성을 어떻게 선택하는지를 알고 싶다고 한다면(3.5절의 우리 예였다),

여러분은 '자식의 성별 선택'이란 표현으로는 많은 것을 찾지 못할 것이다. 하지만 좀 더 찾다 보면, '임신 전 성별 결정'이 여러분이 원하는 결과를 가져오는 그런 단어임을 알게 될 것이다.

때로는 다른 핵심 단어를 생각해 보아야 하는 경우도 있다. 가령 여러분이 "텔레비전의 폭력 장면이 십 대에 영향을 주는가?"라는 물음을 생각해 본다고 하자. 그 경우 분명히 핵심 단어는 '폭력', '텔레비전', '십 대'일 것이다. 하지만 인터넷에는 연관이 있는 페이지이지만 다음과 같이 다른 핵심 단어를 사용하는 것도 많이 있을 수 있다. 가령 (i) 폭력, 공격, 잔혹, (ii) 텔레비전, TV, 미디어, (iii) 십 대, 청소년, 미성년. 이런 페이지를 찾으려면 어떻게 해야 할까? 대답은 OR(대문자여야 한다)을 사용해 대안들을 서로 묶어 주면 된다는 것이다. 우리 예의 경우 검색창에 다음과 같이 입력하면 된다. '폭력 OR 공격 OR 잔혹 텔레비전 OR TV OR 미디어 십 대 OR 청소년 OR 미성년.'

다른 핵심 단어를 생각하려면 브레인스토밍으로 충분할 수도 있다. 하지만 때로는 동의어 사전을 이용하는 것이 도움이 된다. 또한 북미와 영국은 같은 것을 표현하는 데 서로 다른 단어를 사용하기도 한다는 점도 명심해야 한다.

문제 12.2

다음 물음을 살펴보고, 인터넷 검색을 잘하려면 핵심 단어를 무엇으로 삼아야 하는지(그리고 어떤 순서로 해야 하는지) 말해 보라. 필요하면 다른 검색어를 제안해 보라.

12.2.1 어떤 나라에서 박쥐는 행운의 상징으로 여겨질까?

12.2.2 디기탈리스가 반 고흐 그림의 특징적인 색상을 설명해 줄 수 있는가?

12.2.3 나폴레옹이 비소 중독이었다고 볼 증거가 있는가?

12.2.4 인간의 활동이 지구 온난화의 원인인가?

12.2.5 인터넷에서 신뢰할 만한 정보를 얻으려면 어떻게 해야 하는가?

12.2.6 '인터넷에 관한 비판적 사고'에 대한 좋은 지침을 찾으려면 어떻게 해야 할까?

적당한 핵심 단어를 찾는 또 한 가지 방법은 여러분이 고른 핵심 단어 앞에다 물결 기호 '~'를 넣어 어떤 것들이 나오는지를 보는 것이다. 가령 다음과 같이

입력해 보면 "~텔레비전의 ~폭력 장면이 ~십 대에 영향을 주는가?", 이때 나
오는 검색 결과가 다른 핵심 단어를 시사해 줄 수도 있을 것이다(12.4.1절 참
조). 이렇게 하면 여러분이 진정으로 찾고자 했던 것으로 범위를 좁히는 데 도움
이 될 것이다.

12.3 어떤 웹사이트가 신뢰할 만한가?

이제 이 장에서 여러분이 진짜로 관심 있는 문제, 즉 인터넷에서 신뢰할 만한 정
보를 얻으려면 어떻게 해야 하는가에 관해 좀 더 논의를 해야 할 때다. 일반적으
로 말해, 해당 주제에 관해 많이 알수록 검색하기가 쉽다. 하지만 앞서 말했듯
이, 출처의 신뢰성과 관련해서 본다면, 6장과 7장에서 논의한 것과 같은 원리가
여기서도 똑같이 적용된다. 즉 여러분은 그 정보의 출처(만든 사람이나 출판한
사람)가 무엇인지, 그들이 관련 분야의 전문가인지 여부, 그들이 실제로 그런 주
장을 할 위치에 있는지, 그들이 이해관계를 지닌 것은 아닌지, 그리고 그들에 대
한 평판이 어떤지, 그 주장이 행해지는 맥락이 어떤 것인지, 그 주장의 정당성은
무엇인지, 그 주장의 본성이 무엇인지, 그리고 다른 독립된 출처에서 나온 확증
증거가 있는지 등을 알아야 한다.

웹사이트에 나온 '정보'의 신뢰성을 판단하는 것과 관련된 문제 가운데 하나
는 때로 만든 이가 분명하지 않은 경우가 있다는 점이다. 물론 특정 목적지로 가
는 항공편을 자세히 알고 싶다면, 그쪽 노선을 운행하는 항공사의 웹사이트에서
여러분이 원하는 신뢰할 만한 정보를 얻을 수 있을 것이다. 하지만 여러분이 지
구의 만년설이 얼마나 녹고 있는지에 관해 신뢰할 만한 정보를 찾고자 한다면,
그것을 알 만한 위치에 있고, 관련 전문가이며, 이해관계를 갖고 있지 않은, 신
뢰할 만한 출처를 어떻게 찾아야 할지 그다지 분명하지 않다. 이 점은 웹사이트
를 만든 사람이 때로 드러나 있지 않을 경우 특히 그렇다. 하지만 검색 결과 나
오는 스니피트를 통해, 특히 URL을 통해 어느 정도는 알 수 있으므로, 이제 이
점을 설명하기로 하겠다.

12.3.1 URL이 말해 주는 것들

앞(12.2.3절)에서 보았듯이, URL은 웹사이트가 상업 기관(.co 또는 .com)인지, 정부 기관(.gov)인지, 교육 기관(.edu 또는 .ac)인지, 비영리 기관(.org)인지를 말해 준다. 이런 기관 코드를 해석할 때는 주의가 필요하지만, 그것은 신뢰할 만한 사이트인지를 파악하는 데 도움이 된다.

가령 .co나 .com으로 끝나는 URL은 상업 기관이며, 무언가를 팔고자 하므로 대개는 신뢰성을 낮추게 될 이해관계를 가지고 있다고 할 수 있다. 하지만 늘 그런 것은 아니다. 예를 들어, BBC의 기관 코드는 .co이지만 대부분의 사람들은 BBC를 여러 문제와 관련해 아주 신뢰할 만한 출처로 여긴다. 또한 (가령) 항공사의 웹사이트도 비행시간표와 관련해서는 신뢰할 만하다. com 코드를 사용하는 운동 단체도 있다. 가령 앨버타의 (석유를 캐내는) 타르 샌드 이용을 반대하는 운동을 펼치고 있는 단체는 www.rethinkalberta.com을 사용한다. 게다가 탁월한 연구를 수행해 결과를 공표하는 회사들도 많으므로 우리는 신뢰할 만한 정보를 찾고자 할 때 이런 사이트들을 폄하하지 않도록 주의할 필요가 있으며, 또한 신뢰성에 의문을 제기하게 만드는 이해관계를 가지고 있는지 여부도 잘 살펴볼 필요가 있다.

.gov 코드는 정부 기관을 나타내며, 이것들은 비록 좁은 영역에서만 그렇다 하더라도 대개 신뢰할 만한 정보의 출처라고 할 수 있다.

.org 코드는 그 기관이 비영리 단체나 자선 단체라는 의미이다. 여기서도 우리는 주의가 필요하다. 왜냐하면 이들 단체도 때로 특정한 편향을 지닐 수 있기 때문이다. 가령 지구 온난화에 관한 정보를 찾고자 한다면, 여러분은 .org 코드를 가지고 있으면서도 지구 온난화가 공산주의자들의 음모라고 주장하는 웹사이트들을 수도 없이 찾을 수 있을 것이다! 반면에 .org 코드를 지닌 웹사이트들 중에 신뢰할 만한 정보의 출처도 많다. 왕립정원사협회가 그런 예로, 그것은 영국 정원사들의 유일한 기구인데, 이들의 웹사이트인 rhs.org.uk는 아주 신뢰할 만한 출처이다.

우리의 관심은 학생들이 공부하는 그런 주제에 관해 신뢰할 만한 정보를 찾는 데 있으므로 교육 기관이나 대학 사이트(.edu나 .ac)가 유용하고 권위가 있다는 점은 분명하다. 그런 사이트는 관련 전문성을 지니고 있으며, 이해관계를 지니고 있을 것 같지도 않다. 물론 이 경우에도 주의가 필요하다. 왜냐하면 일부 사이트는 학생들 사이트이기 때문이다. 하지만 일부는 또 학술 기관 회원의 개인 사이트이고 그들의 명성이 거기에 달려 있기 때문에, 인터넷에 공개되는 것과 관련해 아주 주의를 하는 경향도 있다.

앞서 말했듯이, 어떤 사람이나 기관이 믿을 만한지를 점검하는 좋은 방안은 홈페이지나 '소개' 페이지를 살펴보는 것이다. 거기에 아무것도 나와 있지 않다면 다른 데로 넘어가야 하겠지만, 대개는 그 사이트 배후의 사람이나 기관에 관해 꽤 많은 것을 알 수 있으며, 이를 통해 그들이 믿을 만한지를 판단할 수 있을 것이다.

문제 12.3

앞의 문제 12.1.1-12.1.3에 나온 사이트의 신뢰성에 대해 어떤 평가를 할 수 있을지 말해 보라.

12.3.2 신뢰할 만한 웹사이트에서 검색하기

찾고자 하는 것이 무엇인지에 따라, 여러분이 신뢰할 만하다고 여기는(혹은 대개 그렇게 여겨지는) 출처나 기관을 이미 알고 있는 경우도 있다. 가령 2003년 이라크 전쟁(또는 이른바 '테러와의 전쟁')을 정당화하기 위해 사용된 주장이었던 '대량 살상 무기'에 관해 알아보고자 한다면, 여러분은 BBC나 〈뉴욕타임스〉가 비교적 신뢰할 만한 출처라고 여길 것이다. 그 경우 그와 관련된 정보를 찾는 좋은 방법은 BBC나 〈뉴욕타임스〉의 웹사이트에 들어가서 거기의 검색창에 여러분이 찾고자 하는 검색어를 입력하는 것이다. 아니면 구글의 검색창에 '테러와의 전쟁 뉴욕타임스'나 '테러와의 전쟁:nytimes.com'을 입력하는 것이다. 여러분은 또한 기간 설정을 해서 ─ 구글의 기간 설정을 사용해 ─ 작년이나 어떤 다른 시기 동안의 그 주제만을 검색할 수도 있다.

12.3.3 신뢰할 만한 글쓴이를 이용해 검색하기

앞서 말했듯이, 웹에 나온 글을 쓴 사람이 누구인지를 아는 것은 그것이 신뢰할 만한지를 판별하는 데 핵심적인 역할을 한다. 때로는 찾고자 하는 주제와 관련해 신뢰할 만한 정보의 출처가 될 사람이 어떤 사람인지를 이미 알고 있는 경우도 있는데, 이때는 검색창에 여러분이 관심이 있는 그 주제와 그 사람의 이름을 그냥 입력하면 된다. 가령 여러분이 핵무기에 관한 아인슈타인의 생각이 무엇인지를 알고 싶다고 해 보자. 여러분이 구글의 검색창에 '핵무기 아인슈타인'을 입력하면, 원하는 것을 찾을 수 있을 것이다. 아니면 '글쓴이 항목'을 사용해, 검색창에 '핵무기 글쓴이: 아인슈타인'이라고 입력하더라도 좋은 출처들을 찾아낼 수 있을 것이다.

문제 12.4

BBC와 〈뉴욕타임스〉 그리고 국제포경위원회에서 작년에 나온 고래 사냥 관련 정보를 검색해 보라. 그것이 얼마나 신뢰할 만한지 그리고 왜 그런지를 말해 보라.

12.3.4 주어진 웹사이트와 비슷한 내용을 지닌 웹페이지 찾기

여러분이 찾고자 한 것이거나 여러분에게 도움이 될 만한 것에 가까운 웹사이트를 찾았다고 해 보자. 그 경우 여러분은 다음과 같이 하면 비슷한 내용을 지닌 웹페이지들을 찾을 수 있다. 구글의 검색 결과 목록에서 URL 다음에 나오는 'Similar'를 클릭하거나 구글 검색창의 웹사이트 주소 앞에 'related:'를 입력하면 된다(가령 'related:metoffice.gov.uk'처럼 해야 하고, related:와 주소 사이에 빈칸이 없어야 한다). 이는 앞에서 우리가 신뢰성을 논의할 때 아주 중요했던, '독립된 출처로부터의 확증'에 해당하는 것을 얻는 방법이기도 한다. 하지만 여기서도 주의가 필요하다. 왜냐하면 아주 많은 웹사이트들이 다른 웹사이트의 내용을 그대로 '가져오기'도 하기 때문이다(따라서 그 경우 확증에 필요한 독립성을 지니지 못한다). 그렇지만 이것은 여전히 시도해 봄 직하다.

다음 예와 비슷한 내용을 검색해 보라.

12.5.1 오존과 피부암

12.5.2 www.library.jhu.edu/researchhelp/general/evaluating

12.5.3 여러분이 관심 있는 주제

12.4 몇 가지 특수한 검색

12.4.1 단어의 의미나 정의를 찾아보기

공부하다 보면 가끔 생기는 간단한 일 가운데 하나는 어떤 표현이나 구가 무슨 뜻이고, 그것의 정의가 무엇인가를 찾아보는 일이다. 이를 위해서는 '정의'를 치고, 한 칸 띄운 다음 찾고자 하는 그 단어를 입력하면 된다. 구글의 경우 찾고 자 하는 단어 '의 정의' 나, '의 의미'를 입력해도 마찬가지 결과를 얻을 수 있다. 이 참에 구글은 '검색어뿐만 아니라 그와 동의어인 것도 찾고자 한다면, 검색어 바로 앞에 물결 표시(~)를 넣어라' 라고 말한다는 점도 주목해 두자.

인터넷을 사용해 아래 나오는 것 가운데 세 가지의 의미를 찾아보라. (이 가운데 일부는 5장 에서 논의했던 것이다.)

12.6.1 유기농 식품

12.6.2 바로크 건축

12.6.3 합리적 의심의 여지없이 입증된

12.6.4 다각형(아이에게 이 말의 의미를 설명해 주기)

12.6.5 정황 증거

12.6.6 온실가스

12.4.2 구절 검색: 정확한 구절을 찾기 위해 겹따옴표 사용하기

기본 검색을 통해 원하는 것을 찾지 못했다면, 특정 순서로 된 특정 단어들, 즉 어떤 특정 구절을 구글이 찾아 주도록 검색을 좁히는 것이 여러분에게 도움이 될 것이다. 이를 위해서는 찾고자 하는 단어들 양 끝에 마치 "사느냐 죽느냐"처럼 겹따옴표를 넣으면 된다.

문제 12.7

아래 가운데 두 가지에 대해 앞서 말한 것을 시도해 보라.

12.7.1 "태양 흑점이 야기하는 지구 온난화"

12.7.2 "나에게는 꿈이 있습니다"(I have a dream 마르틴 루터 킹 목사의 연설문에 나오는 말)

12.7.3 "그렇게 많은 사람들이 그렇게 적은 사람들에게 그렇게 큰 빚을 진 적은 없다"(Never have so many owed so much to so few… 윈스턴 처칠의 연설문에 나오는 말)

12.7.4 "빵이 없으면 케이크를 먹으면 되지"(Let them eat cake 마리 앙뜨와네트가 했다고 하는 말)

12.7.5 "지구 온난화라는 신화"

12.4.3 기간 설정: 특정 시기의 자료 찾기

검색 결과를 좁히는 한 가지 방식은 구글이 고려하는 시기를 제한하는 것이다. 가령 여러분이 연구하는 주제와 관련된 최신의 자료나 아니면 작년부터의 자료, 또는 2001년부터 2003년까지의 자료만을 찾을 수도 있다. 이런 식으로 검색을 제한하려면 구글 검색의 왼쪽에 나와 있는 기간(Timeline) 장치를 보거나 아니면 '모든 시기' 아래 나오는 시기 가운데 어느 하나를 클릭하면 된다(필요하다면 이런 링크를 찾기 위해서는 '상세 검색 도구'를 사용하라). 기간의 경우, 구글은 여러분이 찾는 주제와 관련된 항목들이 시기마다 얼마나 많이 출판되었는지를 나타내는 그래프를 보여 줄 것이다. 그때 여러분이 보고자 하는 자료가 들어 있는 기간을 선택하면 된다. 이는 역사적인 주제를 찾고 있을 때 특히 유용하겠지만, 검색 결과를 제한할 때도 큰 도움이 된다.

문제 1 2 . 8

아래 주어진 기간 동안 다음 항목과 관련해 출판된 신뢰할 만한 자료들을 검색해 보라.

12.8.1 (과거의) 고래 사냥

12.8.2 (과거 동안의) 북극과 남극의 만년설이 녹는 것

12.8.3 (과거 6개월 동안의) '테러와의 전쟁'

12.8.4 (과거 5년 동안의) 비만의 원인

12.4.4 좀 더 일반적인 사항

때로 여러분은 특정 검색과 관련된 책이나 비디오, 이미지를 찾고자 하는 경우도 있다. 이때도 구글을 이용하면 쉽게 찾을 수 있다. 구글 검색 페이지의 왼쪽을 보면 '모두'라는 단어 아래 '이미지', '비디오', '책' 옵션이 나와 있을 텐데, 거기서 위의 것들을 따로 찾을 수 있다(이런 옵션이 나와 있지 않다면, '더'라는 단어를 클릭하라). 따라서 여러분이 과거에 나온 지구 온난화 관련 책을 찾고 싶다면, 여러분은 '책'을 선택하고 '모든 시기' 항목에서 적절한 기간을 선택하면 된다. 그 주제와 관련된 이미지나 비디오도 같은 식으로 찾을 수 있다.

12.5 위키피디아

다양한 주제와 관련해 신뢰할 만한 정보를 찾는 좋은 방법 가운데 하나는 분명히 『브리태니커 백과사전』과 같은, 좋은 권위 있는 백과사전을 이용하는 것이다. 물론 『브리태니커 백과사전』 가입자라면 인터넷에서도 이를 이용할 수 있으므로, 여러분의 학교 도서관이 이 사전을 정기 구독하고 있는지 알아보는 것이 좋다. 하지만 우리에게 중요한 것은 왜 『브리태니커 백과사전』은 신뢰할 만한

정보의 출처로 널리 받아들여지는가 하는 점이다. 『브리태니커 백과사전』에 나오는 항목들은 기본적으로 **전문가**가 쓴 것이다. 항목에는 그 글을 쓴 전문가의 이름이 대개 나와 있으며, 그 주제를 잘 아는 편집진들이 그것을 검토하는 과정을 거친다. 또한 『브리태니커 백과사전』은 신뢰성과 관련해 좋은 평판을 지니고 있다. 거기 나오는 항목들은 전문가들에 의해 자주 업데이트 되며, 편집진이 면밀하게 검토를 하고 있어서 좋은 평판을 유지하고 있다. 분명히 평판이 성공에 아주 중요한 요소이므로, 그 평판을 유지하기 위해 편집 절차를 두고 있다. 그것은 이해관계를 지니고 있는 글쓴이는 피하며, 거기 나온 항목들은 일반적으로 다른 권위 있는 출처 ─ 때로 이를 참조하고 있다 ─ 를 통해 확증해 볼 수 있는 것들이다. 따라서 그것은 정보의 출처로서 권위가 있고 믿을 만해야 한다는 기준을 대체로 만족시킨다.

인터넷을 이용해 신뢰할 만한 정보를 찾는 것이 우리의 주된 관심이므로 우리가 물어야 할 중요한 물음은 "위키피디아의 경우 어떤가? 우리가 위키피디아를 사용해도 좋은가?" 하는 것이다.

위키피디아는 아주 흥미로운 현상이다. 위키피디아가 다루고 있는 범위는 엄청나게 넓지만(2010년 기준으로 삼백만 개 이상의 항목이 실려 있다) 그것은 고작 2001년에 시작되었고, 엄청난 속도로 성장해 왔고 지금도 성장하고 있다. 그것은 여러 가지 점에서 아주 독특하다. 가령 그것은 백과사전이기는 하지만 온라인판만 있고, 따로 책으로 나온 것은 없다. 게다가 『브리태니커』나 다른 백과사전과 달리, 그것은 **무료**이다. 여러분은 그냥 인터넷에 접속해서 위키피디아를 통해 거의 아무것이나 다 찾아볼 수 있고, 그것은 실제로 무료이다. 실제로 여러분이 거의 아무 주제든 검색을 해 보면, 위키피디아 항목이 첫 번째 목록으로 자주 나오곤 한다. 그러므로 원래의 핵심 물음으로 돌아가, 우리는 그 내용을 믿어도 될지를 생각해 보기로 하자.

아마 위키피디아의 가장 중요한 특징은 위키피디아에 누구든 아무 항목이나 쓸 수 있다는 점이다. 그리고 실제로 세계 곳곳에서 수많은 사람들이 그렇게 하고 있다. 이는 위키피디아를 누구든 아무것이나 쓸 수 있는 인터넷의 안식처인 것처럼 들리게 할지 모르겠다. 하지만 위키피디아에 글을 쓰는 사람은 일정한 규칙을 따라야 하며, 이런 규칙을 따르지 않는 항목은 위키피디아의 편집자를 포함해 사실 누구든 편집하거나 수정할 수 있다는 점에서 아주 다르다. 규칙을 따르기만 한다면 누구든 글을 쓸 수 있다는 점에서, 위키피디아는 그것의 창시자 지미 웨일스의 말대로 '열린 공동체' 이다. 하지만 누구든 원한다면 페이지를 편집할 수 있다는 사실이 웨일스가 말하는 '우리가 하는 모든 것들에 대한 핵심적인 지도 원리' 이다(en.wikipedia.org/wiki/User:Jimbo_Wales/Statement_of_principles 참조). 그러므로 위키피디아는 작동하는 데 시간이 걸리기는 하지만 잘 고안된, 독특한 편집 체계를 갖추고 있다고 할 수 있다.

그러면 위키피디아 항목에서 우리가 기대할 수 있는 것은 무엇일까? 위키피디아는 '내용과 관련된 핵심 정책 세 가지' 를 다음과 같이 서술하고 있다.

(i) 위키피디아 항목은 중립적 관점을 택한다.
(ii) 위키피디아 항목에 나오는 자료는 검증 가능해야 한다.
(iii) 위키피디아 항목은 '최초로 나온 연구 결과' 는 싣지 않는다.

우리 관점에서 볼 때 세 가지 규칙 가운데 가장 중요한 것은 단연 두 번째인 검증 가능성 규칙이다. 이 규칙은 위키피디아에 나오는 자료는 모두 잘 알려진 것이거나(가령 파리는 프랑스의 수도이다) 아니면 신뢰할 만한 출판된 출처를 댈 수 있어야 한다는 것이다. 이것은 실제로 자료를 모두 제시해야 한다는 의미는 아니고, '논란이 벌어진다면' 또는 그것이 다른 출처에서 인용한 것이라면, 인라인 인용(inline citation)이라는 형태로 신뢰할 만한 출판된 자료를 댈 수 있어야 하며, 그 출처는 문제의 그 자료를 직접적으로 입증해야 한다는 것이다(en.wikipedia.org/Wikipedia:Verifiability 참조).

위키피디아에 인라인 인용이 어떤 식으로 되어 있는지를 보여 주는 예를 하나 들면 다음과 같다(2010년 12월 당시의 모습이다).

『브리태니커 백과사전』('영국 백과사전' 을 의미하는 라틴어)은 '엔사이클로페디아브리타니카' 라는 개인 회사에서 출간되는 영어 백과사전이다. 항목들은 교육을 받은 성인 독자들을 위한 것이고, 약 100명의 전업 편집자와 4,000명 이상의 전문 필진들이 쓴 것이다. 이것은 가장 학술적인 백과사전으로 간주된다.

『브리태니커』는 지금도 나오고 있는 가장 오래된 영어 백과사전이다. 그것은 1768년에서 1771년 사이에 스코틀랜드 에든버러에서 처음 출판되었고, 더 커지고 인기가 많아지면서 3판이 1797년에 나왔고, 보충판이 1801년에 나와서 모두 20권이 되었다. 위치가 확고하게 되면서 탁월한 집필진도 많이 들어왔고, 9판(1875-1889년)과 11판(1911년)은 학문적으로나 글 쓰는 방식의 측면에서 백과사전의 결정판이었다. 북미 시장으로 확장하기 위해 11판부터『브리태니커』는 항목들을 짧게 줄이기 시작했다. 1933년에『브리태니커』는 '계속적인 수정'을 채택하는 첫 백과사전이 되었다. 그래서 그 백과사전은 계속 출간되면서 항목들이 일정 시기마다 업데이트된다.

지금의 15판은 독특하게도 3부작 구조로 되어 있다. 짧게 줄인 항목들(일반적으로 750단어 이하)로 이루어진 12권의 '마이크로패디아'와 긴 항목들(2쪽에서 301쪽까지)로 이루어진 '매크로패디아', 그리고 지식의 위계 구조를 개략하는, 한 권으로 된 '프로패디아'가 있다. 마이크로패디아는 신속한 사실 확인을 위한 것이면서 매크로패디아의 안내서 역할을 하는 것이고, 어떤 주제의 맥락을 대략 이해하고 좀 더 상세한 항목을 찾고자 한다면 프로패디아를 보는 것이 좋다. 『브리태니커』의 크기는 70년 이상 대략 비슷했는데, 50만 개의 주제를 약 4천만 단어로 설명하고 있다. 1901년부터는 미국에 근거지를 두고 출판되고 있지만,『브리태니커』는 영국식 영어를 유지하고 있다. (en.wikipedia.org/wiki/Encyclopædia_Britanica 참조)

이 항목 끝에 참고문헌이 나열되어 있어서, 여러분에게 문제의 자료를 직접적으로 뒷받침하는 신뢰할 만한 출판된 출처를 알려 주고 있다.

12.5.1 '신뢰할 만한 출판된 출처를 댈 수 있다'는 것이 무슨 뜻인가?

위키피디아는 자료가 '신뢰할 만한 출판된 출처를 댈 수 있어야 한다'는 것이 무슨 뜻인지를 꽤 길게 설명하고 있으므로 이 설명을 살펴보기로 하자.

이 표현의 근저에 있는 핵심 생각은 위키피디아에 나온 자료는 모두 사실 확인과 정확성 측면에서 명성을 지닌 어떤 사람이나 기관에 의해 신뢰할 만한 것으로 여겨져 이미 출판된 것이어야 한다는 것이다. 예를 들어 BBC와 〈뉴욕타임스〉는 일반적으로 꽤 신뢰할 만한 기관으로 여겨지고, 따라서 거기서 참이라고 나와 있는 자료는 위키피디아 항목에서 인용해도 된다. 어떤 사람들은 일정한 영역에서 권위가 있다고 인정되며, 따라서 그 사람들이 문제의 그 자료를 뒷받침하는 무언가를 썼거나 말했다고 한다면, 그것들도 위키피디아에서 인용할 수 있다. 예를 들어 알버트 아인슈타인은 물리학 분야에서 전문가이며, 따라서 그가 한 말들이 위키피디아의 자료를 뒷받침한다고 할 경우 그런 맥락에서는 아인슈타인을 인용해도 된다.

위키피디아는 자료의 신뢰성을 정하고자 할 때, 6장과 7장에서(받아들일 만한지 여부와 주장의 본성, 글을 쓴 사람이 전문가인지, 출판의 맥락은 어떤 것인지 등과 관련해) 우리가 권했던 것과 마찬가지로, 독자들이 인용된 자료 그 자체와 그것의 원저자, 그리고 그것을 처음 출판한 출판사를 따져 보기를 권한다. 위키피디아는 이 점을 다음과 같이 자세히 설명하고 있다.

> 출처가 적절한가 하는 점은 맥락에 달려 있다. 일반적으로 말해, 최선의 출처는 사실이나 증거, 논증을 확인하거나 분석할 수 있는 적절한 전문적 구조를 지니고 있다. 대략 말해 주어진 문제를 면밀히 검토해 본 정도가 클수록 더 신뢰할 만한 출처이다. 대개 역사, 의학, 과학 등에서 그렇듯이, 동료 평가를 받은 학술적인 출판물은 아주 신뢰할 만한 출처이다. 하지만 학술적이지 않은 출처에서 나온 자료라 하더라도, 특히 저명한 출판물에 실린 자료라면 그것도 이런 영역에서 사용할 수 있다. 다른 신뢰할 만한 출처로는 대학교 교재나 유명 출판사에서 나온 책, 잡지, 학술지, 유명 신문 등이 있다. 전자 매체도 또한 같은 기준을 적용해서 사용할 수 있다. (en.wiki-

pedia.org/wiki/Wikipedia:Verifiability, 2010년 12월 당시 접속)

신문과 잡지의 블로그도 신뢰할 만한 출처가 될 수 있다.

몇몇 신문에는 블로그라고 불리는 쌍방향 칼럼을 싣는 곳이 있다. 이런 것도 글쓴이가 전문가이고 그 블로그가 신문사의 편집권 통제를 받는다면 믿을 만한 출처라고 할 수 있다. 2010년 3월 영국 언론고충처리위원회는 신문이나 잡지의 웹사이트에 올라와 있는 언론인의 블로그도 그 기관에서 내는 인쇄물과 똑같은 기준을 적용하기로 결정했다. 뉴스 기관이 의견란을 실을 경우, 그 의견이 누구의 것인지를 명시해야 하며(가령 "제인 스미스는 …라고 주장했다"), 독자가 남긴 포스트를 출처로 사용해서는 절대 안 된다 (같은 곳).

위키피디아는 또한 '문제가 있는' 출처가 어떤 것인지를 다음과 같이 설명하고 있다.

문제가 있는 출처란 사실 확인과 관련해 낮은 평판을 지니고 있거나 편집진의 통제를 전혀 받지 않는 출처를 말한다. 그런 출처에는 극단적이라고 인정되는 견해나 홍보용 견해, 또는 소문이나 개인 의견에 크게 의존하는 견해를 표명하는 웹사이트나 출판물이 포함된다. 문제가 있는 출처는, 그런 자료가 있다는 것을 보여 주는 것으로만 사용되어야 한다…
　아무나 웹사이트를 만들거나 자비를 들여 책을 출판한 다음, 자신이 그 분야의 전문가라고 주장할 수도 있다. 그렇기 때문에 자비로 출판한 자료 — 여기에는 책뿐만 아니라, 뉴스레터, 개인 웹사이트, 열린 위키, 개인이나 집단 블로그, 인터넷 포럼 포스팅, 트위트도 포함된다 — 는 대개 출처로 받아들일 수 없다.
　하지만 자비로 출판한 자료도 어떤 상황에서는 받아들일 만한 것일 수 있다. 그 경우란 신뢰할 만한 제삼의 출판물을 관련 분야에서 이미 낸 적이 있는 전문가가 그 분야의 출판물을 자비로 낸 때이다. 그런 출처를 이용할 때는 주의가 필요하다. 문제의 정보가 실제로 보고할 가치가 있다면, 다른 누군가도 그렇게 했을 가능성이 높다. 자비로 출판한 자료는 현재 생존해 있는 사람에 관한 제삼자의 출처로 이용되어서는 절대로 안 된다. …(같은 곳)

검증 가능성에 관한 이런 지침이 우리가 앞서 6장과 7장에서 주장이 받아들일 만한지 여부와 출처의 신뢰성에 관하여 말했던 것과 아주 잘 맞아떨어진다는 점은 아주 흥미롭다. 이는 글쓴이가 실제로 위키피디아 항목을 쓸 때 이런 원리를 따른다면, 그것은 아주 신뢰할 만한 정보의 출처가 될 수 있음을 시사한다. 이제 위키피디아의 다른 핵심 내용 정책을 간단히 살펴보기로 하자.

12.5.2 최초로 공표되는 연구 결과는 아니라는 점과 중립적 관점

최초로 공표되는 연구 결과가 아니어야 한다는 원리는 검증 가능성 원리와 밀접히 연관된다. '최초로 공표되는 연구'란 신뢰할 만한 출처에 의해 이전에 출판된 적이 없는 자료를 뜻한다. 따라서 위키피디아에서는 항목을 쓸 때 다음과 같은 지침을 제시하고 있다.

최선의 방책은 주어진 주제와 관련해 가장 신뢰할 만한 출처를 찾아 거기에 나오는 것을 여러분 자신의 말로 요약하고, 그 글에 나오는 주장들 각각에 대해 그 주장의 명시적 근거가 되는 출처를 대면서 글을 쓰는 것이다. 출처에 나오는 자료는 원래의 의미나 함축을 바꾸지 않도록 주의해서 요약하고 재서술해야 한다. 원래 출처에 나와 있는 것 이상으로 나아간다거나, 맥락을 벗어나 자료를 이용하는 것과 같이 출처의 의도에 맞지 않게 그것을 이용하지 않도록 주의해야 한다. 간단히 말해, 원자료에 충실하라. (en. wikipedia.org/wiki/Wikipedia:No_original_research 참조)

중립적 관점이라는 원리는 위키피디아에 글을 쓰는 사람은 누구나 중립적 관점에서 써야 한다는 의미이다. 즉 신뢰할 만한 출처에 나와 있는 모든 중요한 견해를 공정하고, 균형에 맞으면서, 되도록 편견 없이 대변해야 한다.

따라서 글쓴이는 누가 어떤 것을 왜 믿는지, 어떤 견해가 가장 일반적인지 등을 설명해야 한다(en.wikipedia.org/wiki/Wikipedia:Neutral_point_of_view 참조).

이런 세 가지 원리, '검증 가능성', '최초로 공표되는 연구 결과가 아니어야 한다', '중립적 관점', 즉 위키피디아의 '핵심 내용 정책 세 가지'가 합쳐져서 위키피디아 항목의 신뢰성을 결정짓는다.

12.5.3 위키피디아의 신뢰성에 관한 한 가지 연구

"인터넷 백과사전들 정면으로 맞서"라는 제목으로 『네이처』에 실린 기사(2005년 12월 15일, 438호, 900-1쪽)는 과학자들이 위키피디아를 그것의 중요 상대자인 『브리태니커 백과사전』과 견주어 어떻게 평가하는지를 다루고 있다. 그 연구에서 "위키피디아는 과학 항목의 정확성 측면에서 볼 때 『브리태니커』에 근접했다"는 것이 드러났다. 위키피디아의 창시자인 지미 웨일스는 이 연구에 대해 다음과 같은 평을 하고 있다.

우리의 목적은 『브리태니커』나 혹은 그보다 나은 질에 도달하는 것이지만, 아직 거기에 완전히 도달한 것은 아니다. 위키피디아가 시작된 지는 5년도 되지 않았지만, 지금 이 정도까지 근접해 왔다는 것은 우리 공동체의 힘을 잘 보여 준다. 더 많은 전문가들이 그들의 전문성을 발휘해 감에 따라 위키피디아 내용의 명확성, 가독성, 정확성도 계속 높아질 것으로 예상한다.

문제 12.9

위에 나와 있는 인용의 출처를 찾아보아라(그 출처는 『네이처』 논문과 그 연구에 근거한 잘못들을 바로잡기 위한 기획을 인용하고 있다).

12.5.4 우리는 위키피디아를 연구에서 신뢰할 만한 출처로 사용할 수 있을까?

많은 대학의 학과에서는 학생들에게 위키피디아를 출처로 인용하는 것이 바람직하지 않다고 가르친다. 하지만 앞에 나온 여러 절에 비추어 볼 때, 주어진 항목이 규칙들을 잘 따랐다면 좋은 신뢰할 만한 출처가 될 수 있다. 특히 인라인 인용을 통해 신뢰할 만한 출처가 나와 있다면, 그런 위키피디아 자료는 일단 연구를 해 나가는 초기 단계에는 좋은 출처가 될 것이다. 위키피디아에 나와 있는 항목을 이용해 독자들은 신뢰할 만한 출판된 출처를 추적해 갈 수도 있을 것이다.

물론 위키피디아 항목을 읽은 사람은 누구나 이것이 사실이 아닌 경우, 즉 출처가 나와 있지 않은 자료도 많다는 점을 알 것이다. 단순히 자료가 논란의 여지가 없기 때문에 제시되지 않은 것이라면 그 점은 문제가 되지 않는다. 하지만 글쓴이가 위키피디아의 검증 가능성 요건을 충족하지 못했기 때문에 자료의 출처가 나와 있지 않은 경우도 있다. 이런 경우에는 항목의 앞부분에, 다음과 같이 시작하는 주의 사항이 때때로 붙어 있다.

> 이 항목은 검증을 위해 추가로 인용이 필요합니다. 신뢰할 만한 참고문헌을 찾아 넣어 이 항목을 수정하도록 도움을 주십시오. 출처가 없는 자료는 삭제될 수 있습니다.

간단히 말해, 그 경우 여러분이 위키피디아에 나오는 자료를 누가 썼는지 또는 누가 그것을 편집했는지를 모른다 할지라도, 신뢰할 만한 출판물 출처와 연결된 인라인 인용이 나와 있는 경우에는 위키피디아도 좋은 신뢰할 만한 정보의 출처이다.

문제 12.10

아래 나오는 것 가운데 다섯 개를 골라 이에 관한 정보를 위키피디아에서 찾아보고, 그것이 얼마나 신뢰할 만한지 그리고 왜 그런지를 말해 보라.

12.10.1 나폴레옹의 죽음

12.6 학술적인 인터넷 검색

비록 웹에 아무나 무엇이든 올릴 수 있어서, 글쓴이가 전문가이든 아마추어이든, 선의이든 악의이든, 그들의 관심이 상업적이든 학술적이든, 그들의 목적이 정보를 제공하는 것이든 거짓 정보를 퍼트리기 위한 것이든, 그들이 올린 것이 정확하든 부정확하든, 우리는 주의 깊게 살펴보는 것이 신뢰할 만한 정보를 찾는 데 도움이 된다는 점을 알 수 있다.

　물론 여러분이 학교나 대학에서 과정을 이수하고 있는 중이라면, 여러분의 선생님이 그 분야를 잘 알고 있을 테고 중요한 참고문헌들을 제공해 줄 수 있을 것이다. 그 경우라면 그것이 여러분에게 좋은 출발점이 될 수 있다. 또는 대학 도서관 웹사이트와 같은, 대학교 수업을 위해 특별히 만든 웹서비스를 이용하는 방안도 있을 것이다.

　하지만 여러분이 그럴 처지가 아니거나 아니면 주어진 자료 그 이상을 찾고자 한다거나 여러분이 배우는 과정 이상의 주제를 찾아보고자 한다면, 어떻게 해야 도움이 될 만한 좋은 정보의 출처를 찾을 수 있을까? 여러분이 이제 막 온라인 검색을 했다면 정보의 핵심 출처도 모르는 상황이기 쉽다는 점을 명심하자. 엄청난 분량의 연구 문헌은 여전히 대부분 책이나 학술지로 된 인쇄본 형태이다. 게다가 검색 엔진이 온라인에 나와 있는 모든 자료를 망라하는 것도 아니다. 연구 문헌의 데이터베이스 가운데 어떤 것은 비밀번호나 구독을 요구하기 때문에 검색 결과에 아예 나오지 않는 수도 있다(요즘 나오는 전자 저널 가운데 많은 것이 이렇다).

그렇다 하더라도 인터넷은 때로 아주 유용하므로, 학술적인 작업을 할 때 어떻게 하면 인터넷을 효과적으로 사용할 수 있는지를 살펴보기로 하자. 우리는 대부분의 사람들이 사용하는 단순한 검색 방법을 개선할 수 있는 여러 기법을 이미 설명했다. 그러면 그것들을 더 확장하고자 한다면 어떻게 해야 할까?

12.6.1 '동료 평가를 거친' 출처

학계에서는 대체로 '동료 평가'를 받은 다음에야 학술 저널이나 전문 출판사(가령 대학출판부)에서 저작을 출판하게 된다. '동료 평가'란 다른 학술 연구자, 즉 글쓴이와 독립된 사람이면서 해당 분야에 전문성을 가진 사람(학문적인 동료)이 그것을 읽고 글쓴이가 (i) 해당 분야의 문헌을 잘 알고 있는지, (ii) 참고문헌을 적절히 참조했는지, (iii) 새로운 기여를 하고 있는지를 검토하는 것을 말한다. 간단히 말해, 새로운 출판물은 이전의 연구 결과에 기초해서 현재 진행되는 학문적인 논의에 새로운 기여를 해야 하며, (i) 동료 평가 과정을 거쳤고 (ii) 명망 있는 출판사에서 출판되어야 질이 보증된다. 이런 방식이 오랜 동안 학계의 품질 관리 체계가 되어 왔다. 인터넷에서 보통 벌어지듯이 아무나 무엇이든 출판할 수 있는 것과는 아주 다른 출판 과정이다!

따라서 이것들은 대부분 아주 신뢰할 만하고 여러분이 학교 공부를 할 때 인용할 수 있는 출처이다. 물론 지금은 인터넷에서도 많은 학술 저널(요즘 '전자 저널'이라고 부른다)을 찾아볼 수 있다. 그런 저널은 대개 공짜가 아니다. 하지만 도서관에서 필요한 저널을 구독하고 있을 테고, 선생님이나 사서가 여러분이 원하는 것을 찾는 방법을 알려 줄 것이다(가령 비밀번호가 무엇이고, 어떤 데이터베이스를 이용하며, 다른 자료는 어떤 것이 있는지 등을 알려 줄 것이다).

따라서 도서관 웹사이트가 공부에 필요한 좋은 인터넷 자료 — 전자 저널, 참고문헌 데이터베이스, 아카이브 등등 — 를 찾는 데 핵심적인 역할을 한다. 따라서 여러분의 선생님이나 사서에게 어떤 것을 사용하고 어떻게 접속하는지에 관해 도움을 받아라.

12.6.2 구글 학술 검색

통상적인 구글 검색을 하다 보면 때로 구글 학술 검색으로 넘어가기도 한다. 보통의 구글에 검색어를 입력하면, 여러분은 때로 구글 목록의 위에 다음과 같은 제목의 것을 보게 된다.

[여러분의 검색어]에 대한 학술 항목

그리고 이것을 클릭하면, 바로 구글 학술 검색으로 넘어가게 된다. 구글 학술 검색은 동료 평가를 받은 문헌들을 — 그것이 책이든, 논문이든, 초록이든, 학위 논문이든, 무엇이든 간에 — 학술 출판사, 전문 학회, 대학, 웹사이트 등에서 찾아 준다.

    구글 학술 검색으로 바로 들어가려면, 구글에 '구글 학술 검색'을 입력하거나 구글 홈페이지에서 '학술 검색' 옵션을 택하면 된다(현재는 드롭다운 메뉴에서 '학술 검색'에 접속하려면 페이지의 위의 '더'를 클릭하면 된다). 일단 구글 학술 검색에 들어가게 되면, 여느 주제 검색과 마찬가지로 해당 주제와 관련된 글을 썼을 때 사람들이 사용했을 법한 핵심 단어(이를 잘하는 것과 관련해서는 앞을 참조)를 사용해 검색을 해 나가면 된다.

    구글 학술 검색에서 한 가지 주목할 점은 문헌들을 배열하는 방식이다.

구글 학술 검색은 연구자들이 하는 방식, 즉 각 문헌이 어디서 출판되었고 누가 썼는지 뿐만 아니라 다른 학술 문헌에서 얼마나 자주 인용했고, 얼마나 최근에 인용했는지 등을 평가해 문헌을 배열하고자 한다. (scholar.google.co.uk/intl/en/scholar/about.html)

따라서 이것이 참일 경우 구글 학술 검색은 항목들을 통상의 구글과는 아주 다른 방식으로 배열하는 것이며, 자료들이 권위가 있고 신뢰할 만하다(또는 동료 학자들이 그렇게 여긴다)는 점을 보장하기 위해 그렇게 하는 것이다. 또한 구글 학술 검색에서 찾은 각각의 참고자료에 대해, 구글의 의도는 '관련 논문' 링크를 통해 가장 연관이 있는 논문들을 나열하는 것이라는 점을 명심하라. 여러분은 이 링크가 검색에 얼마나 도움이 되는지를 실험해 보아도 된다.

문제 12.11

구글 학술 검색을 사용해 아래 나오는 것 가운데 둘을 골라 그와 관련된 학술 문헌들을 검색해 보라(여러분은 그 주제에 관해 아주 많은 학술 자료들을 찾을 수 있을 것이다. 다른 핵심 단어를 사용해 찾아보거나 검색 기간을 한정해서 여러분의 관심에 가장 잘 맞는 것을 찾아보아도 좋다).

12.11.1 나폴레옹의 죽음

12.11.2 공룡의 멸종

12.11.3 히로시마와 나가사키에 원자 폭탄을 사용하기로 한 트루먼의 결정

12.11.4 비만의 원인 (과거 5년 동안의)

12.11.5 사고 기술을 가르치는 것에 관한 증거 (과거 10년 동안의)

문제 12.12

앞에 나온 방식대로 찾는 것은 연습을 했으므로, 이제 여러분이 관심 있는 주제를 아무것이나 골라 구글 학술 검색을 사용해 검색해 보아라. 검색어를 잘 선택해야 한다는 점을 명심하고, 그리고 검색 기간을 달리 설정해 보라.

12.6.3 고급 학술 검색

앞서 말했듯이, 어떤 주제에 관해 많이 알고 있을수록 그 주제와 관련된 자료를 검색하기가 쉽다. 가령 여러분이 관심 있는 분야에서 유명하고 권위 있는 사람

이 누군지를 알거나 『네이처』처럼 신뢰할 만한 출판물이 어떤 것인지를 이미 알고 있는 경우도 있다. 이런 경우 여러분은 고급 학술 검색을 사용하면 된다. 그 페이지의 윗부분은 다음과 같은 모습이다.

따라서 가령 여러분이 '이 단어가 포함된 것 모두'라는 창에 '고래 사냥'를 넣고, '에 실린 논문들'이라는 창에 '네이처'를 넣고, '검색 기간'이라는 창에 과거 10년을 선택하면 된다. 이런 식으로 하면 여러분은 그 주제에 관해 신뢰할 만한 최근 정보들을 얻을 수 있을 것이다.

문제 12.13

고급 학술 검색을 사용해 다음 사항을 검색해 보라.

12.13.1 비판적 사고에 관해 피터 파시온이 쓴 자료를 검색해 보라.

12.13.2 『사이언티픽어메리칸』에 실린 지구 온난화 관련 최신 논문들을 검색해 보라.

12.13.3 여러분이 관심 있는 주제를 하나 고르고, 여러분이 예상하기에 도움이 될 것 같은 저자나 출판사를 정한 다음 구글 학술 검색에서 어떤 것이 검색되는지 확인해 보라.

12.6.4 구글 학술 검색에 관한 결론

구글 학술 검색은 아주 유용하다. 하지만 이를 사용할 때 명심해야 할 점은 좋은 자료이지만 아직 온라인에 올라와 있지 않은 것도 엄청나게 많다는 사실이다. 엄청난 양의 책과 문헌들을 온라인에서 찾아볼 수 있도록 만들기 위해 현재 진행 중인 구글의 책 프로젝트에도 불구하고, 이 점은 사실이고 앞으로도 그럴 것 같다. 따라서 신뢰할 만한 좋은 정보를 찾으려면 선생님이나 사서, 그리고 다른 전문가들의 역할이 여전히 중요하다는 점이 바로 교훈이다.

12.7 요약

앞서 강조했듯이, 누구든 웹에 (거의) 아무것이나 올릴 수 있다. 정보라고 나와 있는 것 가운데는 명백히 거짓이거나, 편향되어 있거나, 그냥 무언가를 팔기 위한 것도 많이 있고, 장난이나 패러디, 괴담, 사기, 엉터리도 넘쳐 난다(이런 것들에 대한 좋은 설명으로는 www.vts.intute.ac.uk/detective를 참조하고, 인터넷에서 '추한 것'(ugly)을 찾아 읽어 보라).

웹에 올릴 수 있는 것을 규제하는 것(그렇게 해서 어떤 것이 신뢰할 만한 정보인지를 사람들이 알 수 있도록 하는 것)이 나은지를 두고서는 논란이 있다. 하지만 지금의 관행이 갑자기 바뀔 것 같지는 않다. 그동안 우리는 핵심 단어가 작동하는 방식, 웹사이트에 관해 주어진 정보를 이해하는 방식, 특정 저자나 출판사의 저작을 찾는 방법, 위키피디아를 언제 사용하고 구글 학술 검색을 어떻게 사용하는지 등을 설명했다. 이것들이 인터넷 사용자로 하여금 웹에 대한 '비판적 사고' 기술 — 그리고 몇 가지 중요한 지식 — 을 키울 수 있도록 해 주고, 웹에서 검색한 것을 평가해 알짜와 쭉정이를 구분할 수 있도록 해 줄 것이다. 우리가 1장에서 이야기한 것에 비추어 볼 때 이런 기술을 갖추려면 연습을 많이 해야 한다는 점은 분명할 것이다. 이제 여러분이 해야 할 때이다!

더 읽어 볼 것

www.internettutorial.net에 '웹에서 학술적인 내용 찾기'와 '주제별 찾기 안내와 백과사전' 등과 관련된 좋은 자료가 나와 있다.

library.wlu.ca/critical 캐나다의 월프리드로리어대학 도서관에서 나온 이 자료에는 (비록 쓴 지가 좀 오래되기는 했지만) 비판적 사고와 인터넷에 관한 여러 가지 권장 사항들이 나와 있다.

부록: 읽을거리

아래에는 비판적 사고 기술을 연습해 볼 수 있는 여러 개의 글이 나온다. 많은 것들은 신문이나 다른 출처 — 이 경우 출처를 밝혔다 — 에서 따오거나 그것을 수정한 것이다. 초판에도 사용되었던 일부는 *OCR*(Oxford, Cambridge and RSA) 시험 위원회에서 관장하는 비판적 사고 시험(AS 레벨)에서 따온 것으로, 이 경우 시험 날짜와 문제 번호가 적혀 있다. 다른 것들은 알렉 피셔와 앤 톰슨이 만든, 이스트앵글리아대학 주관 논리적 추론력 평가(Test of Logical Reasoning, 아래 *TLR*로 표시)에 나왔던 지문들이다.

책에 나오는 많은 문제들은 수업의 서로 다른 단계에서 다시 나오기도 한다는 점을 명심하라. 가령 6장과 7장에서는 주장의 신뢰성을 판단하는 문제를 다루는데, 이때 7.11에서 다루는 연습 문제 가운데 한두 개는 이전에 여러분이 이미 답을 한 적이 있는 것이다. 앞에서 답을 어떻게 썼는지 생각해 보지 말고, 6장과 7장을 공부할 때 두 번째 답을 쓰면 된다. 나중에 두 답을 서로 비교해 봄으로써, 여러분은 (또는 선생님께서는) 제대로 된 답(또는 틀린 답)을 썼는지, 그 장을 공부하고 나서 나아졌는지를 확인해 볼 수 있을 것이다.

또한 여기에 나오는 거의 모든 글은 비판적 사고를 공부하는 맥락에서 여러 차례 사용하거나 연습해 볼 수 있을 만큼 풍부한 내용을 지니고 있다는 점을 명심하라. 비록 대부분은 한두 문제에서만 지문으로 나오지만 그것들을 여기 다 넣어 놓은 이유는 풍부한 예를 제공함으로써 여러 부류의 학생들이 재미를 느끼게 하고 또한 학생들이 기술을 연마함에 따라 좀 더 어려운 문제도 풀어 보도록 하기 위해서이다.

책에 나오는 연습 문제의 해답은 대부분 책 본문에 나와 있거나 아니면 뒤에 실려 있는 해답에 들어 있다.

여기 나오는 글은 모두 적절한 허락을 받아 실은 것이다.

1. 창업자가 되는 일은 도전적이면서도 돈도 아주 많이 벌 수 있는 직업이다. 자신을 위해 하는 것이므로 자유롭게 일을 할 수 있고, 대학 교육이 꼭 필요하지도 않다. 따라서 대학에 가지 않을 사람에게 알맞은 일은 창업자가 되는 것이다.

2. 2000년에 맥과이어 박사는 런던 택시 운전사의 뇌에 관한 획기적인 연구 결과를 발표했다. 뇌스캔 결과 그들은 보통 사람들보다 해마(길 찾기에 사용되는 뇌 부위)가 훨씬 크다는 점이 드러났다. 더구나 그것이 클수록 운전 경력도 길었다. 따라서 우리는 뇌세포를 일찍부터 꾸준히 잃고 있다고 생각하는 것은 잘못이다. (〈데일리텔레그래프〉, 2008. 10. 6., 25쪽 참조)

3. 지구 온난화가 실제로 진행되고 있다면, 북극과 남극의 빙하가 아주 빠른 속도로 녹고 있어야 할 것이다. 빙하가 녹고 있다면, 해수면이 높아지는 결과가 나타나야 한다. 그런데 해수면이 높아지고 있다는 증거가 있다. 따라서 지구 온난화가 실제로 진행되고 있음이 분명하다. (OCR 1999, 1번)

4. 대부분의 사람들은 아프기 전에는 건강에 별로 신경을 쓰지 않는다. 공공 의료 서비스의 수요는 해마다 늘고 있지만, 우리에게 실제로 필요한 것은 건강 교육을 더 잘 받는 것이다. 사람들이 걸리는 많은 질병은 생활 습관에 기인한다. 즉 무엇을 먹고 마시는지, 흡연을 하는지, 운동을 얼마나 하는

지, 잠을 충분히 자는지 등에 달려 있다. 사람들이 좀 더 건강한 생활 습관을 유지한다면, 질병에 시달리는 사람도 훨씬 줄어들 테고 건강에 드는 엄청난 비용도 줄일 수 있을 것이다.

5. 서식지의 파괴 때문에 멸종되어 가는 종이 많이 있다. 농사를 짓기 위해 숲을 파괴하는 것과 같이 이런 일이 인간의 활동에 의해 직접적으로 야기되는 경우도 있지만, 지구 온난화 또한 많은 서식지에 치명적인 영향을 주고 있다. 물론 이 경우에도 인간의 활동이 이것의 주된 원인이기도 하다. 인간이 바로 여러 종의 존재에 대한 주된 위협이다.

6. 여러분이 자동차를 보유하고 있다면, 여러분은 그런 권리를 갖는 대가로 여러 가지 세금을 낸다. 세계 어느 나라든 모든 정부는 도로세 수입을, 복지에서 전쟁에 이르기까지 온갖 일에 쓴다. 하지만 이것은 부당하다. 도로세는 도로 건설, 도로 유지 보수, 도로 순찰 등과 같은 도로 관련 일에만 써야 한다.

7. 외계인에 의해 납치된 적이 있다고 주장하는 사람들이 실제로 납치된 것이라고 한다면, 우리는 UFO 목격담을 아주 심각하게 받아들여야 할 것이다. 하지만 그런 주장은 아주 의심스럽다. 납치되었다고 주장하는 사람들이 분명히 거짓말을 하고 있거나 아니면 그 사람들이 환각이나 일시적인 마비 상태에 있었다는 식으로 그들의 주장을 다양하게 설명해 낼 수 있다. 이처럼 외계인을 끌어들이지 않고도 납치되었다는 주장을 적절히 설명해 낼 수 있기 때문에, 우리는 UFO 목격담을 심각하게 받아들일 필요가 없다. (*OCR* 1999, 문제 1)

8. 투우는 스페인에서 오래전부터 해 왔던 것이기는 하지만 그것은 현대적 사고와는 맞지 않는다는 이유로 그것을 금지하는 운동을 벌이는 사람들이 있다. 투우는 프랑스, 포르투갈, 멕시코, 콜롬비아, 베네수엘라, 페루, 에콰도

르 등에서도 합법적이다. 투우를 아름답고 고상한 스포츠로 보는 사람도 있기는 하지만, 대부분의 사람들은 요즘 그것을 금지해야 할 야만적 활동이라고 여긴다.

9. 홍콩중문대학 연구팀은 소아과 학술지에, 주말에 침대에 누워 있는 십 대들은 게을러 보일지는 모르지만 침대에 있는 추가 시간이 살도 덜 찌게 하고 건강에도 도움이 된다는 연구 결과를 발표했다. 그 연구팀은 다섯 살에서 열다섯 살에 이르는 약 5,000명의 어린이들을 조사해, 침대에 누워 있는 것을 좋아하는 아이들은 과체중일 확률이 낮다는 사실을 알아냈다. (〈데일리텔레그래프〉, 2009. 11. 14. 참조)

10. 사람들은 석유가 지표면의 극히 일부에만 있을 것으로 예상해 왔다. 일부 지리학자들은 석유가 기존 탐사 지역에 있는 것만큼 미탐사 지역에도 있다면, 석유 매장량은 현재 추정치의 수천 배가 될 것이라고 주장했다. 그들의 주장이 맞다면, 세계가 필요로 하는 석유를 수 세기 동안 공급하는 데에도 아무런 문제가 없을 것이다.

11. 한 유럽 과학자 집단이 간접흡연과 폐암 사이의 연관성에 관한 수많은 기존 연구 결과들을 검토해 보았다. 그들은 이런 연구 결과들도, 직장이나 집에서 부모나 배우자가 흡연자여서 환경적으로 늘 담배 연기에 노출되어 있는 사람은 폐암에 걸릴 위험이 상당히 높다는 점을 입증하지 못했다고 말했다. 하지만 이런 분석은 담배 회사의 후원을 받아 이루어진 것이다. 따라서 이런 분석 결과는 옳지 않을 가능성이 아주 높다. (*OCR 1999*, 문제 1)

12. 미국 식품 및 의약청 청장을 지낸 데이비드 케슬러 박사는 최근 『과식의 종말』이라는 책을 냈다. 거기서 그는 많은 식품들은 우리가 먹으면 먹을수록 더 먹고 싶은 맛을 내도록 개발되어 왔다고 주장했다. 그가 말하듯이, "과체중이나 비만이라고 개인을 나무라서는 안 된다. 진정한 문제는 언제든

먹을 게 있고, 먹으면 먹을수록 더 먹고 싶은 식품이 있는 세상을 우리가 만들었다는 것이다."

13. 현재 세계는 모든 사람이 먹을 수 있을 만큼의 충분한 식량을 생산하고 있다. 문제는 식량이 생산되고 나서 벌어지는 일에서 생긴다. 가령 고기 1kg을 생산하려면 곡물 4kg이 든다. 우리가 모두 채식주의자가 된다면, 먹고 살 식량은 충분할 것이다. 또 한 가지 문제는 부자 나라의 사람들이 가난한 나라의 사람들은 살 수 없을 정도의 가격을 식량에 매긴다는 점이다. 또한 부자 나라의 사람들은 필요 이상으로 고기를 먹는다. 맬서스가 그랬듯이, 굶어 죽는 사람이 언제나 그렇게 많이 있을 수밖에 없다고 말하는 것은 터무니없다.

14. 담배 광고의 금지는 흡연 증가로 쉽게 이어질 수 있다. 정부가 그 나라에서 담배 광고를 금지한다면, 담배 회사들은 그 나라에서 담배 광고에 들일 돈을 절약하게 되고, 다른 회사와 경쟁하기 위해 담배 가격을 낮출 가능성이 높다. 그러면 그다음 결과는 무엇이겠는가?

15. 시스티나 성당의 유명한 천장 벽화는 1508년에서 1512년 사이에 미켈란젤로가 그린 것이다. 이후 오백 년 동안 벽화는 원래 색을 잃었음이 분명하다. 미사가 늘 있었고, 촛불을 피워 촛농과 검댕도 생겼으며, 얼마 후에는 점차 누렇게 되어 가는 유약도 발랐다. 창문을 열어 놓음으로써 도시의 매연도 들어왔고, 최근에는 수많은 자동차의 배기가스도 들어왔다. 1980년대와 1990년대 바티칸이 시행한 청소와 복구 작업으로 촉발된 논란은 완전히 번지수를 잘못 찾은 것이다. 그 일은 세계에서 가장 유능한 그림 복원 전문가가 한 일이며, 예술 전문가와 역사가들로 이루어진 연합팀의 엄격한 감독 아래 진행되었다. 사람들은 검댕과 유약, 매연 등으로 흐릿해진 벽화를 보는 데 익숙해서 원래 그림이 얼마나 밝고 생생한지를 전혀 깨닫지 못했다.

16. 아마도 독성 시험에 동물을 사용해서는 안 된다는 주장에 대한 가장 흔한 대응은 이익 논증(the benefits argument)이다. 그 논증은 다음과 같다. 동물에 대한 독성 시험 덕분에 인간과 동물이 이익을 얻는다. 따라서 이런 시험은 정당하다. 하지만 이 논증을 지지하는 사람들은 동물이 얻는 이익이 시험 과정에서 동물이 받는 고통보다 훨씬 크다는 점을 입증해야 하며, 그렇게 한다면 그것이 독성 시험을 옹호해 준다고 할 수 있을 것이다. 하지만 불행하게도 이런 시험을 허용하자고 하는 사람들은 동물의 이익이 무엇인지를 제대로 설명하지 못하며, 따라서 이익 논증은 설득력이 없다. (OCR 1999, 문제 1)

17. 어떤 사람은 온갖 역경을 이겨내고 성공한다. 비록 부자로 태어나지 않았거나 그들의 야망을 실현하는 데 도움을 줄 부모가 없을지라도 그들은 여전히 성공한다. 이는 바로 단호한 결심과 노력만 있으면 무엇이든 할 수 있다는 것을 보여 준다. 따라서 여러분이 진정으로 무엇인가를 원한다면, 그것을 하라.

18. 최근 연구에 따르면, 구름과 햇볕의 상호 작용에 대한 우리의 이해는 잘못된 것일 수도 있다. 구름은 이전에 생각한 것보다 네 배나 더 많은 에너지를 흡수한다는 것이 관측 결과 밝혀졌다. 기상 변화를 설명하는 현존 모형은 이전의 관측에 근거한 것이기 때문에, 새로운 관측 결과가 정확한 것이라면 기상 변화 모형도 완전히 바뀌어야 한다. 기상 모형은 지구 온난화를 측정하는 데도 사용되고 있으므로, 이런 기상 모형이 부정확하다는 것이 드러나면 지구 온난화에 대한 우리의 이해도 완전히 바뀌어야 한다. (OCR 2000, 문제 1)

19. 세계보건기구에 따르면, 세계적으로 수천 명의 사람이 과도한 소음에 장기간 노출됨으로써 생기는 심장병으로 일찍 죽는다. 소음 공해는 수면 방해와 스트레스를 야기하며, 높은 스트레스는 심지어 자는 동안에도 몸속의

코르티졸, 아드레날린, 노르아드레날린과 같은 스트레스 호르몬을 증가시킬 수 있다. 이런 호르몬들이 대동맥 주위를 오래 머물면서 순환하면, 고혈압, 뇌졸중, 심장마비를 일으킬 가능성이 높아진다. (〈가디언〉의 과학 통신원인 알록 자의 글 참조. 2007. 8. 23., 12쪽)

20. 많은 사람들은 자신들이 폭력 범죄의 위험에 노출되어 있다고 믿지만 범죄 통계를 보면 실제로 그런 위험에 노출된 사람은 극히 적다. 가장 많이 노출된 사람은 젊은 남자이다. 왜냐하면 대부분의 폭력 범죄는 젊은 남자들 사이에서 일어나기 때문이다. 텔레비전 뉴스와 드라마, 영화는 폭력 범죄가 아주 일반적인 것처럼 과장하고 있다. 매체가 위험의 실제 정도를 정확히 전달해야 할 때이며, 특히 나이든 사람은 걱정할 필요가 거의 없다는 점을 정확히 전달해야 할 때이다.

21. 지구 역사를 보면 종이 멸종된 수많은 사례가 있었으며 우리는 그런 멸종을 심각한 환경 문제로 보아서는 안 된다. 2억 4천5백만 년 전에는 종의 90퍼센트가 멸종했다. 6천5백만 년 전에는 공룡을 포함해 당시 생존하던 생명체 가운데 50퍼센트가 사라졌다. 훨씬 최근 들어서는 인간의 영향으로 많은 종이 멸종되고 있다. 가령 하와이의 경우 이런 영향 때문에 수많은 종류의 식물이나 곤충, 동물이 사라졌다. 하지만 멸종이 되면 그 종을 대체하는 새로운 종이 늘 있다는 사실을 우리는 알 수 있다. (가령 멸종된 공룡을 대신해 포유류가 등장했다)(*OCR* 2000, 문제 1)

22. 대부분의 사람을 가난하게 만드는 경제 체제를 반대하는 간단한 논증이 있다. 그것은 비효율적이라는 것이 바로 그 논증이다. 효율적인 경제 체제는 효용을 극대화할 수 있는 곳, 즉 최대의 이익을 낳는 곳에 자원을 배분한다. 비록 일부 경제학자들은 문제 삼을 테지만, 보통의 가난한 사람이 보통의 부자보다 1달러를 더 잘 사용할 수 있다는 것은 누구나 다 알고 있다. 부를 더 잘 사용할 수 있는 사람들에게 자원을 주지 않고, 마치 방탕한 '억

만장자 상속인'과 같은, 아무런 소용도 없는 사람에게 거대한 부를 주는
체계는 명백히 비효율적이다.

23. 『디캔터』 잡지는 2007년에 '물맛 맛보기'(water tasting) 대회를 열었다.
심사 위원은 와인 마스트들과 최고의 소믈리에 등으로 구성되었다. 그들은
24개의 물 가운데 런던 수돗물을 공동 3위로 꼽았다. 한 병에 21파운드 하
는 가장 비싼 물은 18위였고, 두 번째로 비싼, 캘리포니아의 블링 물은 22
위였다. 런던 수돗물은 무료이다.

24. 닐 암스트롱이 1969년에 실제로 달에 착륙한 것이 아니라면, 수천 명이 개
입된, 아주 어마어마한 음모가 있었음이 분명하다. 그런 음모가 있었을 것
같지는 않다. 지금쯤이면 누군가는 무심코 그 음모를 누설했을 것이다. 따
라서 닐 암스트롱은 1969년에 달에 착륙했다.

25. 어떤 사람은 대학 입학은, 고등학교 성적이나 대학 입학시험 성적과 같은
객관적인 지표에만 근거해야 한다고 주장한다. 하지만 이는 집안 배경이
다르고 학교가 다름에 따라 학생들이 아주 다른 교육 기회를 갖게 된다는
사실을 무시하는 것이다. 대학에서의 성공은 스스로 생각하는 능력과 어려
운 일을 해내고자 하는 의지 — 좋지 않은 교육 기회를 가졌던 학생들 가운
데도 이런 것들을 지닌 학생이 있다 — 에 상당 부분 의존한다.

26. "티파니에서 아침을"이라는 영화에서 여배우 오드리 헵번은 지방시가 디자
인한 아름다운 검정 드레스를 입었다. 2006년 12월에 그 드레스는 크리스
티 경매에서 놀라운 액수인 467,200 파운드에 팔렸다. 수익금은 캘커타 시
에 있는 조이 재단에 기부되었다. 그 재단은 인도의 빈민들을 돕기 위해 프
랑스 작가 도미니크 라피에르가 세운 자선 단체이다. 그 돈은, 인도에서 가
장 가난한 지역 가운데 하나인 웨스트 벵갈 지역에 15개의 학교를 세우는
데 사용되었다. 오드리 헵번은 말년을 가난한 사람들을 돕는 활동으로 보

냈다. (《인디펜던트》, 2007. 3. 2. 참조)

27. 노인들이 질병에 걸리는 비율이 감소해 왔다. 가령 관절염이나 치매, 뇌졸중은 해마다 감소하고 있다. 이렇게 감소한 데는 여러 가지 요인이 있겠지만, 그 가운데는 고혈압을 다스리는 베타 차단제나 고관절 수술과 같은 의학의 발전도 들어 있을 것이다. 하지만 또 다른 요인이 있다. 현재의 6/70대는 그들의 부모 세대에 비해 어렸을 때 영양 섭취가 훨씬 더 좋았다. 어릴 때 영양 섭취를 잘하는 것이 어른이 되었을 때 건강을 유지할 수 있는 중요한 토대가 된다. 영양 상태가 과거 60년 동안 줄곧 나아졌기 때문에, 우리는 노인 질병 가운데 상당수가 계속 줄어들 것이라고 예상할 수 있다. (OCR 2000, 문제 1)

28. 미국에서 8,000명의 화이트칼라 노동자들을 조사한 최근 연구에 따르면, 일을 하는 데 상당한 자율성을 가진 사람들은 심장병이나 스트레스 관련 질병에 걸리는 비율이 낮았다. 그래서 스트레스가 가장 많은 직업은 자신들이 하는 일에 자율성이 거의 없는 사람들이었다. 스트레스 관련 질병의 발생 빈도를 줄이고 싶다면, 고용주는 노동자들에게 더 많은 자율성을 부여해야 한다.

29. 로마 가톨릭 신부가 철학자 데카르트에게 비소가 들어간 성찬 제병을 주었다면, 그것이 데카르트를 죽게 만들었을 수도 있다. 로마 가톨릭 신부가 철학자 데카르트에게 비소가 들어간 성찬 제병을 실제로 주었다. 따라서 그것이 데카르트를 죽게 만든 것임이 분명하다. (《가디언》, 2010. 2. 15.에 나온 이야기 참조)

30. "'독약'이라고 적힌 병의 음료를 마신다면, 그것은 해롭다. 이 병에는 '독약'이라고 적혀 있지 않다. 따라서 이것은 해롭지 않다." (루이스 캐롤, 『이상한 나라의 엘리스』 참조)

31. 인간 언어의 기원에 관한 어떤 이론에 따르면, 첫 번째 말은 자연의 소리를 모방한 것이었다. 현대 언어에도 그런 단어가 남아 있는 것으로 보인다는 점이 이런 설명을 뒷받침하는 증거로 제시된다. 가령 올빼미를 뜻하는 웨일즈 말은 'gwydihŵ'인데 이는 '구디후'로 발음되며, 이는 올빼미가 내는 소리를 흉내 낸 것처럼 보인다. 하지만 일부 단어가 실제로 자연의 소리를 모방한 것이라면, 의성어는 어느 언어에서나 똑같거나 적어도 비슷해야 할 것이다. 그런데 아주 흥미롭게도, 그렇지 않다. 개가 짖는 소리는 프랑스어로는 '와와'이며, 이탈리아어로는 '부부'이고, 한국어로는 '멍멍'이다. 고양이가 그르렁거리는 소리는 프랑스어로는 '롱롱'이고, 독일어로는 '슈누르'이다. 언어마다 동의어가 서로 다르듯이, 의성어도 언어마다 서로 다르다. (OCR 2000, 문제 1)

32. 당신의 남편이 산책하던 '악어 미끄럼틀' 근처에 핏자국을 남기고 사라졌다면, 아마도 그는 악어에게 물려 간 것이다. 경찰은 악어 미끄럼틀 옆에서 그의 핏자국을 발견했고 그는 사라졌다. 따라서 아마도 그는 악어에게 물려 갔을 것이다. (2008. 10. 6., 〈데일리텔레그래프〉에 나온 이야기 참조)

33. 영국 고속도로의 제한속도는 시속 70마일이지만, 대부분의 차는 시속 80마일로 달린다. 이런 식으로 법을 어기면 법을 무시하게 될 가능성이 높다. 정부는 고속도로 제한속도를 시속 80마일로 높여야 한다. 이렇게 하면 운전자들이 법을 위반하지 않고 적당한 속도로 운전을 하게 될 것이다.

34. 더 이상 경제 성장을 목표로 삼아서는 안 된다는 주장은 터무니없다. 언제 경제 성장을 멈추어야 했단 말인가? 아마도 석기 시대? 그때는 분명히 가장 '환경친화적인' 시기였을 것이다. 야생 생물이나 우림 지역을 생각해 보라. 아니면 빅토리아 시대? 하지만 교통수단이 제대로 갖추어지기 전이었던 그 시대에는, 부자라야 명승지를 찾아갈 수 있었다. 지금은 가고자 한다면 누구나 갈 수 있다. 이것이 어떻게 나쁜 일일 수 있는가? 우리는 지금

도 여전히 새로운 명승지를 찾아갈 수 있다. 경제 성장 덕분에 더 많은 사람이 부유하게 됨에 따라 더 많은 사람이 명승지를 찾아 떠날 수 있게 되었다. 환경에 대한 걱정 때문에 우리가 이전 시기에 경제 성장을 멈추었더라면, 그것은 커다란 비극이었을 것이다. (TLR)

35. 과거 천연두로 죽은 사람이 엄청나게 많았음에도 불구하고 일부 부모들은 아이들에게 예방접종을 시키지 않는다. 왜냐하면 그들은 아이들이 천연두에 걸릴 위험이 요즘은 꽤 낮다고 생각하기 때문이다. 더구나 어떤 부모들은 백신이 부작용을 일으킬 확률도 무시하지 못할 정도라고 생각한다. 그런 사람들이 보기에는 예방접종을 하지 않는 것도 아주 합리적인 것으로 비친다. 하지만 상당수의 사람들이 천연두 예방접종을 하지 않는다면, 면역력이 없는 사람들이 많아짐에 따라 천연두가 몇 년마다 창궐하게 되리라는 사실을 그들은 깨닫지 못하고 있다. (TLR)

36. 경찰은 차를 훔쳐 달아나는 젊은 폭주족을 경찰관이 높은 속력으로 추격하지 못하도록 해야 한다. 그렇게 추격하다가 폭주족과 무고한 시민이 다치는 사고가 자주 발생해 왔다. 경찰에서는 시민의 안전을 위하여, 속도가 안전에 위협이 될 정도라면 추격을 그만두도록 하는 규정을 이미 채택하고 있다고 말한다. 하지만 경찰관은 추격할 때의 급박함 때문에 그런 규정을 잊고 시민의 안전을 무시하기 일쑤이다. 도난당한 차량이 사람의 목숨보다 중요한 것은 아니다. (TLR)

37. 네가 투표를 하지 않는다면, 선거 결과에는 별 차이가 없을 것이다. 하지만 모두가 너처럼 투표를 하지 않는다면, 선거 결과에는 차이가 있을 것이다. 따라서 너는 투표를 해야 한다. (TLR)

38. 3/4쯤 물이 차 있는 양동이가 여러 차례 꼬인 긴 줄에 매달려 있다고 생각해 보자. 물이 정지하게 되면 물 표면은 평평할 것이다. 이제 양동이가 돌

도록 꼬인 줄을 풀어 주자. 물 표면에 어떤 일이 벌어질까? 처음에는, 양동이를 기준으로 보면[양동이에 상대적으로] 물이 빨리 도는데도, 평평하게 유지된다. 그러다가 점차 돌고 있는 양동이가 물에 운동을 전달함에 따라, 물 표면은 원심력에 의해 양동이 안쪽이 움푹 패이게 되어 오목한 모양이 된다. 일정한 시점이 되면, 물은 양동이와 같은 속도로 회전을 하게 될 것이고, 따라서 양동이에 상대적으로 그 물은 정지해 있게 된다. 하지만 물 표면은 여전히 오목한 모양일 것이다. 이는 상대 운동과 절대 운동 사이에 커다란 차이가 있다는 것을 보여 준다. 처음에 물의 '운동'은 상대적일 뿐이다. 하지만 그리고 나서는 오목한 표면에서 드러나듯이 그것은 절대적이다. (아이작 뉴턴, 『프린키피아』Book 1: 주석 [1687년]. 이것이 뉴턴의 유명한 '양동이 논증'이다. 위키피디아 참조)

39. 사형선고를 받은 사람에게 종신형이나 사형 가운데 하나를 선택하라고 하면, 99퍼센트는 종신형을 선택한다. 이 사실은 사람들이 일생 동안 감옥에 있는 것보다 죽음을 더 두려워 한다는 점을 보여 준다. 사람이란 가장 두려워하는 것을 피하고자 하기 마련이므로, 사형으로 위협을 가하는 것이 종신형으로 위협을 가하는 것보다 살인 범죄 억제 효과가 더 클 것이다. (*TLR*)

40. 지구 이외의 우주 어딘가에 지능이 있는 생명체가 있을까? 1952년 유명한 실험에서 두 명의 시카고 과학자, 스탠리 밀러와 해롤드 유레이는 지구의 초기 환경과 비슷한 상황을 밀폐된 통에 재현해 보았다. 거기에는 (바다를 나타내는) 물, (지구의 초기 대기와 같은) 메탄, 암모니아, 수소, 그리고 (번개를 재현하기 위한) 전기 아아크(electric arc, 전호 電弧)가 있었다. 대기에 수증기를 만들기 위해 물을 일부 가열했고, 그 대기에 일주일 동안 스파크가 일게 했다. 실험 막바지에 그들은 단백질의 구성 성분인 아미노산과 몇 가지 지방산, 그리고 요소를 발견했는데, 이것들은 모두 생명 과정에 중요한 화학물질들이다. 초기 화학물질의 조합을 달리해 그 실험을 반

복했을 때도 비슷한 결과가 나왔다. 이들 실험은 우주에 생명체가 아주 드
문 것이 아님을 시사해 준다. 왜냐하면 중요한 화학물질은 드문 것이 아니
며 우리 은하계에만도 1천억 개의 별이 있기 때문이다.

하지만 놀라운 것은 무선 신호의 수신을 통해 지능이 있는 우주 생명체
를 찾아왔던 과학자들은 지구 이외에 생명체가 존재한다는 것을 보여 줄
만한 어떤 튼튼한 증거도 찾지 못했다는 점이다.

41. 2009년 4월 6일 이탈리아 로마 북동쪽 95킬로미터 지점의 라퀼라시에서
지진이 일어났다. 라퀼라에 사는 실험실 기사였던 줄리아니는 그 지진을
예측했다. 왜냐하면 그는 흔들림을 느꼈고 그 지역에서 라돈 가스 배출이
늘었음을 감지했기 때문이다. 수년 동안 그는 지진 활동이 왕성한 지역에
서는 이런 요소들이 지진이 임박했음을 보여 주는 징후라는 점을 확신했
다. 하지만 이탈리아 지진학자들은, 라돈 배출의 증가를 지진 예측에 사용
할 수 있는지를 연구한 결과, 라돈이 증가하지 않았는데도 지진이 난 경우
도 많았고 또한 라돈이 증가했지만 지진이 나지 않은 경우도 많았다는 이유
를 들어 그것이 맞지 않음이 드러났다고 지적하면서, 그에 동의하지 않았
다. 줄리아니는 확성기를 가지고 시내를 돌아다니면서 사람들에게 경고를
했고 유튜브에 영상을 올리기도 했지만, 시장은 경찰을 통해 그가 그런 경
고를 확산시키지 못하도록 막았다. 재앙에도 불구하고 시장이 그렇게 한 것
은 옳았다. 줄리아니의 예측이 사실로 드러난 것은 순전히 우연이다. ("예
측은 좋지만 주민들을 보호하는 더 좋은 방안이 있다"라는 제목으로 벤 골
드에이커가 〈가디언〉에 쓴 글 참조. 2010. 6. 19.)

42. 다음 글에는 일어난 사건과 관련해 논란이 벌어지고 있는 상황에 관한 정
보가 나와 있다. 이 정보를 이용해, 그 사건에서 책임을 져야 할 사람이 누
구인지를 판단해 보라. 관련 당사자가 목격한 것은 무엇이며, 그 사람들이
그런 진술을 하는 동기가 무엇이며, 그들이 어떤 분야의 전문가이며, 다른
관련 요인들은 어떤 것이 있는지 등을 판단할 때, 여러분이 어떤 가정을 하

고 있는지를 분명히 해야 한다.

가구 공장에서 일하던 노동자 하나가 회전 톱에 사고를 당했다. 톱에 큰 나무를 밀어 넣다가 손을 많이 다쳤다. 사고 책임을 둘러싸고 논란이 벌어졌다.

부상을 당한 노동자 A는 자신은 회사에서 정한 안전 절차를 모두 따랐으며, 회사의 주인인 B가 기계의 안전성을 제대로 확보하지 못했다고 주장했다. B는 기계는 아무런 문제도 없었다고 힘주어 말했다. 그는 기계가 문제가 있었다면 공장장 F가 자신에게 보고를 했을 것이라고 말했다.

F는 기계는 늘 잘 관리되고 있었다고 말했으며, 그 점을 강조하기 위해 법정에 점검 기록을 제시했다. 게다가 F는 사고 직전 A가 '다른 동료 노동자들과 웃고 떠드는 것'을 보았다고 말했다.

동료 노동자 가운데 한 사람인 C는 기계를 정기적으로 점검하기는 했지만, 애초에 안전장치가 허술하게 되어 있고 잘 작동하지 않아서 톱이 그렇게 안전한 것은 아니었다는 A의 주장에 동의했다. 나아가 그들은 그 점을 이미 F에게도 말했다고 했다.

그 기계를 면밀히 검토한 안전 관리 공무원 I는 회전 톱 사용 때 흔히 발생하는 문제를 해결할 만큼 안전장치가 제대로 갖추어진 것은 아니었다고 보고했다. (*OCR* 1999, 문제 2)

43. (스탠포드대학의) 로드, 로스, 레퍼가 1979년에 쓴 고전적 논문에는 우리가 증거를 보고 얼마나 입장을 바꿀 준비가 되어 있는지를 알아보는 실험이 나와 있다. 그들은 사형제를 찬성하는 집단 하나와 그것을 반대하는 집단 하나를 잡아, 그들 모두에게 두 가지 연구 결과, 즉 하나는 그들의 기존 견해를 지지하는 것이고 다른 하나는 그것을 반대하는 연구 결과(가령 어떤 주에서 사형제를 폐지한 후에 살인율이 올라갔다거나 내려갔다고 하는 것을 보여 주는 연구 결과)를 제시했다. 두 집단 모두 자신들의 기존 믿음이 강화되었다고 생각했다. 특히 그들 모두 자신들이 동의하지 않는 입장의 경우 '증거'가 문제가 된다는 것을 알았지만 자신들이 지지하는 입장의

경우 증거가 문제가 된다는 점은 무시했다. 좀 더 최근의 연구 결과는 어떤 사람들은 자신의 신념이 문제가 있음을 말해 주는 과학적 증거를 만났을 때, 그 주제(동성애든 무엇이든)는 과학적 방법에 의해 연구될 수 없다고 주장하기까지 한다는 것을 보여 주었다. (『응용 심리학 저널』에 나온 지오프리 먼로 교수의 논문 참조. 2010)

44. 다음 글에는 일어난 사건과 관련해 논란이 벌어지고 있는 상황에 관한 정보가 나와 있다. 이 정보를 이용해, 무슨 일이 있었는지를 판단해 보라. 관련 당사자가 목격한 것은 무엇이며, 그 사람들이 그런 진술을 하는 동기가 무엇이며, 그들이 어떤 분야의 전문가이며, 다른 관련 요인들은 어떤 것이 있는지 등을 판단할 때, 여러분이 어떤 가정을 하고 있는지를 분명히 해야 한다.

　남미의 한 국가에서 새 대사를 지명한 일이 상당한 논란을 불러일으켰다. 왜냐하면 그 대사는 여러 인권 단체가 정적(政敵)을 고문한 사건에 개인적으로 연루된 사람이라고 고발한 사람이었기 때문이다. 그의 지명을 반대하는 시위가 반파시스트 연합(AFA) 주최로 열리게 되었다. 하지만 이는 또 다른 시위를 불러왔다. 이 시위를 조직한 단체는 '부활-1933'(Rebirth-1933, 이는 R33이라고도 알려져 있다)으로, 여기서는 그 대사를 '도덕적 타락에 맞서 싸우는 전사'라며 환영했다.

　경찰은 시위가 둘 다 열리도록 허용했으며, 양측을 떼어 놓기 위해 경찰을 대거 투입했다. 하지만 불행하게도 양측 시위대의 숫자는 예상보다 훨씬 많았고, 따라서 양측의 충돌을 막기는 어렵게 되었다. 다친 사람 가운데 하나는 AFA의 지도자인 프란 리(F)였다. 그 여자는 머리에 중상을 입고 가까운 병원으로 실려 갔는데, 그 병원에서 혼수상태에 빠졌다.

　(F)의 부상을 둘러싼 상황은 분명하지 않다. 부상당할 당시 그 여자는 한 경찰관(P)에 의해 제지를 당하고 있었다. (P)는 그 여자가 머리에 '돌'을 맞았고, 자신도 헬멧에 돌을 맞았으며, 그 돌은 R33 시위대 쪽에서 날아온

것이라고 말했다. 게다가 (P)는 자신은 아주 가까이 있던 R33 시위대에 의해 그 여자가 공격을 받는 일이 없도록 막는 역할을 하는 경찰관 가운데 하나였다고 주장했다. 반면 유명한 변호사이자 인권 단체 활동가로 당시 그 여자와 같이 있었던 사람인 (A)는 (F)가 경찰, 특히 그 여자뿐만 아니라 다른 AFA 사람들에게도 무자비하게 곤봉을 휘두른 (P)에 의해 부상을 입었다고 주장했다. TV 뉴스 취재팀의 한 사람인 (N) — 그 사람의 카메라도 그 난투 과정에서 부서졌다 — 은 (F)가 (P)에 붙잡히기 직전에 (F)나 다른 AFA 시위대에게 무자비하게 곤봉을 휘두르는 여러 경찰들 모습을 찍었다고 말했다.

비록 R33 지도자는 그 여자가 자신들의 지지자 가운데 누군가가 던진 무언가에 맞았다는 것을 부인했지만, 익명을 요구한 R33 소속의 한 사람은 BBC와의 인터뷰에서 '벽돌로 리의 머리를 박살냈다'고 자랑했다. 또 다른 목격자인 네덜란드 관광객 (D) — 그 사람은 다치지 않기 위해 시위 장소 입구 쪽에 피해 있었다 — 는 경찰이 사람들을 떼어 놓기 위해 곤봉을 무자비하게 사용하는 것을 똑똑히 보았다고 말했지만 뭔가가 날아다니는 것은 보지 못했다고 말했다. 병원 대변인인 (H)는 "프란시스 리는 두개골이 골절되었으며, 이는 머리에 아주 심한 타격이 가해져서 생긴 것 같다"고 말했다. (*OCR 2000*, 문제 2)

45. 다음 글은 주장의 신뢰성과 기적에 관한 추론을 다루고 있는 아주 어려운 글이다.

    … 사람들의 증언이나 목격자의 보고로부터 추론을 하는 일은 아주 흔한 일이며, 그렇게 하는 것이 유익하고 인간 삶에 꼭 필요한 것이기도 하다. … 하지만 증언을 통해 확립하고자 하는 사실이 아주 특이하고 놀라운 것이라고 해 보자. 그 경우 증언으로부터 나온 증거는, 확립하고자 하는 사실이 얼마나 특이한지에 따라, 에누리가 될 수 있다. …

    이제 증언을 통해 확립하고자 하는 사실이 단순히 놀라운 것이 아니라 실제로 기적이라고 해 보자. …

　무슨 일이든 그것이 일상적으로 보통 일어나는 일이라면, 그것은 기적이라고 할 수 없을 것이다. 건강이 좋아 보였던 사람이 어느 날 갑자기 죽었다면 그것은 기적이 아니다. 그것이 상당히 특수한 것이기는 하지만, 그런 죽음도 비교적 자주 일어나곤 하기 때문이다. 하지만 죽은 사람이 다시 살아났다면 그것은 기적이다. 그런 일은 어느 때고 어디에서도 일어난 적이 없기 때문이다. …

　우리가 내릴 수 있는 명백한 결론은 다음과 같은 것이다. … "증언이 거짓이라는 것이 증언을 통해 확립하고자 하는 사실보다 더 기적적이지 않는 이상, 어떤 증언도 기적을 입증할 수 없다."… 누군가가 죽은 사람이 다시 살아난 것을 보았다고 말한다면, 나는 곧 스스로 이 사람이 나를 속이거나 아니면 이 사람이 속았을 확률이 그가 말하는 그 사건이 실제로 일어났을 확률보다 더 높은지를 가늠해 본다. 나는 하나의 기적과 다른 기적을 서로 저울질해 본다. 어느 것이 더 기적적인지를 보고, 나는 결정을 내리며, 나는 항상 더 큰 기적을 버린다. 그 사람의 증언이 거짓이라는 것이 그 사람이 말하는 그 사건보다 더 기적적이라면, 그리고 그 경우여야 비로소 그 사람이 나의 믿음이나 견해를 바꿀 수 있다. (데이비드 흄, 『인간의 이해력에 관한 탐구』, 10절, 1부, 91번 단락)

46. 케임브리지대학과 메릴랜드에 있는 미국 국립 노화연구소의 신경 과학자들은 달리기가 뇌를 자극해 수천 개의 새로운 세포를 자라게 하며, 이는 기억과 학습 능력에 큰 영향을 준다는 것을 밝혀냈다고 주장했다. 그들은 달리기를 많이 하는 쥐와 그렇지 않은 쥐의 두 집단을 연구했다. 달리기를 많이 한 후, 달리기를 한 쥐들은 달리기를 하지 않은 쥐 집단보다 기억력 테스트 점수가 거의 두 배 더 높았고, 비슷한 기억들을 더 잘 구분했으며, 환경의 변화가 있을 경우 더 빨리 배웠다. 달리기를 많이 한 쥐의 뇌 조직은 해마가 있는 부위인 치아 뇌회(dentate gyrus)의 1입방 센치미터당 평균 6,000개의 새로운 뇌세포가 생겨났다. 이 연구의 주저자는 케임브리지 행

동 신경과학자인 티모시 버시였다. (〈가디언〉, 2010. 1. 19., 3쪽 참조)

47. 셰필드대학과 스코틀랜드 곡물 연구소가 『식품 화학』 저널에 실은 연구 결과에 따르면, 장군풀 크럼블을 먹는 것이 암 치료에 도움이 될 수 있다. 연구자들은 다른 많은 빨간색 채소처럼 장군풀에는 암세포를 죽이거나 암세포의 성장을 막는 화학물질인 폴리페놀이 들어 있으며, 장군풀을 20분 동안 구워 크럼블을 만들면 폴리페놀의 농도가 크게 증가한다는 사실을 알아냈다. 그 화학물질을 추출함으로써, 현재 사용하는 항암제보다 독성이 덜한 새로운 항암제를 만들 수 있을 것이라는 기대가 있다. (〈데일리텔레그래프〉, 2010. 2. 12. 참조)

48. 저명한 의학 저널 『란셋』에 실린 보고에 따르면, 1972년에 이미 런던 실습 병원의 여러 과에서 모은 100개의 청진기에는 **모두** 감염성 박테리아가 있었던 것으로 밝혀졌다. 거킨 등의 저자는 환자에게 사용한 다음에는 언제나 청진기의 해당 부위를 소독하면 감염 위험을 없앨 수 있다고 보고했다. 그로부터 20년 이상이 지난 후 『영국 의학 저널』에 실린 논문에는 설문 조사한 29명의 의사들 가운데 청진기를 청소해 본 적이 있는 사람은 세 사람 ― 그중에 둘은 간헐적으로, 한 사람은 딱 한 번 ― 뿐이었다는 보고가 나와 있다. 또한 2008년 12월에 나온 『감염 저널』에는 영국 웨스트 브롬위치의 샌드웰 종합 병원 연구자들의 보고서가 실려 있는데, 거기에 따르면 표본으로 삼은 40개의 청진기 가운데 37개는 세균이 득실거렸다. 10년 혹은 20년 후에는 어떻게 될 것 같은가? (〈데일리텔레그래프〉, 2008. 12. 15. 참조)

49. 시드니의 왕립 식물원 원장인 팀 엔트위슬은 사계절이라는 유럽 체계는 호주에는 맞지 않는다고 믿는다. 그는 봄과 여름 사이에 '봄여'를, 겨울과 봄 사이에 '겨봄'을 도입하기를 원한다. 그는 3개월씩 네 개 계절을 갖는 것이 호주에는 아무런 의미가 없으며, 호주 원주민들은 지역에 따라 8개까지의

계절을 사용했다고 말한다. 또한 그는 우리 주변에서 실제로 일어나는 것을 반영하는 계절이 필요하며, 따라서 호주의 지역이 다르면 계절 수도 다를 수 있다고 말한다. (《데일리텔레그래프》, 2009. 8. 24. 참조)

50. 나는 대영제국과 연결됨으로써 식민지들이 얻을 수 있는 딱 한 가지 이점을 보여 줌으로써 감히 조지 왕의 가장 강력한 지지자가 되고자 한다. 우리는 영국하고만 무역을 할 필요가 없다. 우리는 옥수수를 유럽의 어느 시장에서든 팔 수 있다.

    대영제국과의 연대를 통해 우리가 받게 될 해악은 무수하다. 그러므로 우리 자신뿐만 아니라 세계에 대한 우리의 의무는 이런 연대를 깨라고 말한다. 영국과의 연대는 우리로 하여금 유럽의 전쟁과 분란으로 빠지게 만든다. 그것은 그렇지 않았다면 우리와 우호적으로 지냈을 나라를 적으로 만들게 한다. 그리고 영국과 다른 나라 사이에 전쟁이 일어날 때는 언제나, 미국의 무역도 다 망치게 된다.

    옳고 자연스러운 모든 것은 분리를 요구한다. 전쟁에서 흘린 피와 자연의 울음소리가 "지금은 분리할 때다"라고 외친다. 신이 영국과 미국을 지리적으로 떼어 놓았다는 것은 하나가 다른 하나를 지배하는 것이 하늘의 계획이 결코 아니었음을 말해 주는 징표이다. (토마스 페인, 『상식』, 1776년)

51. (아리스토텔레스가 생각했듯이) 무거운 물체일수록 땅에 빨리 떨어진다고 가정해 보자. 나아가 무거운 물체 M과 이보다 가벼운 물체 m이라는 두 개의 물체가 있다고 해 보자. 원래 가정에 따르면, M은 m보다 빨리 떨어질 것이다. 이제 M과 m을 서로 묶은 M+m이라는 물체가 있다고 해 보자. 이 물체는 어떻게 떨어질까? M+m은 M보다 무겁다. 따라서 원래 가정에 따르면, M+m은 M보다 빨리 떨어질 것이다. 하지만 서로 묶은 물체 M+m에서 m과 M 각각은 서로 묶이기 이전의 속도로 떨어지고자 할 것이므로, m은 M에 대해 '브레이크'의 역할을 하게 될 것이다. 따라서 M+m은 M보다 천천히 떨어질 것이다. 결국 원래 가정에 따를 때 M+m

은 M보다 빨리 떨어지고 또한 M보다 천천히 떨어진다는 결론이 나온다. 이런 결론은 터무니없는 것이므로, 원래 가정은 거짓임이 분명하다. (갈릴레오의 『두 개의 새로운 과학에 관한 대화』 1638년에서)

52. 가이아 가설(지구는 생명을 보존하도록 되어 있는 자기 조절 능력을 지닌 생태 구라는 가설)의 주창자인 제임스 러브록은 최근 온실가스로 지구를 오염시키지 않으면서 경제를 부흥시키는 방법은 원자력 발전을 채택하는 것이라고 주장했다. "원자력 발전으로 말미암아 사람이나 지구의 생태계가 입게 되는 실제 위험은 거의 무시할 만한 정도이다. 체르노빌 사건과 같은 것이 일어나기도 한다. 하지만 그래서 무슨 일이 일어난 것인가? 서른 몇 명의 용감한 소방수들이 불필요하게 죽었다. 하지만 그것이 세계 인구에 미친 영향은 아주 미미한 수준이다."

"야생 생물에는 무슨 일이 일어났는가? 체르노빌 근방의 땅에는 방사능이 너무 심해서 사람들은 들어갈 수 없다. 하지만 야생 생물들은 방사능을 개의치 않는다. 체르노빌로 야생 생물들이 물밀듯 들어왔다. 지금은 그곳이 생태계 측면에서 가장 풍부한 곳이다. 그리고 사람들은 묻는다. 핵폐기물을 어떻게 할 것인가?" 러브록은 이에 대해서도 답이 있다. 그것을 아주 소중한 야생 지역에 갖다 두어라. 밀림 지역의 생물 다양성을 여러분이 보존하고 싶다면, 핵폐기물 한 통을 그 지역 깊숙이 떨어뜨려 놓아 개발업자들이 그 지역에 접근하지 못하도록 하라. 야생 생물의 주기가 약간 짧아질지도 모른다. 하지만 동물들은 그 점을 알지 못할 것이며, 그것에 신경 쓰지도 않을 것이다. 자연 선택을 통해 변이가 발생할 것이다. 생명은 계속될 것이다.

"나는 거대한 원자력 발전소의 부산물을 기꺼이 받아들이겠다고 말했다. 나는 고준위 폐기물이 크기가 약 1미터 되는 금속 상자라고 생각하며, 나는 그것을 묻어 놓을 콘크리트 구덩이를 기꺼이 받아들이겠다." 그는 폐기물을 두 가지 목적에 쓰겠다고 말했다. "하나는 집 난방에 쓰는 것이다. 그렇게 하면 난방을 공짜로 할 수 있을 것이다. 다른 하나는 슈퍼마켓에서 산 물건이나 닭고기, 살모넬라균이 들어 있는 뭔가 등을 살균하는 데 쓰는 것이다. 구멍으로 그것을 한 방울 떨어트리기만 하면 된다. … 그리고 사람들이 그 콘크리트 구덩이 꼭대기에 앉아 있는 내 손자들의 사진을 찍으러 온다면 나는 그들을 기꺼이 반길 것이다." (〈가디언〉, 토요 비평, 2000. 11. 16.)

53. 유명 학술지인 『영국 의학 저널』(British Medical Journal, BMJ)에 침술이 체외수정의 성공률을 65퍼센트 높일 수 있다는 글이 최근 실렸다. 이 연구는 1,366명의 여성이 참여한 일곱 차례의 실험 결과에 대한 분석에 근거한 것이다….

　　그러면 『영국 의학 저널』에서 분석한 실험 결과들은 얼마나 정확한 것이었을까? 문제는 일곱 차례의 실험 가운데 네 번은 '가짜' 침을 놓는 집단 ['통제' 집단으로 여기에 속한 사람들은 자신들이 침을 맞았다고 생각하지만 실제로는 그렇게 하지 않았다]을 포함하지 않았고, 침을 맞은 집단과 맞지 않은 집단만을 단순히 비교했다는 점이다. 좋은 결과가 나왔다 하더라도 그것은 위약 효과 때문이라고 할 여지가 있으며, 따라서 그 실험 결과들은 무시해야 한다. 가짜 집단을 포함했던 나머지 세 차례의 실험만 보았을 때, 결과는 그다지 인상적이지 않았다. 셋 가운데 둘은 실제 침술이 가짜 처방과 견주어 보았을 때 (임신 성공률과 관련해) 어떤 유의미한 효과가 있다는 점을 보여 주지 못했다.

　　이런 실험 결과로부터 내릴 수 있는 합당한 결론은 침술이 체외수정의 성공률과 관련해 효과가 있다는 주장은 아직 입증된 바가 없다는 것이다. 따라서 체외수정과 관련해 침을 맞지 않는 것이 더 좋다. 왜냐하면 10퍼센트의 환자가 출혈이나 타박상과 같은 고통을 호소했고, 현기증이나 메스꺼움 등을 호소한 사람도 있었기 때문이다. 이런 부작용이 심각한 것은 아니었지만, 알려진 위험 부담이 아직 입증되지 않은 이점보다 더 컸다. (〈데일리텔레그래프〉에 실린 사이먼 싱의 논문 참조. 2008. 4. 21.)

54. 나는 약 30여 년 동안 레오나르도 다빈치의 화법을 연구해 왔다. 레오나르

도가 「모나리자」에서 달성한 탁월한 효과를 성공적으로 재현해 봄으로써, 나는 밝은 부분을 그릴 때 그가 당시 유화에서 쓰던 일반적 방법과는 다른 방법을 썼다는 점을 알게 되었다. 그 부분을 그릴 때 그가 쓴 방법은 유화보다는 수채화에서 쓰는 기법과 흡사했다. 그 방법은 아주 얇고 아주 묽은 광택제 성분을 여러 차례 연속해서 덧칠하는 식으로 이루어진다(나는 이런 방법을 '미세 분할주의'라 부른다).

그렇기 때문에 레오나르도가 살을 그린 부위의 광택제는 아주 얇고 쉽게 부서지는 가루같은 칠이 되어 있을 가능성이 높다. 따라서 이런 부위에 있는 광택제는 아주 유용한 보강제로 작용하게 된다. 이런 광택제를 솔벤트나 칼로 없애려고 한다면, 레오나르도의 작품을 크게 훼손할 수도 있다. 마지막 단계의 예술적인 기교가 가장 바깥층을 형성할 것이므로, 가장 중요한 효과가 나는 부분은 또한 가장 취약한 부분이기도 하다.

1994년에 파리 루브르 박물관에서는 '성 안나와 성 모자'(The Virgin and Child with St Anne)를 청소할 생각을 했다. 그 박물관의 자문 위원이었던 나는 그렇게 할 경우 물리적·미학적으로 손상을 줄 수 있다는 점을 미리 지적했다. 루브르 박물관 복원 위원회에서는 나의 충고를 받아들였다. 다행스럽게도 그 계획은 폐기되었다. 하지만 다른 전문가들은 나의 견해를 받아들이지 않았다. 특히 워싱턴에 있는 국립 미술관의 그림 보존 실장인 데이비드 불이 그랬다.

불은 레오나르도가 그린 그림의 표면이 '종이처럼 얇고' 아주 정교하게 되어 있다는 데 동의했지만, 그는 그것들이 구조적으로 잘 부서질 수 있다고 보지는 않았다. 그는 광택제를 벗겨 내라고 했다. 불은 레오나르도가 의도적인 붓 작업이 아니라, 손톱이나 심지어 손바닥으로 물감을 흩뿌려서 그런 효과를 냈다고 주장했다. 나는 이런 가설을 거부했다. 처음 보면 그렇게 볼 수 있는 뚜렷한 물리적 증거가 있는 것처럼 보인다. 즉 레오나르도의 그림 가운데는 손가락 자국이 있는 것도 있다. 하지만 그것은 증거를 잘못 파악한 것이며, 기법을 잘못 이해한 것이다.

나는 불이 제안한 작업 방법을 잘 알고 있으며, 레오나르도의 작품을 '재구성'해 보려고 그것을 여러 해 동안 실험해 보았다. 그것은 아무리 숙달되거나 훈련되더라도, 그 거장의 유명한 스푸마토 효과 ― 이는 서로 다른 색이나 명암의 변화를 알아챌 수 없을 정도로 점차 옮아가도록 하는 방식이다 ― 를 그런 식으로 얻을 수는 없다는 점을 깨닫고 내가 포기했던 방식이다. 내가 잘못해서 그랬다고 주장할 수도 있을 것이다. 하지만 붓과 손을 모두 써서 그런 효과를 내보려고 시도해 보았고 그것들을 오랫동안 대조해 보았기 때문에 나는 그 문제에 충분한 전문성을 지녔다고 할 수 있다.

'손가락 작업'이라고 주장하는 사람들은 그렇게 하면 실제로 된다는 것을 보여 주어야 한다. 나의 '실제' 입장은 역사적 증거나 과학적 근거에 의해 폭넓게 뒷받침되고 있다. 하지만 불이 제시하는 방식은 레오나르도가 쓴 그림에 관한 여러 이론적 저작 어디에도 나오지 않는다.

사실 손가락으로 그리는 일은 끝나지 않은 작업 단계에서나 가끔 쓰인다. 이는 앞에서 설명한, 여러 겹으로 되기 전의 단계를 말한다. '손가락 작업'은 분명히 중간 단계를 진행하는 아주 빠른 방법일 뿐 최종 효과를 내는 데 쓰인 방법은 아니다. 이런 두 가지 유형의 작업이 미세할수록 더 복잡 미묘하게 되며(그래서 '미세 분할주의'라 한다), 이는 복원도 이와 똑같이 미세하고 주의 깊게 이루어져야 한다는 의미이다. ("모나리자를 계속 미소 짓게 내버려 두자", 『뉴사이언티스트』, 1996. 5. 11., 48쪽. 자크 프랑크, 옛 걸작의 기법에 관한 전문가인 프랑스 미술사가)

55. 사고란 늘 무엇에 관한 사고라는 점을 주목할 필요가 있다. 아무것도 아닌 것에 관해 사고한다는 것은 개념적으로 불가능하다. 이런 간단한 사실이 중요한 이유는 그것이 우리가 자주 듣는 주장인 "나는 사고를 가르치고 있다"거나 "나는 학생들에게 사고하는 법을 가르친다"의 의미에 관해 심각한 의문을 제기해 주기 때문이다. 사람들은 "무엇에 관한" 사고를 가르치느냐고 물을 수 있다. '사고 일반'을 가르친다거나 '모든 사고'를 가르친다는 주장도 도움이 안 되기는 마찬가지이다. 특히 아무것도 아닌 것에 관해 사고한다는 것은 사고하지 않는다는 것과 같기 때문이다. '일반적인 모든

것'에 관해 사고한다는 것은 모순이다.

　… 사고는 언제나 X에 관한 사고이며 X는 결코 '일반적인 모든 것'일 수 없고 언제나 특정한 어떤 것이어야 한다는 점은 개념적 진리이다. 그러므로 "나는 학생들에게 사고를 가르친다"는 말은 최악의 경우 틀린 주장이고, 잘해 보았자 오해의 소지가 많은 주장이다.

　사고는 X와 논리적으로 연관이 있다. 이런 근본적인 점을 파악하는 것이 결코 어려운 일이 아니기 때문에, 비판적 사고를 교과 과정의 한 과목으로 편성해서 그것을 가르치는 것이 나름의 독립된 전문 영역이어야 한다고 주장한다면 그것은 놀라운 일이다. …

　특정 주제와 떨어지게 되면 '비판적 사고'라는 말은 아무런 특정 기술도 뜻할 수 없다. 이로부터 비판적 사고를 독립된 과목으로 생각한다는 것은 말이 안 되며, 따라서 그것을 가르칠 수도 없다는 점이 따라 나온다. 비판적 사고가 특정 과목 X에 관한 것이 아닌 이상 그것은 개념적으로 뿐만 아니라 실제적으로도 아무런 내용이 없다. "나는 비판적 사고를 가르친다"는 말은 아무런 의미도 없다. 왜냐하면 비판적 사고라고 딱히 불릴 수 있는 일반적 기술이란 없기 때문이다. (McPeck, 1981, 3-4쪽)

56. 파스칼의 내기

기독교의 신이 있거나 없을 것이다. 여러분이 신을 믿고 신자다운 생활을 한다면, 신이 존재할 경우 여러분은 영원한 축복을 누릴 것이며, 신이 존재하지 않을 경우라도 잃을 것은 별로 없을 것이다. 반면 여러분이 신을 믿지 않고 신자다운 생활을 하지 않는다면, 신이 존재하지 않을 경우 여러분은 아무것도 잃지 않을 테지만, 신이 존재할 경우 여러분은 영원한 저주를 받게 될 것이다! 따라서 신을 믿고 신자다운 생활을 하는 것이 합리적이다.

57. 리차드 도킨스, "진화를 더 잘 이해할수록 무신론자가 된다."(이것은 1992년 4월 15일 에든버러 국제 과학 축제에서 행한 도킨스 박사의 연설을 편집한 것이다. 〈인디펜던트〉 신문에 실렸던 것을 도킨스 박사의 허락을 받

아 재수록하였다.)

다윈주의자인 나로서는 종교를 보면 특이한 생각이 든다. 종교는 내 생각에 유전자의 유전과 비슷한 유전 형태를 보인다. 대부분의 사람들은 어떤 특정 종교 하나에 충성을 보인다. 서로 다른 수백 가지 종파가 있는데, 이 가운데 어느 하나에만 종교인들은 충성을 보인다.

세상의 어느 종파를 보든 우리는 아주 특이한 일치점을 발견할 수 있다. 거의 대부분의 사람들은 부모가 믿는 종교를 그냥 따른다는 점이 바로 그것이다. 가장 좋아 보인다는 증거가 있거나 가장 큰 기적을 낳는다는 종교, 도덕적으로 가장 올바른 종교, 가장 멋있는 건물을 가진 종교, 가장 훌륭한 유리 장식을 갖춘 종교, 음악이 가장 멋진 종교를 고르는 것이 아니다. 여러 종교 가운데 하나를 고를 때 개별 종교가 지닌 장점은 유전적 요인과 견주어 보면 아무런 중요성도 갖지 못하는 것 같다.

이 점은 명백한 사실이다. 어느 누구도 이 점을 부인할 수 없을 것이다. 하지만 이처럼 유전적이라고 하는 임의적 성격을 갖는다는 점을 잘 알고 있는 사람들마저도 어쨌건 그들의 종교를 계속 믿으며, 때로 다른 종교를 믿는 사람들을 죽이기까지 하는 광신도 같은 모습을 보이기도 한다.

우주에 관한 진리는 어디에서나 참이다. 그것은 파키스탄이라고 해서, 아니면 아프가니스탄이나 폴란드나 노르웨이라고 해서 다른 것이 아니다. 하지만 우리는 우리가 채택한 종교가 지리적 우연일 뿐이라는 점을 받아들일 준비가 되어 있지 않은 것 같다.

사람들에게 왜 자신들의 종교가 진리라고 확신하는지를 물어본다면, 그 사람들은 유전적이라는 것을 거론하지는 않을 것이다. 그렇게 말한다면 그것은 분명히 아주 이상하게 들릴 것이다. 그렇다고 그 사람들이 증거에 호소하는 것도 아니다. 그런 증거란 있지도 않으며, 요즘 교육을 잘 받은 사람이라면 그 점을 인정할 것이다. 그들은 신앙에 호소한다. 신앙이란 발뺌이며, 증거를 생각하거나 평가해 보고자 하는 노력을 피하기 위한 변명이다. 신앙이란 증거가 없음에도 불구하고 믿는 것을 의미하며, 아마 증거가 없기 때문에 믿는 것을 의미한다. 최악의 일은 나머지 우리도 그 사실을 존중한다는 점이다. 즉 그 사실을 진정으로 받아들인다는 점이다.

도축을 하는 사람이 동물을 잔인하게 다루어서는 안 된다는 법을 지키지 않는다면, 그 사람을 기소해서 처벌하는 것이 옳다. 하지만 그 사람의 잔인한 행위가 종교적 신앙 때문에 꼭 필요한 것이라고 주장한다면, 우리는 뒤로 물러서서 그 사람이 그렇게 하도록 내버려 둔다. 누구든 다른 입장을 취한다면 우리는 합당한 논증을 통해 그것을 옹호하기를 기대한다. 하지만 신앙은 그럴 필요가 없는 것으로 이해된다. 신앙은 논증을 통해 정당화하지 않아도 된다. 신앙은 존중되어야 한다. 신앙을 존중하지 않는다면, 여러분은 기본적인 인권을 짓밟는다고 해서 고발당하게 된다.

신앙을 가지고 있지 않은 사람들마저도 다른 사람의 신앙을 존중하도록 세뇌되었다. 이른바 회교도 공동체 지도자들이 라디오에 나가 살만 루시디의 살해를 옹호할 때, 그들은 분명히 살인 교사를 하고 있는 셈이다. 그것은 통상적으로 보면 기소되어 투옥될 수도 있는 범죄이다. 하지만 그들이 체포되던가? 체포되지 않는다. 왜냐하면 우리의 세속적인 사회는 그들의 신앙을 존중하며, 그들이 입은 깊은 상처와 모멸감에 동감하기 때문이다.

물론 나는 그렇게 하지 않는다. 여러분이 자신의 견해를 정당화할 수 있다면 나는 여러분의 견해를 존중할 것이다. 하지만 여러분이 자신의 견해를 정당화하면서 하는 말이라고는 기껏 여러분이 그것을 믿는다는 것이 전부라면, 나는 여러분의 견해를 존중하지 않을 것이다.

나는 과학으로 다시 돌아가 이야기를 마치고자 한다. 나는 … 다음과 같은 이야기를 종종 듣는다. 신이 존재한다는 적극적인 증거는 없지만 신이 존재하지 않는다는 증거도 없다. 따라서 신의 존재 문제에 대해 마음을 열어 놓고 불가지론자가 되는 것이 최선의 방안이다.

언뜻 들어 보면, 이는 절대 틀릴 수 없는 입장 같다. 적어도 파스칼의 내기라는 약한 의미에서 보면 그렇다. 하지만 좀 더 생각해 보면, 이는 그냥 책임 회피일 뿐임을 알 수 있다. 왜냐하면 같은 이야기를 산타클로스나 이의 요정(tooth fairies)을 두고서도 할 수 있기 때문이다. 마당 아래 이의 요정이 있을 수도 있다. 이의 요정이 있다는 증거는 없다. 하지만 이의 요정이 없다는 것도 증명할 수 없다. 그렇다면 우리는 이의 요정에 대해서도 불가지론자가 되어야 하는 것이 아닌가?

이런 불가지론 논증의 문제점은 그것이 아무 데나 다 적용될 수 있다는 데 있다. 확실하게 반증할 수 없는 가설적인 믿음도 무수히 많다. 사람들은 이의 요정이나 유니콘이나 용, 산타클로스와 같은 것을 대부분 믿지 않는다. 그렇지만 사람들은 대개 부모가 믿는 종교적 신념에 따라 창조주 신은 믿는다.

나는 그 이유가 … 다윈의 진화론은 생명에 관한 모든 것을 설명하기에는 충분하지 않다는 느낌을 갖는 사람이 많기 때문이라고 생각한다. 생물학자인 내가 할 수 있는 최선의 말은 그런 느낌은 여러분이 생명과 진화에 관한 책을 더 많이 읽고 더 많이 연구할수록 점차 사라질 것이라는 것이다.

나는 한 가지만 더 덧붙이고자 한다. 여러분이 진화의 의미를 더 잘 이해할수록 여러분은 불가지론자의 입장에서 점점 멀어져 무신론에 가까워질 것이다. 복잡하고 통계적으로 그럴 법하지 않은 것들은 단순하고 통계적으로 그럴 법한 것들보다 본성상 설명하기가 더 어렵다.

다윈의 진화론이 지닌 커다란 장점은 복잡하고 이해하기 어려운 것들이 어떻게 단순하고 이해하기 쉬운 단초들로부터 단계적으로 발생되어 왔는지를 설명해 준다는 데 있다. 우리는 아주 단순한 단초들에서 설명을 시작한다. 순수한 수소로 시작하여 엄청난 양의 에너지를 설명한다. 과학적이고 다윈주의적인 설명을 통해 우리는 잘 이해된 점진적인 일련의 단계를 거쳐 엄청나게 복잡하고 아름다운 생명 현상으로 나아간다.

이와는 다른 가설, 가령 생명이 초자연적인 창조주에 의해 시작되었다는 가설은 피상적일 뿐만 아니라 아주 그럴 법하지 않다. 그런 가설은 애초 제시된 논증과도 맞지 않는다. 신이라는 이름을 붙일 만한 것이 있다면, 그것은 엄청난 지능의 소유자여야 할 뿐만 아니라 뛰어난 마음을 가지고 있으며 아주 복잡하고 정교한 존재일 수밖에 없기 때문이다. 달리 말해 그런 존재는 통계적으로 아주 확률이 낮은 존재이며, 전혀 있을 법하지 않은 존재이다.

그런 존재를 상정함으로써 모든 것을 설명할 수 있다(사실 우리는 그럴 필요도 없다) 하더라도, 그것은 여전히 도움이 되지 못한다. 그렇게 할 경우 그것은 그것이 해결하는 문제보다 더 많은 문제를 제기하기 때문이다.

과학은 복잡한 것(어려운 것)이 어떻게 해서 단순한 것(쉬운 것)으로부터 나왔는지를 설명해 준다. 신의 가설은 아무것도 설명해 주지 못한다. 그것은 설명하기 어려운 것을 그냥 상정할 뿐이며 그것을 상정한 채 내버려 두기 때문이다. 우리는 신이 존재하지 않는다는 것을 증명할 수는 없다. 하지만 우리는 신은 아주 그럴 법하지 않은 존재라는 결론은 안전하게 내릴 수 있다.

58. 내 약은 위약 칵테일

알콜이 없는 보드카를 마셔도 진짜 보드카를 마셨을 때와 꼭 같은 황홀한 느낌을 가질 수 있을까? 알콜이 들어 있는 음료라는 이야기를 들은 피험자 가운데 약 반은 좀 취한 느낌이 들었다고 말했다. 위약 효과는 아주 강력하며, 의학 치료의 역사는 본질적으로 위약 효과의 역사이다.

고대 중국의 치료법에는 2,000가지가 넘는 약이 있고, 16,000가지 정도 되는 처방이 있으며, 그리스 시대부터 아주 최근까지의 갈렌 의학에서도 약 800가지의 치료법을 처방한다. 그것들이 실제로 그런 효과를 가질 가능성은 거의 없으며, 그리스 로마 시대 의사 클라디우스 갈렌 자신이, 최고의 명의란 바로 사람들이 가장 신뢰하는 의사라는 점을 알았을 때 이미 중요한 통찰을 보여 준 것이다.

의학 치료법을 평가하는 가장 신뢰할 만한 방법은 어떤 사람은 그 치료를 하고 다른 사람은 그 치료를 하지 않는, 무작위 임상 시험을 하는 것이다. 환자는 이 치료나 저 치료를 무작위로 받고, 환자나 의사도 누가 어떤 치료를 받는지 몰라야 한다. 어느 집단이든 어떤 일이 진행되고 있는지를 알면 이것이 온갖 미묘한 방식으로 결과에 큰 영향을 주기 때문에, 이런 익명성이 아주 중요하다.

이런 시험은 비교적 최근의 절차로, 이 나라에서도 1940년대에 와서야 시작되었다. 의학 치료가 효과가 있는지를 알아내는 시험은 1830년대 파리의 피에르 루이스의 선구적인 작업 이전에는 없었다. 그는 피를 뽑아 버리는 것 — 이는 너무 많은 체액이 질병의 원인이라는 고대의 믿음에 근거해 있다 — 이 환자에게 좋다기보다는 해롭다는 것을 마침내 입증했다.

위약 효과를 보여준 것은 바로 그런 시험에서였다. 여러 시험에서 환자들에게는 설탕 용액과 같은 아주 중립적인 치료를 한다. 전형적으로 이런 위약 치료는 환자들 가운데 1/4이나 반 정도에서 효과가 있다. 이런 효과는 특히 우울증과 같은 정신적인 질병의 치료에서 특히 크다. 항우울증 시험에서 환자들의 약 1/3이 위약 치료 덕분에 나아졌다는 강력한 증거가 있다. 의사에 대한 신뢰도 긍정적 효과를 가져올 수 있으며, 진단만으로도 질병의 원인을 잘 모르겠다고 하는 경우보다 나은 위약 효과를 나타내기도 한다.

암이나 심장병과 같은 신체적인 질병의 경우 위약 효과가 얼마나 있는지는 썩 분명하지 않다. 하지만 통증의 경우 위약은 효과가 있을 수 있다. 이를 뽑을 때 환자에게 초음파가 통증을 없애 줄 것이라고 이야기를 해 주면 그 환자는 실제로는 기계가 꺼져 있는데도 통증이 덜하다고 생각했다. 아마도 기계가 있다는 그 사실이 중요한 것 같다. 왜냐하면 위약 효과는 환자의 욕구나 기대와 밀접히 연관되어 있기 때문이다.

이를 뒷받침해 주는 추가 증거는 주사를 통한 위약은 가령 먹는 약보다 더 효과적이라는 점이다. 이번에도 환자에게 먼저 진통제를 주고 그다음에 위약을 주면, 이전의 효과 때문에 위약 효과는 더 컸다. 왜냐하면 그것이 그 치료가 효과가 있다는 믿음을 더 강하게 해 주기 때문이다. 하지만 이는 일종의 학습과 조건화를 반영하는 것일 수도 있다. 이렇게 볼 수 있는 증거는 동물 연구에서 나왔다. 면역억제제와 사카린을 함께 먹인 쥐는 나중에 사카린만 먹여도 면역 체계가 계속 억제되는 것으로 나타났다.

위약 효과의 다른, 부정적 측면은 노세보(nocebo)라 불린다. 노세보는 그런 일이 일어나리라는 예상 때문에 병에 걸리거나 어떤 증상이 나타나는

것이다. 가령 설탕을 구토제라고 믿고 먹은 환자들 가운데 80퍼센트는 구
토를 했으며, 천식 환자들은 발작을 일으킬 수도 있다는 말을 들은 흡입제
(이는 사실 아무런 약효도 없는 것이다)를 흡입하고는 발작을 일으켰고,
그것이 도움이 된다는 말을 들었을 때는 발작이 진정되었다.

  '의대생들의 질병'도 [그런 사례로] 잘 알려져 있다. 의대생들은 그들이
공부하는 그 질병의 증상을 보인다. 또한 우울증 환자는 아마도 자신의 건
강이 나쁘다고 생각하기 때문에 심장 질환에 걸릴 가능성이 더 높다.

  노세보 효과는 또한 마법을 믿는 사람에게 마법을 걸어 그를 희생자로
만드는 '부두 죽음'(boodoo death)도 설명해 줄 수 있다. 나 자신과 같은
심기증 환자가 우리 자신에게 하는 것도 이런 것인가? 그것은 몰트 위스키
가 나를 낫게 할 것이라는 것도 믿을 수 있다는 말인가? (《인디펜던트》,
2001. 1. 12., 런던유니버시티칼리지 생물학 교수 루이스 월퍼트가 쓴 글
을 허락을 받아 실음)

59. 아래 글은 제레미 벤담의 『정치적 오류 요람』(The Handbook of Political
Fallacies)에 대한 논평의 일환으로 시드니 스미스가 쓴 것이다. 이 글은 의
회에서 하는 (누들의) 가상 연설로서, 그 의원은 벤담의 책에서 거론된 여
러 가지 오류를 범하고 있는 사람이다. 여러분이 해야 할 일은 여기에 어떤
잘못이 있는지를 모두 찾아내는 것이다. 이렇게 하려면 이 글을 잘 해석해
야 한다. 왜냐하면 이 글은 고어 투로 되어 있으면서도 오류는 요즘 말로
표현되고 있기 때문이다. 여러분은 그런 오류를 요즘에도 자주 볼 수 있다
는 점을 깨닫게 될 것이다!

누들의 연설

우리의 선조라면 이 문제에 대해 무엇이라고 말했을까요? 어떻게 이 법안
이 우리 조상들의 제도와 어울릴 수 있을까요? 그것이 어떻게 그들의 경험
과 맞을까요? 우리는 어제의 지혜를 수 세기 동안의 지혜와 비교하고 있는
가요? 수염도 안 난 젊은이들은 나이든 사람들을 전혀 존경하지 않아도 되

는 건가요? 이 법안이 좋은 것이라면, 과연 과거 지혜로웠던 색슨 선조들은 그것을 몰랐던 것일까요? 우리가 지닌 최선의 정치제도는 대부분 그들 덕분에 생긴 것인데도 말이죠. 덴마크 사람들이 그런 좋은 제도를 우리에게 전해 주었을까요? 노르만족 사람들이 그것을 내버려 두었을까요? 그런 놀라운 발견이 요즘과 같은 타락한 시대에 와서야 발견되도록 남아 있었던 말인가요?

게다가 이 법안이 좋은 것이라 하더라도 지금이 그것을 실행할 때인지, 나는 존경하는 그 의원께 묻고 싶습니다. 이 시점보다 더 나쁜 시점이 있을 수 있는지 생각해 보십시오. 이것이 통상적인 법안이라면 나는 그것을 그렇게 격렬하게 반대하지 않을 것입니다. 하지만 여러분, 그것은 돌이킬 수 없는 법의 지혜를 문제 삼고 있습니다. 즉 혁명이라는 혁혁한 시기에 통과된 법률을 문제 삼고 있습니다. 여러분, 당시의 위대한 사람들이 영원히 지속될 것이라고 믿었던 굳건한 기둥을 파괴할 권리가 우리에게 있습니까? 모든 관련 전문가들, 피트, 폭스, 키케로, 그리고 법무장관이나 차관도 이 법안을 반대하고 있지 않습니까?

이 법안은 새로운 것입니다. 그것은 이 의회에 처음 제시된 것입니다. 나는 준비가 되어 있지 않습니다. 이 의회는 그것을 받아들일 준비가 채 되어 있지 않습니다. 그 법안은 입헌 군주 정부에 대한 불신을 함축하고 있습니다. 그것을 인정하지 않는다는 것만으로도 반대를 하기에 충분합니다. 위험이 있다면, 주의를 하는 것이 마땅합니다. 고매한 인격을 가진 사람이라면 마땅히 그에 반대해야 할 것입니다.

그렇다면 이 법안에 찬성하지 마십시오. 왜냐하면 그것의 성격이 무엇이든 여러분이 이 법안에 찬성한다면, 이 법안을 제안한 그 사람은 여러분이 동의할 수 없는 또 다른 것을 제안할 것입니다. 나는 겉으로 드러난 법안에 대해서는 별로 신경 쓰지 않습니다. 하지만 그 배후에는 무엇이 있을까요? 존경하는 그 의원의 미래 계획은 무엇일까요? 이 법안을 통과시키게 되면, 어떤 새로운 양보를 그 사람이 요구할까요? 그 사람은 이 나라를 위해 어떤 또 다른 타락을 준비하고 있을까요?

악과 불편에 대해 말해 봅시다. 다른 나라들을 보십시오. 다른 기구나 사회를 보십시오. 그러면 이 나라의 법률을 개정해야 할지 아니면 그것을 격찬해야 할지 알 수 있을 것입니다. 이 법안을 제안한 존경하는 그 의원(그분에게 한번 물어봅시다)은 항상 이런 식으로 생각해 왔습니까? 그 사람은 이 의회에서 이와는 아주 상반되는 견해를 옹호해 왔다는 것을 저도 기억하고 있지 않습니까? 나는 그분의 현재 정서에 대해 단순히 문제를 제기하는 것이 아니라, 나는 솔직하게 말해서 그 사람이 소속한 그 당을 좋아하지 않습니다. 그 사람 자신의 동기가 아주 순수하다면, 그것은 그와 연관된 사람들로부터 오염되었을 것이 분명합니다. 이 법안은 나라에 큰 혜택이 될 수 있을지도 모릅니다. 하지만 그런 사람으로부터 이 나라가 도움을 받는 것을 나는 받아들일 수 없습니다.

의장님, 나는 정직하고 올바른 영국 의회의 의원으로서 스스로 고백합니다. 나는 적 앞에 나 자신의 모든 변화와 과정을 고백하는 것을 두려워하지 않습니다. 나는 현재 그대로로 만족합니다. 내가 물려받은 이 나라를 그대로 자손들에게 물려주는 것이 나의 자랑이고 기쁨일 것입니다.

존경하는 그 의원은 대법원장에 대한 공격이 엄정하게 정당화되는 것처럼 생각합니다. 하지만 나는 그런 공격은 정부 자체에도 불행을 잉태하게 된다는 점을 말씀드립니다. 장관들을 반대하면 여러분은 정부를 반대하는 것입니다. 장관들을 불신하고 모욕하면 정부를 불신하고 모욕하는 것입니다. 그 결과는 무정부 상태와 내전일 것입니다.

게다가 의장님, 이 법안은 필요하지도 않습니다. 어느 누구도 이 법안이 고치고자 하는 그런 형태의 무질서에 대해 불평한 적이 없습니다. 사업은 가장 중요한 것 가운데 하나입니다. 거기에는 아주 세심한 주의와 숙고가 필요합니다. 상황을 악화시키지 말아 주십시오! 의장님! 모든 결과를 미리 내다볼 수는 없는 노릇입니다. 모름지기 모든 것은 점차적으로 이루어져야 합니다. 이웃 나라의 예는 우리에게도 좋은 경고가 됩니다.

존경하는 그 의원은 내가 자유를 존중하지 않는다고 비난했습니다 의장님! 나는 그런 비난을 받아들일 수 없습니다. 나는 혁신을 싫어합니다. 하지만 나는 개선은 사랑합니다. 나는 정부의 타락을 비판합니다. 하지만 나는 정부의 영향력은 옹호합니다. 나는 개혁을 두려워합니다. 하지만 내가 그것을 두려워하는 때는 오직 개혁이 절제력을 잃었을 때뿐입니다. 나는 언론의 자유가 이 나라를 지탱할 수 있는 가장 위대한 수호신이라고 생각합니다. 동시에 나는 언론의 검열을 가장 싫어합니다. 존경하는 법안 제출자의 탁월한 능력에 대해 나보다 더 잘 알고 있는 사람은 없을 것입니다. 하지만 나는 한때 그 사람에게 다음과 같이 말했습니다. 그 사람의 계획은 너무 훌륭해서 실현되기 어렵다. 그것은 유토피아에 가깝습니다. 그것은 이론상으로는 아주 좋아 보이지만, 실제로는 그렇게 되지 않을 것입니다. 반복하지만 의장님, 그것은 실현되기 어렵습니다. 따라서 이 법안을 옹호하는 사람들도 그것이 의회를 통과하게 되기가 어렵다는 점을 알게 될 것입니다.

존경하는 의원이 암시한 타락의 원천은 사람들의 마음속에 있습니다. 그런 타락은 아주 흔하고 광범위해서 어떤 정치적 개혁도 그것을 없애지 못할 것입니다. 다른 사람들을 개혁하는 대신, 나라를, 헌법을, 그리고 아주 탁월한 모든 것을 개혁하는 대신, 각자가 스스로를 개혁하게 하십시오. 그 사람으로 하여금 집을 둘러보게 하십시오. 그러면 그 사람은 밖을 보거나 그의 능력 밖에 있는 것을 하려고 하지 않고, 집에도 할 일이 많다는 것을 알게 될 것입니다. 의장님, 이제 이 의회에서 자주 하는 방식대로, 인용을 하면서 마쳐야 할 시간입니다. 바로 앞서 연설했던 의원도 내가 "강하게 당겨야 오래 당긴다"라는 말을 즐겨 인용할 것이라고 예상했듯이, 나는 상원의 유명한 말로 끝맺고자 합니다. "우리는 영국의 법을 바꾸고 싶지 않습니다."

해답

1장

1.1   생략

1.2   듀이의 견해에 따를 때, 비판적 사고를 하는 데는 "능동적이고 끈질기며 꼼꼼하게 따져 보는 것"이 필요하다. 여러분이 읽을거리 57번 글에 나온 주장에 동의하든 그렇지 않든, 그 글에 그런 사고가 들어 있다는 점은 분명하다.

1.3   여러분이 내린 정의에는 지금까지 본 요소가 모두 포함되어야 한다. 비판적 사고는 (i) '능동적'이며(여러분이 스스로 답을 찾아야 하지 다른 사람이 말한 것을 그냥 받아들이기만 해서는 안 된다), (ii) '끈질기며'(서로 다른 대안들을 견주어 보고, 시간을 들여 곰곰이 생각해 보아야 하며, 생각도 하지 않고 바로 결정해서는 안 된다), (iii) 이유를 제시하고 평가하는 작업을 꼭 포함하며, (iv) 무엇을 받아들이고 무엇을 할지를 모두 고려하며 (iv) 기술뿐만 아니라 성향도 포함해야 한다.

1.4 "잘했어. 이제 농구 게임을 해 보기로 하자. 하지만 이번에는 상대방을 잘 막아야 하며 패스를 할 때는 방금 연습한 대로 하려고 해야 하며, 슛을 할 기회가 있으면 그것도 방금 연습한 대로 해야 한다는 사실을 잊지 말도록!"

1.5.1 여러분 스스로 여러분이 현재 어떻게 하고 있는지를 생각해 본다. 좋은 모형을 살펴본다. 그런 다음 모형에 나온 대로 하기 위해 스스로 연습을 한다. 네 번째 단계는 실제 상황에 이런 기술을 적용해 여러분 스스로 어떻게 하는지를 살펴보고, 잘하려고 노력하는 것이다.

1.5.2 생략

1.6.1 이는 소설을 아주 꼼꼼히 읽느냐 아니면 그냥 대충 읽느냐에 따라 다르다.

1.6.2 답을 찾는다 하더라도 그것이 별로 생각을 하지 않고 하는 '기계적' 과정이라면, 거기에는 비판적 사고가 포함되어 있지 않을 것이다.

1.6.3 이는 그 선수가 얼마나 많은 준비를 하는지, 즉 상대방 선수에 대한 연구나 그에 맞선 작전 구상을 얼마나 많이 하는지에 달려 있을 것이다. 그렇게 한다면 거기에는 비판적 사고가 포함되어 있다고 할 수 있다.

1.6.4 그냥 순간적으로 결정하지 않고 어떤 방안이 있을지를 생각해 보고, 어디가 여러분에게 가장 잘 맞을지를 판단하기 위해 정보를 수집한다면, 거기에는 비판적 사고가 상당 부분 포함되어 있다고 할 수 있다(11장 참조).

1.6.5 나와 있는 안내서를 꼼꼼히 살펴보아야 하는 상황이라면 거기에는 비판적 사고가 포함되어 있다고 할 수 있다. 하지만 나와 있는 대로 그냥 따라 하기만 한다면 그렇지 않을 것이다.

1.7.1 두 경우의 차이는 다음과 같다. 한 경우 앤디는 이해관계를 가지고 있는 출처에서 나온 증거에 대해서는 의문을 나타내며, 독립된 근거에서 나

온 다른 관련 증거를 찾고자 하며, 장단점을 합리적으로 잘 비교해 평가하는 작업을 하고 있다. 경우 2에서 앤디는 차를 사기 전에 '반성적 사고'를 하고 있는 반면 경우 1에서는 그렇지 않다.

1.7.2 경우 1에서는 앤디가 그런 작업을 전혀 하고 있지 않은 반면 경우 2에서는 그런 작업을 모두 하고 있다고 말할 수 있다.

1.7.3 경우 2에서만 앤디는 합리적으로 행동한 것이다.

1.8.1 이 경우 쟁점은 (미국 무기의 정확성과 관련한) TV 뉴스 보도를 어떻게 해석할 것인가 하는 것이다. 이 글만 본다면, 버타는 보도된 것을 그냥 받아들일 뿐 심지어 친구가 의문을 제기하는 데도 그것을 생각해 보려고 하지 않는다. 이 경우 채릴의 의심이 합리적 근거를 지니는가 그리고 채릴이 말한 것이 참이라고 볼 증거가 있는가 하는 점이 중요하다. 버타는 비판적 사고를 한다고 할 수 없는 반면 채릴은 한다고 할 수 있다.

1.8.2 대략 채릴의 경우 그런 사고를 한다고 할 수 있고, 버타의 경우 그렇지 않다고 할 수 있다.

1.8.3 앞 1.8.2의 답과 같다.

1.9.1 12장 "인터넷에서 신뢰할 만한 정보를 찾는 방법" 참조.

1.9.2 아무것도 없다.

1.9.3 생략

1.9.4 비판적 사고가 아주 조금 들어 있을 수도 있다. 여러분이 조리법의 문제점을 찾아내거나 아니면 조리법을 일부 수정한다면, 여기에는 '면밀히 생각해 보고' 추론하는 것이 약간 들어 있다고 할 수 있다.

2장

2.1.1 이것은 순전히 어떤 상황을 기술하는 글이다. 이 글은 결론의 이유를 제시하고 있는 것이 아니다(물론 우리가 나름대로 이 글을 읽어 여러 가지 추론을 할 수는 있다).

2.1.2　이 글은 결론의 이유를 제시하고 있다. 이 글은 지구 온난화에 대한 우리의 이해가 완전히 바뀌어야 한다고 보는 이유를 제시하고 있다.

2.1.3　이 글은 결론의 이유를 제시하고 있는 것이 아니다. 이 글은 어떤 문제에 대한 가능한 '해결책'을 서술하고 있을 뿐 거기에 논증은 들어 있지 않다.

2.1.4　이 글은 어떤 문제가 국제적인 노력을 통해서만 해결될 수 있다고 하는 결론의 이유를 제시하고 있다.

2.1.5　이 글은 갑의 결론에 대한 기본적인 이유를 보고하고 있는 것이기는 하지만 대략 어떤 것을 기술하고 있다고 할 수 있다.

2.1.6　이 글은 '사고하는 학교'를 만드는 유일한 방안은 사고 기술과 사고 성향을 직접적으로 평가하도록 하는 것이라는 결론의 이유를 제시하고 있다.

2.1.7　이 글은 결론으로 나아가는 논증을 포함하고 있지 않다. 이것은 논증이 아니라 단순히 욕을 하고 있는 것일 뿐이다.

2.2　본문에 바로 나와 있다.

2.3　본문에 바로 나와 있다.

2.4　2.4절에 풀이가 나온다. 하지만 풀이를 보기 전에 먼저 여러분 스스로 답을 해 보아라.

2.5　우리는 고딕체로 논증 시사 표현을 표시해 놓기로 하겠다. 어느 문장이 이유이고 어느 것이 결론인지를 나타내기 위해, R1 〈…〉, R2 〈…〉, C1 […], C2 […] 등으로 적기로 하자(하나의 문장이 이유이면서 결론일 수도 있음을 명심하라). 이렇게 할 때 제시된 논증을 이해하는 자연스런 방식(물론 이것이 유일한 방식은 아니다)은 다음과 같은 것이 될 것이다.

2.5.1 R1 〈축구 경기에서 그는 중대한 파울을 범했다.〉 따라서 C1 [그는 퇴장 당할 만했다.]

2.5.2 R1 〈여자의 뇌는 평균적으로 남자의 뇌보다 작다.〉 그러므로 C1 [여자 는 남자보다 지혜롭지 못하다.]

2.5.3 R1 〈집사는 당시 주방에 있었다.〉 R2 〈그 경우 그는 서재에 있던 주인 을 쏘아 죽일 수 없다.〉 그러므로 C1 [집사가 그랬을 리가 없다.]

2.5.4 R1 〈영국에서는 권력이 너무 중앙집권화되어〉 있어서 C1 [의회의 권능 이 정부에 의해 무시당하기 일쑤다.]

2.5.5 C1 [종이나 유리와 같은 제품도 재활용해야 한다고 주장한다는 점에서 녹색 운동은 잘못되었다.] 왜냐하면 R1 〈종이는 쉽게 키울 수 있는 나무 에서 나오고, 유리는 지천으로 널려 있는 모래에서 나오기 때문이다.〉 게다가 R2 〈몇몇 미국 도시에서는 재활용하는 데 드는 비용이 너무 많 다는 이유로 재활용 정책을 포기하기도 했다.〉

R2는 설명(3.7절 참조)이란 점을 주목하라. R1과 R2가 C1의 이유로 제 시되고 있다고 할 수 있다.

2.5.6 2000년에 맥과이어 박사는 런던 택시 운전사의 뇌에 관한 획기적인 연 구 결과를 발표했다. R1 〈뇌스캔 결과 그들은 보통 사람들보다 해마(길 찾기에 사용되는 뇌 부위)가 훨씬 크다는 점이 드러났다.〉 R2 〈더구나 그것이 클수록 운전 경력도 길었다.〉 따라서 C1 [우리는 뇌세포를 일찍 부터 꾸준히 잃고 있다고 생각하는 것은 잘못이다.]

2.5.7 R1 〈어떤 사람은 온갖 역경을 이겨 내고 성공한다. 비록 부자로 태어나 지 않았거나 그들의 야망을 실현하는 데 도움을 줄 부모가 없을지라도 그들은 여전히 성공한다.〉 이는 C1 [바로 단호한 결심과 노력만 있으면 무엇이든 할 수 있다]는 것을 보여 준다. 따라서 C2 [여러분이 진정으로 무엇인가를 원한다면, 그것을 하라].

2.5.8. R1 〈노인들이 질병에 걸리는 비율이 감소해 왔다. 가령 관절염이나 치 매, 뇌졸중은 해마다 감소하고 있다.〉 R2 〈이렇게 감소한 데는 여러 가 지 원인이 있겠지만, 그 가운데는 고혈압을 다스리는 베타 차단제나 고

관절 수술과 같은 의학의 발전도 들어 있을 것이다.〉 R3 〈하지만 또 다른 요인이 있다. 현재의 6/70대는 그들의 부모 세대에 비해 어렸을 때 영양 섭취가 훨씬 더 좋았다.〉 R4 〈어릴 때 영양 섭취를 잘하는 것이 어른이 되었을 때 건강을 유지할 수 있는 중요한 토대가 된다.〉 R5 〈영양 상태가 과거 60년 동안 줄곧 나아졌기〉 때문에, C1 [우리는 노인 질병 가운데 상당수가 계속 줄어들 것이라고 예상할 수 있다.]

2.6   연습 문제 2.5를 답할 때 도입한 표기법을 사용해 논증을 이해하는 자연스런 방식(물론 이것이 유일한 방식은 아니다)을 나타낸다면 다음과 같다.

(a) R1 〈대부분의 부모는 자식이 좋은 직업을 갖기를 바란다.〉 그리고 R2 〈좋은 직업을 갖는 데 필요한 핵심 요소는 바로 교육이므로〉 따라서 C1 [자식이 최선의 교육을 받도록 하는 것이 부모의 의무이다.]

(b) R3 〈자식이 최선의 교육을 받도록 하는 것이 부모의 의무이다.〉 그리고 R4 〈국민이 잘 교육받는 것이 나라의 경제에도 이득이 되기〉 때문에, 따라서 C2 [정부는 자식을 교육시키는 부모를 도와주어야 한다.]

(c) R5 〈정부는 자식을 교육시키는 부모를 도와주어야 한다.〉 따라서 C3 [부모는 모두 자식의 교육비와 관련해 재정적 도움을 받아야 한다.]

(d) R6 〈부모는 모두 자식의 교육비와 관련해 재정적 도움을 받아야 한다.〉 그러므로 C4 [수입이 적은 사람이라면 교육비 지원을 받아야 하고, 수입이 많은 사람이라면 세금 공제를 받아야 한다.]

2.7.1   R1 〈식품의 안전 문제를 다루는 전통적인 영국의 접근법은 지역 단위의 보건 공무원들이 음식점의 위생 상태를 점검하는 식의 식품 소매 수준에만 개입하는 것이었다. 하지만, R2 〈우리가 먹는 식품 때문에 생기는 건강상의 위협은 대부분 식품의 생산방식, 즉 소규모의 유기농 방식이 아닌 현대의 대규모 공장식 농업인 데서 연유한다.〉 따라서 [식품의 생

산방식 문제에는 전혀 관심이 없는 식품 안전청이 식품 때문에 생기는 우리의 건강 문제를 제대로 해결할 수 있을 것 같지는 않다.] 그러므로 [이보다 훨씬 더 포괄적인 접근법이 필요하다.]

2.7.2 R1 〈서식지의 파괴 때문에 멸종되어 가는 종이 많이 있다.〉 R2 〈농사를 짓기 위해 숲을 파괴하는 것과 같이 이런 일이 인간의 활동에 의해 직접적으로 야기되는 경우도 있지만,〉 R3 〈지구 온난화 또한 많은 서식지에 치명적인 영향을 주고 있다.〉 R4 〈물론 이 경우에도 인간의 활동이 이것의 주된 원인이기도 하다.〉 따라서 C1 [인간이 바로 여러 종의 존재에 대한 주된 위협이다.]

2.7.3 R1 〈정부가 그 나라에서 담배 광고를 금지한다면, 담배 회사들은 그 나라에서 담배 광고에 들일 돈을 절약하게 되고,〉 따라서 C1 [다른 회사와 경쟁하기 위해 담배 가격을 낮출 가능성이 높다.] 그러므로 C2 [담배 광고의 금지는 흡연 증가로 쉽게 이어질 수 있다.]

2.7.4 R1 〈시스티나 성당의 유명한 천장 벽화는 1508년에서 1512년 사이에 미켈란젤로가 그린 것이다. 미사가 늘 있었고, 촛불을 피워 촛농과 검댕도 생겼으며, 얼마 후에는 점차 누렇게 되어 가는 유약도 발랐다. 창문을 열어 놓음으로써 도시의 매연도 들어왔고, 최근에는 수많은 자동차의 배기가스도 들어왔다.〉 따라서 C1 [이후 오백 년 동안 벽화는 원래 색을 잃었음이 분명하다.] C2 [1980년대와 1990년대 바티칸이 시행한 청소와 복구 작업으로 촉발된 논란은 완전히 번지수를 잘못 찾은 것이다.] 왜냐하면 R2 〈그 일은 세계에서 가장 유능한 그림 복원 전문가가 한 일이며, 예술 전문가와 역사가들로 이루어진 연합팀의 엄격한 감독 아래 진행되었고〉 그리고 R3 〈사람들은 검댕과 유약, 매연 등으로 흐릿해진 벽화를 보는 데 익숙해서 원래 그림이 얼마나 밝고 생생한지를 전혀 깨닫지 못했기〉 때문이다.

2.7.5 R1 〈2억 4천5백만 년 전에는 종의 90퍼센트가 멸종했다. 6천5백만 년 전에는 공룡을 포함해 당시 생존하던 생명체 가운데 50퍼센트가 사라졌다.〉 R2 〈훨씬 최근 들어서는 인간의 영향으로 많은 종이 멸종되어 가

고 있다. 가령 하와이의 경우 이런 영향 때문에 수많은 종류의 식물이나 곤충, 동물이 사라졌다.〉R3 〈하지만 멸종이 되면 그 종을 대체하는 새로운 종이 늘 있다는 사실을 우리는 알 수 있다(가령 멸종된 공룡을 대신해 포유류가 등장했다).〉**따라서** C1 [지구 역사를 보면 종이 멸종된 수많은 사례가 있었으며 우리는 그런 멸종을 심각한 환경 문제로 보아서는 안 된다.]

2.8.1 '입증하지 못했다'는 그 증거가 널리 받아들여진 결론을 뒷받침하지 않는다는 강한 주장이다. '따라서'가 논증 시사 표현이다.

2.8.2 '때문에'와 '있으므로'가 논증 시사 표현이다.

2.8.3 "이 점은 명백한 사실이다. 어느 누구도 이 점을 부인할 수 없을 것이다"는 것은 도킨스가 자신의 주장을 확신하고 있음을 나타내 준다.

2.8.4 '따라서', '왜냐하면' 등의 논증 시사 표현이 많이 나오고 있다. "언뜻 들어 보면, 이는 절대 틀릴 수 없는 입장 같다. … 하지만 좀 더 생각해 보면, 이는 그냥 책임 회피일 뿐임을 알 수 있다"는 것은 글쓴이가 자신의 입장에 대해 상당한 확신을 가지고 있음을 나타내 준다.

2.9 생략

3장

3.1.1 읽을거리 3번 글은 이유가 나란히 제시되어 있는 구조를 지닌 논증이다.

3.1.2 읽을거리 11번 글도 이유가 나란히 제시되어 있는 구조를 지닌 논증이다.

3.1.3 읽을거리 17번 글은 연쇄 구조를 지닌 논증이다.

3.1.4 읽을거리 29번 글은 이유가 나란히 제시되어 있는 구조를 지닌 논증이다.

3.1.5 이 글은 연쇄 구조를 지닌 논증이다.

3.2.1 읽을거리 21번 글은 이유가 나란히 제시되어 있는 구조를 지닌 논증이다.

3.2.2 읽을거리 28번 글은 연쇄 구조를 지닌 논증이다.

3.2.3 읽을거리 36번 글은 이유가 나란히 제시되어 있는 구조를 지닌 논증이다.

3.2.4 읽을거리 38번 글은 복잡하지만 대략 두 가지의 논증이 "상대 운동과 절대 운동 사이에 커다란 차이가 있다는 것을 보여 준다"는 결론의 이유를 나란히 제시하는 구조라고 할 수 있다.

3.3.1 이유가 합쳐져서 결론을 뒷받침하는 것이다.

3.3.2 이유가 합쳐져서 결론을 뒷받침하는 것이 아니다.

3.3.3 이유가 합쳐져서 결론을 뒷받침하는 것이다.

3.4.1 (a) R1 〈최근 연구에 따르면, 구름과 햇볕의 상호 작용에 대한 우리의 이해는 잘못된 것일 수도 있다. 구름은 이전에 생각한 것보다 네 배나 더 많은 에너지를 흡수한다는 것이 관측 결과 밝혀졌다.〉 그리고 R2 〈기상 변화를 설명하는 현존 모형은 이전의 관측에 근거한 것이기〉 때문에, C1 [새로운 관측 결과가 정확한 것이라면 기상 변화 모형도 완전히 바뀌어야 한다.]

(b) C1 = R3 [새로운 관측 결과가 정확한 것이라면 기상 변화 모형도 완전히 바뀌어야 한다.] 그리고 R4 〈기상 모형은 지구 온난화를 측정하는 데도 사용되고 있으므로,〉 C2 [이런 기상 모형이 부정확하다는 것이 드러나면 지구 온난화에 대한 우리의 이해도 완전히 바뀌어야 한다.]

3.4.2 (a) C1 [세계보건기구에 따르면, 세계적으로 수천 명의 사람이 과도한 소음에 장기간 노출됨으로써 생기는 심장병으로 일찍 죽는다.] 왜냐하면 R1〈소음 공해는 수면 방해와 스트레스를 야기하며〉 그리고 R2 〈높은 스트레스는 심지어 자는 동안에도 몸속의 코르티졸, 아드레날린, 노르아드레날린과 같은 스트레스 호르몬을 증가시킬 수 있고〉 그리고 R3 〈이런 호르몬들이 대동맥 주위를 오래 머물면서 순환하면, 고혈압, 뇌졸중, 심장마비를 일으킬 가능성이 높아지기〉 때문이다.

3.4.3   (a) R1 〈닐 암스트롱이 1969년에 달에 실제로 착륙한 것이 아니라면, 수천 명이 개입된, 아주 어마어마한 음모가 있었음이 분명하다.〉 그리고 R2 〈그런 음모가 있었을 것 같지는 않다.〉 따라서 C2 [닐 암스트롱은 1969년에 달에 착륙했다.]

(b) R2 = C1 [그런 음모가 있었을 것 같지는 않다.] 왜냐하면 R3 〈지금쯤이면 누군가는 무심코 그 음모를 누설했을 것〉이기 때문이다.

3.4.4   (a) R1 〈사형선고를 받은 사람에게 종신형이나 사형 가운데 하나를 선택하라고 하면, 99퍼센트는 종신형을 선택한다.〉 이 사실은 C1 [사람들이 일생 동안 감옥에 있는 것보다 죽음을 더 두려워 한다는 점]을 보여 준다.

(b) R2 = C1 [사형선고를 받은 사람들은 일생 동안 감옥에 있는 것보다 죽음을 더 두려워 한다〉 그리고 R3 〈사람이란 가장 두려워하는 것을 피하고자 하기 마련이므로,〉 따라서 C2 [사형으로 위협을 가하는 것이 종신형으로 위협을 가하는 것보다 살인 범죄 억제 효과가 더 클 것이다.]

3.5.1   (a) R1 〈방사성 원소는 붕괴되어 결국에는 납으로 변한다.〉 따라서 C1 [물질이 항상 존재했다면, 남아 있는 방사성 원소는 없어야 할 것이다.]

(b) R2 = C1 [물질이 항상 존재했다면, 남아 있는 방사성 원소는 없어야 할 것이다.] 하지만 R3 〈우라늄이나 다른 방사성 원소가 존재한다〉는 사실은 C2 〈물질이 항상 존재한 것은 아니었음을 보여 주는〉 과학적 증거이다.

3.5.2   R1 〈핵전쟁 때 민간인들이 보호될 수 없다면, 민방위 훈련은 필요 없다.〉 하지만 R2 〈 '전쟁 억지' 가 좋은 전략이라면, 민방위 훈련은 필요하다.〉 따라서 C1 [전쟁 억지는 좋은 전략이 아니다.]

3.5.3   생략

3.5.4   생략

3.6.1   시의회 의장이 다음 결론을 논증한다고 볼 수도 있다. "이것이 바로 더

밝은 고단위 나트륨 등을 새로 설치해야 하는 이유다." 하지만 "가로등
이 너무 어둡기 때문에 많은 사건과 범죄가 일어나고 있다"는 것이 설
명인지 아니면 논증인지는 분명하지 않다. "가로등이 너무 어둡다"는
것을 이미 받아들이고 있다면 그것은 논증이다. "많은 사건과 범죄가
일어나고 있다"는 것을 이미 받아들이고 있다면 그것은 아마 설명일 것
이다. "가로등이 낮게 달려 있어서 공공 기물 파괴자들에 의해 쉽게 파
손된다"에 대해서도 같은 이야기를 할 수 있다.

3.6.2 설명

3.6.3 설명

3.6.4 설명

3.6.5 논증(하지만 이것을 설명으로 읽을 수도 있다).

3.6.6 지진학자는 1906년 샌프란시스코 대지진을 설명하고 있고, 또 다른 대
지진이 곧 일어날 것임을 논증하고 있다.

3.7.1 (i) 종이 멸종될 위협이 있다면, 우리는 할 수 있는 한 서식지의 파괴를
막아야 한다. (ii) 여러 종이 멸종되는 것을 우리가 바라지 않는다면, 우
리는 지구 온난화를 최소화해야 한다. 아마 다른 결론도 가능할 것이다.

3.7.2 (i) 많은 부모들이 아이들에게 예방접종을 시키지 않는다면, 그 아이들
은 천연두에 걸릴 위험이 있다. (ii) 보건 당국은 이런 위험을 널리 알려
부모들이 아이들에게 예방접종을 시키도록 해야 한다.

4장

4.1.1 지구 온난화가 진행되고 있다는 것이 해수면의 상승을 설명할 수 있는
유일하게 가능한 (또는 '가장 그럴듯한') 방안이다.

4.1.2 건강 교육을 더 잘 받으면 사람들은 생활 습관을 고칠 것이다.

4.1.3 병에 '독약'이라고 적혀 있지 않으면, 그것은 해롭지 않다.

4.1.4 당신의 남편이 죽은 것처럼 보이도록 하기 위해 증거를 조작하지는 않
았다.

4.1.5 제한속도가 시속 80마일이라고 하더라도 운전자들은 여전히 시속 80마
       일로 달릴 것이다.

4.2.1 예일대학은 미국의 명문 대학이어서 대부분의 사람들은 그 대학의 연구
       결과를 신뢰할 만하다고 생각할 것이다. 미국 FDA는 좋은 명성을 얻고
       있으며 그래서 미국인들은 FDA의 판단이 옳다고 볼 것이다.

4.2.2 이 논증은 (동년배의 결혼한 사람들과 견주어 볼 때) 결혼하지 않은 남
       자와 여자들은 그만큼 살이 찌지 않았다는 점을 가정해야 한다. 또한 많
       은 여자들은 결혼 초기에 아이를 가지므로, 결혼 자체라기보다는 이것
       이 몸무게가 늘어난 원인일 수도 있다.

4.2.3 이 글은 프랑스 혁명이 일어난 지 얼마 안 되어 나온 것이다. 당시 많은
       유럽의 '상류층'이나 부자들은 혁명이 일어날까 두려워하고 있었다. 이
       글은 식물이나 동물에게서 일어나는 일이 사람에게도 일어난다(인구
       성장에 관한 한 그렇다)고 가정하고 있으며, 식량 생산을 증가시킬 수
       있는 과학 기술의 여지는 그리 크지 않으며, 재분배 정책은 제대로 작동
       하지 않을 것이며, 산아제한은 인구 성장에 별 영향을 주지 못할 것이라
       고 가정하고 있다. (Fisher, 2004, 3장 참조)

4.3   영국 맥락에서 본다면 이유는 그럴 듯하고 논증도 합당해 보인다. 미국
       의 경우 자동차나 기차에 대한 태도는 영국과는 아주 다르다. 미국의 경
       우 거의 모든 사람이 자동차를 소유하고 있으며, 자유롭게 도로 여행을
       할 수 있고 중서부는 도로가 혼잡하지도 않다. 따라서 이 경우 글에 나
       온 이유는 여기에는 적용되지 않을 것이며 논증도 흥밋거리가 되지 못
       할 것이다.

4.4.1 이 논증의 구조와 결론은 분명하다. 이 논증은 제한속도를 시속 80마일
       로 높이더라도 운전자는 여전히 시속 80마일로 달릴 것이라는 점을 가
       정하고 있다. 이는 의심스럽다. 왜냐하면 영국의 운전자들은 대부분 자

신들이 제한속도보다 10마일 이상 과속했을 때만 처벌을 받게 되며 과속 단속도 잘 안 한다고 믿고 있기 때문이다. 이런 태도는 제한속도를 높일 경우 운전자들은 더 빨리 달릴 것임을 시사해 준다. 게다가 안전이나 연료 효율 때문에 제한속도를 더 낮추어야 한다는 논증도 있다. 따라서 전체적으로 보았을 때, 이 논증은 그렇게 좋은 논증이 아니다.

4.4.2 생략

4.4.3 생략

4.4.4 이 논증에는 분명히 그렇게 대규모 전시회를 열 경우 그런 위험을 상쇄하고도 남을 만한 이득 — 가령 추가 수입을 얻게 되어 그림을 더 잘 보관하거나 유지할 수 있다는 것 — 은 없다는 것을 가정하고 있다. 이 글에는 그런 이득의 가능성에 관해서는 아무런 이야기가 없다. 이 글이 좋은 논증인지를 정하려면 대규모 전시회를 열 경우 장점은 무엇이고 단점은 무엇인지를 잘 비교해 보아야 한다. 이 글은 지금대로라면 그렇게 좋은 논증이 아니다.

4.5   생략

5장

5.1.1~5.1.3 생략. 하지만 인터넷에서 도움을 받을 수도 있다. 급우에게 설명을 해 보라. 5.1절에서 다루고 있다.

5.2.1 이 경우 문제는 정확한 수학적 의미를 지니는 용어를 아이에게 설명하는 것이다. 여러분이 '다각형'이 무엇인지 모른다면, 사전을 찾아보거나 수학 책을 살펴보거나 알 만한 사람에게 물어보아야 한다. 의미를 안다면, 이를 아이에게 설명하는 가장 좋은 방법은 아마 다음처럼 하는 것이다. "그것은 이렇게 생긴 여러 개의 변으로 이루어진 도형이다"라고 말하면서 사각형이나 육각형 그림을 그려 보여 주고, 그 말을 써서 여러 개의 변을 지닌 다양한 도형에 관해 얘기할 수 있다고 설명하는 것이다.

아이가 이를 어느 정도 이해하느냐에 따라 설명이 더 필요한지가 정해
질 것이다.

5.2.2　석탄이나 석유와 같은 천연자원은 다 사용하면 바닥이 나고 재생이 되
지 않는다. 강에 흐르는 물은 재생된다. 특이하게도 세계 어디에 사느냐
에 따라 사람들이 이 예를 다르게 본다는 사실을 나는 알게 되었다. 물
이 풍부한 나라(가령 영국)의 사람들은 물이 천연자원과 다르다고 생각
하는 반면, 물이 부족한 나라(가령 싱가포르)에 사는 사람들은 물도 천
연자원과 비슷하다고 생각한다.

5.3.1　그런 표현을 한 번도 들어 본 적이 없는 사람, 배심원, 어떤 범죄 사건의
최근 판결을 다루고 있는 대학의 법학 세미나 수업. 나머지는 생략.

5.3.2　생략

5.4　사전에는 "주요 사실의 증명에 간접적으로 이용하는 증거. 범행 현장에
남아 있는 지문이나 알리바이를 위한 증인 따위를 이른다"고 나온다.
따라서 존스가 그 그림을 훔쳤다는 것을 시사해 줄 정황 증거는 다음과
같은 것이 될 것이다. 존스는 부자가 아니며, 수년 전에도 많은 그림이
도난당했다는 신고가 있었고, 존스가 그림을 구입해 간 기록이 전혀 없
으며, 친구들도 존스가 그런 그림을 가지고 있었다는 사실을 몰랐으며,
그림 획득 경로에 대한 존스의 설명이 모호하거나 확인할 수 없으며 그
그림을 합법적으로 갖게 되었다는 증거가 전혀 없다. 이런 정도면 통상
적인 목적에는 아마 충분할 것이다. 하지만 물론 법정에서라면 좀 더 정
확한 정보가 필요할 수도 있을 것이다.

5.5.1　논증의 결론이 이유로부터 '필연적으로 따라 나온다'는 말은 이유가 참
이라면 결론도 참일 수밖에 없다는 의미이다. 바꾸어 말해, 이유가 참이
면서 결론이 거짓일 수는 없다는 말이다. 가령 누군가 다음과 같이 논증
한다고 해 보자. "학생들은 모두 공부를 열심히 하고, 공부를 열심히 하

는 사람은 모두 성공을 하게 마련이다. 따라서 학생들은 모두 성공을 하게 마련이다." 여기서 결론은 이유로부터 필연적으로 따라 나온다. 이 말은 이유가 실제로 참인지에 대해서는 아무런 이야기도 해 주지 않는다. 그것은 다만 이유가 모두 참이라면, 결론도 참일 수밖에 없다고 말하는 것일 뿐이다. 이유로부터 결론이 필연적으로 따라 나온다 하더라도 논증은 설득력이 없을 수 있다.

결론이 이유로부터 필연적으로 따라 나오는 것이 아니라는 말은 이유가 참이지만 결론은 거짓일 수 있다는 의미이다. 바꾸어 말해, 이유가 참이면서 결론이 거짓일 수 있다는 말이다. 가령 누군가 다음과 같이 논증한다고 해 보자. "스미스를 죽인 무기가 존스의 집에서 발견되었다. 그리고 거기에서 존스의 지문도 발견되었다. 존스는 스미스를 미워했으며, 사건 당시의 알리바이도 성립하지 않는다. 따라서 그가 스미스를 죽였음이 분명하다." 이 결론은 필연적으로 따라 나오지는 않는다(이것이 아주 강력한 논증일 수는 있다. 하지만 그것이 필연적으로 따라 나오는 것은 아니다).

5.5.2 사전을 보면 다음과 같이 나온다. "민주주의 국가란 국민의, 국민에 의한, 국민을 위한 정부라는 것이다. 핵심은 정부가 국민에 의해 선출된다는 점이며, 국민이 불만이 있을 경우 다른 정부로 대체할 수 있다는 점이다." 이는 통상적 용법을 서술해 주고(이것은 정의의 서술이다) 있을 뿐이다. 이 정의로는 여전히 어떤 나라가 민주주의 국가인지를 정하기가 쉽지 않을 수 있으며, 몇 가지 예가 도움이 될 수도 있을 것이다. 아마 미국은 민주주의 국가일 것이며, 대부분의 서구 유럽 국가도 그럴 것이다. 히틀러의 독일은 민주주의 국가가 분명히 아니었으며, 프랑코의 스페인도 민주주의 국가가 아니었고, 현재의 사우디아라비아도 민주주의 국가가 아니다. 정치학 교재에 좀 더 자세한 사항이 나올 것이다.

5.6.1 생략

5.6.2 영국의 빈곤에 관한 유명한 연구에서 피터 타운젠드는 다음과 같은 정

의를 내리고 있다. "개인이나 가정, 집단이 먹을 것이 없거나 그 사회의 최소한의 삶의 여건이나 시설도 누리지 못할 경우 그들은 가난하게 산다고 말한다"(타운젠드, 『영국의 빈곤』, 1979, 31쪽). 이 기준은 일반적 용법에 의해 표현되고 있고, 경험적 탐구에도 쓸 수 있으며, 유용하다고 널리 인정되고 있다. 물론 다른 용례도 있을 것이다.

5.6.3 생략

5.7.1 언뜻 보면 이 정의는 그럴듯해 보인다. 하지만 학생들의 강의 평가라는 것이 학생들이 선생님을 얼마나 좋아하는지를 측정하는 것일 수도 있다. 학생들이 좋아하지 않지만 훌륭한 선생님도 있을 수 있고, 훌륭한 선생님이 아닌데도 학생들이 좋아하는 경우도 있을 수 있다. 후자와 같은 사람은 학생들에게 인기가 많고, 친근하며, 학점을 잘 주지만 제대로 가르치지는 못하는 사람일 것이다. 우리는 분명히 그런 사람을 좋은 선생님이라고 보지는 않을 것이다. 그러므로 철학자들이 좋아하는 용어로 말한다면, 강의 평가 점수가 높아야 한다는 것은 훌륭한 선생님이 되기 위한 필요조건도 아니고 **충분조건**도 아니다(이 예에 대한 좋은 논의로는 Scriven, 1976, 127쪽 참조).

5.7.2 여러분은 게임은 '여러 사람이 함께 해야' 하는 것이라고 생각할 수도 있다. 하지만 혼자 하는 카드 게임은 어떤가? 게임은 '재미가 있어야' 한다고 생각할지 모르겠지만 그러면 포커는 어떤가? 게임에는 '규칙'이 있다고 생각할지 모르겠지만 아이들이 서로 그냥 공을 던지고 받는 것은 어떤가? 등등. 사실 게임이기 위한 필요충분조건을 찾기란 어려워 보인다.

5.8 다음이 가능한 한 가지 해답이다.
이 글이 무엇을 논증하고 있는지는 비교적 쉽게 알 수 있다. 하지만 '민감한'과 '성숙한 사람'이란 무슨 뜻인가? 우리들 대부분은 어떤 사람이 민감하다거나 둔감하다 또는 인간적이라거나 비인간적이라고 말할 수 있는 상황이 어떤 것일지를 대략 안다. 사전에 보면 '민감하다'는 '다른 사람의 느낌을 이해하고 거기에 맞게 반응하는 것'을 의미한다. 이것은 분명히 정도의 문제이며, 많은 남자들이 다른 사람에게 충분히 민감하지 못하다는 것이 설사 사실이라 하더라도, 많은 남자는 여전히 꽤 민감하다고 할 수 있다. 글쓴이가 '성숙한 사람'을 어떤 의미로 쓰든, 아마 다른 사람에게 어느 정도 민감한 사람이면 그런 사람의 범주에 포함되게 될 테지만(어떤 사람이 아주 무감각하다면, 그 사람은 분명히 성숙하다고 할 수 없을 것이다), 사람들에게 엄청나게 민감해야만 그런 범주에 포함되는 것은 아닐 것이다. 가령 노동자를 해고하는 사용자는 '민감하지 못한' 것이며 '성숙한 인간'이라고 할 수 없는 것인가? 여러분은 군인이라면 어느 정도 '민감해야' 한다고 보는가? 강경하고 뻔뻔한 정치 지도자는 성숙한 인간이 아닌가? 아마 여자가 대체로 다른 사람들에게 더 민감하기는 하겠지만, 민감해야 할 의무는 남녀 모두 똑같아야 할 것이다. 물론 다른 사람이 도움을 줄 수도 있을 것이다. 하지만 여자는 남자를 도와줄 특별한 의무가 있다는 식으로 나아가는 추론은 아주 약하다. 나는 이 논증은 현재 영국 현실과 관련이 있다고 가정한다. 현재 영국에서는 남녀 사이의 관계에 관해 많은 논란이 벌어지고 있으며, 거기에는 남녀 각각의 권리나 의무와 관련된 것도 포함되어 있다. 이 논증이 다른 나라에서는 좀 더 설득력이 있을지도 모르겠다.

5.9　　생략

5.10　　생략

5.11.1　독성 시험이란 약품이나 다른 물질이 동물이나 사람에게 해(독성)가 있는지를 알아보기 위해 하는 시험이다. 의약품이나 살충제, 식품 첨가물, 세정제 등에 대한 시험은 대개 동물을 대상으로 먼저 이루어진다.

5.11.2　전문적인 의미로, 이는 중피종 진단을 받은 사람들 가운데 반은 8개월

안에(아주 빨리) 죽고 나머지 반은 그 후에 죽는다(아마 이것도 꽤 빨리)는 의미이다. 골드가 알고자 한 것은 다음과 같은 것들이다. "자신이 8개월 이상 사는, 나머지 반에 속할 확률이 얼마인가?"(즉 내가 빨리 죽을지 아니면 8개월 이상을 살지를 결정하는 것은 무엇인가?)이며 "8개월 이상 사는 사람들의 그래프는 어떤 모양일까?"(그리고 내가 그 그래프의 어느 위치에 있는지를 결정하는 것은 무엇인가?) 사실 그 그래프의 오른쪽 꼬리는 아주 길며, 골드는 20년을 더 살았다.

5.11.3~5.11.5 생략

5.11.6 석유 매장량은 현재의 경제적 조건에서 채굴할 수 있다고 생각되는 원유 양의 추정치이다. 유전에 있는 전체 석유 양은 채굴할 수 없는 많은 양까지 포함한다. 얼마나 채굴할 수 있는지는 경제성이나 기술에 달려 있으며, 따라서 유전에 있는 석유 매장량은 시간에 따라 큰 차이가 날 수도 있다(위키피디아 참조).

5.11.7 이것은 한때 영향력이 있었던 유명한 논증이다. 하지만 지금 와서 보면, 이전보다 논증을 잘하는 법, 누구를 믿을지를 판단하는 법, 의사 결정을 하는 방법 등을 가르칠 수 있다는 점은 아주 명백하다(이 책을 통해 얻은 여러분 자신의 경험을 생각해 보라). 게다가 멕팩의 주장이 옳다면, 글쓰기를 일반적으로 가르칠 수 없다는 이야기도 똑같이 할 수 있을 것이다.

6장

6.1 바로 아래 본문에 나와 있다.

6.2 이후 장에서 다루어진다. 하지만 미리 보지는 말라.

6.3 바로 아래 본문에 나와 있다.

6.4 "TV의 폭력 장면이 사람들의 행위에 영향을 준다"고 말할 수 있는 증

거가 무엇일지를 말하기란 어렵다. 왜냐하면 아주 많은 요인들이 개입될 수 있기 때문이다. 하지만 그 주장이 TV의 폭력 장면을 보면 그렇지 않을 경우보다 사람들이 더 폭력적이게 된다는 말이라면, TV 보는 습관이 아주 다른 사람들(즉 다른 집단보다 폭력물을 더 많이 보는 집단)을 비교해 폭력의 정도를 측정할 수도 있을 것이다. 또한 TV에서 본 것에 영향을 받았다고 하는 사람들 가운데 더 폭력적으로 바뀌었다고 하는 사람과 폭력을 멀리하게 되었다는 사람을 찾아보는 것도 도움이 될지 모른다. 이런 가능성들을 생각해 본다면 사안은 점점 더 복잡해질 것이다. 아마 이 주장이 참이거나 거짓임을 보여 주기란 불가능할지도 모르겠다.

6.5   "사람들은 원하는 것을 볼 자유가 있어야 한다." 우리는 현재 삶의 방식을 선택하는 데 있어, 그것이 다른 사람에게 해를 끼치지 않는 이상, 개인의 선택을 아주 중시하는 사회에 살고 있다. 따라서 이런 원리는 여기 나와 있는 주장을 강하게 뒷받침해 줄 것이다. 하지만 같은 원리에 의해, 우리가 특정 유형의 TV 프로그램을 보면 바람직하지 않은 결과, 가령 다른 사람에게 해를 끼치는 결과를 낳는다는 것을 보일 수 있다고 한다면, 이는 그 주장을 반대하는 이유가 될 것이다. 하지만 우리는 방금 그것을 보이기가 아주 어렵다는 점을 보았다.

6.6   사실적 주장: "침술이 체외수정의 성공률을 65퍼센트 높일 수 있다." 실험 보고서가 이 주장이 참인지 거짓인지를 밝혀 줄 것이다.
권고: "체외수정과 관련해 침을 맞지 않는 것이 더 좋다." 이를 평가하려면 장단점을 살펴보아야 한다(싱은 자신의 권고를 뒷받침해 주는 강력한 이유를 제시하고 있다).
정의: '가짜' 침을 놓는 집단['통제' 집단으로 여기에 속한 사람들은 자신들이 침을 맞았다고 생각하지만 실제로는 그렇게 하지 않았다]. 이는 분명해 보인다. 우리는 의사에게 실제로 그런지를 확인해 보아도 된다.

인과 주장: "침술이 체외수정의 성공률과 관련해 효과가 있다는 주장은 아직 입증된 바가 없다." 수치는 이런 부정적 인과 주장을 뒷받침해 준다.

6.7.1   도킨스는 "종교는 … 유전자의 유전과 비슷한 유전 형태를 보인다"고 강하게 주장하고 있다. 그는 원래 이 주장을 대중 강연에서 했으며, 이것은 이후 〈인디펜던트〉 신문에 실렸다. 대부분의 사람들은 자신이 자라면서 가졌던 종교를 그대로 갖는다는 것은 사실인 것 같다. 큰 틀에서 보면 기독교도는 기독교를, 회교도는 회교를, 힌두교도는 힌두교를, 불교도는 불교를 계속 믿는 것 같다. 이런 큰 틀의 종교 안에서 종파를 바꾸기는 하는 것 같다. 가령 성공회에서 천주교로 바꾸기도 한다. 사람들의 종교적 믿음과 관련한 내 개인의 경험이나 내가 알고 있는 것에 비추어 볼 때 이런 주장은 대개 맞는 것 같다. 또한 내가 보기에 유전과의 유비도 대부분의 사람이 보이는 종교 선택의 무반성적 측면을 잘 포착해 주고 있는 것 같다. 따라서 이런 이유로 나는 이것이 받아들일 만한 논증이라고 생각한다.

6.7.2   이 글은 놀라운 결과 ─ 이것은 비슷한 실험에서 재생되었다 ─ 를 지닌 유명한 실험을 보고하고 있다. 인터넷에서 이 기사를 쉽게 확인해 볼 수 있으며, 결과에 대해서는 아무런 의문이 없는 것 같다. 우주 어딘가에 생명체가 있을 것이라는 추론은 잠정적이며 그에 반하는 증거(무선 신호가 없다)까지도 나와 있다. 이것은 무슨 일이 일어났는지에 대해 명확히 하고 있고 증거에 비추어 잠정적인 추론을 하고 있는 전형적인 과학 기사이다. 이것은 내가 지닌 다른 믿음과도 잘 맞으며, 따라서 나는 여기에 나온 것을 받아들이는 데 아무런 어려움도 없다.

6.7.3   이 글은 『뉴사이언티스트』에 나온 것이므로, 신뢰할 만한 것이다. 그 계획을 검토했던 해양 과학자들은 관련 전문 지식을 가지고 있을 것이며 아마도 독립적인 사람들이었을 것이므로, 그들의 견해는 신뢰할 만하다고 볼 수 있다. 따라서 나는 노스크 하이드로의 계획은 아마도 문제가

있다는 것을 받아들인다. 이 연습 문제는 사실 모두 신뢰성과 관련된 것이며, 이는 우리가 곧 다루고자 하는 것이다.

6.8   예 1과 2는 바로 아래 본문에 나와 있다. 예 3과 4는 생략.

6.9.1   사진은 조작하기 쉽다. 앞에 나온 이유들 때문에 여전히 신뢰하기 어렵다.

6.9.2   생략

7장

7.1   (예 3) 그 운전 교습 강사는 관련 전문 지식을 갖추고 있으며 신뢰할 만한 사람일 가능성이 아주 높다.

(예 4) 그 기자는 아마 그 방면의 전문 지식을 갖추고 있을 것이다. 보도가 얼마나 신뢰할 만한지는 어떤 방송사인지에 달려 있을 것이다.

7.2   바로 아래 본문에 일부 나와 있다. 하지만 여러분은 여러분 나름의 대답을 할 수도 있을 것이다.

7.3   대부분의 사람들은 흰색 차의 운전자와 빨간색 차의 운전자는 별로 신뢰할 만하지 않다고 말한다. 왜냐하면 그들은 (비록 잘 볼 수 있었다 할지라도) 이해 당사자이기 때문이다. 경찰관과 엄마는 신뢰할 만한 목격자라고 할 수 있지만 아이는 그렇지 않다.

7.4   생략

7.5   루퍼스는 기소될 경우 아마 많은 것을 잃게 될 것이며, 그는 이해 당사자이기 때문에 우리는 다른 증거가 없는 이상 (비록 그가 사실을 말하고 있는 것일 수도 있지만) 그의 증언에 대해 의심을 가지고 대해야 한

다. 의사는 아마 본 사실대로 이야기한다고 해도 잃는 것은 없을 것이다. 그 사람은 이해 당사자가 아니다. 그 사람은 또한 관련 전문 지식을 갖추고 있으며, 법정이라는 맥락에서는 더 무게가 실릴 것이므로 그 사람의 증거는 아주 신뢰할 만하다고 할 수 있다. 루퍼스는 곤경에 처하게 된 것이다!

7.6   생략

7.7   누군가 다음과 같이 말한다면 그것은 직접 증거일 것이다. 그가 자기 집 정원의 잔디에 내린 우주선에서 걸어 나오는 작은 녹색 사람을 보았다. 같은 주장에 대한 정황 증거는 우주선이 내렸다고 하는 곳에 난 자국이나 흔적, 그리고 잔디에 난 작은 사람의 발자국, 우주선이 닿았다고 하는 곳의 잔디에서 나온 특이한 화학 성분 등이 될 것이다.

7.8   아이 엄마는 다음과 같이 말할 수도 있을 것이다. "나는 우리 아이와 함께 길을 건너려고 기다리고 있었다. 아이가 좀 보채기는 했지만, 나는 아이 손을 꼭 잡고 교차로와 신호등을 유심히 보고 있었다. 나는 시력도 좋으며, 나도 운전을 하는 사람이어서 어디를 보아야 하는지 잘 알며, 나는 운전자나 경찰관과는 아는 사이가 아니다." 경찰관은 다음과 같이 말할 수도 있을 것이다. "나는 근무 중이었다. 나는 교차로를 주시하고 있었다. 나는 시력도 좋다. 나는 또한 법정에 갈 경우 내가 본 것을 어떻게 정확히 기술하고 보고해야 하는지에 관해서도 많은 훈련을 받은 사람이다."

7.9   "태양이 동쪽에서 떠서 서쪽으로 넘어갔다"와 "지구가 태양을 돈다." 또는 "문이 열려 있었고 양이 길에 나와 있다"와 "양이 울타리에서 도망쳤다."

7.10 나는 여기 나오는 사람은 모두 시력이 좋으며, 마약을 한 상태도 아니었고, 무슨 일이 일어나고 있었는지를 잘 보고 있었다고 가정한다. 물론 보채고 있었던 아이는 그렇지 않다. 나는 또한 이들 목격자는 서로 아는 사이가 아니라고 가정한다(물론 아이와 엄마는 예외이다). 나는 신호등도 제대로 작동하고 있었다고 가정한다.

운전자들은 크게 신뢰할 수 없다. 왜냐하면 그들은 이해 당사자이기 때문이다. 아이가 말하는 것도 마찬가지로 별로 신뢰할 수 없을 것이다(아이는 무슨 일이 일어나는지를 제대로 보지 않았다). 나는 엄마도 운전을 하는 사람이며 어디를 보아야 하는지를 잘 아는 사람이라고 가정한다. 그 엄마에 관해 우리가 가정하고 있는 것들에 비추어 볼 때, 그 사람의 증거는 아주 신뢰할 만하다. 나는 경찰관도 불편부당(不偏不黨)한 사람이라고 가정한다. 그가 가진 전문성과 우리가 가정한 모든 것에 비추어 볼 때, 그의 증거도 아주 신뢰할 만하다. 게다가 우리는 똑같은 증언을 하는 두 사람의 독립된 증언을 확보하고 있으므로, 이들의 증거는 서로 확증되는 셈이다. 그러므로 빨간색 차가 빨간 신호등을 무시했다고 볼 이유가 충분하다고 하겠다.

7.11.1 이 글은 직접 증거, 즉 내가 본 것을 보고하고 있다. 나는 어렸고 시력은 좋았으며, 따라서 이 기술은 아마 꽤 정확할 것이다. 그것이 귀신이라는 주장은 추론된 주장 — 이에 대해서는 우리 대부분은 아주 회의적이다 — 일 것이다. 사실 나의 자전거 불빛이 이상한 모양의 물웅덩이에 비쳤는데, 바람에 그 물이 일렁였고, 불빛이 나무둥치에 반사되었으며, 내가 물웅덩이에 가까이 갈수록 반사각이 커져서 그 이미지가 나무 위로 올라가는 것처럼 비치게 만들었다(내가 다시 해 보았더니 실제로 확증되었다)!

7.11.2 담배 회사는 그런 결과로부터 이득을 얻게 된다. 따라서 우리는 이들 과학자가 어느 정도 독립적인지를 살펴보아야 한다. 그 사람들이 명성이 있고, 독립적인 과학자이어서 자유롭게 자신들의 발견 결과를 공표하며

담배 회사에 유리한 결과를 찾아야 하는 부담을 지고 있는 것이 아니라고 한다면, 그 사람들의 결과는 신뢰할 만하다. 그 사람들이 담배 회사에 소속된 과학자이거나 다른 이해 당사자라고 한다면, 그 사람들의 결과는 그다지 신뢰할 만하지 않다.

7.11.3   우리는 줄리아니에 관해서는 상대적으로 아는 것이 아주 적다. 그는 실험실 기사라고 나와 있다. 따라서 우리는 그가 과학적 방법(따라서 관련 전문 지식도)에 관해 안다고 가정할 수 있다. 하지만 이 경우의 전문가들, 즉 지진학자들은 그의 주장의 근거를 검토했고 그에 동의하지 않았다. 그들은 이해관계에 걸려 있는 것이 아니며, 관련 전문성을 지니고 있다. 따라서 그들이 더 신뢰할 만하다고 할 수 있다.

7.11.4   다음이 한 가지 풀이이다. 회사의 주인인 B가 A의 부상에 책임이 있는 것으로 밝혀진다면, 그는 아마 많은 것을 잃게 될 것이므로(그는 보상을 해야 하거나 아니면 다른 식으로 처벌을 받을 수도 있을 것이다), 그가 한 증언의 신뢰성은 낮다고 보아야 한다. 같은 이유로 공장장 F의 신뢰성도 그다지 높지 않다. 하지만 기계는 늘 잘 관리되고 있었다는 자신의 주장을 확증해 주는 점검 기록을 제출한 것으로 보아 이 점은 잘 입증된 것 같다.

A는 많은 것을 잃게 (또는 얻게) 되므로, 회사에서 정한 안전 절차를 모두 따랐다는 그의 주장은 그다지 신뢰할 만하지 않다. 왜냐하면 그는 이해 당사자이기 때문이다. C는 A의 동료 노동자로, 아마도 동료 노동자에게 편향되어 있을 것이므로 그의 신뢰성도 낮다고 보아야 한다.

우리는 안전 관리 공무원 I가 여기 나오는 사람들과 모르는 사이이며, 어느 누구를 편들 사람이 아니라고 가정한다. 그러므로 그 사람은 독립적인 사람이며, 어떤 식의 결론이 나더라도 그는 이해 당사자가 아니다. 우리는 또한 그 사람이 관련 분야의 훈련을 받은 사람이며 이 문제를 판단할 만한 전문적 식견을 가지고 있다고 가정한다. 게다가 그 사람은 전문적인 판단을 할 수 있는 사람이며 자신의 명예를 걸고 그런 일을 한다고 본다. 이런 가정에 근거해 볼 때, I는 아주 신뢰할 만한 사람이다. 그의 판단은 회전 톱을 만든 회사와 그것을 관리한 사람에게 궁극적으로 사고의 책임이 있다는 것이다.

흥미롭게도, C는 F에게 톱의 안전장치가 '허술하게 되어 있고 잘 작동하지 않았다'는 사실을 말해 주었다고 주장한다. C가 해당 분야 전문가이고(회전 톱의 문제를 잘 알고 있었고) F가 이 점을 알았다면, 이는 F가 업무를 적절히 처리하지 않았으며 F가 책임을 져야 한다는 점을 시사해 준다.

7.11.5 생략

7.11.6 다음이 한 가지 풀이이다. 나는 맥락상 이 일이 런던에서 벌어진 것이라고 가정한다. 경찰관 P가 프란 리 F를 곤봉으로 쳐서 그렇게 된 것으로 밝혀진다면, P는 많은 것을 잃게 된다. 따라서 그의 신뢰성은 낮다. '유명한 변호사이자 인권 단체 활동가' A는 아마도 AFA에 호의적일 테지만, 경찰에 대해서는 어떤 태도일지 모르겠다. 따라서 그가 경찰에 대해 어떤 편향된 생각을 가질지 여부를 여기서 알기는 어렵다. 그 사람은 분명히 법을 잘 알며, 나중에 거짓으로 판명날 것을 말하게 된다면 그의 명예가 실추된다는 점도 잘 알고 있으므로, 그의 증언은 신뢰성이 있다고 보아야 한다. 나는 TV 뉴스 취재팀은 유명한 방송사(가령 BBC나 ITV) 소속이라고 가정하며, 따라서 이들의 증거도 신뢰할 만하다. 게다가 찍은 장면을 재생해 낼 수 있다고 한다면, 이것도 그들이 말한 것이 얼마나 정확한 것인지를 알아볼 수 있는 증거가 될 것이므로, 그들의 신뢰성은 더 높다고 할 수 있다. R33의 지도자는 자신들의 책임이라는 점을 당연히 부인할 것이다. 왜냐하면 그들의 책임이라는 것이 일부 밝혀진다면, 그들은 많은 것을 잃게 되기 때문이다. 벽돌을 던졌다고 자랑한 R33 소속의 사람은 익명을 요구했으므로 별로 신뢰할 만하지 않다. 나는 네덜란드 관광객이 실제 무슨 일이 일어났는지를 잘 보았을 것으로 가정한다. 그 사람은 이해 당사자가 아니며 편향되어 있지도 않고 불편부당한 관찰자여서 그 사람의 증언은 신뢰할 만하다. 병원 대변인은 독립된 사람이며 전문가로서 말하는 것이다. 하지만 그 사람의 증언이 바

로 프란 리의 머리에 '아주 심한 타격'을 가한 사람이 누구인지를 말해 주는 것은 아니다. 내가 한 가정에 근거해 볼 때, 여러 명의 신뢰할 만한 목격자들 A, N, D는 서로 확증되는 진술을 하고 있으며, 이들의 증거는 P — 그리고 아마도 그의 또 다른 동료 경찰관 — 에 의해 프란 리가 머리에 부상을 입었다는 점을 강력히 시사해 준다.

7.11.7   생략

8장

8.1.1   여기서 추론은 나란히 제시된 두 가지 이유인 처음 두 문장으로부터 "대학에 가지 않을 사람에게 알맞은 일은 창업자가 되는 것이다"로 나아가는 것이다.

8.1.2   여기서 추론은, 합쳐져서 이유가 되는 '따라서' 앞의 문장들로부터 "지구 온난화가 실제로 진행되고 있음이 분명하다"로 나아가는 것이다.

8.1.3   여기서 추론은 나란히 제시된 이유인 처음의 세 문장으로부터 "이런 분석 결과는 옳지 않을 가능성이 아주 높다"로 나아가는 것이다.

8.1.4   여기서 추론은 "로마 가톨릭 신부가 철학자 데카르트에게 비소가 들어간 성찬 제병을 주었다면, 그것이 데카르트를 죽게 만들었을 수도 있다"와 "로마 가톨릭 신부가 철학자 데카르트에게 비소가 들어간 성찬 제병을 실제로 주었다"로부터 "그것이 데카르트를 죽게 만든 것임이 분명하다"로 나아가는 것이다.

8.1.5   여기서 추론은 나온 다른 모든 것들로부터(아마 이는 합쳐져서 결론을 뒷받침하는 논증으로 이해할 수 있을 것 같다) "경찰은 차를 훔쳐 달아나는 젊은 폭주족을 경찰관이 높은 속력으로 추격하지 못하도록 해야 한다"로 나아가는 것이다.

8.1.6   여기에는 두 개의 추론이 들어 있다. 하나는 "사형선고를 받은 사람에게 종신형이나 사형 가운데 하나를 선택하라고 하면, 99퍼센트는 종신형을 선택한다"로부터 "사람들은 일생 동안 감옥에 있는 것보다 죽음을 더 두려워 한다"로 나아가는 추론이다. 다른 하나는 "사람들은 일생 동

안 감옥에 있는 것보다 죽음을 더 두려워 한다"와 "사람이란 가장 두려워하는 것을 피하고자 하기 마련이다"가 합쳐져서 "사형으로 위협을 가하는 것이 종신형으로 위협을 가하는 것보다 살인 범죄 억제 효과가 더 클 것이다"로 나아가는 추론이다.

8.2   바로 아래 본문에 나와 있다.

8.3.1   우리 기준에 따를 때 분명히 나쁜 추론이다.

8.3.2   우리 기준에 따를 때 지금 이대로라면 이것은 나쁜 추론이다. "다른 가능한 설명은 없다"는 가정을 여기에 추가한다면, 우리 기준에 따를 때 이는 좋은 추론이 된다.

8.3.3   우리 기준에 따를 때 나쁜 추론이다.

8.3.4   데카르트는 비소가 효과를 발휘하기 전에 그와 무관한 심장마비로 죽었다는 것이 가능하며, 따라서 현재대로의 이 논증은 좋은 논증이 아니다. 하지만 결론을 "따라서 그것이 데카르트를 죽게 만들었을 수도 있다"라고 한다면, 이는 좋은 추론이라 할 수 있다.

8.3.5   우리 기준에 따라 판단하기가 쉽지 않다. 이는 거기에 다른 대안이 있느냐에 달려 있다. 9.5절 예 2에 나오는 논의를 참조.

8.3.6   생략

8.4.1   연역적으로 타당하다. 톰이 실제로 메리가 좋아하는 사람은 모두 싫어하고 메리가 톰을 좋아한다는 것이 사실이라면, 톰은 자기 자신을 싫어할 수밖에 없다. 물론 그것이 톰은, 자기 자신은 제외하고, 메리가 좋아하는 사람은 모두 싫어한다는 의미라면, 연역적으로 부당하다.

8.4.2   "그 경우 그는 서재에 있던 주인을 쏘아 죽일 수 없다"가 "집사가 당시 주방에 있었다면, 그는 서재에 있던 주인을 쏘아 죽일 수 없다"는 의미라면, 이 논증은 연역적으로 타당하다. 이유가 참이라면 결론도 참일 수밖에 없다.

8.4.3 분명히 연역적으로 타당하지 않다. 하지만 "[해수면 상승에 대한] 다른 가능한 설명은 없다"는 가정을 추가할 경우 — 그 가정은 결과적으로 "해수면이 높아지고 있다면, 지구 온난화가 진행되고 있음이 분명하다"는 의미가 된다 — 그것은 연역적으로 타당하게 된다.

8.4.4 연역적으로 타당하지 않다. 8.3.4의 해답을 참조하라. 여기서도 결론이 "따라서 그것이 데카르트를 죽게 만들었을 수도 있다"라고 한다면, 이 논증은 연역적으로 타당한 논증이 된다.

8.5.1 연역적으로 타당하다.

8.5.2 연역적으로 타당하지 않다.

8.5.3 연역적으로 타당하지 않다.

8.5.4 연역적으로 타당하지 않다.

8.6 범죄와 관련해 데일리와 톰슨은 살인자와 경찰을 제외하고는 누구도 모를 자세한 내용을 말해 줄 수 있었을 것이다. 검사는 데일리와 톰슨이 서로 증거를 협의하지 않았으며 이들이 각각 독립적으로 진술을 했고 이들의 진술이 서로 확증되었다는 점을 보여 줄 수 있었을 것이다(확증에 대해서는 7장 참조). 그 두 사람은 아마 배심원들에게 자기들이 스톤에게 유리하거나 불리한 증거를 제공한다 하더라도 잃거나 얻는 것이 전혀 없으므로 사실대로 말하지 않을 이유가 없다는 점을 확신시켰을 것이다. 이런 것들 때문에 배심원들은 이 사안이 '합리적 의심의 여지 없이' 입증되었다고 확신하게 되었을 것이다.

8.7.1 생략

8.7.2 생략

8.8.1 아마 여러분은 여기 나온 수치가 정확한지 모를 것이며, 따라서 이유가 받아들일 만한지를 판단하기 어려울 것이다. 하지만 이 추론은 분명히

아주 약하다. 여러 차이를 낳는 다른 사회적 요인들이 많이 있을 수 있으며, 따라서 이유는 참일 수 있지만 결론은 전혀 근거가 없다고 볼 수 있다.

8.8.2 생략

8.9.1 도킨스는 다음과 같은 추론을 하는 것으로 시작하고 있다. "신이 존재한다는 적극적인 증거는 없지만 신이 존재하지 않는다는 증거도 없다. 따라서 신의 존재 문제에 대해 마음을 열어 놓고 불가지론자가 되는 것이 최선의 방안이다." 이는 대부분의 사람들에게 합당한 추론이라 여겨질 것이다. 하지만 도킨스는 이와 비슷하지만 어느 누구도 받아들이지 않을 추론도 많이 있다고 주장한다. 가령 "마당 아래 이의 요정이 존재한다는 적극적인 증거는 없지만 이의 요정이 존재하지 않는다는 증거도 없다. 따라서 이의 요정의 존재 문제에 대해 마음을 열어 놓고 불가지론자가 되는 것이 최선의 방안이다." 그는 두 번째 (이의 요정) 추론은 대부분 어느 누구도 받아들이지 않을 것이므로, 첫 번째 추론도 마찬가지로 받아들이지 않아야 한다고 주장한다. 두 추론 모두 연역적으로 타당하지 않다는 점은 명백하지만, 그럼에도 불구하고 이 둘이 어떤 설득력을 지니느냐 하는 게 핵심이다. '이의 요정 추론'이 설득력이 없다는 것은 대부분 인정하지만, 신의 존재에 관한 추론은 아주 설득력이 있다고 생각하는 사람도 많이 있다. 왜냐하면 잘못되었을 경우의 결과(그리고 신이 존재하지 않는다고 잘못 믿은 결과)는 아주 심각한 것(가령 영원한 저주!)일 수도 있기 때문이다. (이와 연관된 추론으로는 파스칼의 내기를 참조. 읽을거리 56번 글)

8.9.2 논증 시사 표현에 비추어 볼 때 이 논증의 구조는 아주 분명하다. 에이어가 내세운 기본 이유는 "신의 본성에 관한 모든 주장은 무의미하다"는 것이다. 이로부터 그는 "신은 존재한다"는 문장은 무의하다는 것을 이끌어 낸다. 이것과 "의미가 있는 주장이어야만 의미 있게 부정될 수 있다"는 믿음으로부터 그는 "신은 존재하지 않는다"는 문장도 역시 무

의미할 수밖에 없다는 것을 이끌어 낸다. 그런 다음 그는 불가지론자는 "신이 존재하는가?"라는 물음이 의미가 있다고 생각한다는 사실로부터 불가지론자는 "신은 존재한다"와 "신은 존재하지 않는다"가 모두 의미가 있는 문장이라고 생각할 수밖에 없다는 것을 이끌어 낸다. 그러므로 에이어는 자신의 견해는 무신론과도 다르고 불가지론과도 다르다고 하는 결론을 이끌어 낸다.

　이들 추론은 모두 흠잡을 데 없는 추론이다. "신의 본성에 관한 모든 주장은 무의미하다"는 것이 참이라면, 그가 내리는 다른 결론도 모두 참이다. 그러므로 에이어의 결론을 문제 삼고자 한다면, 여러분은 그가 내세운 기본 이유를 문제 삼아야 한다. 철학자나 신학자들은 오래전부터 이런 식의 논증을 펴 왔다.

9장

9.1　바로 아래 본문에 나와 있다.

9.2.1　이 글은 독성 시험을 평가할 때 **동물**이 얻는 이익만을 이익 논증이 감안한다고 가정하고 있다. 하지만 이익 논증은 독성 시험을 옹호하는 근거로 사람이 얻는 이익도 감안한다. 따라서 "동물의 이익이 무엇인지를 제대로 설명하지 못한다"로부터 "이익 논증은 설득력이 없다"로 나아가는 글쓴이의 추론에는 문제가 있다.

9.2.2　이 글은 원래의 생생한 색깔이 검댕과 유약 그리고 여러 가지 매연으로 흐릿해진 색깔보다 좋다는 것을 가정하고 있다. 인터넷에서 전후를 비교한 그림을 쉽게 찾아볼 수 있을 것이다. 여러분이 생생한 색깔이 더 좋다고 생각한다면, 이는 그 논증을 강화한다. 하지만 여러분이 흐릿한 색깔이 더 좋다고 생각한다면, 이는 그 논증을 약화한다.

9.2.3　지금 이대로 보았을 때, 이 추론은 고전적인 오류의 사례라고 할 수 있다. 왜냐하면 이것은 "A이면 B, B 따라서 A"라는 아주 흔한 형태의 잘못된 논증이기 때문이다. 하지만 이 경우 여기에는 "잿더미만 남은 것

을 다른 식으로는 설명해 낼 도리가 없다"라는 가정이 들어 있다고 보
는 것이 아주 합당해 보인다. 이것은 참일 가능성이 아주 크며, 따라서
이런 가정을 덧붙이게 되면 이 추론은 (합당한 기준에 따를 때) 좋은 추
론이 되며 이제 오류가 아니게 된다(이 예의 중요성에 관한 좀 더 자세
한 논의로는 Everitt and Fisher, 1995, 171쪽 참조).

9.2.4 "존스가 열심히 공부했다면, 그는 그 시험을 통과할 것이다"라는 가정
을 덧붙인다고 충분한 것이 아니다. 이렇게 하면 그 논증은 연역적으로
타당하게 된다. 하지만 원래 추론에 관해 제기되었던 의문이 이제 이 가
정에 대해서도 마찬가지로 제기될 것이기 때문이다. 이 추론이 좋은 추
론이 되려면, 말하는 사람은 존스가 아주 똑똑한 학생이며, 그는 수업을
잘 받았고, 시험이 너무 어려운 것은 아니었으며, 존스는 시험 시간에
너무 긴장하지 않았다 등을 가정해야 한다. 이런 가정이 모두 참이라면,
이 추론은 좋은 추론이지만 이 가운데 일부가 거짓이라면 그것은 나쁜
추론이다.

9.2.5 "화성에는 생명체가 살기에는 너무 건조하고 찬 상태가 오랫동안 유지
되어 왔다"는 추론은 "생명체가 살려면 따뜻하고 물이 있어야 한다"는
가정에 근거하고 있는 것으로 보인다. 이것은 우리가 아는 형태의 모든
생명체에는 사실이므로, 이는 합당한 추론으로 보인다. 어떤 사람들은
다른 형태의 생명체도 가능하다고 주장할 수 있을 것이며, 그런 사람이
라면 이 추론을 나쁜 추론이라고 생각할 것이다.

9.2.6 첫 번째 문단에서 누들은 우리 선조가 생각하지 못한 법안이라면 그것
은 좋은 법안일 리가 없다(아니면 적어도 좀 오래된 정책이나 관행은
대개 새로운 것들보다 낫다)고 가정하고 있다. 이렇게 숨은 가정을 찾
아내게 되면 이 추론이 얼마나 약한지가 드러난다. 아마 그가 논의하고
있는 법안은 나쁜 법안일지 모른다. 하지만 그렇지 않을 수도 있다. 어
떤 것이 **새로운** 것이라는 사실로부터 그것이 **나쁜** 것이라는 결론으로
나아가는 추론은 터무니없는 추론이다. 상황이란 늘 변하게 마련이며,
제도는 장단점을 따져 평가되어야 한다(하지만 나이든 사람들은 젊은

사람들에게 흔히 다음과 같은 이야기를 한다는 사실을 주목하라. "그것은 옛날 우리한테 좋은 것이었다. 따라서 그것은 지금 너희들에게도 좋은 것이다!").

네 번째 문단에서 누들은 "이 법안에 찬성한다면, 점점 더 나쁜 법안을 제안할 테고 그것들도 받아들일 수밖에 없게 된다"고 가정하고 있다. 이것은 보통 '미끄러운 경사길 논증'이라 불린다. 누들은 아마 분명히 여자들에게는 투표권을 주어서는 안 된다고 주장했을 것 같다. 왜냐하면 그들에게 투표권을 주면, 그들은 또 다른 것을 요구할 것이며, 그것도 들어줄 수밖에 없게 될 것이기 때문이다! 이 추론도 분명히 터무니없다. 법안은 장단점을 따져 평가되어야 한다. 이 또한 아주 흔히 볼 수 있는 잘못된 추론 형태이다.

9.3   생략

9.4.1   생략

9.4.2   바로 아래 본문에 나와 있다.

9.5   11.2.2절에서 다루어진다.

9.6.1   다음은 학생들이 제시했던 '관련 고려 사항'이다. (i) 종의 멸종은 '자연적' 과정이며 우리가 거기에 개입해서는 안 된다. (ii) 이 논증을 받아들인다고 하면, 많은 종이 곧 사라질 것이다. 가령 판다나 호랑이도 서식지가 사라지게 됨에 따라 멸종될 위기에 처하게 될 것이며, 고래도 포경 때문에 사라질 위험에 처하게 될 것이다. 우리는 분명히 이런 종이 사라지기를 바라지 않으며, 다른 수많은 종에 대해서도 마찬가지로 생각할 것이다. (iii) 우리는 어떤 종은 사라졌으면 하고 바랄 것이다. 가령 질병을 퍼뜨리는 모기와 같은 종에 대해서는 그렇게 생각할 것이다. (iv) 일부 종이 사라지게 되면 이는 생태계에 커다란 변화를 가져올 것

이다(가령 고래가 사라지면 그것은 바다에 커다란 영향을 미칠 것이다). 그리고 그런 멸종은 우리에게 해를 끼칠 수도 있을 것이다(물론 멸종이 되어서 우리에게 이익이 되는 것도 있을 수 있다). (v) 유전 물질이 영원히 소실될 것이며, 그런 소실이 어떤 중대한 의미를 지니는지를 우리는 아직 모른다. (vi) 종이 멸종되지 않도록 하는 데는 대개 많은 돈이 들며(왜냐하면 우리는 서식지를 보존하고 관리해야 하기 때문이다), 따라서 우리는 희귀 자원의 이용과 관련해 어려운 선택을 해야 하는 상황에 직면할 수도 있다. (vii) 어떤 종의 소실로 우리 인간의 삶이 피폐하게 될 수도 있다. 우리는 종이 풍부한 환경으로부터 많은 것을 얻는다. 가령 우리는 이들 종으로부터 아주 유용한 유전 물질을 얻기도 하며, 단순히 이들 다양한 종을 바라봄으로써 아름다움을 느낄 수도 있다. (viii) 가령 쥬라기 공원과 같이 지금도 우리 옆에 공룡이 산다면 더 멋있을 것이다.

아마 여러분도 이런 것들을 생각해 냈을 것이다. 이들을 평가하려면 좀 더 연구가 필요하다고 볼 수도 있다.

9.6.2 다음과 같은 것이 관련 고려 사항이라고 볼 수 있다.

(i) 비행기의 '블랙박스'와 같이 충돌하더라도 절대 부서지지 않을 어떤 통을 만들어 거기에 그림을 넣어 비행기로 운반할 경우 위험을 줄일 수 있을 것이다. (ii) 그런 통을 만들어 그림을 수송하는 동안 습도를 잘 조절할 수도 있을 것이다. (iii) 그냥 갤러리에 두더라도 그림이 손상될 수 있다. 가령 습도가 너무 높다거나 도난의 위험이 있다거나(사실 유명한 그림이 파손되기도 했다), 너무 자주 청소를 한다거나, 심지어 홍수가 나서 그림이 손상될 수도 있다. (iv) 갤러리의 시설이 너무 열악해서 그림을 잘 간수하지 못하는 경우도 있다. (v) 대규모 전시회에 많은 사람들이 가며, 그렇게 하면 돈을 많이 벌 수 있고, 그 돈으로 열악한 시설을 개선할 수도 있을 것이다. (vi) 대규모 전시회를 통해 많은 사람들이 큰 기쁨을 느끼는 경우도 있으며, 그림에 대한 관심이 커지기도 하고, 이런 점은 그림에도 좋은 것이다.

여러분은 물론 다른 관련 고려 사항도 생각해 냈을 수 있다.

9.6.3   생략

9.7.1   대부분 생략. 다만 여러분이 논증 시사 표현을 중심으로 대략 읽게 되면 다음과 같은 것을 알 수 있을 테고, 그러면 도킨스의 논증이 어떤 것인지를 아는 데도 도움이 될 것이다.

따라서 신의 존재 문제에 대해 마음을 열어 놓고 불가지론자가 되는 것이 최선의 방안이다.

왜냐하면 같은 이야기를 산타클로스나 이의 요정(tooth fairies)을 두고서도 할 수 있기 때문이다.

그렇다면 우리는 이의 요정에 대해서도 불가지론자가 되어야 하는 것이 아닌가?

나는 그 이유가 … 다윈의 진화론은 생명에 관한 모든 것을 설명하기에는 충분하지 않다는 느낌을 갖는 사람들이 많기 때문이라고 생각한다.

그런 가설은 애초 제시된 논증과도 맞지 않는다. 신이라는 이름을 붙일 만한 것이 있다면, 그것은 엄청난 지능의 소유자여야 할 뿐만 아니라 뛰어난 마음을 가지고 있으며 아주 복잡하고 정교한 존재일 수밖에 없기 때문이다.

그렇게 할 경우 그것은 그것이 해결하는 문제보다 더 많은 문제를 제기하기 때문이다.

그것은 설명하기 어려운 것을 그냥 상정할 뿐이며 그것을 그냥 상정한 채 내버려 두기 때문이다.

하지만 신은 아주 그럴 법하지 않은 존재라는 결론은 안전하게 내릴 수 있다.

그런 다음 '따라서' 검사와 같은 다른 기법을 사용하면 여러분이 도킨스 논증(도킨스는 여기서 논증을 비교적 분명하게 제시하고 있다)의 나머지 부분을 이해하는 데 도움이 될 것이다. 이렇게 하고 우리가 연습한 것들을 적용하게 되면, 여러분은 문제의 핵심에 다가가는 평가를 할 수 있게 될 것이다.

9.7.2 생략

10장

10.1 아마 철새는 (i) 큰 건물이나 지형지물에 대한 지식을 이용한다. (ii) 태양, 달, 별을 이용한다. (iii) 내장된 본능에 따른다. (iv) 어른 새들을 따라가며 배운다. 여러분은 다른 설명을 떠올렸을 수도 있다.

10.2 아마 여러분은 새의 뇌에 자철광이 있는지를 확인해 볼 수 있을 것이다. 또는 새에게 미세한 자석을 붙여 지구의 자기장을 방해하게 만든 다음 목적지를 제대로 찾아가는지를 확인해 볼 수도 있을 것이다. 또는 다른 어떤 설명이 더 그럴 듯하다는 것을 보여 줄 수도 있을 것이다.

10.3 나폴레옹의 사망 원인에 관한 이 예는 올바른 구조를 지니고 있음이 분명하다. 그 예는 두 가지 대안을 살펴보면서, 암 사망설에 반대되는 증거와 비소 독살설을 옹호해 주는 증거를 제시하고 있다. 이것이 설득력이 있는 좋은 논증인지 여부는 고려해 볼 만한 다른 가능성이 있는지와 고려해야 할 다른 증거가 있는지에 달려 있다. 예를 들어 우리는 비소가 나폴레옹의 머리카락에 많이 들어 있을 수 있는 다른 방식이 있는지(가령 당시 유행하던 머리 장식 방식 때문은 아닌지)를 점검해 보아야 할 것이다. 아니면 나폴레옹이 죽기 전에 한 행동 가운데 그가 다른 원인으로 죽었다는 것을 보여 준다고 할 수 있는 증거는 없는지를 살펴보아야 한다. 나폴레옹이 보인 증상이 무엇을 말해 주는지에 관한 전문가들의 견해가 옳고 다른 사망 원인임을 보여 줄 만한 다른 증거도 없다고 한다면 이 논증은 설득력이 있다고 할 수 있다. 물론 가령 나폴레옹의 죽음을 주제로 학위논문을 쓰는 사람이라면 증거를 더 조사해 보아야 하고 다른 전문가들은 어떻게 이야기해 왔는지를 더 살펴보아야 하겠지만,

우리는 대부분 이런 상황이라면 전문가들의 견해를 따르게 된다. 지나가는 길에 한 가지만 덧붙인다면, 이 설명은 내가 알고 있는 것과도 잘 맞는 것 같다. 즉 말을 키우는 사람들은 말의 털이 윤기 나게 보이도록 하기 위해 말에게 소량의 비소를 먹이는 것으로 알려져 있다.

10.4.1 당시 엄청난 규모의 화산 활동이 있었고 그래서 아주 어마어마한 양의 먼지와 독성 물질이 공중에 퍼지게 되었다. 또는 어떤 질병이 공룡들을 휩쓸고 갔다. 여러분은 또 다른 가능성도 생각해 낼 수 있을 것이다.

10.4.2 엄청난 규모의 화산 활동이 있었다는 증거를 당시 지구의 상당 부분을 덮고 있는 용암층을 통해 확인할 수 있을 것이다. 질병이 원인임을 보여 줄 증거가 어떤 것일지는 나로서는 모르겠다. 아마 전문가라면 어떤 화석 증거를 찾아야 하는지를 말해 줄 수 있을 것이다.

10.4.3 아마도 6천5백만 년 이후에는 공룡 화석이 없을 것이다. 여기 나온 것은 내가 알고 있는 것과도 잘 맞으며, 따라서 이 추론은 아주 설득력이 있어 보인다. 여러분은 나보다 더 많은 것을 알고 있을 수도 있고, 나와는 다른 견해를 가지고 있을 수도 있다.

10.4.4 생략

10.4.5 아마 일부 공룡은 이런 식물을 먹고 살아남았을 수도 있다. 우리는 그런 식물이 얼마나 넓게 분포되어 있었는지를 살펴보아야 하며, 이 증거가 우리가 제시한 설명과 상충하는 것인지를 파악하려면 공룡 가운데 일부 종은 실제로 그런 식물을 먹었는지를 확인해 보아야 한다.

10.4.6 이 증거는 운석에 의한 멸종설을 약화시키는 것 같다(또 다른 멸종 때도 다시 거대한 운석이 떨어졌다고 볼 만한 증거가 없는 이상 그렇다). 아마 우리는 서로 다른 멸종에 대해 서로 다른 설명을 해야 할지 모른다.

10.4.7 생략

10.5 이 글이 무엇을 말하고 있는지를 파악하기는 비교적 쉽다.

스코틀랜드의 애버딘 위쪽 북해에 있는 위치그라운드(Witch Ground,

마녀의 땅)를 조사했던 수중 탐사대는 한 척의 트롤 어선을 발견하였다. C1[그 배는 아마도 위치 구멍이라고 알려진, 바다 바닥에 있는 구멍에서 메탄가스가 갑자기 뿜어져 나오는 바람에 침몰했을 것으로 생각된다.] R1〈엄청난 양의 메탄이나 천연가스가 바다에서 뿜어져 나올 경우 그 주변의 물의 밀도가 낮아져 배와 같은 물체마저도 가라앉을 수 있다.〉 위치그라운드 탐사대를 이끌었던 선더랜드대학 해양 지질학자 알란 쥬드는 R2〈"그런 지점에 배가 들어갈 경우 마치 엘리베이터가 추락하듯이 배가 갑자기 가라앉게 된다"〉고 말했다. R3〈그 트롤 어선은 위치 구멍 바로 위에 선체가 바다 바닥과 수평을 이룬 채 '똑바로' 가라앉아 있었다.〉 R4〈이는 메탄가스가 분출되어 나올 경우 배가 가라앉는 방식과 일치한다.〉 R5〈배에 구멍이 나서 가라앉게 되었다면[AH], 구멍난 부분이 가장 아래쪽이 되도록 가라앉게 된다.〉 그런 지점에서는 구명복을 입고 사람이 배에서 뛰어내리더라도 마치 돌처럼 그대로 가라앉게 된다. R6〈위치그라운드와 특히 위치 구멍은 이미 오래전부터 뱃사람들 사이에서 위험한 지역으로 알려져 왔다.〉 R7〈메탄가스의 갑작스런 분출 때문에 세계 도처에 있는 약 40여 개의 석유 굴착용 플랫폼이 망가진 것으로 추측된다. 위치그라운드는 북해에 있는 포티스 유전과 불과 22마일 거리에 있다.〉

　이 기사는 다른 합리적 가능성도 고려해 보고 있는가? 그냥 단순히 엄청난 폭풍우가 몰아쳤을 가능성은 없는가? 잠수정이 트롤 어선에 걸렸고 그래서 배가 가라앉았을 수는 없는가? 이런 가능성이 있었음을 보여 주거나 배제해 줄 증거란 어떤 것인가? 폭풍우 때문이었다면 트롤 어선이 긴급 구조 신호를 보냈을 것이며 선원들도 구명복을 입거나 안전 조치를 취할 시간이 있었을 것이다. 메탄가스가 갑자기 분출될 경우에는 이런 시간적 여유가 전혀 없었을 수도 있을 것이다. 우리는 이와 관련된 증거를 찾아보아야 할 것이다. 잠수정에 걸린 것이라면 그물이 찢어졌을 것이다. 과연 그런가? 트롤 어선에 구멍이 났다는 증거는 전혀 없을 수도 있다. 그 지역이 위험한 지역으로 알려져 있었다면, 이는 다른 배도 아마 그 근처에서 실종되었다는 의미일 수 있다. 그 경우 이런 설명이 완전히 신빙성이 있으려면 똑바로 그대로 가라앉아 있는 다른 배도 찾아낼 수 있지 않을까?

10.6   이를 평가하기는 쉬우므로 우리는 이를 생략한다. 이 글은 세 가지 증거와 "콜레스테롤의 섭취가 혈중 콜레스테롤 농도에 영향을 준다"(이 주장을 '가설'이라고 부르자)고 보지 않을 이유를 두 가지 제시하고 있다. 이 증거가 믿을 만한 데서 나온 것이라고 할 때 (그리고 의료연구 위원회는 권위 있는 기관이다), 이는 가설이 틀렸음을 말해 준다. 다른 이유도 참이라고 가정한다면, 이것도 가설에 대해 의문을 제기해 준다. 이것이 말하는 바가 참이라고 한다면, 이는 아주 흥미롭고 설득력이 있어 보인다. 이제 다시 버터를 먹어도 된다!

10.7   이 글은 왜 '쌍둥이가 태어나는 일'이 부쩍 늘어났는지를 설명하고 있는데, 그 이유를 이란성 쌍둥이가 증가했기 때문이라고 설명하고 있다. 그런 다음 이 글은 "앞으로도 더 많은 여성이 인공수정 시술을 받게" 될 것이므로 이런 추세가 계속 되기는 하겠지만, 어디에서인가는 안정될 것이라고 주장하고 있다. 수치들을 보았을 때, 이 논증은 설득력이 있다.

10.8   바로 아래 본문에 나와 있다.

10.9   생략

10.10   생략

11장
11.1   생략

11.2.1 한스는 시험이 불공정했다고 이의를 제기했다. 이것이 내가 부딪힌 문제이다. 세 가지 방안이 있다. (i) 채점을 다시 한다. (ii) 동료 선생님에게 한스의 답안지를 보여 주고 새로 채점을 해 보라고 한다. (iii) 아무것도 하지 않는다.

11.2.2 생략

11.2.3 몇 가지 방안은 다음과 같다. (i) 일본 정부에게 원자 폭탄을 투하하겠다는 위협을 한다. (ii) 평화 협상을 시도한다. (iii) 사람이 살지 않는 지역에 원자 폭탄을 투하해 일본 정부에 무력을 과시한다. (iv) 원자 폭탄을 사용하지 않고 재래식 무기를 사용해 전쟁을 계속한다. (v) 군사 시설에 원자 폭탄을 투하한다. (vi) 여러 도시에 원자 폭탄을 투하한다. (vii) 전쟁을 포기한다.

11.3.1 (i) 채점을 다시 한다면, 점수가 바뀔 수도 있고 그대로일 수도 있을 것이다. 그 결과를 가지고 한스와 이야기를 해 본다면 그는 최종 채점 결과에 승복하는 경우도 있고 그렇지 않은 경우도 있을 것이다. 승복하지 않는다면 그는 공식적으로 상부에 이의 제기를 할 수도 있을 것이다. 여러분이 어떻게 하는가 하는 점이 다른 학생들에게도 영향을 줄 수 있다.
(ii) 동료 선생님에게 한스의 답안지를 보여 주고 새로 채점을 해 보라고 했다고 하자. 그 동료도 관련 전문성을 지니고 있다고 할 경우 이렇게 하면 시험이 공정했다는 점을 확증해 주거나 아니면 그에 관해 의문을 제기하게 될 것이다. 또한 한스의 답안지에 대한 채점 결과가 공정했음을 확증해 주거나 아니면 그에 관해 의문을 제기하게 될 것이다. 이런 경우 복수의 채점자가 있다면 선생님이나 학생에게 모두 도움이 되며, 다른 학생들이 보기에도 공정하다고 생각할 것이다.
(iii) 아무것도 하지 않는다면, 여러분은 시간을 벌 수 있을 것이다. 하지만 한스는 상부에 이의 제기를 할 수도 있을 것이며, 다른 학생들도 아무것도 하지 않았다는 데 대해 불만을 가질 수도 있을 것이다.

11.3.2 생략

11.3.3 (iii) 사람이 살지 않는 지역에 원자 폭탄을 투하해 무력을 과시한다면
(셋째 방안), 수천 명의 무고한 민간인이 죽는 일(여러 도시에 투하하면
이런 일이 벌어지게 된다)은 피할 수 있을 것이고, 일본에 항복을 요구
할 수도 있을 것이며(하지만 일본은 막대한 손실을 입고도 격렬하게 싸
웠으므로 그렇게 하지 않았을 것이다), 추가 공격의 범위가 제한될 테
고 (왜냐하면 원자 폭탄을 2개만 가지고 있었기 때문이다) 재래식 전쟁
이 계속 이어지게 됨에 따라 더 많은 미군이 죽게 될 것이다(이렇게 되
면 다음 선거에 표를 잃게 된다).

(iv) 원자 폭탄을 사용하지 않고 재래식 무기를 사용해 전쟁을 계속한다
면(넷째 방안), 훨씬 더 많은 미군이 죽게 될 수밖에 없을 것이며(일본
군은 아주 격렬하게 싸웠으며 쉽게 항복하지 않았다), 재래식 무기에도
많은 비용이 들 것이며, 원자 폭탄을 쓸 때보다 한층 더 전쟁은 길어질
것이며, 이렇게 되어도 다음 선거에서 표 얻기가 어렵게 될 것이다.

11.4 생략

11.5.1 이 경우 명백한 도덕 원리는 약속을 지켜야 한다는 것이다. 대부분의 사
람들은 대개 이 원리에 따라 행동한다(그렇게 하지 않으면 신뢰가 깨진
다). 하지만 이것도 사안에 따라 다를 수 있다.

11.5.2 이것은 도덕적 딜레마 상황이다. 한편으로 사람들은 약속을 지켜야 한
다고 하지만, 다른 한편으로는 또한 가능하면 친구를 구해야 한다고 믿
는다. 결정은 사안이 얼마나 중대한 것이냐에 달려 있을 것이다.

11.5.3 생략

11.6 바로 아래 본문에 나와 있다.

11.7 생략

11.8.1 다음이 가능한 한 가지 풀이이다. 현 상태대로 그대로 두거나 사람들에게 교육을 하거나 아니면 투우를 금지하는 방안이 있을 것이다. 첫 번째 방안은 동물에게 많은 고통을 야기하게 될 것이지만 그런 스포츠를 하는 사람들에게는 많은 즐거움을 안겨 주게 될 것이고, 다른 사람들에게는 많은 혐오감을 주게 될 것이다. 아주 많은 사람들이 투우를 반대한다면, 셋째 방안이 가장 좋을 것이다. 하지만 이 경우 그런 스포츠를 즐기던 사람은 비탄에 빠질 수도 있을 것이다. 다른 사람들을 용인하는 것이 중요하며 사람들이 하고 싶은 것을 하도록 하는 것이 좋지만 동물 학대는 용인될 수 없다. 이런 행동을 하지 못하도록 사람들을 교육하는 것이 한 가지 방안이겠지만 그것은 시간이 많이 걸리는 과정이며, 그 과정에서 많은 동물이 고통을 받을 것이며, 그런 정책으로는 동물 학대를 뿌리 뽑지도 못할 것이다.

11.8.2 생략

11.8.3 생략

11.8.4 다음이 한 가지 풀이이다. 그냥 현재대로 두고 사람들을 교육하거나 아니면 강제로 예방접종을 하는 방안이 있다. 예방접종의 위험을 걱정하는 부모들이 점점 늘어남에 따라, 첫 번째 방안을 택할 경우 천연두가 창궐할 위험이 있으며 이렇게 된다면 아이들이 앓거나 심지어 죽게 될 수도 있을 것이다. 아마 교육을 통해 설득을 하면 부모들은 아이들에게 예방접종을 시킬 것이다. 하지만 정부가 하는 보건 정책에 대해 불신을 가지고 있는 사람들도 상당히 많다. 강제로 예방접종을 시키는 방안은 일부 부모들의 강력한 반대에 부딪힐 수도 있을 것이며, 아마도 우리 사회의 전통과도 어울리지 않는 것 같고, 순교자를 만들어 내게 될지도 모른다. 우리는 각 방안의 위험이 어느 정도인지를 잘 살펴보아야 할 것이다.

11.9.1 여러분에게 제안이 들어왔고, 따라서 여러분이 결정을 내려야 한다. 두 가지 방안이 있다. 내기를 받아들이는 방안과 받아들이지 않는 방안이

다(아마 협상을 할 수도 있을지 모르겠다!). 가능한 결과는 무엇인가? 여러분이 이길 경우 1,000파운드를 딴다. 질 경우 100파운드를 잃는다. 따라서 여러분은 잃는 것보다 열 배를 딸 수 있는 기회가 반반이다. 여러분이 1,000파운드를 땄을 때의 가치를 100파운드를 잃었을 때의 가치보다 더 높이 친다면, 내기를 받아들이는 것이 합리적이다. 하지만 여러분이 100파운드를 잃는 것으로 끝날 수도 있다. 그런 것이 바로 인생이다(Sutherland, 1992, 5쪽 이하 참조).

11.9.2 동전이 적어도 한 번은 앞면이 나올 확률이 상당히 높다. 따라서 돈을 잃을 가능성은 아주 적은 반면 돈을 많이 딸 가능성은 아주 크다!

11.10 생략

11.11.1 케슬러는 올바른 배경지식과 전문성을 지니고 있으므로 우리는 그의 주장을 심각하게 받아들여야 한다. 따라서 어떻게 "식품들은 우리가 먹으면 먹을수록 더 먹고 싶은 맛을 내도록 개발되어서" 현재의 비만 문제를 초래했는지에 관한 문제가 있다. 우리가 아무것도 하지 않는다면 사람들은 점점 더 많이 먹게 되고, 비만 문제는 더 심각해질 것이다. 아니면 우리는 좀 더 건강에 도움이 되는 것들을 많이 먹도록 사람들을 교육할 수도 있을 텐데, 이 경우 식품업계는 막대한 자원을 가지고 있으므로 우리가 업계에 상응하는 막대한 자원을 투입하지 않는 한 이런 조처는 효과가 없을 것이며, 우리가 거기에 막대한 자원을 투입할 것 같지도 않다. 아니면 케슬러가 말하는 기법을 통제하거나 금지하는 방안을 시도하는 것이다. 이 경우 식품 생산업자들의 커다란 반발을 불러올 것이 거의 확실시된다. 많은 사람들은 원하는 것을 먹을 자유가 있어야 한다고 주장할 것이며, 이 맥락에서 자유를 강력히 요구할 것이다. 아마 우리는, 담배에 대해 하듯이, 건강에 좋지 않은 식품에는 경고문을 넣거나 세금을 많이 매기는 방안도 생각해 볼 수 있다. 언뜻 보기에 가장 간단하고 가장 효과적인 방안은 더 먹게 만드는 화학조미료 등을 금지하는

것이다. 이것도 격렬한 정치적 논란을 불러올 것이다.

11.11.2 생략

11.11.3 생략

11.11.4 이 글은 요즘의 중요한 논란거리를 다루고 있다. 대략 말해, 우리는 가정과 경제를 위해 엄청난 양의 에너지를 필요로 한다. 가능한 방안은 (i) 석탄, 석유, 가스 등을 사용하는 방안인데, 이 경우 환경에 나쁜 결과를 초래한다. (ii) 태양 에너지나 풍력, 조력과 같은 재생 가능한 자원을 사용하는 방안인데, 이는 요즘 한창 개발되고 있는 방안이다. (iii) 원자력을 사용하는 방안인데, 이는 필요한 많은 양의 에너지를 생산할 수 있는 방안이지만 위험이 따르는 방안이다. (iv) 전 세계가 에너지를 더 적게 사용하도록 하는 방안으로, 이 방안을 지지하는 사람들은 많지 않다. (v) 위의 방안 가운데 몇 가지를 결합하는 방안이다. 여러분은 원자력을 사용하자는 러브록의 논증을 발전시키고자 할 수도 있을 것이다. 러브록에 동의할지 여부를 알아보려면, 인터넷의 도움을 약간이라도 받아, 사고가 날 가능성은 어느 정도이며, 원자력 폐기물 문제는 어느 정도 심각한지 등 '원자력 위주'로 갔을 때의 예상 결과들을 잘 따져 볼 필요가 있다.

12장

인터넷에 나와 있는 것들은 워낙 빨리 바뀌기 때문에, 이 장에 나오는 연습 문제의 경우 해답을 하기가 쉽지 않다. 하지만 가급적 도움이 되도록 답을 해 보겠다.

12.1.1 이것은 비만의 원인, 증상, 진단 (그리고 등등)에 관한 것이다. 이는 영국 NHS에서 2010년 2월 25일 나온 것이다.

12.1.2 이것은 비만에 관한 것이며, 위키피디아에서 나온 것이다('en'은 영어로 된 위키피디아를 의미한다). 하지만 나온 날짜나 글쓴이는 나와 있지 않다.

12.1.3 이것은 오존층의 취약성에 관한 것으로, 영국 〈가디언〉 신문사에서

2005년 4월 27일에 나온 것이다. 글쓴이는 아마도 그 신문사 과학 통신원일 것이다.

12.2.1 박쥐 행운. (이것이 구글이 제안하는 핵심 단어이다.)

12.2.2 반 고흐 디기탈리스. (여러분은 www.psych.ucalgary.ca/pace/va-lab/avde-website/vangogh.html에서 좋은 사이트를 찾을 수 있을 것이다)

12.2.3 나폴레옹 비소.

12.2.4 지구 온난화 (인간 때문 OR 인위 개변(人爲 改變)).

12.2.5 신뢰할 만한 인터넷 정보 찾기. (여러분은 www.library.jhu.edu/researchhelp/general/evaluating에서 좋은 사이트를 찾을 수 있을 것이다)

12.2.6 인터넷에 관한 비판적 사고. (많은 대학에서 인터넷 사용 정보를 제공하고 있다. 상위 검색 목록에 나올 만한 것은 www.vts.intute.ac.uk/detective이다)

12.3 영국 NHS는 의학 전문가들이 주관하며, 의학 정보와 관련해 좋은 평판을 지니고 있고, 이해관계를 지니고 있지도 않다. 이것은 의학 정보와 관련해 신뢰할 만한 출처이다.

　위키피디아에 대해서는 이 장에서 나중에 길게 논의한다. 여기 나오는 항목 가운데는 전문가가 쓴 것도 있고 그렇지 않은 것도 있다. 평판은 때로 신뢰할 만하거나 거기에 약간 못 미친다고 생각되기도 하지만, 신뢰할 만한 출처로 종종 인용되기도 한다.

　〈가디언〉 신문은 신뢰성과 관련해 좋은 평판을 지니고 있다. 이 글을 과학 통신원이 썼다면 신뢰할 만할 것이다(물론 이것은 지금 보아서는 오래된 정보일 수도 있다).

12.4 세 출처는 모두 신뢰할 만한 것일 가능성이 높다. BBC와 〈뉴욕타임스〉는 신뢰성과 관련해 좋은 평판을 지니고 있으며, 잘못된 정보를 제공하

면 신뢰성이 위협을 받게 될 것이므로 사실 확인을 할 것이다. 국제포경 위원회도 합당한 신뢰성을 담보할 수 있도록 하기 위해 전문가를 위원으로 두고 있다.

12.5.1   생략

12.5.2   이것은 미국 존스홉킨스대학 도서관에서 나온 지침으로, 'similar'를 클릭하면 다른 대학 도서관에서 나온 비슷한 지침들을 찾아볼 수 있다.

12.5.3   생략

12.6 ~12.8   생략

12.9   앞에 나온 방법을 사용하면, 여러분은 이것을 en.wikipedia.org/wiki/Wikipedia:Press_releases/Nature_compares_Wikipedia_and_Britannica에서 찾아볼 수 있을 것이다(2010년 12월에 접속).

12.10.1   나폴레옹에 관한 위키피디아의 항목에는 '죽음의 원인'이란 절이 들어 있다. 그것은 『네이처』에 실린 스텐 포슈퍼드(Sten Forshufvud)의 논문을 언급하고 있는데, 그 논문은 의도적인 비소 중독을 포함해 여러 가지 가능한 사망 원인을 논의하고 있다. 거기에는 또한 포슈퍼드의 논문을 검토하거나 평판이 좋아 보이는 최근 문헌들도 여러 개 연결해 놓고 있다. 따라서 이것은 신뢰할 만한 정보로 보인다.

12.10.2   '공룡'이라는 항목 아래 '멸종'이라는 절을 두고 있다. 거기에는 평판이 좋아 보이는 여러 개의 출처, 가령 『사이언스』, 프린스턴대학 출판부, 그리고 여러 군데 학술 출판사를 연결해 놓고 있다. 따라서 이것도 신뢰할 만한 출처일 가능성이 크다.

12.10.3   '지구 온난화' 항목은 여러 모형을 논의하고 있고, 수많은 전문 출판물들을 연결해 놓고 있어서 신뢰할 만하다고 할 수 있으며, 분명히 탐구를 시작하기에는 좋은 출발점이라고 할 수 있다. 거기에는 다른 여러 관련

항목들도 나오는데, '지구 온난화 논란', '지구 온난화 음모설'이 그런 것이다. 여러분 스스로 이런 것을 확인해 보면 된다.

12.10.4 여러 개의 관련 항목이 있다. 하나는 '히로시마와 나가사키의 원자 폭탄에 관한 논란'이라는 제목의 것인데, 여기에는 많은 학술 자료들이 연결되어 있는 것으로 보아 이것도 신뢰할 만한 것으로 보인다.

12.10.5 – 12.10.7　생략

12.10.8 '테러와의 전쟁' 항목에 대한 초기의 형태(2010년 12월에 접속)는 전문가의 수정과 검증이 필요하며 현재는 중립성에 문제가 있다고 나와 있다. 따라서 아직도 이와 비슷한 것이 나와 있다면 주의하는 것이 좋다.

12.10.9 – 12.10.10　생략

12.11–12.13　생략

용어 해설

비판적 사고에서는 일상 언어를 사용한다. 이 책에 나온 용어는 거의 대부분 통상적인 국어사전에서 찾아볼 수 있는 것들이다. 일부러 그렇게 했다. 비판적 사고를 하는 데는 고등학교를 졸업한 사람으로 일상어를 이해하는 사람이면 누구나 알 수 있는 개념이나 표현을 사용해도 된다. 특수한 용어를 쓸 필요는 없다. 물론 약간 전문적인 용어(가령 '인신공격의 오류'라든가 '조건문', '역' 등과 같은 것)가 때로 도움이 되기도 하겠지만, 수준 높은 비판적 사고를 한다 하더라도 우리에게 필요한 것은 일상어 정도이다. 하지만 이런 일상어의 용법을 분명히 하는 것은 꼭 필요하다. 바로 이 때문에 이런 용어 해설이 필요하다. 여기 용어 해설에서는 용어나 표현의 의미를 설명해 줌으로써 학생들이 제대로 집중할 수 있도록 돕는 데 목적이 있는 것이지, 여기 나온 용법이 일상적 용법과 다르다는 점을 보여 주고자 하는 것은 결코 아니다.

가설: 이것은 참이라기보다는 조사를 해 보거나 생각을 해 보기 위해 제시된 주장을 말한다. 가령 공룡의 멸종을 탐구하는 과학자들은 공룡이 멸종할 때쯤 거대한 운석이 지구와 충돌했다는 '가설'을 제시하였다. 이후 조사를 통해 이 가설은 상당 부분 입증되었다. 즉 그런 운석이 멕시코만에 떨어졌다는 강력한 증

거가 있다. 따라서 그것은 가설의 지위에서 참인 것으로 대개 받아들여지는 지위로 옮아가게 되었다(물론 그것이 공룡의 멸종을 가져온 원인인지 여부는 더 탐구해 보아야 한다).

가정(그리고 **가정적 추론**): 가정은 '……라고 가정해 보자'로 표현되는 문장을 말한다. 예를 들어 유전자 변형 농작물에 대한 최근 실험에 관해 생각을 하고 있는 사람이 "이런 실험이 다른 작물을 오염시킬 위험이 있다고 가정해 보자"라고 말하는 경우가 있다. 그렇게 말하는 사람은 그런 실험이 실제로 그럴 위험이 있다고 말하는 것이 아니다. 그 사람은 그냥 **그렇다면** 어떻게 될지를 생각해 보자고 말하는 것일 뿐이다. 그런 식으로 출발해서 추론하는 것을 보통 '가정적' 추론이라 부르기도 한다. 이런 종류의 추론은 이론적 맥락에서 흔히 볼 수 있다. 경찰관도 이런 추론을 아주 많이 사용한다. 가령 "스미스가 실제로는 살인이 벌어진 시간에 암스테르담에 있었다면 어떻게 될까?"가 그런 예이다. 이런 유명한 예로는 읽을거리 51번 글을 참조하라.

결론: 어떤 믿음 C를 받아들이도록 하기 위해 이유가 제시될 경우, C를 (그 논증의) 결론이라 부른다. 가령 4.1절에 나오는 예 2의 결론은 "실업자들은 다 일자리를 찾아보는 재주가 뛰어나거나 보수가 낮은 일자리라도 기꺼이 받아들임으로써 자신의 실업 문제를 해결할 수 있다"이다. 이유가 하나의 결론을 위해 제시되고, 그 결론은 또 다른 결론을 위한 이유로 사용되는 연쇄 추론의 경우 마지막 결론을 '최종 결론'이라고 부르며, 중간 단계의 결론을 때로 '중간 결론'이라 부른다. 따라서 3.5절의 첫 번째 예에서 최종 결론은 "사람들이 자식의 성을 선택할 수 있는 기술을 사용하지 못하도록 해야 한다"이며 "사람들이 자식의 성을 선택할 수 있게 하면 여자보다 남자 인구가 결국에는 훨씬 많아질 것이다"는 중간 결론이다.

결론이 꼭 논증의 끝에 와야 하는 것은 아니다. 결론이 처음에 오고, 그다음 결론을 위한 논증이 올 수도 있다(우리 책에도 이런 예가 많이 나왔다). 논증의 결론이 사실적 주장(따라서 "그 사람이 범인임이 분명하다")일 수도 있고, 권고

(따라서 "당신은 이 차를 사야 된다")일 수도 있으며, 해석(따라서 "이아고는 아주 나쁜 악당이라고 보아야 한다")일 수도 있으며, 의사 결정(따라서 "나는 그 일을 해 보겠다")일 수도 있다.

논증: 비판적 사고에서 '논증'이란 말은 주장들의 집합을 가리키는 것으로, 그 집합의 일부는 또 다른 주장, 즉 결론을 받아들여야 하는 이유로 제시된다. 이유는 상대방이 결론을 받아들이도록 설득하기 위해 제시되는 것이다. 책에 이미 논증의 예가 많이 나왔다. 논증에는 결론을 뒷받침하기 위해 기본적인 주장이 이유로 제시되기도 한다. 이유는 사실적 주장일 수도 있고, 가치 판단일 수도 있으며, 정의나 해석(이런 예로는 문제 6.3을 참조)일 수도 있다. 결론도 이처럼 여러 가지일 수 있다. 논증의 구조나 내용은 아주 다를 수 있다. 하지만 논증은 언제나 결론을 받아들이도록 하기 위해 이유라고 하는 주장들을 제시하는 것이며, 언제나 상대방을 설득하기 위해 제시되는 것이다.

논증 시사 표현: 이것은 결론을 뒷받침하기 위한 이유가 제시되고 있다는 사실을 보이기 위해 우리가 보통 사용하는 표현을 말한다. 여기에는 다음과 같은 것이 있다. '따라서 …', '그래서 …', '그러므로 …', '그러니까 …', '결과적으로 …', '이는 …를 입증해 준다', '나는 …라고 결론 내린다', '…이 따라 나온다.' (여기서 '…' 표시에 나오는 것이 결론이다.) 그리고 '왜냐하면 …', '…이기 때문에', '이유는 …', '증거는 …' (여기서 '…' 표시에 나오는 것이 이유이다.) 물론 비슷한 역할을 하는 다른 표현도 많이 있다(2.3절 참조).

메타 사고: 이는 단순히 '사고에 관한 사고'를 의미한다. 가령 여러분이 어떤 결정을 내릴 때 했던 생각을 다시 반성해 본다면, 여러분은 메타 사고를 하는 셈이다. 즉 여러분은 여러분의 사고에 관해 생각을 하고 있는 것이다. 때로 어떤 문제의 경우 여러분이 어떻게 했는지도 모르고 해결책을 찾아내는 경우도 있다. 그 경우라면 여러분은 메타 사고를 하는 것이 아니라 그냥 사고를 하는 것이다. 여러분이 가령 의사 결정을 내리는 데 익숙하지 못하다면, 그런 능력을 향상시

킬 수 있는 한 가지 방법은 여러분이 보통 어떻게 하는지를 생각해 보고 다음에 의사 결정을 할 때는 그런 약점을 고치도록 노력하는 것이다.

모순: 엄밀하게 말해, 어떤 사람이 "A는 참이다"라고 말하면서 동시에 "A는 거짓이다"라고 말한다(또는 믿는다)면 그 사람은 모순을 범하는 것이다. 가령 "에베레스트 산은 높이가 29,000피트이다"라고 말하면서 "에베레스트 산은 높이가 29,000피트가 아니다"라고 말하는 경우가 그렇다. 어떤 사람의 말이 모순인지 여부가 아주 명백한 경우도 있지만 깊숙이 숨어 있는 경우도 있다. 어떤 사람이 모순을 범하고 있다면, 그 사람은 분명히 비일관적이다(왜냐하면 그 주장들은 동시에 참일 수 없기 때문이다). 하지만 비일관적 주장은 [동시에 참일 수는 없지만] 동시에 거짓일 수도 있다. 따라서 비일관적 주장이라고 해서 꼭 [동시에 참일 수도 없고 동시에 거짓일 수도 없는] 모순은 아니다. 하지만 이 두 용어는 흔히 똑같은 의미로 사용되기도 한다(옥스퍼드 영어 사전을 보라).

믿음: 이 용어는 아주 일상적인 의미로 사용된다. 이 용어는 대략 말해 개인이 참이라거나 옳다고 보는 주장이나 문장을 가리킨다. 믿음에는 여러 가지 종류가 있다. 과학적 주장("지구는 태양 주위를 돈다")도 있고, 종교적 주장("신이 자신의 모습을 본떠서 사람을 만들었다")도 있으며, 도덕의 원리("약속을 지키지 않는 것은 나쁘다")도 있고, 타산적인 믿음("영국에서는 집을 사는 것이 세를 얻어 사는 것보다 더 좋다")도 있고 이밖에 다른 것들도 많이 있다. 어떤 사람 A가 주장 P를 믿는다면, P는 참일 수도 있고 거짓일 수도 있으며, P는 과학적 주장일 수도 있고 종교적 주장일 수도 있으며 도덕에 관한 주장일 수도 있고 신비적인 주장일 수도 있으며, 그 밖의 어떤 주장일 수도 있다. 그것은 해가 없는 주장일 수도 있고 해로운 주장일 수도 있으며, 그럴 듯한 주장일 수도 있고 그렇지 않은 주장일 수도 있으며, 그 밖의 어떤 주장일 수도 있다. 심지어 그것은 무의미하거나 공허한 주장일 수도 있다. 우리 책에 나온 많은 논증은 글쓴이의 믿음을 표현하고 있다.

반례: 일반적인 주장은 반례를 찾아 비판할 수 있다. 어떤 사람이 "정치인은 모두 정직하지 않다"고 주장한다고 해 보자. 여러분이 정직한 정치인을 한 명이나 그 이상 찾아낸다면, 그 사람은 위의 일반적 주장에 대한 반례가 되며, 그 주장이 틀린 것임을 보여 주게 된다. 반례가 일반적 주장을 얼마나 약화시키는가 하는 문제는 사안마다 다를 수 있다. 앞의 경우 원래 주장을 내세웠던 사람은 "그래 정치인은 거의 다 정직하지 않다"고 말할 수도 있으며 그렇게 해도 자신의 목적을 달성할 수 있을 것이다. 지금 이 주장을 비판하려면, 좀 더 많은 반례가 필요할 것이다. 다른 예로 이번에는 "약속을 지키지 않는 것은 항상 나쁘다"는 일반 원리를 생각해 보자. 여러분이 약속을 지키지 않는 것이 옳아 보이는 어떤 상황을 그려내 볼 수 있다면, 그것은 이 일반 원리에 대한 반례가 될 것이다. 가령 약속을 지키지 않는 것이 전쟁 상황에서 무고한 수많은 사람의 생명을 구하는 것이라고 한다면, 그것은 이 일반 원리의 반례가 될 것이다.

성향: 어떤 사람이 '밝은 성향'이라고 말한다면, 그것은 그 사람이 쾌활하며 어려운 상황에 부딪히더라도 명랑하게 생활할 가능성이 높은 사람이라는 말이다. 따라서 성향이란 어떤 행동의 패턴이다. 그것은 특정 방식으로 행위하려는 경향이며 일종의 습관이다. 우리 맥락에서 이것이 중요한 이유는 학생들이 단순히 비판적 사고 과제를 잘하는 데 그칠 것이 아니라 여기서 배우고 연마한 기술을 잘 사용할 성향을 지녀야 하기 때문이다.

숨은 가정: 우리는 보통 말하는 사람이나 글 쓴 사람이 분명히 받아들이고 있고 당연한 것으로 간주하고 있는 것이지만 '명시적으로 진술되지는 않은' 믿음을 일컬어 '숨은 가정'이라 부른다. 가령 기적에 관한 논의를 하고 있는 사람이 자신은 전능한 신의 존재를 믿는다는 말을 명시적으로 하지 않는 경우도 있을 수 있다. 하지만 그 사람이 하는 다른 말에 비추어 볼 때, 그 사람이 그 점을 받아들이고 있다는 사실은 분명하다. 우리 맥락에서 숨은 가정이란 말은 바로 이런 의미이다(4.1절 참조).
　일상적으로는 말하는 사람이나 글 쓴 사람이 하는 명시적 주장도 가정이라 부

르기도 한다. 그렇게 부르는 이유는 (i) 그 사람이 그 주장이 받아들일 만한 것임을 보여 주는 이유를 제시하지 않았다거나 (ii) 우리가 그 주장을 문제 삼고자 하기 때문이다. 가령 어떤 사람이 기적을 믿는 이유를 제시하면서 그 근거를 전능한 신의 존재에 두고 있을 경우, 우리는 (i) "하지만 그것은 가정일 뿐입니다. 왜 내가 그것을 받아들여야 하지요?"라고 말하거나 아니면 (ii) "하지만 그것은 가정일 뿐입니다. 나는 그것을 믿지 않습니다"라고 말할 수도 있다.

역: 역이란 용어는 조건문의 반대 방향을 나타내기 위해 보통 사용된다. "A이면 B"라는 조건문의 역은 "B이면 A"이다. 그러므로 "불이 났다면, 산소가 있는 것이다"의 역은 "산소가 있다면, 불이 난 것이다"이다. 이 예의 경우 원래 조건문은 참이지만 역은 참이 아님을 주목하라. 조건문의 역이 참인 때도 있지만 그렇지 않은 때도 있다.

오류: 이 용어는 잘못되었지만 사람들이 자주 쓰는 추론 패턴을 가리키는 데 사용된다. 가령 사람들은 놀랍게도 아주 자주 다음과 같은 논증을 하곤 한다. "A 다음에 B가 나타났다. 따라서 A가 B의 원인이다"(가령 "메리가 감기가 걸린 다음에 내가 걸렸다. 따라서 메리한테서 감기가 옮았음이 분명하다"). 또 한 가지 그런 패턴은 '인신공격의 오류'라고 불리는 것이다. 이것은 여러분이 어떤 사람이 말한 것을 비판하는데 그 사람의 주장을 비판하는 것이 아니라 그 주장을 한 사람을 공격하는 것을 말한다(가령 "우리는 재소자들의 불만을 귀담아들을 필요가 없다. 왜냐하면 그 사람들은 기소된 죄인들이기 때문이다"). 어떤 추론이 실제로 오류인지를 판단하는 일은 아주 어렵다. '오류'라는 말은 추론의 잘못을 가리키는 좀 더 느슨한 의미로 쓰이기도 한다.

유비: 어떤 문제를 생각할 때, 그것이 우리가 잘 알고 있는 것과 비슷하다는 점을 파악한다면 도움이 된다. 예를 들어 사람들은 때로 기체 분자의 운동이 당구공이 움직이는 방식과 비슷하다는 식의 설명을 하곤 한다. 어떤 사람이 '유비에 의해' 추론을 한다면, 그 사람은 "A는 여러 가지 점에서 B와 아주 비슷하므로 A

는 아마도 또 다른 측면에서도 B와 비슷할 것이다"라고 말하는 셈이다. 가령 1장에서 나는 비판적 사고가 여러 가지 기술로 이루어져 있다는 점에서 농구와 비슷하며, 그래서 농구 코치가 농구를 가르치는 것과 같은 방식으로 비판적 사고 기술도 가르칠 수 있을 것이라고 말했다.

이유: 무엇인가를 논증하는 일은 결론을 위해 이유를 제시하는 일로 이루어진다. 이유는 결론을 뒷받침하기 위해 제시되는 것이며, 결론을 받아들이도록 상대방을 설득하기 위해 제시된다. 그러므로 3.5절의 첫 번째 예에서 "장래 부모가 될 사람들은 대부분 아들을 선호한다"는 "사람들이 자식의 성을 선택할 수 있게 하면 여자보다 남자 인구가 결국에는 훨씬 많아질 것이다"를 믿어야 할 이유로 제시되고 있다. 그리고 이것은 다시 최종 결론의 이유 가운데 하나이다. 어떤 사람이 결론의 이유를 제시한다면, 그 사람은 그 이유를 믿으며 또한 이유가 결론을 뒷받침한다고 믿는다는 의미이다.

일관적/비일관적: 두 주장이 동시에 참이거나 동시에 성립할 수 있을 때, 그 두 주장은 일관적이다. 두 주장이 동시에 참이거나 동시에 성립할 수 없다면, 그 두 주장은 비일관적이다. 그러므로 "에베레스트산은 높이가 29,000피트이다"는 "에베레스트산은 네팔에 있다"와는 일관적이지만, "에베레스트산은 높이가 15,000피트이다"와는 비일관적이다. 10계명은 서로서로 일관적이지만, 그것은 "다른 사람들은 상관하지 말고 네가 원하는 대로 아무것이나 하라"는 것과는 비일관적이다. 어떤 사람이 말한 것이 동시에 참일 수 있다면, 그 사람은 일관적이다. 그렇지 않다면, 그 사람은 비일관적이다. 앞서 본 에베레스트산의 예처럼 비일관적인지 여부가 아주 분명한 경우도 있지만, 비일관성이 사람들의 말과 믿음 안에 깊숙이 숨어 있는 경우도 있다. 다음은 바로 비일관성이 들어 있다는 점이 그다지 분명하지 않은 예이다. "사람들은 칭찬을 받을 수 있는 것만을 하려고 한다. 어떤 행동을 했을 때 칭찬을 받게 된다면, 아기는 계속 그 행동을 하고자 할 것이다. 하지만 아기의 행동이 여러분을 실망시킨다면 어떻게 해야 할까? 그 행동에 관심을 덜 기울일수록 더 좋을 것이다. 아이들은 극적인 것을 좋아하며, 오로지 당신이 참지 못하고 폭발하는 것을 보기 위해 잘못된 행동을 반복할 수도 있다."

조건문: 이것은 "A이면 B"라는 형태의 문장을 말한다. 여기서 A와 B도 하나의 문장이다. 가령 "여러분이 이 수업에서 열심히 한다면, 여러분은 좋은 학점을 받을 것입니다"는 조건문이다. "사람들이 자식의 성을 선택할 수 있게 하면, 여자보다 남자 인구가 결국에는 훨씬 많아질 것이다"도 역시 조건문이다. 조건문을 표현하는 데는 여러 가지 방식이 있다. 가령 "우리가 계속 오존층을 파괴한다고 해 보자. 그 경우 피부암에 훨씬 많이 걸릴 것이다"나 "우리가 오존층 파괴를 멈추지 않는 이상, 피부암에 훨씬 많이 걸릴 것이다"도 조건문이다. 또 다른 방식도 여럿 있다(3.6절 참조).

지식: 통상적으로 이 용어는 여러 가지 의미로 쓰인다. 한 가지 용법으로는 어떤 사실을 아는 것을 가리키는 경우이다(가령 "존은 화학 요법을 쓰면 머리가 빠지게 된다는 것을 안다"나 "존은 지구는 태양으로부터 9천3백만 마일 떨어져 있다는 것을 안다"가 그런 예이다). 또 다른 용법은 어떻게 하는지를 아는 것을 말한다(가령 "존은 자전거 타는 법을 안다"고 할 때가 그런 예이다). 또 다른 용법은 어떤 대상이나 장소, 사람을 알고 있다는 의미이다(가령 "존은 뉴욕을 안다"고 할 때가 그런 예이다).

　어떤 사람이 어떤 사실, 가령 "지구는 태양으로부터 9천3백만 마일 떨어져 있다"를 안다고 한다면, 그것은 그 사람이 이것을 참으로 여긴다는 의미이다. 그것이 참인지를 확신하지 못한다면, 그 사람은 그것을 안다고 말하지는 않을 테고 대신 '참이 아닐까 생각한다'거나 그것이 그의 '견해'라고 말하거나 '안다' 대신 다른 말을 할 것이다.

　물론 사람들은 실제로는 거짓인 것도 안다고 주장하기도 한다. 그 경우 우리는 그 사람이 실제로는 그것을 알지 못한다고 말할 것이다. 어떤 사람이 안다고 하려면, 가령 에이즈의 원인이 바이러스라는 것을 안다고 하려면, 그 사람은 그것을 받아들여야 하고, 그것을 받아들일 좋은 이유를 가지고 있어야 하며, 그것이 참이어야 하기 때문이다.

진리(참): 이 용어는 일상적 의미로 쓰인다. 물리학자는 뉴턴의 운동 법칙과 같은, 세계에 관한 진리를 발견하고자 한다. 생물학자는 가령 어떤 유전자가 어떤 유전적 특징을 지니는지와 같이 생명체에 관한 진리를 발견하고자 한다. 심리학자는 가령 마음이 중요한 점에서 컴퓨터처럼 작동하는지 여부와 같이 사람의 마음에 관한 진리를 발견하고자 한다. 이런 물음에 충분한 증거를 가지고 답했을 경우, 우리는 그 문제와 관련해 진리라는 말을 한다. 확신을 갖기 전이라면, 우리는 가설이나 의견, 믿음, 추측, 추정과 같은 말을 한다. 진리란 때로 사실이라 불리기도 한다. 참이란 말을 도덕이나 정치적, 종교적 믿음에도 쓸 수 있는지를 두고서는 논란이 있다.

추론: 일상 용법에서 사람들이 추론이라는 말을 할 경우, 그것은 사람들이 가진 정보에 근거해 '추측'을 한다거나 그 사람들이 믿고 있는 것에 근거해 어떤 결론에 도달하는 것을 의미한다. 가령 증거를 살펴본 다음, 탐정이 다음과 같이 말하는 경우가 있을 수 있다. "추론은 우리가 이 사건과 관련해 존스를 다시 심문해 보아야 한다는 것이다." 우리 맥락에서 이 말의 용법은 논리학에서 유래한 것으로, 논리학에서는 그것이 이유로부터 결론으로 나아가는 '단계', 즉 이유로부터 결론으로 나아가는 '움직임'을 의미한다. 그래서 누군가가 "어떤 사람은 일자리를 찾아보는 재주가 뛰어나거나 보수가 낮은 일자리라도 기꺼이 받아들임으로써 자신의 실업 문제를 해결했다. 따라서 실업자들은 다 그렇게 할 수 있다"고 논증한다면, 그 추론은 "어떤 사람은 일자리를 찾아보는 재주가 뛰어나거나 보수가 낮은 일자리라도 기꺼이 받아들임으로써 자신의 실업 문제를 해결했다"로부터 "실업자들은 다 그렇게 할 수 있다"로 나아가는 움직임이다. 이 논증에 나온 이유가 참이라 하더라도 이 논증의 결론으로 나아가는 추론은 아주 의심스럽다. 다른 좋은 예도 여러 장, 특히 8장과 9장에 걸쳐 나온다.

타당한/부당한: '타당한'은 때로 승인을 뜻하는 아주 일반적인 용어로 쓰이기도 한다. 가령 "무단결석에 대한 교장 선생님의 방침은 아주 타당하다"가 그런 예이다. 하지만 그 말은 또한 논증 평가에서 아주 특수한 의미를 지니고 있기도 하다. 그때 그것은 '연역적으로 타당한'의 줄임말이다. "스미스의 지문이 총에 있다면, 그가 살인자이다. 그의 지문이 총에 선명하게 남아 있다. 따라서 그가 살인자임이 분명하다"는 논증을 생각해 보자. 이 논증은 두 이유가 모두 참이라면, 결론도 참일 수밖에 없다. 다시 말해 이유가 모두 참이면서 결론이 거짓일 수는 없다. 그런 논증을 '연역적으로 타당하다' 또는 간단히 '타당하다'고 말한다. 이런 의미의 타당성은 이유와 결론 사이의 관계의 문제이다. 이 용법에서 이유와 결론은 참일 수도 있고 거짓일 수도 있으며(하지만 이것들은 타당한 것이 아니다), 논증은 전체로 타당하거나 타당하지 않다(하지만 그것은 참이나 거짓이 아니다). 어떤 논증이 타당하지 않을 경우 그것을 '부당하다'고 말한다(8장 참조).

필요조건과 충분조건: "A가 B의 필요조건이다"라는 말은 "A가 아니면 B도 아니다"는 의미이다. 그러므로 선생님이 "좋은 음감은 바이올린을 배우는 데 필요조건이다"라고 말했다면, 이는 "여러분이 좋은 음감을 가지고 있지 못하다면, 여러분은 바이올린을 배울 수 없을 것이다"라는 말과 같은 것이다.

　"A가 B의 충분조건이다"라는 말은 "A가 성립하면 B도 성립한다"는 말이다. 가령 어떤 변호사가 "영국에서 영국 부모에게 태어나는 것이 영국 국적을 취득하기 위한 충분조건이다"라고 말한다면, 이는 "여러분이 영국에서 영국 부모에게서 태어난다면, 여러분은 영국 국적을 갖게 된다"는 말과 같다. 좋은 음감을 갖는 것이 바이올린을 배우는 데 필요조건이기는 하지만, 그것이 분명히 충분조건은 아니다(여러분은 연습도 많이 해야 한다). 마찬가지로 영국에서 영국 부모에게서 태어나는 것이 영국 국적을 갖기 위한 충분조건이기는 하지만, 그것이 필요조건은 아니다. 왜냐하면 다른 사람도 영국 국적을 취득할 수 있기 때문이다.

함의하다: 어떤 것을 논증하거나 논의하는 맥락에서 쓰일 경우, 이 말은 '논리

적으로 불가피한 결과이다'를 의미한다. 가령 어떤 회사의 재무부장이 회사의 재정 상태에 대해 "지금 제시된 투자 계획은 많은 차입을 함의한다(entail)"라고 말했다면, 이는 "우리는 이 투자 계획에 쏟아부을 만한 충분한 돈이 없으며, 그 돈을 마련하는 유일한 방안은 많은 차입이다"는 의미이다. 일상적 맥락에서 '함의하다'는 때로 이보다 느슨하게 사용되기도 한다. 그래서 '함의하다'와 '함축하다'의 통상적 용법은 상당 부분이 겹친다.

함축하다/함축: 일상적으로 이 용어는 대략 '암시하다'나 '믿게 해 준다'를 의미한다. 가령 탐정이 "이 증거는 살인 현장에 스미스가 있었다는 것을 함축한다(imply)"고 말할 때가 그런 예이다. 하지만 '함축하다'는 단어는 좀 더 엄격하게 "…이면, …"를 의미하기도 한다. 가령 어떤 사람이 "불이 났다는 것은 거기에 산소가 존재한다는 것을 함축한다"고 말한다면, 우리는 그것을 "불이 있다면 산소가 분명히 있다"고 표현할 수도 있다. 일반적으로 "A가 B를 함축한다"는 말은 산소의 예에서 보듯이 엄밀하게 그렇거나 아니면 탐정의 예에서처럼 다소 느슨하게 그렇거나 "A이면 B"와 같은 것을 의미한다. "A가 B를 함의한다"는 말은 엄격한 의미에서의 "A가 B를 함축한다"는 의미이다.

참고문헌

Dewey, J. (1998) *How We Think*. Dover Publications. (비판적 사고의 현대적 전통의 시초로, 1909년에 처음 출판되었다.)

Ennis, R. H. (1996) *Critical Thinking*. Pearson Education. (좋은 비판적 사고 교재이다.)

Everitt, N. and Fisher, A. (1995) *Modern Epistemology: A New Introduction*. McGraw-Hall.

Facione, P. (2010) "Critical Thinking: What It Is and Why It Counts". California Academic Press. (인터넷에서 쉽게 찾을 수 있다.)

Fisher, A. (2004) *The Logic of Real Arguments* (2nd edn). Cambridge University Press. (복잡한 추론을 다루는 방식이 나온다.)

Fisher, A. and Scriven, M. (1997) *Critical Thinking: Its Definition and Assessment*. Edgepress and Centre for Research in Critical Thinking, University of East Anglia.

Fisher, A. and Thomson, A. (1993) *Test of Logical Reasoning*. Centre for Research in Critical Thinking, University of East Anglia.

Gardner, Martin (2000) *Fads and Fallacies in the Name of Science* (2nd edn). Dover Publications. (1957년에 처음 출판되었다. 사이비 과학과 비합리성에 대한 고전적

이고 재미있는 비판을 담고 있다.)

Glaser, E. (1941) *An Experiment in the Development of Critical Thinking*. Advanced School of Education at Teacher's College, Columbia University.

Goldacre, Ben (2008) *Bad Science*. Fourth Estate. (널리 퍼져 있는 잘못된 믿음을 명쾌하게 잘 비판하고 있다.)

MacCormick, N. (1978) *Legal Reasoning and Legal Theory*. Oxford University Press. (새 판은 Clarendon Press 1994).

McPeck, J. E. (1981) *Critical Thinking and Education*. Martin Roberston. (비판적 사고는 가르칠 수 없다는 것을 주장하는 고전적 교재이다. 지금은 Palgrave Macmillan 에서 출판).

Morton, A. (1988) "Making arguments explicit: the theoretical interest of practical difficulties", in A. Fisher (ed.), *Critical Thinking: Proceedings of the First British Conference on Informal Logic and Critical Thinking*, University of East Anglia.

Norris, S. and Ennis, R. (1989) *Evaluating Critical Thinking*. Lawrence Erlbaum.

Passmore, J. (2009) "On teaching to be critical", in R. S. Peters (ed.), *The Concept of Education*. pp. 192–211. Routledge. (원래는 1967년에 출판되었다.)

Paul, R., Fisher, A. and Nosich, G. (1993) *Workshop on Critical Thinking Strategies*. Foundation for Critical Thinking, Sonoma State University, California.

Phipson, S. L. & Elliott, D. W. (1980) *Manual of the Law of Evidence* (11th edn). Sweet & Maxwell.

Schick, T. and Vaughn, L. (2010) *How to Think about Weird Things: Critical Thinking for a New Age* (6th edn). McGraw-Hill. (사이비 과학과 초자연적인 현상을 아주 잘 비판하고 있다. 온당한 인식론에 근거해 있고, 명쾌하게 설명하고 있다.)

Scriven, M. (1976) *Reasoning*. McGraw-Hill. (추론 기술을 향상시킬 수 있는 고전적 교재이다.)

Sutherland, S. (1992) *Irrationality: The Enemy Within*. Penguin Books. (2판 Pinter and Martin Ltd 2007.) (놀라운 것들과 우리가 범하기 쉬운 실수들이 가득 들어

있다.)

Swartz, R. J. Costa, A. et al. (2010) *Thinking-Based Learning*. Teachers College Press, Columbia University.

찾아보기

감사의 말

글쓴이와 출판사는 다음 자료를 인용할 수 있게 해 준 데 대해 감사를 드린다. 온갖 노력을 기울이기는 했지만, 자료 출처나 저작권자를 모두 찾지는 못했다. 빠진 부분을 알려 준다면 다음에는 합당한 감사 표시를 기꺼이 하겠다.

102-103쪽 *Manual of the Law of Evidence*, Phipson & Elliott, 1980, Thomson Reuters (Legal) Ltd trading as Sweet & Maxwell에서 발췌.

144-145쪽 "Nun tells of her 'miracle' cure by John Paul II" by Henry Samuel for The Telegraph, March 2007, ⓒ Telegraph Media Group 2007을 수정.

179-180, 285쪽 "Acupuncture: the lie of the needle" by Simon Singh for The Telegraph, April 2008, ⓒ Telegraph Media Group 2008에서 발췌.

197-198쪽 Mark Henderson/The Times/NI Syndication.

198, 226-228쪽 *Irrationality* by Stuart Sutherland by permission of Constable & Robinson Ltd and the Estate of Stuart Sutherland에서 인용.

202-203쪽 "When North flies South" by Lou Bergeron in the *New Scientist*, March 1996에서 인용.

250-255쪽 위키피디아 자료 the Creative Commons Attribution-ShareAlike License.

266-280쪽 OCR 1999년 5월과 2000년 5월 비판적 사고 시험 문제에서 여러 군데 인용. OCR의 허락을 받았다.

284-285쪽 "The whole world in our hands" by Tim Radford for The Guardian, September 2000 ⓒ Guardian News and Media Ltd, 2000에서 인용.

285-287쪽 "Let's keep the Mona Lisa smiling" in the *New Scientist*, May 1996에서 인용.

288-292쪽 리차드 도킨스의 연설, "The more you understand evolution, the more you move towards atheism"의 편집본에서 인용. 이 연설은 1992년 에든버러 국제 과학 축제에서 한 것이다. 도킨스 교수의 허락을 받았다.

292-294쪽 "Mine's a placebo and tonic" by Lewis Wolpert from the Independent, January 2001 ⓒ Independent News & Media Ltd.